天下雄關

于炳文◎著

文物出版社

图书在版编目（CIP）数据

天下雄关／于炳文著．—北京：文物出版社，
2019.3

ISBN 978 - 7 - 5010 - 5857 - 0

Ⅰ.①天⋯　Ⅱ.①于⋯　Ⅲ.①关隘－介绍－中国－古
代　Ⅳ.①K928.77

中国版本图书馆 CIP 数据核字（2018）第 282559 号

天下雄关

著　　者：于炳文

装帧设计：于炳文
责任编辑：许海意
责任印制：张道奇

出版发行：文物出版社
地　　址：北京市东直门内北小街 2 号楼
邮　　编：100007
网　　址：http：//www.wenwu.com
邮　　箱：web@ wenwu.com
经　　销：新华书店
印　　刷：北京京都六环印刷厂
开　　本：710mm×1000mm　1/16
印　　张：26.25
版　　次：2019 年 3 月第 1 版
印　　次：2019 年 3 月第 1 次印刷
书　　号：ISBN 978 - 7 - 5010 - 5857 - 0
定　　价：80.00 元

居庸关关城（修复后）

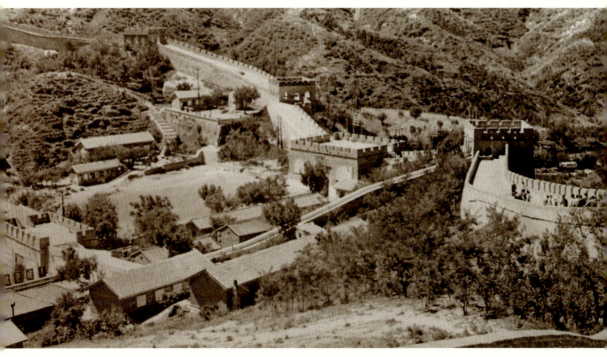

居庸关关城（摄于20世纪40年代）

图版二

山海关关城东门

山海关九门口长城（一片石）

雪后紫荆关

紫荆关内羊群

图版四

修缮后的雁门关（张依萌　2017 年摄）

修缮前的雁门关（沙畹　1906 年摄）

嘉峪关城内的骆驼群

图版六

玉门关遗址（小方盘城）

玉门关长城关谷燧积薪遗存

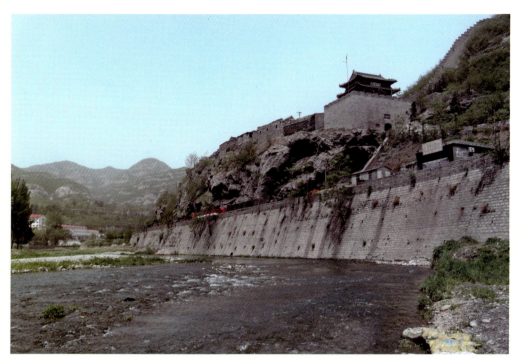

娘子关风光（关下桃河流过）

铁铃关与枫桥

倒马关唐河秋色

严关附近灵渠大天平

昔日八达岭关城（摄于 20 世纪 40 年代初）

居庸关云台石雕

远望古北口长城（摄于 20 世纪 40 年代初）

水涨潮白河（摄于 20 世纪 40 年代初）

山海关东门（摄于 20 世纪 40 年代初）

山海关旧城墙（摄于 20 世纪 40 年代初）

代县靖边楼（摄于 20 世纪 40 年代初）

残破的宁武关城楼（摄于 20 世纪 40 年代初）

偏头关旧貌（摄于 20 世纪 40 年代初）

宁武关城门（摄于 20 世纪 40 年代初）

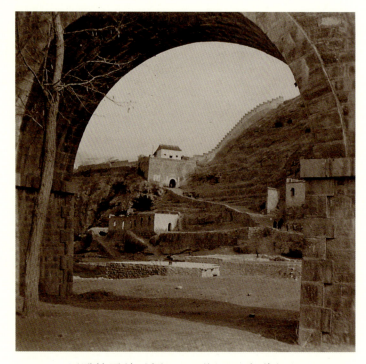

远眺娘子关（摄于 20 世纪 40 年代初）

娘子关田园风貌（摄于 20 世纪 40 年代初）

抗日战争时的昆仑关（摄于 20 世纪 30 年代末）

抗日将士防守潼关城（1941 年）

明《蒙古山水图》中的嘉峪关

明《蒙古山水图》中的铁门关

中华人民共和国文化部

火丙文 同志：

　　《雄关胜揽》大作拜读，实为一本内容丰富，知识性强的好书，尤以古今结合，通俗易读为其特点，很有出版价值。建议请文物出版社或中华书局等文史出版社出版，因其也有旅游参考价值，也可改应由旅游出版部门出版。

　　我国古代的雄关要隘很多，它们不仅在历史上有丰富的内容而且还成了点缀壮丽山河的珠玑。在康乾时期墨体长城时即"但以雄关存旧迹，但

中华人民共和国文化部

留形胜壮山河"作为文物史迹保存，今天更发挥其意义，不少雄关成了文史研究重点，旅游发展的热线。此书所列名关可谓重点之重点，但如能增加一些如北京的古北口关、慕田峪关，天津的黄崖关等重点维修，旅游开放热线的雄关，将会产生更好的社会与经济效益。或者此书作为上集，然后续集。我想如有雄关100座将可蔚然大观也。不知以为如何？

　　胡乱提出意见，敬请参改指教

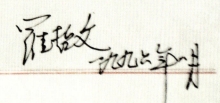

罗哲文　一九九七年二月

目　录

上　编

下　编

附文：雄关纪游

天下雄关谁为最

——古代关隘概说

早些年前，在报刊上曾读到过一篇《天下第一雄关》的文章，说是山海关、居庸关、嘉峪关都有过"天下第一关"或"天下第一雄关"的美誉。这一点儿不假，但在古代关隘的大范围内，在不同的历史时期，谁能当得"第一"，恐怕很难评定。

我国有960万平方公里的陆地领土，有5000年的文明发展史。在这一广袤的地域和悠远的时空内，作为一种与古代战争密切相关的形制特殊的古代建筑——关隘多如牛毛。它们在不同的历史时期，不同的政治条件下发挥过不同的作用，各有千秋，不能牵强类比，否则就会闹出"关公战秦琼"的笑话。

一

追溯古代关隘的渊源，大概在三代或者更早，城池刚刚出现时就见其端倪，春秋、战国是发展时期，秦汉两代臻于完备成熟，以后随着兵器的进步，战争形式的变化不断改进，最后形成了像明代山海关、居庸关那样进可以攻，退可以守的冷兵器时代最严密的防御体系。

最早的关是国家所设收税的站卡，《周礼·地官》记载，当时的官吏有"司关"之职，"掌国货之节，以联门市"。他的职责就是把外来商贾的货物一一登记在"节"上，通知司门，司门再禀告司市。自内出者则反行之，其目的就是防止奸商偷税漏税，"节"则是出入关卡的凭证。当时还设有"遗人"之职，掌"门关之委积，以养孤老"。后来随着战争的频繁和规模的不断扩大，关作为"境上门"逐渐被赋予了新的含义，其性质也有了改变，成了抵御进犯之敌的蔽障，因而在置关时特别强调地理位置的选择，突出关城建筑的防御功能，这一变化大概发生在春秋时期或者更早。据《贾谊新书》记载，秦国为了防御东方诸侯，构筑了武关、函谷关、临晋关。此后，随之以函谷关为界，有了关中、关东的界分。

春秋战国时期，五霸争锋，七雄并立。生产力的发展，铁制兵器的应用，多种科学技术的进步，为战争规模的扩大提供了物质上、科学技术上的条件。一些军事家和营造专家都很重视城、关的堪舆之术和攻守城、关的方法、器械等。1972年山东临沂银雀山汉墓出土了一批竹简，其中《孙膑兵法》有"雄牝城"一章，从地理位置、周边环境、水源供应等方面区分容易攻打的城池和不容易攻打的城池，即牝城和雄城，分析攻城战术。如果转换一个视角看，这也是建筑城、关时所必须遵从的基本原则。《墨子》一书中"备城门""备高邻""备水"等章节，都是讲述城关防御的，不但有措施有谋略，还有专门的守城器械。该书"公输"篇则以生动的语言讲述墨子与公输盘攻、守城池的故事，公输盘（即鲁班）为楚国研制了攻城的云梯，楚国准备用它来攻打宋国。墨子得知了这个消息前往楚都郢去阻止。双方论起攻守之道。"公输盘九设攻城之机变，子墨子九距之。公输盘之攻械尽，子墨子之守圉有余。"几经较量，最后还是墨子胜了，阻止了一场不义的战争。春秋战国时期的关隘多凭险构筑，坚固非常。以函谷关为例，地处陕西、河南交界处，建在两山之间的峡谷中，扼进出关中之要路，附近有桃林塞，深险如函，易守难攻。《战国策·秦策》形容其险要，"秦东有崤函之固，车不得方轨，骑不能并行"，晋国据函谷时，力拒强秦，使之不得东进。秦攻占函谷后，据险置关，多次恃此关击退了东方诸侯国的联合进攻。后来又东出函谷，鲸吞六国，完成了统一中国的大业。

秦的都城咸阳，汉的都城长安，都地处关中平原，洛水、渭水流域，二都相去不远。这时的都城建设达到了空前的规模，其建筑形势、布局更适应了大一统的需要。咸阳、长安周边建筑了四座险关要塞，东边是函谷关，西边是大散关，南边有武关，北边有萧关。这四座关隘完全是为屏卫国都设置的，防御功用十分明显。东汉的都城洛阳，周围也有四个关隘，东成皋（虎牢关），西函谷（西汉武帝时，把函谷关东移至今河南新安县，去旧关三百里），南伊阙、北孟津（图一、二）。此后各代的都城设计都恪守了这一格局，并且在各州郡府县，特别是沿国境线附近和险谷要路修筑了许多关隘，驻兵戍守警戒。明代定都北京后，在其北部东起渤海湾，西至甘肃大漠，以秦汉长城的走向筑起一道"万里长城"（国家文物局 2012 年 6 月 5 日宣布，历经近五年的调查认定，中国历代长城的总长度为 21196.18 千米，分布于北京、天津、河北、山西、内蒙古、辽宁、吉林、黑龙江、山东、河南、陕西、甘肃、青海等 15 个省市自治区。中国明长城总长度为 8851.8 千米。包括长城

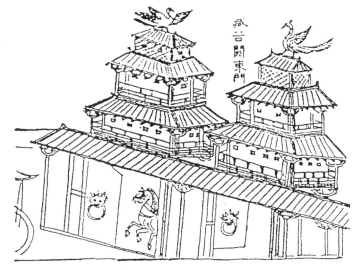

图一　画像石上的汉代函谷关东门（采自《文物》1983 年第 4 期文章）

图二　和林格尔东汉壁画墓中所绘居庸关

墙体、壕堑、单体建筑、关堡和相关设施等长城遗产 43721 处），在这条长城线上有数不清的险关要塞，尤以一首一尾一中心的山海关、嘉峪关、居庸关最为著名。另外为了加强京师的防卫，在其周围还修筑了内、外三关。外三关在山西北部，为雁门、宁武、偏关；内三关在北京、河北境内，为居庸、倒马、紫荆关（图三）。这时关隘的形式、布局等在前代的基础上进一步完善，更利于防御。譬如山海关，地势锁山海之咽喉，关城枕关内外之要路。关城前后不但筑有坚固的瓮城，瓮城之外还加筑有罗城。左右两侧城垣伸出，一端与长城相接，另一端深入大海。这还只是它的核心部分，山海关的外围还有南、北水关，南、北翼城，宁海城、威远城、旱门关、角山关、九门口等各路关隘烽堠。像群星捧月散布在关城的周围，既可以灵活地单独作战御敌，又能举火为号，互相策应。以关城为枢纽构成了一套有机的防御体系（图四）。居庸关坐落在长达 40 华里的关沟之中，沿关沟设防，由南至北有南口门、虎峪口、居庸关、八达岭、岔道城等口隘。古人说"居庸之险不在关城而在八达岭"。说它们是"天下第一关""天下第一雄关"不算妄言。但如果综合在历史上发挥的作用等诸多因素考察，很难说能比函谷关、潼关等胜出多少。

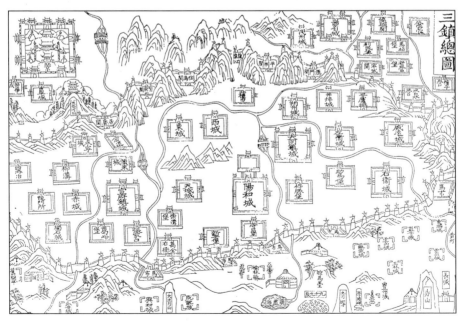

图三　《三镇总图》中的内、外三关（图中内三关和外三关所在地理位置
误差较大。此图为上南下北、右西左东方向）

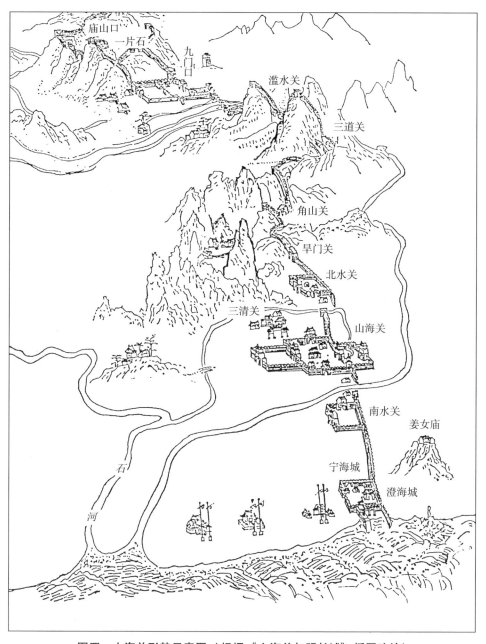

图四 山海关形势示意图（根据《山海关与明长城》插图改绘）

二

在古代战争中，关隘常常是进攻的目标和防守的依凭，它的得失往往关系到一场大战的胜与负，乃至国家的安与危。公元前207年，刘邦、项羽分两路西向伐秦。刘邦一路在函谷关受阻，于是向南绕道攻破武关，再下蓝田，大军直逼秦都咸阳。秦王子婴绝望无援，只好献出玉玺投降。三国末年魏国伐蜀，蜀将姜维拒守剑阁（剑门关），曹魏十数万大军屡攻不下，邓艾在当地土人的指引下，率兵潜入阴平小道，跋山涉险，绕道入关。屏障一失，蜀汉遂亡；唐代中期，安禄山、史思明叛反朝廷，拥重兵南下，很快兵围潼关。朝廷派哥舒翰率兵二十万镇守潼关。哥舒翰是大唐名将，有勇有谋，凭险坚守不战，叛军数次叩关都被击溃。本可以等待各地勤王兵马到来共歼叛军，但玄宗李隆基听信杨国忠谗言，不审时度势，强行下诏令唐军出战。结果在灵宝遭到伏击，二十万大军几乎全部被歼，哥舒翰也做了叛军的俘虏。潼关失陷，长安无险可守，唐玄宗只得丢弃长安，率文武百官向四川逃跑，在马嵬驿含泪缢杀宠妃杨玉环。安史之乱后来虽被平灭，但皇皇大唐因而国力大伤，从此一蹶不振。

围绕关隘的争战，屡屡谱奏出一曲曲悲壮的颂歌。370年多前，李自成率领农民起义军与明将吴三桂、清将领多尔衮在山海关一战就是一例。这一战发生在大顺军攻占北京后不久，明将吴三桂不降。李自成亲率十万精兵自北京出发围攻山海关，另遣一部出河北入辽宁从长城外攻击。吴三桂困守孤城一座，南北有两路大军夹击，西面有崇山峻岭阻路，东面是汪洋大海，只好凭据关城顽抗。但关宁铁骑挡不住大顺军的猛烈攻势，为挽回败局，遣使下书投降清，只率领五百亲兵突破重围，与南下的多尔衮大军会合。此时大顺军经连日争战，已成为疲军。多尔衮则以逸待劳，率领数万精骑从侧翼骤然发起进攻。起义军仓促回师迎战，立时阵角大乱。又逢天公作祟，狂风骤起，裹挟着砂石土屑向大顺军袭来。多尔衮一战而胜。在近代史上，老将冯子材保卫镇南关（今名友谊关，在广西凭祥市中越两国交界处）一役也足以撼人心魄。1885年，法国侵略军从越南入边境，凭借手中先进的洋枪洋炮向镇南关的守军发动猛烈进攻，"炮声震山谷，枪弹积阵前厚寸许"。此时老将冯子材已年届七十，仍屹立在阵前，指挥军民死战，使法军不能前进一步。待敌人斗志稍怠，又手持长矛，率领两个儿子杀出关城，与法军肉搏血战，大败侵略者。一路追杀二十余里，击毙法国兵将二千余人，彰显了中国人民的凛然正气。

在古代关隘的攻杀战守中，造就了无数著名的军事家和英雄猛将。前面提到的墨子与公输般的攻守之争，虽然没有刀光剑影，但可见杀气弥空。这两位都是攻城守关的谋略家；赵国名将李牧镇守雁门，防备匈奴多年，他避战示怯，以守为攻，把敌人阻挡在关外。等待时机成熟，遂当机立断，出奇兵破虏敌十万骑，使匈奴、东胡闻风丧胆；三国时期，魏蜀相争，蜀相诸葛亮命魏延为疑兵，在剑阁埋伏万名弓弩手，射杀魏国上将张郃，被后世传为美谈；还有唐代的尉迟恭、秦琼、程知节都是叩关攻城的猛将；宋代名将杨延昭在河北遂城（今徐水区遂城镇）抗击辽兵时，因兵少将寡难以防守，施巧计冰冻遂城；狄青破侬志高，上元夜三鼓夺昆仑关（今广西邕宁市）；抗金名将吴玠、吴璘兄弟戍守饶凤关、仙人关时，在大散关旁的和尚源，把敌人诱入崎岖险仄的山地，使金人铁骑失去优势，发挥强弓硬弩的威力，以己之长克敌之短，大败金兵十数万，还差一点把金兵总指挥金兀术擒获。他们兄弟守卫大散关二十年，金人始终未能由此入川。这些叱咤风云的英雄都在青史上留下了他们的姓名。

中国的古代关隘，大多控扼交通要路，是商贾行旅集散之地。山海关襟山带海，出关达东北三省，入关驱华北平原；友谊关地限中越边界，至今仍是我国南方的重要海关之一；汉代构筑于河西走廊西端的阳关、玉门关，今天虽然已被大漠风沙涤蚀得体无完肤，但在断壁残垣旁侧，衰草黄沙之下，曾有宽阔的古道向西延伸，谁会想到这就是古代著名的丝绸之路。汉唐之时，路上常年商贾结队往来，驼铃不绝于耳。张骞、班超由此通使西域，汉廷公主由此下嫁乌孙，唐高僧玄奘由此出关，赴印度取经；位于四川奉节县的瞿塘关镇锁长江瞿塘峡口，峭壁如门，中贯大江。长江上、下游的舟楫往来，货物运输必须由此经过。这些关隘在古代经济、文化，乃至与国外的交往中都发挥过重要作用。

三

　　我国的古代关隘居要处险，斑驳的古关城垣、耸峙的岔脊飞檐与壮丽秀美的自然风光融合在一起，宛若天成。古往今来均为旅游佳境，引得多少文人墨客竞相"折腰"，或吟诗著文，或书匾题额。还有那述说不尽、旷古奇绝的遗迹，催人潸然落泪的传说故事，造就了各自独特的人文景观。

　　潼关是诗人著文着墨最多的古代关隘之一。唐代大诗人杜甫用"艰难奋长戟，千古用一夫"（《潼关吏》）来形容它的险要，令人如临其境。时至元代，在张养浩的眼中，潼关虽依然"峰峦如聚，波涛如怒"，但却徒具其表，受它荫庇的长安古都宫阙兴废，朝代更迭。感怀不论孰兴孰亡，苦的都是黎民百姓（《山坡羊·潼关怀古》）；阳关是让人充满离愁别绪的地方，王维的一首《送元二使安西》（后人谱曲作《渭城曲》，又作《阳关三叠》），"劝君更尽一杯酒，西出阳关无故人"，沁人肺腑，唱尽亲朋挚友间依依惜别的离情；与阳关并称"两关"的玉门关，也屡见于古诗中，尤以王之涣的《凉州词》为最，"羌笛何须怨杨柳，春风不度玉门关"已成名句；"楼船夜雪瓜洲渡，铁马秋风大散关。"是宋代爱国诗人陆游的佳句，何等悲壮！吟咏此诗，仿佛听到了山林间秋风的萧瑟，仄径上战马的嘶鸣。又好像同诗人并辔雪夜巡察，挽臂戍守在大散关城头。依然是他，依然是陆游，冒着濛濛细雨，趁着微微酒意，骑着毛驴，走在通往剑门关的剑阁古道上，又是何等的闲散洒脱！还有王昌龄的《出塞》，李白的《登广武古战场怀古》，白居易的《咏瞿塘峡》等一首首脍炙人口的诗篇。为雄关险塞吟诗作赋的不光是文人骚客，也有天子帝王，唐太宗李世民有《过潼关》诗，清康熙、乾隆二帝有诵山海关、澄海楼诗，都称得上佳作之选。

　　我国的古代关隘，由于独特的人文地理环境，每每流传着美丽动人的传说故事。孟姜女哭长城、杨六郎镇守三关早已家喻户晓；老子骑青牛过函谷关，被关令尹喜挽留，编著《道德经》五千言成千古美谈；伍子胥遭楚平王满门抄斩，只身逃至昭关（关址在今安徽省含山县境），悲愤交集，一夜间须发皆白；明代书法家萧显为山海关城楼题写巨匾时，只写了"天下第关"四字，而把"一"字留给了一对穷苦百姓，以待官府重金来买字，以此帮助这两位老人脱离了困境。这些故事一代一代流传了下来，是我国民间文学大花园中的一枝枝奇葩。

更有意思的是，一些与古代关隘相关的故事，在流传中还形成了成语。比如"鸡鸣狗盗"的典故就与古函关有着不可割舍的联系。战国时期，善养食客的孟尝君出使秦国时被囚禁，靠一个会狗叫的门客从秦昭王那里偷出了白狐裘，拿来贿赂昭王的宠姬，吹过枕边风之后才得以释放。他又担心秦昭王反悔再遭追捕，遂连夜仓皇逃命。一行人匆匆逃到函谷关前，天还没亮，城门紧闭。又有一个食客学鸡叫骗开了城门，他们一行才逃离险境。后来这个故事逐渐演化成了成语"鸡鸣狗盗"。如今函谷关内尚有一座"鸡鸣台"，盖为后代好事之徒所构筑。

古代关隘也是文学作品的极好素材，古典小说、戏曲中经常可以见到，有的戏曲甚至直接以关隘的名字作戏名。《虎牢关》刘、关、张三英战吕布，《葭萌关》猛张飞夤夜斗马超，《陈塘关》哪吒出世，《藕塘关》牛皋招亲，《金堤关》裴元庆走马取金堤，《寒江关》薛丁山三请樊梨花。其他还有《阳平关》《虹霓关》《文昭关》《草桥关》等等。

我国的古代关隘附近，还有数不清的名胜古迹。这些古迹往往都与修筑关城的工匠，守关隘的将士或者名人逸事密切相关。虎牢关有三义庙、张飞寨、吕布城；山海关有姜女庙、姜女坟、望夫石；娘子关有平阳公主的点将台、洗脸盆和水帘洞；嘉峪关有定城砖、燕鸣壁；大散关有磻溪、姜太公钓鱼台。还有传说，剑门关通往剑阁县大道两旁那一株株铁干虬枝的古柏，本是猛将张飞亲手栽种的，所以叫"张飞柏"。这些古迹虽然不免牵强附会，甚至带些虚妄之嫌，但反映了历代居住在附近的百姓良好的愿望和对英雄的怀念。

在不少古代关隘的周围，还有丰富的古代遗迹、遗物。山海关附近的辽宁绥中和河北昌黎，各有一处秦汉碣石宫遗址，与山海关犄角相望。遗址内台基错落，各种建筑构件枕籍叠压，最大的瓦当直径在50厘米以上，可以想见当时殿宇的规模；居庸关东南不远的明十三陵埋葬着明代自成祖朱棣以下的十三代帝王。在群山的怀抱中，苍松翠柏的掩映之中，透出一座座巍峨的宫墙殿宇，蔚为壮观；嘉峪关附近的魏晋墓壁画，带着扑面而来的生活气息，与中原的风格迥然不同；大散关下的弢国墓地，出土了数量惊人的青铜器和玉器，蕴藏着西周中期一个诸侯国的秘密，为国内外文物考古学界关注。这些都为古代关隘增彩壮色。

　　在历史上，自第一个（或几个）古代关隘诞生到现在，大概有几千年了。几千年来，战火烽烟从未间断，造成了许多关隘屡修屡废。而且古代关隘遍及神州大地，很难用数字确切统计。综合地理、历史、人文等诸多因素，也很难说谁一定胜过谁。如果遴选名关的话，更难找到统一的衡量标准。娘子关有幅楹联说得好，"雄关百二谁为最，要路三千此并名"。不管是不是名关，都是古代历史文化的积淀，都是祖先血和汗的结晶。浏览雄关，就好像在诵读活生生的历史文化篇章，会在领略祖国严关险塞，名山大川的同时，感受中国古代璀璨的传统文化神韵。

　　本书上编以解剖麻雀的方式介绍了不同地域、不同历史时期的近30座关隘，但这只不过是"弱水三千"中的一瓢。为了让大家更全面地了解祖国的古代关隘，为旅游，为文物保护提供线索，本书下编在广泛查阅古史、典籍、方志，考证地理沿革和征询乡里的基础上，将载记有序的近两千座关隘，以笔画为序，以简洁文字一一撮其旨要，与上编珠联璧合，点面并观，使读者可以更全面、更立体地了解神州大地上的古代关隘。

上编

天造巨防居庸关

"天造居庸险，关开绝壁城。重门悬锁钥，夹水布屯营。立马山河壮，登坛虎豹惊。一夫当此塞，万里却胡尘。"（明王士翘《按视居庸》）我说这是明人咏赞居庸关的诗句，您一定不信。居庸关不就在昌平区吗？乘车出德胜门，过马甸桥，向北沿着宽阔的高速公路，走上一个小时就到了。远望去，一座不大的而且新建的关城坐落在两山之间，走进关内，只有一个长不过10丈、高仅3丈的大理石台基略有古意外，其他都是新建的。看不到险峻，又难称雄伟，凭此"却胡尘"，实在让人有些费解，关楼匾额上"天下第一雄关"字样更让人怀疑（图一）。

图一　居庸关门楼

图二　居庸关云台

其实我们现在看到的这座崭新的关城，是近年来北京市依原貌重新修复的。原来的关城从清朝中期已渐废圮，城垣由于修筑公路、铁路而陆续拆除，到后来只剩下了关城内那座台基兀立在山峡间，独吊残星冷月。

这座台基称"云台"，始筑于元代，比明代修筑的居庸关历史还要早。根据券洞内的题记考证，云台初建于元至正五年（1345 年），为塔的基座。当时基座之上矗立着三座喇嘛塔。到了元末明初，三座喇嘛塔被先后拆毁。明洪武年间修筑居庸关时，把台基匡在城内，成了一座过街台基。明正统四年（1439 年），在基座上修建了一座寺庙，迄至清康熙四十一年（1702 年），又被一场大火化为灰烬，至今只剩下了这座汉白玉砖砌基座。它的建筑很有特色，基座券洞内用六种文字雕刻的经文和佛像等浮雕作品，被冠为双绝。所以早在1961 年，就被国务院列为第一批全国重点文物保护单位（图二）。

云台的基底东西宽 26.84 米，南北进深 17.57 米。向上渐渐斜收，至台顶东西宽 25 米，南北进深 13 米，高 9.5 米，全部用条形大理石砌就。台顶四周树石栏杆，四角及每根栏杆之下有石雕龙头斜伸出台外，用来排水，基座正

图三　居庸关云台券门石雕

图四　云台券洞内石雕

中南北向开门洞，门洞宽约 6.3 米，高约 7.3 米，进深约 16 米。门顶结构特殊，它没有采用通常的圆拱券，而是作五角折边形，非常适于雕刻。

珍贵的石雕作品多集中在券门的券洞中和券门环周。券门顶上正中刻加楼罗，就是佛教中的护法神大鹏金翅鸟。两边对称刻大龙神、卷草花叶、青狮、白象、金刚宝杵（佛教法器的一种）（图三）。券洞内两壁刻满佛像、四大天王像、经咒、造塔记等等。尤以四大天王像最引人注目。他们顶盔贯甲，或高擎伞盖，或手持利剑，或手挥琵琶，面相威严地注视着过往的行旅客商（图四）。以六种文字镌刻的经文和五种文字的《造塔记》最有价值，经文的内容为《陀罗尼经咒》，六种文字分别为梵文、藏文（两种）、八思巴文、畏兀儿文、汉文、西夏文。门洞的正中平顶部分雕刻蔓陀罗法坛。观赏云台石雕，如果再有两个谙熟佛学的人同行，听他们娓娓动人的讲解，就仿佛到了西天佛国的极乐世界。

请闭上眼睛，让思维插上翅膀，飞过时空的隧道，来到云台初建的元代，那时汉白玉砌筑的云台洁白如雪，台顶矗立着的三座白色喇嘛塔与台基浑然一色，粉粧玉琢。在蓝天白云、万木青葱的映衬下，白得高雅，白得圣洁，白得神奇。你会不会也像其他佛教信徒一样，跪在地上，顶礼膜拜呢？

回到现实，眼前是一座青砖砌砌的关城，它是1992年以后，北京市在原址，按明代居庸关的蓝本，分两期修建的，再现了昔日雄关的容颜。面南背北是居庸关的南城墙和南城门，城门砌作拱券顶，南侧门顶上嵌石匾额，上书"居庸关"三个大字和"景泰五年捌月吉日立"题款。城台之上起三层九脊歇山顶城楼。在二层楼的飞檐下悬巨匾，白地黑字，自右至左楷书"天下第一雄关"六个大字。城门外有马蹄形瓮城。瓮城的东西城墙顶各建一单层歇山顶城楼。城台的东西两侧与长城相连，顺着城墙攀登，向西可以登临金柜山，向东跨水关，过关沟，可到达翠屏山巅，放眼望去，"居庸叠翠"胜景尽收眼底，向北可望见北城墙和瓮城（图五）。

关城内除云台外，还复建了迎恩坊、国计坊、城隍庙、关帝庙、马神庙、吕祖庙、表忠祠、户曹行署、永丰仓、丰裕仓、神机库等。使人一到这里，便融入了古代居庸关的大氛围之中。

纵观古代居庸关的防御体系，居庸关城只是其中一部分。西边金柜山为太行山的余脉，东边的翠屏山是燕山的起点。两大山系交会处形成了一条长

图五　居庸关关城

图六　居庸关形势图（根据《西关志》插图改绘）

达 20 公里的深壑，名叫关沟。关沟古来也是一条交通要道，为"太行八陉"的第八陉——军都陉，也是"天下九塞"之一。古道在谷底，居庸关水傍官道自北向南流淌，两旁群峰壁立千仞，如叠嶂列屏，故有"控扼南北之古今巨防"美称。这条古道经南口，入昌平，再向南抵达京师。出八达岭、岔道城，向西北可达宣化、张家口，入内蒙古。对居庸关和关沟的地势，古人屡有记述，称其为："南环凤阙，北枕龙沙。东连军都之雄，西界桑干之浚。其隘如线，其侧如倾。升若扪参，降若趋井。……跨四十里之横岗，据八达岭之要害。诚天造地设之险，内夏外夷之防。"（明王士翘《西关志》）

明代居庸关设关四重。现在修复的关城是为中关，除此之外，在它的南北还有下关、上关和八达岭（图六）。

下关在居庸关城之南，扼关沟的入口处，又称南口门。关址在今天的昌平区南口镇。惜关城早已塌毁，只在两边的山崖处尚有城墙的断壁残垣可寻。上关大概在青龙桥的铁路桥附近，因年代太久，破坏过甚，如今竟连遗迹也很难找到了。但这里深林茂树，清流碧涧，是游人遣兴舒怀的佳境。

八达岭是居庸关的外围屏障，也是它的门户，京师的藩篱。因居关沟的北面出口，也称居庸北口。古人云："居庸之险不在关城而在八达岭。"由于地理位置重要，关楼、城墙、敌台都修筑得十分坚固。1961 年，被国务院列为全国重点文物保护单位，近几十年来，屡经修缮，是世界闻名的游览长城的最佳去处。

八达岭的关城不太大，呈东窄西宽的梯形。砖砌拱券顶。东门门额题"居庸外镇"，是明嘉靖十八年（1539 年）镌刻的（图七）；西门门额题"北门锁钥"，是明万历十年（1582 年）镌刻的（图八）。关城顶上坦平如砥，四周砌筑垛口。通过平台南北的通道，可达关城城墙。站在八达岭关城上，南望居庸关，如在井底。向北不远，原来有一座不大的砖石砌筑的小城，名岔道城。平面呈不规则的方形，开东西二门，今已塌毁。出城后道路豁然双分，一条出延庆，一条出怀来，都是古代商旅的要路。岔道城也就因此而得名。

史书记载，八达岭关城是明代弘治十八年（1505 年）修筑的，后经嘉靖、万历年间多次修葺。

八达岭关城西门"北门锁钥"城楼南北两侧，依山就势修筑城墙，高低起伏，渐与长城连作一气。城墙多以条石起基，上面内芯是经层层夯实的碎石黄土，外壁用宽大的城砖包砌。城墙顶部用城砖铺砌，向外的一面筑起 1 米多高的垛口，垛口上开瞭望孔和射孔。向内的一侧建宇墙。城墙的墙基宽达 7 米，顶宽 6 米有余，平均高度在 8 米以上。城墙上每隔一段距离，在山顶或险要地段都

图七 八达岭东门门额

图八 八达岭西门门额

建有敌楼和墙台。敌楼下层砌作屋宇形，用以驻兵或作仓库，上层平顶，四周筑垛口和射孔。实际上就是一座小城堡。墙台多与城墙同高，但远比城墙宽阔，或骑城墙而建，或向城墙外的一面突出，与城池的马面相似。台顶建房屋，四周筑垛口和射孔，用以巡逻戍守。长城就这样蜿蜒曲折，高低腾越，顺山势向东向西延引而去，东到山海关、老龙头，西至甘肃河西走廊西端的嘉峪关，曲折绵延一万六千余里，称其万里长城，实在有些委屈了。若将长城比作一条腾越在群山峻岭中的巨龙，山海关、嘉峪关是它的头和尾，那么居庸关地处京畿，藩卫京师，应该就是龙的心脏了（图九）。

居庸关不仅地势雄峻，为要镇雄关，而且水绿山青，叠玉拥翠，景色十分迷人，为"燕京八景"之一。清高宗乾隆游幸居庸，睹此胜景，奋笔疾书"居庸叠翠"四字。不久，将此四字镌刻石上，立在关城东南不远之处，今石碑已失，仅存碑座。在八达岭西关门"居庸外镇"外的南侧，矗立着一块巨石，称"望京石"。每逢晴日，站在石上向南眺望，百里以外的北京城隐约可见。传说1900年，八国联军攻入北京，清室皇族仓皇出逃，慈禧太后曾站在石上，南望京城。不知看到固似金汤、繁华如锦的北京城被洋人焚烧掠夺，

图九　八达岭长城

烈烟弥空，这位不可一世的"老佛爷"作何感想？

　　居庸关附近，20公里长关沟内，古迹胜景历历可数，弹琴峡、白凤冢、点将台、拴马桩，……古人记述有八大景、七十二小景之说，不必说玉关天堑、石台云阁、叠翠联峰、双泉合璧，也不必说汤泉瑞霭、琴峡清音、虎峪晴岚、驼山香雾，还有那榆林夕照、岔道秋风、鹿野耕云，以及古人那脍炙人口的诗赋题咏——"天开叠堑拱神京，断绝伊吾拔汉旌""溪云山雨生春色，水树风林带晓晴"（雷宗《玉关天堑》），就是那长城的四季也足以让人魂绕梦牵。

　　春风乍暖，万物复苏，几场春雨过后，长城仿佛也从酣梦中醒来，抖掉了身上的积雪，拂去身上的浮尘。片片白云为她披纱，簇簇山花为她装扮，山溪为她弹琴，百鸟为她歌唱，她在以崭新的姿容迎接远客。夏日，雨后初晴，树木一片青葱，芳草翠绿欲滴，群山如一块块翡翠堆垒，又像翻滚起伏的碧浪，无边无际，而在这万顷波涛中遨游的就是那巨龙般的万里长城。时逢深秋霜旦，满山遍野的黄栌叶子红了，近看，如一团团燃烧的圣火，远看，与天边的朝霞相映成趣，像天上织女巧手织就的片片锦缎，远远伸展而去与云霞交融在一起，顿时成了火红的世界。但让我说，冬天的八达岭长城最美了，银装素裹，游人息足，群山只剩下了一片圣洁的白色，长城也显得空旷了许多。此时你登上长城，顿有远离嚣尘之感，或许会觉得自己与长城熔铸在一起了，成了长城的砖石，成了群山的树木，任思绪驰骋，凭幻想飘飞。偶尔，一两声山雀的啼鸣唤醒了你的梦境。用手抚摸一下城墙厚厚的积雪，顿时冰凉浸骨，这才感觉到自己的真实存在。这些，只有多次到过长城的人，才能体会。

　　居庸关的名字始见于秦，秦始皇时期，为了修筑长城，从全国各地征调了数以万计的民夫卒役，迁徙于此居住，遂有"徙居庸徒"之举。汉代置关，以之为名，称居庸关。内蒙古和林格尔东汉壁画墓中有居庸关的图像（参见《天下雄关谁为最》图二）。三国之时名西关，北齐时又叫纳款关；唐代称居庸关，也叫蓟门关、军都关；辽代以后，只称居庸关。

　　这里夏商周三代属幽州，春秋、战国为燕国的封地，秦代辖于上谷云中郡，汉初隶属燕国，后撤销诸侯国而设幽州，晋属范阳国，隋归涿郡，辽代设幽都府，金属燕京，元代辖于大都路。

据史书记载，现在的关城始建于明代，太祖朱元璋洪武元年（1368 年），遣大将徐达、常遇春北伐，元顺帝仓皇逃离大都，出居庸关北遁，徐、常二将遂据居庸，跨两山建关城，东据翠屏，西控金柜，周长十三里，城高四丈二尺。厚二丈五尺，南北设券城重门，上建城楼，另筑城台敌楼，辟水门，并在关城外险要地带筑护城墩六座，烽堠台十八座。有明一代，屡屡修葺。据统计，环绕居庸关有隘口近百二十处，烽堠墩台百三十余处。归隆庆卫戍守，隆庆卫原统辖军卒 14246 人，先年逃绝的 10541 人，实有守军 3750 人。配备有大将军铜炮、铁炮，二将军铁炮、铜炮，小将军铜炮、神铳、佛郎机等火器，以及常规冷兵器，可见防守之严密。

居庸关居"内三关"之首，古来就是兵家必争之地，其南还有紫荆关、倒马关（图一〇）。元代诗人萨都剌有《过居庸关》诗云："居庸关，山苍苍，关南暑多关北凉。天门晓开虎豹卧，石鼓昼击云雷张。关山铸铁半空依，古来几多壮士死。草根白骨弃不收，冷雨凄风哭山鬼……"

唐安史之乱后，藩镇割据，国力渐微。唐武宗会昌元年（841 年）雄武军使张仲武镇守燕冀，曾上表说，幽州的粮草皆在妫州（今河北省怀来县东南），可以占据居庸关，断绝他们的粮道，幽州不战自乱。五年之后，武宗灭佛，下诏限定寺院及僧尼数额，多余寺院拆除，僧尼还俗。一时大乱，五台人僧人私逃奔幽州避难。张仲武在居庸关关门上封刀二把，并下令，游僧有敢私入关者，立斩无赦。

南宋嘉定四年（1211 年），蒙古成吉思汗铁木真率精骑劲族南征伐金，沿途杀掠甚酷。九月，兵至居庸关下，金守将完颜福寿弃关而逃。蒙古军队在遮别的率领下，占领居庸关。嘉定五年（1212 年），铁木真率兵再至居庸关。金守将讹鲁不儿依恃天险居庸关固守，先在近关百里范围内遍撒铁蒺藜，又在关隘布以重兵，并铸铁固关门。蒙古军队组织了多次强攻都被击退。成吉思汗遂一面派兵佯攻，一面轻骑疾驰紫荆关。在野狐岭大败金兵，轻取涿、易二州。再遣部将遮别率兵自南攻打居庸，此时居庸关已无险可守，讹鲁不儿等腹背受敌，只好献关投降。

元朝建立，定都北京，称大都，居庸关遂成藩篱。时至泰定帝死后，诸王争立。上都王禅、太尉不花等率兵军次榆林，不久，攻破居庸关，屯兵三冢。此时，图帖睦耳已继皇位，是为文宗，下诏太平王燕铁木儿率军征讨。

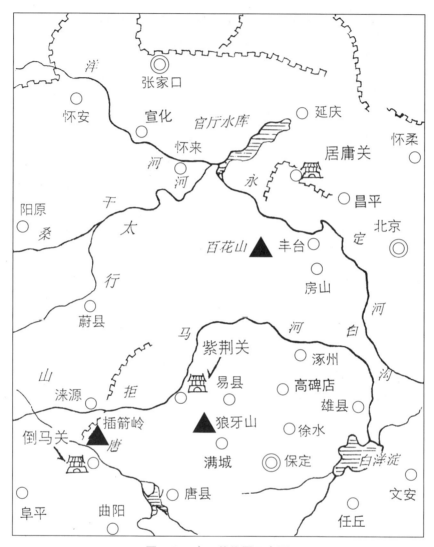

图一〇　内三关位置示意图

与王禅军在榆河（居庸关南）北岸相遇，燕铁木儿麾军奋力冲杀，大败敌军，追至红桥北（今北京昌平西南）。两军兵力云集，展开激战。燕铁木儿虽身居王位，却不避箭矢，身先士卒冲入敌阵，砍伤阿剌铁木儿左臂，其部将和尚也伤另一敌将，占据红桥。遂分三路击溃敌军。两天之后，敌军复合，两军又在白浮（昌平附近）鏖战，燕铁木儿亲手毙敌七人。这天夜里，又派骁将率精骑百名鼓噪而进，箭射敌营。敌军不知虚实，自相残杀，死伤不计其数。

第二天夜里，设计前后扰敌，吹响铜角，敌军不战而乱，仓皇西遁。燕铁木儿麾军追击，斩首数千，降者万余。王禅单骑逃逸。燕铁木儿派三万兵马，驻守居庸关。燕铁木儿在这次平叛保卫大都时功勋卓著，元文宗在红桥建祠立碑以彰其功。萨都剌眼见耳闻居庸关前的争战，所以才有如此绘情绘状的描写。

到了明代初年，徐达、常遇春在居庸关修筑关城。不久，燕王朱棣率军扫北，"拔居庸关，破怀来，执宋忠"（《明史·成祖纪》）。事情的经过是这样的。燕王起兵后，首先派兵攻打居庸关，守将余瑱败走，燕王遂据居庸。都督宋忠欲进兵北平，见居庸失守，遂屯兵怀来。燕王预料宋忠必定前来争夺居庸关，于是先发制人，亲率精兵八千，疾驰怀来。宋忠见燕王兵至，采取欺骗的手段激励将士，说他们在北平城内的妻儿老小都已被燕王残杀，要杀敌为他们报仇。燕王得知了宋忠的计谋，让宋忠部下的家属高举旧军旗帜为先锋。一到阵前，便呼兄唤子。宋忠的将士看到亲人安然无恙，既欣喜又愤怒，齐呼："宋总兵欺我！"宋忠仓促列阵对敌，阵还没有布成，燕王麾军已渡河，鼓噪而进。宋忠败逃，死于乱刃之中。余瑱被俘，不屈而死。

此后不到五十年，也先率瓦剌大军南攻，在怀来（今河北省怀来县）土木堡大败明军五十万，俘获明英宗朱祁镇，这就是历史上有名的"土木堡之变"。"土木堡之变"后，北京城内守军有生力量只有万余，与瓦剌大军相比，寡众悬殊，是以朝野上下一片混乱。以兵部尚书于谦为首的臣僚拥立朱祁钰即位，力主抗战。组织北京军民在西直门、彰义门、德胜门外大败瓦剌军队。激战五天五夜，毙敌万余，胜利地保卫了北京。在北京保卫战中，于谦荐举罗通为兵部员外郎，镇守居庸关。也先进攻京师时，另遣一路精兵攻打居庸关，军情十分危急，又无援兵。时值数九寒天，罗通采用了宋将杨延昭冰冻遂城的办法。发动将士汲水上城，冰冻居庸关。双方相持了七天，瓦剌军队看攻城无望，粮草又渐趋不足，引兵退遁，罗通命开关门，随后掩杀，大破瓦剌。

居庸关、八达岭的关城、城墙可以说是亿万忠勇将士的血肉铸成的。他们的鲜血浇铸了城墙的一砖一石，把万里长城点缀得更加壮美。但这巍巍的关城，不光只有金戈铁马，征战厮杀，还有凄美动人的传说故事。

喜欢京剧的人都知道，有出著名的京剧叫《游龙戏凤》，演绎明武宗朱厚煦微服出游，在山西大同府巧遇酒家少女李凤事。李凤不但姿容秀美，而且天真无邪，与深居宫墙之内的嫔妃性情迥异，得武宗喜爱。李凤不知这就是当今皇帝，也对这位风流潇洒的公子一见钟情，遂约为婚配，戏曲到此就落幕了。不过据传说，武宗携李凤一同回京师。到了居庸关附近，谁知红颜薄命，李凤得暴疾香魂归西。武宗把她埋葬在关城西边的山坡上。到了第二天，坟上的土一夜变白，后来人们即称之为"白凤冢"，又叫李凤姐墓，成了居庸关的"关沟七十二景"之一。

在居庸关北面路旁有一块高丈余像巨枕一样的大石头，人们称它"仙枕石"。是否因为它形体巨大，只有神仙才能枕卧，还是另有逸文典故，今已无从考证。仙枕石的西侧镌刻吕贲所书"仙枕"二字，旁边刻石记事："嘉靖乙卯三月十二日，虏犯古北口。奉命率三镇兵二万余，系由居庸关入援。廿二日虏败遁，廿五日班师，取道怀来即归。阳河总督军务兵部尚书灵宝许论题。"看来是后人再刻而成（图一一）。明人作诗题咏仙枕石："居庸万马绕山前，未许苍苔睡晏然。见说华山风日暖，如何移伴白云眠。"品读此诗，实有忙里偷闲，"任凭风浪起，稳坐钓鱼船"的悠然之感。

在居庸关以北是连绵不断的军都山，据说汉代曾在山下屯过兵，故以军都为山名。在军都山脚下的向阳缓坡地上，坐落着一座"山戎墓地博物馆"。这个博物馆与常见的博物馆不同，走进它的大门，看到的不是一个个展柜，而是一处经过科学考古发掘的，北京地区久已消逝的古老民族——山戎的墓地。一座座墓圹内死者骨骼犹在，各种随葬遗物原封保存。我们现在看到的，还只是这片玉皇庙山戎墓地的一小部分，整个墓地墓葬一排排、一

图一一　居庸关仙枕石题刻

列列布满了这片坡地，有 350 座之多。在军都山麓还有这样的墓地数处，如西梁垙、葫芦沟等。这些墓地的墓葬都有着共同的特点，不论大小，多头东脚西埋葬，死者仰身直肢。特殊的是，在死者的头端，多堆放一堆家畜的骨骼，或马、或牛、或羊、或犬，以犬为多，以马最为稀少。死者的头上覆盖缀有小铜扣的麻布覆面，耳的部位还有耳环。脖颈下有项链，胸部佩各种动物形象的青铜牌饰，男性死者的腰部往往出土青铜直刃短剑、青铜削刀、带钩、磨石，下肢部位出青铜斧、铜锛、铜凿以及铜箭头、骨箭头等等。有很多器物做得很有特色，譬如那一把把青铜短剑，长度都在一尺左右，尖锋直刃，剑首或铸成双环形，或镂空，还有一件铸成两只小熊对吻状。再看动物牌饰，或作卧虎，或作奔马，情趣各异。结合古典文献，考诸历史地理，山戎这个早在秦汉就已消逝的古代民族在我们的脑海中复活了。在春秋战国时期，军都山麓水草丰美，遍地花香，山戎民族在这片土地上放牧牛羊，射猎野兽。广袤的军都山是他们的牧场，向阳坡地是他们的家园，他们不论男女，都戴耳环，挂项链，胸前还佩戴着动物牌饰，男子身佩青铜短剑、短刀，纵马驰骋、弯弓射箭，一个个剽悍善战。用他们狩猎得来的虎豹皮与邻国交换物品，而且在一段时间内非常强盛，在他们首领的带领下，纵马南下"伐燕""越燕而伐齐"。齐桓公曾为救燕而征伐山戎，得其冬葱、戎菽，移植齐国。这样看来，今天山东人特别爱吃大葱的习俗，很有可能在山戎部落找到源头。

从居庸关东行 10 公里，在天寿山坳之中，是一片金碧辉煌的古建筑群，这就是著名的"十三陵"。明代自成祖朱棣以下，十三位皇帝和他们的后妃长眠在此。过了石牌坊，进入朱红大门，面前是一条渐次升高的神路，神路两旁对称站立着 12 对石人、石兽。顺着这条神路可直达明成祖朱棣的陵墓——长陵。可能是为彰显成祖定都北京的殊勋吧，陵寝的正殿、宝顶建筑得比其他陵墓都要宏阔，可与奉天殿（清太和殿）媲美。据说那六十根支柱，都是用整根从印度尼西亚、越南等热带国家运来的金丝楠木做成的。其他皇帝的陵寝排列在长陵的左右。西面的是献陵、庆陵、裕陵、茂陵、泰陵、康陵、定陵、昭陵、思陵，东面的是景陵、永陵、德陵，陵园面积达 40 多平方公里。

至于陵墓内随葬遗物之奢华，更令常人难以想象。20 世纪 50 年代中期，考古工作者发掘了万历皇帝朱翊钧的定陵，可以说打开了一座地下宝库。

定陵的陵寝深入地下 27 米有余，前殿、中殿、后殿、左右配殿相套相连。全由巨石砌筑。后殿棺床上摆放着万历帝和孝端、孝靖皇后的三具棺椁，周围随葬各类精美文物 2000 多件，有金、银、玉、瓷器和丝织品。其中以一件衮服和翼善金冠、皇后的凤冠最为华美。衮服由金黄锦缎缝制，缂丝团龙和十二章，是皇帝参加盛大庆典活动时才穿着的朝服。翼善冠乃万历皇帝戴的皇冠，全用细软的金丝编织而成，状如幞头，冠顶正中嵌一只宝珠，两边对称一边一条金龙，作抢珠状（图一二）。龙凤冠出自皇后棺椁内，用 5000 多颗珍珠、100 多块宝石及黄金饰片镶嵌。前、后、左、右围绕三龙六凤，龙用黄金制作，口衔宝珠，凤身满嵌珠花。珠光宝气相映生辉（图一三）。

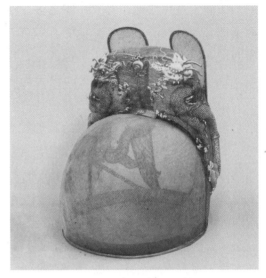

图一二　定陵出土的金翼善冠

图一三　定陵出土的凤冠

游览帝王陵寝，总有一种难以言表的压抑之感，那些随葬器物的穷极奢华，那浩瀚的工程榨尽民脂民膏。地宫中所特有的阴森之气也常常让人透不过气来。还是那雄镇燕冀的八达岭、居庸关，那盘龙走蛇、绵延万里的长城，充满了阳刚之气。有人说它是凝固的诗，又有人说它是流动的画，这都对。但我看来，它更像北京的特产佳酿二锅头酒，乍喝起来有些辛辣，但醇香沁人心脾，回味甘甜。登长城不也是这样的吗？攀登时汗流浃背，腰酸腿疼。而当你登上长城之巅，锦绣河山尽收眼底，昔日的金戈铁马纷至沓来。这时你会庆幸自己没有被困难吓倒，是真正的英雄好汉。

断山古北铁门关（古北口）

　　在京北的长城线上，古北口称得上是除居庸关以外的另一处险关要塞口。两关一东一西，呈犄角之势，守卫着京师的北大门。

　　古北口在北京的密云区古北口镇，与河北省滦平县巴什克营子交界，包括古北口关城和向左右两翼伸展的金山岭长城和司马台长城。与居庸关和八达岭相比，雄险不在其下，又因离北京市区较远，游人相对较少，加之后世疏于修缮，所以更显出历史积淀的雄厚，更具有朴实无华的魅力。

　　古北口关城惜已早年坍圮，只能从《日下旧闻考》、《昌平山水记》等书中，找寻它昔日的丰彩了。书中记载，关城筑于两山之上，夹潮河而对峙。平面略成三角棱形，绕关墙一周总长四华里零三百一十步。三面城墙每面各开城门一座。其地势一面紧傍白石岭，另一面雄镇潮河。潮河流经的潮河川，阔处可一二里，窄处仅二三丈。逢盛夏初秋，骤雨滂沱，山洪裹挟山石树木顺流而下，奔腾呼啸，势如摧枯拉朽。平时水浅流缓，古人植巨木，布山石，以加强防卫（图一）。文中还记载，潮河川的东侧，有一座城台，台上建有敌楼，台下为出入通道，俗称铁门关，即古北口关城。潮河川的西侧也有一城台，两城台与长城相连，与周围敌台戍楼相望，构成了古北口的防御体系。清代乾隆皇帝御制《出古北口》诗，有"夜雨朝晴候，襟燕带塞关。辽哉绵万里，壮矣据千山"句，赞其形胜险要。又有古籍将京北关塞做过比较，认为居庸关可以通大车转运粮饷，而松亭、金坡、古北口只能容人马通过，不能驰车。

　　古北口关城建于明洪武十一年（1378年），同年设守御千户所总理戍务。三十年（1397年），朝廷改千户所为密云后卫，统领左右中前后五个千户所，

图一　潮白河与北口长城（摄于 20 世纪 30 年代末）

在短短的不到二十年中，防备兵力增加了五倍！明弘治七年（1494 年），又在此设古北口提调，由古北路参将辖领。

古北口关城建成后，有明一代在周围属建墩台戍楼。关城之外筑有两道夹墙，守关将士曾在这里接受赏赐，当时军乐手在两山之上击鼓吹号，山鸣谷应，四野震荡。关下和川口东南各建一座小城，开二门。一曰北关营，一曰潮河川堡，关城东西两侧与长城相连，参差逶迤，千里不绝。沿长城线上，敌台林立。每台设一名百总主杀敌，正副台头二名管粮草辎重。每隔一二里建一墩，每墩驻士卒五人，负责烽火瞭望。《明孝宗实录》载，弘治八年（1495 年），兵部右侍郎王宗彝等人奉旨巡边，在古北口一带增筑大型墩台，高三丈。"上置草屋，下挑濠堑"。为了防御日渐强大的关外满人，嘉靖三十三年（1554 年），又在潮河川筑小石城六座，以分屯劲兵。到了隆庆年间，张居正主理明廷政务，调谭纶、戚继光镇守辽蓟。谭纶任总督，戚继光任总兵。戚继光镇守的蓟镇一线，西起居庸关，东至山海关。他一边训练军队，一边踏勘地形，加强长城的营缮修筑，古北口关城及周围的楼堡墩台，大概最后格局形成于此时。

图二　金山岭长城

　　当时的蓟镇自居庸关至山海关，分为"十二路"，"古北口路"是其中之一，负责防御的关口 28 座，长城 100 公里。

　　金山岭长城是为古北口的北翼，它由古北口顺着大、小金山的山势延伸而去（图二）。因为是防御之要冲，这里的长城修筑得异常坚固，下面的基础用巨大的条石砌成，墙体以土夯筑，外方再用青砖包砌，城墙之上敌台楼橹式样奇巧多变，堞垛上密开瞭望口、射击孔，以及为抛掷滚木擂石而设的擂石孔。登城漫步，如果稍加留意，可以看到在一些垛口的砌石面上凿有圆圆的孔眼。这是做什么用的呢？原来这是支架佛朗机的插孔。兵器发展到了明代以后，火器逐渐登上了战争的大舞台，用火药发射弹丸的大炮，火铳也用做城防设施。走在城墙上，还可以看到在险要位置，相隔数米就有一堵曲尺形的掩墙，墙上开有品字形射孔。这也是金山岭长城独特的防御设施，称"障墙"。一旦城墙被敌攻占，守卫的将士还可凭此"障墙"，抵御入侵之敌。在主体城墙的外侧，往往还有一道高约 3 米的石砌墙体，为第一道防御线，俗称"挡马墙"。可以想见，当年一代名将戚继光为了修筑这一带的长城，耗费了多少心血！

　　如今的金山岭长城，早已失去了昔日的防御功能，仿佛已经倦怠了，舒展着巨大的身躯，安然伏卧在崇山峻岭之中，虽然有的地方坍毁颓圮，但英姿不减当年，素有"万里长城，金山独秀"之誉。那150余座敌台戍楼，因地势而建，基座或圆或扁，或方折，或作曲尺形，楼顶或四角或八角，或穹隆或船篷，很少雷同。大金山楼是敌台戍楼的典型样式，骑城墙而筑，楼分两层，下层楼台平面呈方形，上层为一座两面坡硬山顶戍楼，四周建堞垛，可戍守可屯兵；在沙峪口至砖垛口之间有一敌台称"库房楼"，其建筑甚为宏伟。高大的四方形楼台上建有一座宽敞的三开间房舍。敌台两边的长城上筑有"障墙"，敌台之外另筑周墙一道。不远处又有一道城墙以及烽火台，其防护设施严密而完备，故有人认为可能是戍卫长官驻守的"总台"；后川口的"花楼子"敌台又以构筑奇巧华美而闻名，它的券门用汉白玉砌就，上面浮雕牡丹、海棠诸样花卉，每逢日出日落，这些花卉俨然活动起来，令人目不暇接。门洞内有石碑一通，碑文记载了谭纶、戚继光修筑长城的艰辛。

　　当地人又把"花楼子"叫将军楼，以此纪念为修建和守卫长城死去的一位女扮男装的英雄烈女。传说在戚继光任蓟镇总兵时，曾起用过一位年轻而英俊的后生为将戍守古北口。这个年轻人不但弓刀石、马步箭样样精通，而且兵书战策无一不晓，深得戚继光赏识。只是这个年轻人略嫌文弱了些，眉宇间时常流露出妩媚之态。修筑长城的工程开始了，他又披荆斩棘踏勘地形，率领士卒身背肩扛，搬运砖石土木砌筑城墙，经过数载的努力，古北口金山岭的长城基本完工。谁知城墙刚刚修好，敌人的铁骑就像一片乌云袭来，直扑古北口。他又以疲惫的身躯，率军抗击来犯之敌。经过几昼夜的殊死搏斗，终于击退了顽敌的最后一次进攻。他也因为过度劳累，身披沾满鲜血的铠甲倒在了城头。他死后，将士们才发现这位令人拥戴的年轻将军是个巾帼女子，为了纪念她，人们就把这座秀美的敌楼叫作将军楼、花楼子，她坟茔附近的一条大沟叫将军沟、花楼子沟。

　　古北口的南翼是司马台长城，它攀援着陡壁悬崖向东南方向伸展，忽而腾越峰巅，忽而俯探幽谷，尤以奇险、壮美闻名。这部分长城我们在北京东北的密云县就可以看到它的身姿（图三）。你如果是个踏访者，随着游人，顺着不太陡峭的山坡初登城墙时，似乎觉得与八达岭长城没有什么区别，已经修缮的楼台尚新，磴道也还平缓。但走不上二三里，过了几个敌台之后，景象顿觉一变，不但山势倏然陡峭起来，城墙也已颓圮破败，有的只残存半边，

图三　古北口司马台长城

有的荆棘丛生，敌台戍楼只留下了断壁残垣，好像一位猛士卸去铠甲战袍，袒出铮铮铁骨，显露出原始之美，给人一种渐入佳境的感觉（图四）。继续前行，就则要手脚并用，攀荆附葛了。这时不但要有较充沛的体力，还要有几分勇士的豪气和毅力。又攀过了几座敌台戍楼，就是体力再好的人也已是腰酸腿软、汗流浃背了，不禁想找一处敌楼平台小憩。在司马台长城上，这是极惬意的享受。春季，百花竞放，姹紫嫣红；夏日，叠碧拥翠，满目青葱；秋天，天高云淡，红叶满山。喝几口水，吸几口都市里难得的新鲜空气，再经习习的轻风一吹，倦意顿消。举目所见，峰峦如聚。这里游人渐稀，无论携三五知己，还是孑然一身，都会产生一种超然脱俗之感，只有长城——这祖先留下的瑰宝，才是真实，才是依靠。一代伟人毛泽东曾经写道，"不到长城非好汉"，显示出红军将士同仇敌忾抗战到底的决心。可是，一旦当站到长城的面前，你就会感到自己是那样渺小，真正伟大的还是那亘古绝世的长城，真正的英雄好汉还是我们的祖先——万里长城的设计者和筑造者们。司马台长城，有两处以"天"字为名的城墙最为险要，一曰"天梯"，一称"天桥"。"天梯"直上险峰之巅，坡度几近垂直，享有可望不可攀的美誉。据说与怀柔区境的另一段险要长城"鹰飞倒仰十八蹬"不分伯仲。"天桥"是跨越两山间的墙体，高达十数米，宽仅 40 厘米，用两列砖并砌而成，但坚固异常，是为长城线上的独特建筑。游人尽管浑身是胆，也不敢贸然登攀。用于戍守的敌楼形状各异，名字也起的别致，构筑秀美的称"仙女楼"；建在险峰之上，又高又直的叫"棒槌楼"；两个敌楼并立的叫"姊妹楼"；建在最高的山峰上，登临楼顶可遥望北京城的就叫"望京楼"。这每一段城墙，每一座敌楼都流传着一段动人的故事，姊妹楼传说是大雪、小雪两姐妹出主意建成的。修望京楼时，山高坡陡，砖石运不上去。是二郎神杨戬把砖石变成牛羊，用鞭子赶上山修筑的。仙女楼，则有仙女变成羚羊，与牧童相恋的故事；三仙楼，传说有三仙为将士开泉祛病，帮助守关的故事。这些故事世代相传，反映了人们对长城的热爱，对祖先修筑长城艰辛的追思。

古北口关城及两翼长城虽修筑于明代，但还不是这里最早的长城，早在距今 1400 多年前的北齐天保年间，从西河至山海关筑长城 1500 多公里，土石结构的城墙就在这里留下了遗迹。到了唐代，这里称虎北口，设东军、北口二守捉。宋辽金时期，称古北口，为南北交通要道。不论宋辽还是宋金，凡遣派使臣都必须由古北口经过，看到古北口的雄险气势，不少人在这里留下了诗文佳句。"唐宋八大家"之一的欧阳修奉诏出使契丹，途经古北口，作诗曰："古关衰柳聚寒鸦，驻马城头日欲斜。犹去西楼二千里，行人到此莫思家。"（《奉使契丹初至雍州》）元祐年间，

图四　司马台长城敌楼

苏轼之弟苏辙使辽，作《古北道中》诗："乱山环谷疑无路，小径萦回长傍溪。仿佛梦中寻蜀道，兴州东谷凤州西。"据记载，他经过古北口时，还拜祭过杨无敌祠，有《谒杨无敌祠》一首，诗云："行祠寂寞寄关门，野草犹知避血痕。一败可怜非战罪，大刚嗟独畏人言。驱驰本为中原用，常享能令异域尊。我欲比君周子隐，诔彤聊足慰忠魂。"宋时，古北口属辽契丹境。宋辽两国争战不断，令公杨业又是在与辽征战中英勇战死的，在这里建杨业祠令人不解，故尔后人对此提出疑问，认为明代以前这里建杨业祠没有可能（图五、六）。所言或是，但苏子由诗中所言凿凿，又令人不能不信。后来咏古北口的诗文很多，倪敬、董潓、汤显祖、李梦阳等皆有佳句。许佽的《塞下曲》写古北口的形胜，"古北关前月似霜，石塘岭下塞云黄"。董潓《塞下曲》抒发自己的豪迈气概，"洗剑潮河冰满川，弯弓古北雪封鞯"。

古北口作为一处要塞，金代始置关城，号铁口，这当是铁门关名字的由来。据记载，贞祐二年（1214年）盛夏，淫雨连绵，潮白河水暴涨，以致把古北口的铁裹门冲去。

古北口附近，古来为兵家必争之地，据《金史》记载，金兵曾在此打败

图五　古北口水镇杨无敌祠

过宋军，也打败过大辽。金辽争战中，辽屯兵古北口，金兵首领宗翰遣兵进袭，由于兵力不足被辽兵追入谷中，随之辽兵万余骑掩杀而来，只得退守古北口，情况十分危急。完颜希尹即自动请缨，驰兵增援，在古北口外大破辽兵，又击溃其埋伏，"斩馘甚众，尽获甲胄辎重"，为取燕京打开了大门（《金史·完颜希尹传》）。元代天历年间，宫廷内乱，上都叛兵攻入古北口，守关的兵将溃败而逃，叛军又攻占了石槽。元大将燕铁木儿遣部将撒敦绕道至石槽，从后面发起攻击，燕铁木儿又率大兵杀至，两面夹击，大败叛军，追杀四十余里，擒获

图六　杨无敌祠内杨老令公塑像

叛军首领数人。后来又派撒敦出古北口，追斩叛军残部。

　　明朱元璋灭元，派四子燕王朱棣率兵扫北，在古北口也留下过佳话。洪武二十三年（1390年），燕王朱棣率军追剿元朝残部，直出铁门关外。元军乃儿不花部驻扎在迤都山。燕王一面麾军围堵，一面派不花旧友观童出面劝降。结果兵不血刃，乃儿不花与元丞相咬住迫于大军威势，遂相约来降。嘉靖年间，游牧于西北边境的鞑靼部日盛，其首领俺达野心勃勃，于嘉靖二十九年（1550年）驱兵取道威宁海子，一路攻陷大同，直逼古北口关城。明将王汝孝据关坚守，俺达屡攻不下。出重金买通土人，别遣精骑，由土人为向导，从关左黄榆沟间道，迂回至关后，前后夹攻，官军大败，古北口失守，俺达入关之后，长驱南进，直扑顺义、通州，杀掠无算。其一部自通州渡河，攻到了安定门外，驻军校场。京师震怖。后来俺达看到城墙坚固，攻城无望，只得再行抢掠，经诸陵而北，循潮河川，出古北口撤回草原。

　　迄至清代，满族人以东北少数民族入主中原，又以怀柔之策化解蒙、藏

等族与朝廷的矛盾，解除了北方边境之患，古北口等关隘逐渐失去了昔日防御要塞的功能。但在清代前期，特别是顺治、康熙、雍正、乾隆四朝，这里仍布重兵防戍。顺治初年古北口设都司一员管理，康熙三十二年（1693 年）移提督驻扎。皇帝经常御驾来此视察，且多有诗文留传。康熙帝《御制古北口诗》云："断山逾古北，石壁开峻远。形胜固难凭，在德不在险。"标榜自己以德治世的功绩。乾隆帝弘历于六年、十年、二十一年、三十七年多次巡狩古北口。六年检阅提标士卒时，作诗颂赞戍守古北的士卒训练有素，英气勃发："鸣驺出天府，停辂驻雄关。雁避弯弓士，熊罴列戟班。堂堂阵方劲，赳赳技皆娴。讵弛忘危念，犹思守德难。"（《古北口阅提标兵士》）三十一年后再到古北口时，看到的是一派商旅繁忙、民乐农桑的平和景象，"岩牒轴颓半有址，市鄽栉比永无征。旅人那虑渐石泞，农父偏欣晒麦晴"《出古北口即事》——看来此时关城已经失修，堞垛半颓。1933 年，国民政府 17 军、62 军曾在古北口抗击日寇。自此后，古北口及附近的长城唯以它雄健的身姿供后人瞻仰凭吊了。

京东要防黄崖关

　　明代修筑的万里长城自京东越燕山而过，到了古北口一带，陡然向南折转，再向东而去。在京东转弯之处，留下了一处要防——黄崖关（图一）。

　　黄崖关在今蓟州区城区东北30余公里处，为天津市所辖。关城构筑在山峡之中，沟河从城边流过，倚山镇河，地势十分险要。关城坐落在沟河的西岸，原来的城垣和关楼早已坍塌毁圮。现在的关城是几经勘测，于1984年修复的。关城的平面呈曲尺，从东至西由瓮城、外城和内城三部分组成。城墙东、西、南三面设通衢城门和城楼，北城墙因防御需要不设城门，而在城台上

图一　黄崖关形胜

建了俗称帝庙的北极阁。南城门楼上镶"黄崖口关",北城门楼上书"黄崖正关"(图二)。为了加强关城的防御性能,当初建关时街道坊巷的规划布局下了很大功夫,没有按古代城市传统的十字形交叉法设计,街道多呈曲尺形或丁字形,有利于防御。一旦敌人攻入关城,守城将士可以凭借复杂的地形与敌人展开巷战,当地人沿用古来的名称,仍叫它作"八卦街"。今天关城中的房舍建筑仍沿袭了这一格局,人们走在这些街巷之中,仍东西难辨,有一种扑朔迷离的神秘感。

黄崖关关城的两侧接筑了高峻的城墙。东城墙经水关跨沟河,攀山越岭至平安寨,抵黄崖山。黄崖山崖壁陡峭如削,绝难攀援。城墙到此黯然断开,以山为墙,人们称之为"山险墙"。在黄崖山顶,再建敌楼,与长城连为一体。黄崖山景色也非常迷人,每当红日西沉,晚霞升腾之时,崖面被涂上了金黄之色,华彩熠熠,古来就以"黄崖夕照"之名,列为"蓟州八景"之首(图三)。黄崖关也因此而得名。与黄崖关关城相接的西城墙也沿山峦走势,向西达西山的"山险墙"下。两山夹峙,一水拥城,构成了黄崖关独特的防御体系。

黄崖关的防御设施除关城、水关、太平寨之外,随不同地形、不同位置而构筑的敌楼、墩台、城墙也各有特色。水关跨沟河而建,东连太平寨,西接黄崖关城。长75米余,五孔,上有垛口、射孔,下设铁栅,水通流而人马不能过(图四)。敌楼、墩台或跨坐长城城墙之上,或倚靠在长城墙体旁边,或挺立在长城左近的山梁坡顶,像不知疲倦的哨兵一样守护着长城。它们有的

图二 黄崖关北关楼

图三　黄崖夕照

图四　黄崖关水关

是砖砌的，有的是石垒的，有的是砖石混筑的。形状各异，大小不同，既有空心的，也有实体的。方形空心敌楼以修筑在东山上的"寡妇楼"最为壮观，它下面是骑城墙建筑的墩台，墩台四面开瞭望孔。顶上垛垛环围，中间建一座两面坡硬山铺房。这座敌台既可驻军，可成守瞭望，还可以储存充足的军需给养。凤凰台是东山上的一座高大的圆形墩台，它的门户开在墩台中腰，由此可登上台顶。台顶建有铺房，围以堞垛，属战台类型。与凤凰台相比，附近的一座圆形墩台就显得清秀多了。这座墩台也骑跨在长城城墙之上。奇特的是，自下而上实心到顶。顶上的房屋早已毁去，尚留了用片石垒砌的炕和灶膛遗迹。推想当年士兵在这里戍守时，当是以绳为梯攀援上下的。

连接黄崖关的长城城墙西接北京平谷区的将军关，东联河北省遵化县的马兰关，不但奇险，而且砌筑形式颇为复杂，有的地方用砖，有的地方用石块，有的地方里面砌石外面包砖，还有的下面用条石，上面用砖包砌。城墙宽处上面可以行车跑马，而窄处竟不能三人并行。

最早在这一带修筑长城是北齐天保年间，尚有残烽火台遗存。现在的黄崖关及附近长城也是明代修建的。查诸史籍，明永乐、成化年间（1404～1488年）在此建关，嘉靖年间（1522～1566年）沿关城两边构筑起土石城墙，到了隆庆年间（1567～1572年）建起敌台，万历年间（1573～1620年）又在城墙外包砌砖。黄崖关的修葺，与名将戚继光镇守辽蓟、督修长城有直接联系。1984年修复黄崖关之后，在这里立起了戚继光的石雕像，以纪念这位英雄。

据《四镇三关志》记载，当时的黄崖口下辖关寨七处，边城六十里。黄崖关为其中之一，其他尚有耻瞎谷寨、古强谷寨、蚕椽谷寨、青山岭寨、车道谷寨、太平安寨等。黄崖关又有大黄崖关、小黄崖关之分。《三镇边务总要》中又说，大、小黄崖关相距十二里，正关只可容单骑通行。

经过数百年岁月的剥蚀，昔日的黄崖关及这一段长城早已肢残体破。1985年以后，天津市历时三年修复了黄崖关城，以及二十几座敌台。

黄崖关北门为关城正门，上面关楼原来是什么样子史书失载。在这次维修中，对复修关楼的式样作了充分论证，最后采纳大多数人的意见，参照不少关城北墙上建真武阁的例证，在黄崖关北城墙之上建筑了一座真武阁。真武即玄武，为汉代以来流行的四神中的北方之神，以交缠在一起的龟、蛇为图像。在黄崖关北门上建真武阁，还有另一方面的考虑。黄崖关初建于明成祖永乐年间，成祖朱棣曾率军扫北，封燕王。后来灭建文帝朱允炆称帝。他即位后不久，就把都城由南京迁到了北京。朱棣崇信真武大帝。复修真武阁完全参照了明代的建筑式样。西阔五间，九脊歇山顶，前后出廊。在青山环抱之中，绿水映衬之下，黄崖关关城灰瓦朱户、龇脊飞檐，别有一种雄伟壮观又不失典雅端庄的风姿。

太平寨是黄崖关东段长城上，自水关至黄崖绝壁之间的一处山间隘口，在黄崖关东南约 1 公里的小平安村。《日下旧闻考·边障》引《四镇三关志》云，成化二年在此建寨。太平寨平面呈方形，条石为基，上面用砖砌筑。东西与城墙连接，南北置券门。明代，这里常年有兵卒把守，以盘查过往行人，防止敌人偷袭。

黄崖关长城的敌台中，还有一种过水楼，多建在河渠低凹之处，形制与普通方形墩台没有大的差别，唯下面起券成涵水洞，以纳流水通过。

考证黄崖关一带的行政沿革，秦时这里隶属无终县，到了唐代，为蓟州所辖。当时的蓟州范围颇广，辖地除蓟县外，还有三河、玉田、丰润、遵化等县，治所在渔阳（今蓟州区）。一直到民国三年（1914 年）才降为县，辖于河北省。

而今的黄崖关已成了旅游胜地，到了这里，除了饱览山光水色、雄关险塞之外，还可以在博物馆中看到明清两代长城防御用的武器，铁炮、铜铳、铁蒺藜、绊马索，以及装填火药用的火药勺等。特别是一柄戚继光用过的佩刀（复制品），上面镌刻"万历十年，登州戚氏"八个字，更让人感慨万千，怀念这位抗倭御边的英雄，这位深谙兵法、严格练兵的一代名将。

在京东蓟州，若以文物考古价值论，比黄崖关更胜一筹的是独乐寺和寺内的十一面观音菩萨塑像。如果我们把黄崖关化作一个筋骨强健的铮铮铁汉，那么独乐寺就是一位面目慈祥而又博学多识的长者。

这座梵寺坐落在蓟州县城西大街，主体建筑为山门和观音阁，仍在保持千年以前的风姿。梵寺不知始建于何年何代，到了辽圣宗耶律隆绪天统二年（984 年）重建山门和观音阁，以后各代虽屡有营缮，但多只是修葺粉饰。参观独乐寺，如同诵读一本古书，它的斗栱额枋硕大而古朴，建筑风格与故宫、十三陵等明清建筑迥异。山门面阔三间、进深两间、单层，五脊四面坡顶。站在稍远处仔细看这座山门，会觉得它的中部明间略低而两边偏高，并且檐柱和山墙都稍稍向内倾斜，这种建筑手法在古建筑术语中叫升起或侧脚，只在唐宋建筑中常用。走进山门，两旁次间的金刚力士也是辽代的塑像。

观音阁居寺中央，是一座明二暗三层的楼阁式建筑，面阔五间，进深四间，青瓦九脊歇山顶，自基至顶高 23 米。是专门为里面的主佛建造的。主佛十一面观音高 16 米，头部直顶到三层的"斗八藻井"之下，旁边是八名胁侍。塑像微微向前倾斜，信徒走进观音阁，举头向上仰望，这尊比常人高出九倍的观音大士，正以普度众生的慈爱面容迎接你的目光。第三层明间透进来的阳光照在塑像面上，又平添了几分庄严肃穆之感，使人在景仰中又多些敬畏。顺楼梯而上，第二层围绕长方形的天井可以观瞻大像的腰身。此层为暗层，光线较暗，迫人继续登攀。到了第三层，顿现一片光明，观音大士的头肩就在身旁，仿佛伸手就可以触摸到。他身垂帔帛，面绽微笑，头顶之上又塑出十个颜面，或正或侧或向后，分四层自下而上作四三二一形式排列。想一个个看清他们的面貌，必须绕着六角形的天井口仔细端详。据佛经上说，这十面象征观音菩萨修行的十个阶段（十地），或后成佛的过程。其面相或嗔怒，或爆笑，或作白牙上出状，极为生动。惜后代修复独乐寺时，将十面妆修成同一面相，有煞风景（图五）。

图五　独乐寺观音阁内观音像

盘山乃蓟州的又一名胜，古有"京东第一山"的美誉。地在城区西北十多公里，与黄崖关略呈掎角。盘山又名徐无山、四正山、盘龙山、田盘山，主峰高约千米，尤以山奇、石怪、水湍、林茂为最。《长安客话》描述盘山："外骨而中肤。外骨故削石危立，望之若剑戟熊虎之林；中肤故果木繁盛……群崖飞瀑至此势忽奔泻，声如震霆，与松韵互答。"《四正山居志》描写盘山春日风光旖旎："清明谷雨时，万壑青松，十里红杏，天然图画。此时盖煮茗石上，看白云，听流水，相对忘言。"也有的文人把盘山秀色盖括为"三盘之胜"即"上盘之松胜，中盘之石胜，下盘之水胜"。又说有五峰之秀、八石之奇。五峰称挂月峰、紫盖峰、自本峰、九华峰、舞剑峰；八石谓悬空石、摇动石、晾甲石、将军石、夹木石、天井石、蟒石、蛤蟆石。

峰峦环抱，绿树掩映，宝塔耸峙，寺观巍峨，旧有七十二寺观、十三玲珑塔、一十六美景之说。主峰挂月峰峰顶建定光佛舍利塔。此塔初建于唐，相传智源法师在塔内藏佛舍利子和佛牙。到辽、明、清屡有修缮。塔西有茶子庵和法藏寺。现唯佛塔独存，平面作八角形，由须弥座、塔身和相轮、塔刹组成。奇峰挂月，宝塔摩天，实为不可多得的美景。其他如万松寺、天成寺、盘古寺等都很有名。惜不少已在抗战中毁于战火。如今走在盘山诸峰间，再难听到昔日梵林的晨钟暮鼓，但山光水色、鸟语花香更有一种大自然的质朴与恬静。

自古而今，游盘山的名人极多，留下的诗词题记也多。太久的不说，清代康熙、乾隆两帝曾多次游幸盘山，特别是乾隆，对盘山犹为喜爱，传言他游盘山之后曾说"早知有盘山，何必下江南"。他留下了题咏盘山诸景的诗文不下百篇。乾隆十二年（1747 年），御制诗十六首，题赞盘山十六景。乾隆七年，又作《盘山怀古诗》云："田畴不卖卢龙寨，李靖空余舞剑台。月镜团圞谁挂得，峰莲崒嵂自飞来。定光灯影犹飘忽，茶子松精美诡诙。只有开堂传宝积，求心何处一言该。"

游黄崖关不游独乐寺，犹食美味而没品香茗；游黄崖关、独乐寺而不游盘山，又好像虽逢盛筵但没有观赏乐舞，终有美中不足之憾。只有三美毕至，才称得上尽善尽美。

两京锁钥山海关

　　明代长城蜿蜒一万六千多里，横跨辽宁、河北、天津、北京、山西、内蒙古、陕西、宁夏、甘肃八个省区，沿线雄关险隘不可胜计，但依山傍海修筑的关城，恐怕只有山海关一座。

　　山海关以其奇特的自然景观独步于世，故古人云："两京锁钥无双地，万里长城第一关。"自首都北京乘车东行，驰过燕赵大地，到了东海之滨的秦皇岛市，就可以瞻仰这座雄关了。或踱步关前，或登城远眺，但见山光水色融于关城，关城之雄汇于山海。三者和谐而统一，构成了山海关的雄险，构成了山海关的壮美。

　　山海关以关城为中心，连同附近呈南北两翼形伸展的长城诸关口，形成了一套进可攻，退可守，非常完备的防御体系（参见《天下雄关谁为最》图三）。

　　山海关关城居秦皇岛市东北，距市中心约15公里，平面略呈梯形。周长4796米。其中东城墙长1378米，西城墙长1290米，南城墙1300米，北城墙828米。城墙平均高11.6米，顶宽12～15米，上筑垛口、瞭望孔、射孔。城墙以条石为基础，用三合土夯筑，外用质量上好的城墙包砌。据说，这些城砖都是动用大量士卒、民工专门烧制的。砖土往往印模铭文，书明制砖的年代，制作者的隶属机构，是民烧还是营（军队）烧，等等。

　　关城四面都筑有高大而厚实的城台，城台上建城楼，下辟拱形城门。为了加强防御性能，每座城门外还筑有瓮城，并在防御的重要城门——东、西门的瓮城外又加筑了两座罗城，似乎为山海关关城又增添了两条臂膀。围绕关城开护城河一道，是为关城的最外围屏障（图一）。

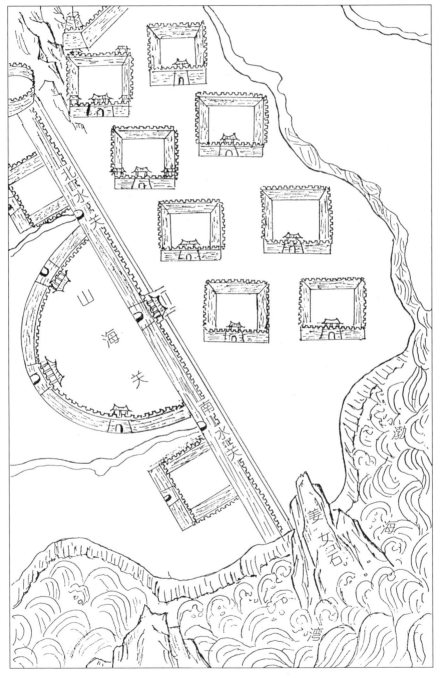

图一　明山海关示意图（根据明嘉清《九边图》改绘）

　　东城门为正门，曰"镇东门"，是进入关内的第一道屏障，故而修筑得格外坚固（图二）。城台之上建重檐歇山顶城楼一座，面阔三间，进深七架。下层西面为红漆木质正门，上层西面设隔扇窗。东、南、北三面开箭窗六十八扇，窗板红地，绘白环黑靶心。《临榆县志》记载："东门建楼高三丈，凡两层，上广五丈，下广六丈，深各半之。"在城楼西面上层檐，悬巨匾一块，上书"天下第一关"五个大字，每个字高五尺有余，与人等高。笔势苍劲，如走龙蛇。但未出落款。有人考证，是明成化年间进士萧显所书。萧显生于山海关东罗城，官至兵部给事，福建按察司合事，以诗文闻名，书法自成一家（图三）。

图二　山海关东门

图三　"天下第一关"匾额

关于萧显写匾之事，有许多逸事传说。据说萧显为写好此匾，一个月钻研古代书法，一个月诵读古人词诗文章，再用一个月观察雄关胜迹。而且晨昏两个时辰，肩背扁担，一边在院子里游走，一边把扁担的一端晃来绕去，人们都不知道他在做什么。到了写匾这一天。萧显把巨大的木匾斜靠在墙上，那匾高出人许多，他揣摩许久，让人扛过笔来，那笔，足有七八尺长，只见他把笔横担在肩上，饱蘸浓墨，侧身疾走，力凝笔端，瞬间，"天下第一关"五个大字写好了。也有人说，"天下第一关"是萧显为了周济穷人写的。那是在萧显未应科举之前，因穷困无盘缠去赴考。一位老太太惜才，把一块家藏古砚卖了，资助萧显。临行前几天，萧显写下"天下第关"四个大字交给老人，说："日后，山海关征集匾额，您可把这四个字送去。"事隔不久，皇帝果真下旨征匾字。老太太就把这四个字送给了山海关总镇，总镇和属官看了，都对字赞不绝口，唯少了一个"一"字，不能通贯。找了许多书法家、名士补字，但都不能与其他四字匹配。总镇只好又找到那个老太太，并限期找到写字的人。这时萧显已进京师为官，老太太跋山涉水来到京城，好不容易找到萧显。萧显把老太太接到家中，盛情款待之后，命人铺开巨纸，也不用笔，把头发解开，在墨缸里浸透，以手挽发，信手一挥，一个苍劲的"一"字随之而出。老太太把这个一字献上，得到了重赏。不管传说如何，经历了数百年的岁月风尘，字与匾俱老，匾又与山海关关城融在了一起，匾靠关城衬托，关城赖匾增色，二者再难分开。萧显一首《登城述怀》诗气势恢宏，不亚于巨匾之字："城上危楼控朔庭，百蛮朝贡往来经。八窗虚敞堪延月，重槛高寒可摘星。风鼓怒涛惊海怪，雷轰幽谷泣山灵。几回浩啸掀髯坐，羌笛一声天外听。"

关城东门设瓮城，略呈梯形。城厚 11 至 15 米不等，高 12 米，周长 317 米有余。在南城垣偏西处辟城门一座，门阔宽 5.2 米，高 6 米，进深 14.9 米。瓮城可以说是关城的第二道防线，可以在关城的策应下三面御敌。敌人即使攻入瓮城，因地域狭窄难于施展兵力，守城的士卒可以以四面居高临下杀伤敌人。东瓮城内原有关帝庙、陈公祠等建筑。

在关城东门外围绕瓮城又筑有罗城一道，称东罗城。平面也作梯形，墙厚 8.2 米，高 8 米，周长 2045 米。因为是东北进入关中的第一道防线，也是最重要的一道防线，所以修筑得非常坚固。在罗城垣上建有十座楼台、三座城楼、七座敌楼、二座角楼。正门开在东城垣南部，曰"服远门"，内口宽4.2米，高4.6米，外口宽3.5米，高3.7米，进深9.7米。城的拱券门顶上砌一块石匾，上书"山海关"三个大字。其中繁体的"關"字，门里的"关"字写得稍嫌纤弱，所以近看是"山海关"，远看就成了"山海门"。城门之外还建有一座小瓮城。城门之上原建有二层重檐砖木结构城楼——"服远楼"。罗城的北垣上有"衮龙门"，南垣上有"渤海门"。遥相望属，互为策应。

关城的东城墙因为是临敌面，防御设施最为完备。城墙一字摆开六座城台，上建城楼六座。除服望楼外，其北有临闾楼（东罗城北垣交汇于此）、东北角楼，其南为牧营楼（东罗城南垣交汇于此）、新楼、靖边楼（东南角楼）。关城的南、北、西城墙各辟一门，均为拱券结构，三座城门之上原来都建有城楼。南门叫"望洋门"，西门叫"迎恩门"，北门叫"威远门"。门外各筑半环形瓮城一座，西城门的瓮城之外，加筑梯形罗城一道（称西罗城），与东罗城对称。在西垣上开门，称"拱宸门"。城门上建楼，名字与城门对应，"望洋楼"，重檐九脊歇山顶，砖木结构，面阔三间，北面开门，上层楼檐悬"吉星普照"木匾。城楼的东、南、西三面开箭窗七十二个，也为红把白环黑靶心装饰；西门城楼名"迎恩楼"，形制与镇东楼相仿，唯尺寸略小。楼檐下悬乾隆九年（1744年）御书"祥霭搏桑"木匾；威远楼已于早年毁圮。现在环视山海关城，这三座城楼都已不见了，或年久坍塌，或被拆除，最晚的迎恩楼是于20世纪50年代初期拆除的。现仅留下一座座城台独伴清风冷月。在关城西垣和南垣，还修有水门三座。设铁闸两重，与护城河通。

这环城十余座关门、城楼，修筑有早有晚，有的时间相差二百余年，最早的镇东楼建于明洪武十四年（1381年），由大将军徐达督修；次为迎恩楼、威远楼，建于明天顺七年（1463年）；再次望洋楼，建于明嘉靖八年（1529年）；再次东北角楼，建于嘉靖四十四年（1565年）；再次临闾楼、牧营楼、衮龙门、服远门、渤海门、建于明万历十二年（1584年）；再次靖边楼，建于明万历十五年（1587年）；再次新楼，建于明天启六年（1626年）。

关城城内，地势以一条南北走向的大街为高起的轴心，渐向东西两侧倾斜。利于排水。城中在南北大街与东西大街的十字交汇点，建钟鼓楼一座，也是洪武年间徐达修建的，原建于城北，万历年间重修移至十字街中心。太平年间晨昏击鼓撞钟，以报时辰，遇到战事，鸣钟鼓报警。关城城内，还建有祭祀徐达的显功庙，以及孔庙，清真寺等等。商贾集聚，百业兴举。

山海关关城最早是明初大将军徐达修筑的。明初基业初定，徐达率军北上，平定北方，留守燕蓟，看到这里依山面海，扼燕蓟而镇两京，于洪武十四年（1381 年）"乃于古迁民镇筑城置关，控制险要，更名山海关，内外截然，屹为重镇"（《临榆县志》）。自此后，有明一代历经二百多年的营缮、修葺，才形成后来关城的规模与样貌。

关于山海关的地理位置之险要，古人早有描述，或云："山海交会，隘塞严关，形势称最要。"（《临榆县志》）或曰："峭壁洪涛，耸汇南北，束若瓮牖。"（《永平府志·形胜》）或称："长城之枕护燕蓟，为京师屏翰；拥雄关，为辽左咽喉。"（《畿辅通志》）不过，要想真正了解山海关，还要自己亲临体察。

顺登城马道拾级而上，精神顿觉一振。略带微些咸味的海风阵阵徐来，像母亲的手，轻轻地拭去了你身上的汗水，赶走了登城的劳乏。或信步而行，或凝眸远眺，海色山光，尽收眼底。你会赞叹大自然造物的神奇，称道明代开国元勋徐达在此选址置关的战略眼光。

往北望去，燕山山脉起伏连绵，如列剑戟，锋锷插天。那由山海关伸展出去的长城攀山跨岭，蛇行斗转，顺着山势由近而远，直上云端（图四），那可是由一砖一石砌筑，是无数百姓智慧和血汗的凝聚啊！看到此，你难道不觉得炎黄子孙之聪睿，中华民族之伟大吗？难道没有被这雄浑而壮美的长城撞击出斗志豪情吗？极目南眺，长城一头扎进了风景秀丽的渤海湾，如渴龙饮水，那长鲸吸百川的图景印入你的脑海，激荡着你的心扉，顿觉思绪万千，百感集来。您自然记起千古一帝秦始皇幸临秦皇岛，祭祀碣石，汉武帝东巡，唐太宗东征刻石记功之辉煌；想起徐福乘巨舟，航远海求长生不老药的悲壮。也会情不自禁地吟诵曹操咏志抒怀的《观沧海》，"东临碣石，以观沧海。水何澹澹，山岛竦峙。树木丛生，百草丰茂，秋风萧瑟，洪波涌起。"……至于毛泽东同志那首《浪淘沙·北戴河》则吟咏的是渤海湾的另一番景象，大雨滂沱，风翻浪卷，水天相接，沧海茫茫。"大雨落幽燕，白浪滔天，秦皇岛外

图四　山海关长城

打鱼船，一片汪洋都不见，知向谁边？……”当是对北戴河、秦皇岛的千古
绝唱！

　　万里长城与山海关的东城墙连于一线，界分关内、关外。附近水关、翼
城、敌台形成山海关的外围防御体系，如群星拱月，可随时策应配合。自山
海关东城垣北角楼向北，不远就是北翼长城第一塞——北水关、北翼城，再
向北为旱门关、月城，再向北伸入群山，为角山关、三道关、寺儿峪、九门
口关。自山海关城至九门口，长城蜿蜒达15公里，渐入辽宁省绥中县，九门
口以九江河为壕堑，修筑了九孔过河城桥，长达百米。河床用条石铺砌，亚
腰铸铁连接，因之名“一片石”（图五）。桥两端筑有不大的小围城，极似两
个桥头堡。占据围城，可以严密地控制整个城桥。附近还有三个大围城和九
门口敌台，可驻兵，可戍守，不管从构筑形式上，还是从防御性能上，都有
它的独特之处。

　　自山海关关城东城垣南角楼向南，是为南翼。附近有南水关、南翼城，
再往南直达海边，就是老龙头了。老龙头大部屹立在岸边，有宁海城、南海
口关，以及滨海长城、王受二号敌台等。伸入海中部分为靖虏一号敌台、入
海石城。

　　宁海城濒海而建，平面近方形，东城墙与自北而来的长城相合，南为澄

图五　山海关—九门口长城水门

海楼。澄海楼始建于明万历三十九年至四十二年（1611～1614年），兵部主事王致中督修。砖木结构，"高三丈，广二丈六尺，深丈有八尺。"（《临榆县志》）清乾隆八年（1743年）重修，以后渐趋毁圮。我们今天见到的澄海楼，是20世纪80年代中后期，各界人士捐资，按照原来的形制、规模修复的。在宽阔的城台之上，一座重檐歇山瓦顶二层楼阁式建筑凌空拂云，高可14米，南北辟门，四周出围廊。楼外檐下悬巨匾数块，更衬托澄海楼的壮观。"雄襟万里"匾，笔势苍劲，为明天启朝兵部尚书，东阁大学士孙承宗所书。"元气混茫""澄海楼"二匾，字如龙游凤翔，气魄雄浑，均为乾隆皇帝御笔。在"元气混茫"的匾额下，还有两幅楹联，"日曜月华从太始，天客海色本澄清"。清代以降，关内外趋于一统，山海关也渐渐失去了防御功用，而成了浏览胜地，清朝历代皇帝多幸临此地，浏览之余，逸兴遄发，遂吟诗题匾遣兴。康熙、乾隆帝都有在澄海楼观海诗篇留传。乾隆皇帝的诗不但风趣，而且胸襟包容天下，"我有一勺水，泻为东沧溟。无今亦无古，不减亦不盈。腊雪难为白，秋旻差共青。……"《题澄海楼》登上澄海楼，仿佛踩沧海于脚下，巨浪拍击着岸边的礁石，卷起瑞雪千堆。远处，烟波浩渺，水天一色，而或渔帆点点，舟楫往来。目睹此情此景，渐渐地自身也会融进天光水色之中。

堪称长城一绝的，是由老龙头延伸入海的入海石城，它北与靖虏一号敌台相接，平面与靴子的形状相仿，长可 30 米。全由花岗岩石条砌筑。这些条石长度都在 1 米上下，重达千斤。为了砌筑的更加坚固，防止海潮冲刷，在每块条石的三面都凿出马蹄形凹槽，砌筑后嵌以亚腰铁，再用铁水浇铸，与周围的条石联为一体，固若金汤（图六）。这段入海石城是万历年间，为了防御关外铁骑涉浅海入关内而构筑的。由抗倭名将戚继光及参将吴惟忠督修。入海石城与靖虏一号敌台、南海口关等构成了临海的坚固防线。

山海关又称榆关、临榆关，先秦时期这里属冀州，属孤竹，属燕。秦时属辽西郡，曹魏时属卢龙郡，晋时辖于营丘郡，南北朝、隋辖于北平郡。唐始置临榆关。宋为临间，辽为迁县，金元时降为迁民镇。明初徐达建山海关，自此至明朝灭亡，一直为京师的东北屏障。特别是后金努尔哈赤在白山黑水间崛起后，明廷屡屡增兵山海关。徐达初置关时，置山海卫，下辖十个千户所。士卒屯戍守边，户籍达三万余人。到了万历四十六年（1618 年），山海关内外置五镇、十四协、三十六营，设六员总兵、十二员副将及大小将佐一千五百员，统辖军队十四万人。天启年间，内阁大学士、兵部尚书孙承宗经略辽蓟，增修城防，演练士卒十一万。迨至崇祯，兵部尚书、副都御使袁崇

图六　山海关老龙头

焕加强山海关防务，增修宁海城，以备后金。

无数次战争的烽烟弥漫山海关城，但规模最大、最惨烈的是明朝末年李自成率领的农民起义军，与明朝将领吴三桂及多尔衮率领的满族骑兵之间的争战。

明崇祯十七年（1644年），李自成麾军京师。三月十八日，攻陷北京，崇祯皇帝朱由检走投无路，自缢于万岁山（景山）的老槐树下。李自成进北京，建立大顺政权，遂遣使招降山海关总兵吴三桂，并赐白银四万两犒赏守军。正当吴三桂准备归降农民政权时，忽闻起义军拘捕其家人三十余口，刘宗敏掠走他的爱妾陈圆圆。愤然返回山海关，一方面联合地方豪绅，厉兵秣马，积草屯粮，准备抗击大顺农民政权，另一方面遣使关外，纳贡求援后金。

李自成得此消息，于四月十三日，亲率大军二十万，押着吴三桂的父亲吴襄，直逼山海关，另遣唐通率一部自一片石（九门口）出关外，以对吴三桂造成合围的态势。四月二十日与吴三桂军队在石河西岸展开激战。至午时，农民军大破明军，越石河，拔西罗城，直抵山海关关城之下。次日农民军围攻北翼城，明军力渐不支。北翼城军队投降。吴三桂见溃败在即，只率五百骑突围而出，至欢喜岭拜请多尔衮救援。多尔衮采用以逸待劳的策略，坐山观虎斗，等待时机。随后从吴三桂阵地右侧，分三路骤然杀出，与农民军激战于红瓦店。这时大顺军已征战了几个时辰，体力渐渐不支。又逢狂风大作，飞沙走石扑面而来。大顺军军心遂乱，溃败而走。清军趁势追杀四十里。这一仗，农民军伤亡惨重，"自相践踏死者无算，僵尸遍野，沟水尽赤"《明史·流寇传》。自此，李自成的农民军队一蹶不振。而清军却凭这次山海关之战铺平了入主中原的道路。明末清初诗人吴伟业作《圆圆曲》："鼎湖当日弃人间，破敌收京下玉关。恸哭六军皆缟素，冲冠一怒为红颜。"（图七）在近代历史上，八国联军曾火烧澄海楼，血洗南海庄；直奉两系军阀曾在石河、吴家坟、威远城等地混战。抗日战争时期，东北军奋勇抗日，于1933年1月，在山海关与日寇苦战数日，血染关城。

山海关不但形势险要，是天下第一险关，而且风景秀丽，为著名的旅游避暑胜地。附近的风景名胜不下百处，数不清的敌台城楼，堪称北方小桂林的燕塞湖，南、北戴河的海滨浴场，都不必一一言表。单是那在晨星寥落之际，遥望海上红霞满天，看旭日抖满满身雾水，喷薄跳出海面的刹那；或在夜深人寂之时，观赏皓月当空，聆听惊涛拍岸，也足以让人心驰

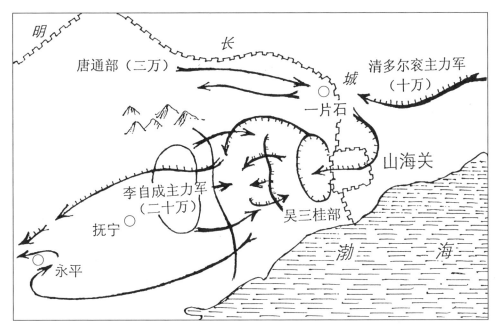

图七　李自成大顺军与清军、吴三桂军在山海关大战示意图

神往了。

"海水朝朝朝朝朝朝朝落，浮云长长长长长长长消"。这是位于山海关东姜女庙前殿两侧廊柱上的楹联。作者巧妙地运用汉字同音字双音或多音以及同音假借的特点，描绘了姜女庙周围的独特景观风貌。这副楹联似该这样读，"海水潮，朝朝潮，朝潮朝落；浮云长，常常长，常长常消"，有人考证作者或为明代著名的文学怪才徐渭。多么耐人寻味的楹联，海水如蓝，潮起潮落，浮云如雪，此长彼消，充满人生哲理。

姜女庙又称贞女祠，在山海关城东十余里外的凤凰山上。鼓足勇气，踏上一百零八级台阶，就见到姜女庙了。这是一座不太大的院落。由前殿、后殿、钟鼓楼、振衣亭构成。前殿略小，是面阔三间的九脊歇山顶建筑，面阔约 10 米，高 6 米。内塑孟姜女像。悬"万古流芳"匾额，两边楹联传为民族英雄文天祥的手笔，上联"秦皇安在哉？万里长城筑怨"，下联"姜女未亡也？千秋片石铭贞"。两侧壁嵌名家碑刻题记，内有康熙、乾隆等清代皇帝的御笔。后殿稍大，面阔 12 米，高约 7 米。为硬山两面坡顶。原供奉观音大士。殿后就是闻名遐迩的望夫石。巨石天成，分为两块，左边石上刻

"望夫石"三个大字，右边刻乾隆御诗一首："凄风秃树吼斜阳，尚作悲声吊乃郎。千古无心夸节义，一身有死为纲常。由来此日称姜女，尽道当年哭杞梁。常见秉彝公懿好，讹传是处也何妨？"（《姜女石》）两石间有一溜凹坑，传为孟姜女的足迹。登上望夫石，可远眺海上，矗立于海面上的姜女坟（两块突兀海外的礁石），历历在目。望夫石的后面有两座不大的建筑，是为振衣亭、梳妆台（图八）。

姜女庙据说是宋代以前修建的。此后为奉祀这位贞节烈女，明万历年间、崇祯年间，清康熙年间，乃至到民国十七年奉系军阀张作霖等，均进行过修葺。

在中国，说起孟姜女，可以说流传千载，家喻户晓，她的节烈上感天地，哭倒长城。但仔细推敲，则属子虚乌有。这些我们且不去管它，倒是后来民间流传的《孟姜女》小曲十分感人，如泣如诉，迴肠九转。"正月里来是新春，家家户户挂红灯。人家的丈夫团圆聚，孟姜女的丈夫造长

图八　姜女庙（摄于 20 世纪 40 年代）

城。……冬月里来雪花飞，孟姜女千里送寒衣。前面乌鸦来领路，走到长城冷凄凄。……"这也许正是对中华民族夫妻恩爱，比翼连理传统伦理道德的颂赞吧。

在山海关东南 15 公里的海中的"姜女坟"，前面有一块高高耸立的礁石，人们习惯把它称作"姜女碑"，实际上就是秦汉时期，颇有名气的碣石。秦皇、汉武东巡祭祀过它。曹操北征乌桓，班师途中，作诗咏志赞美过它。1984 年，辽宁省的文物考古工作者在与秦皇岛毗邻的辽宁省绥中县发掘了一处大型的秦汉宫殿建筑群遗址，很可能就是秦汉时期的"碣石宫"，从而又为山海关增添了一处参观旅游的好去处。

这处秦汉建筑遗址濒临渤海边，地势平缓，素有黄金海岸的美誉。遗址包括石碑地、黑山头、瓦子地等六个地点，范围达 15 平方公里。石碑地建筑遗址是这组建筑的中心，南北长可 500 米，东西宽 300 米，四周有夯土墙基。遗址内分布着大大小小的夯土台基，为当时房屋建筑的基础。最大的台基在遗址南端，与"姜女石"遥遥相对。长 36 米，高 8 米，台基上堆积着大量破碎的绳纹瓦片，清理开这些瓦片后，可知当时这些房屋是分三级建筑的，错落有致，状如阶梯（图九）。出土的遗物大量是瓦砖类的建筑构件，如各种形式的瓦当，做阶梯踏步用的巨大型的空心砖。秦汉时期，瓦当直径大多在 15 厘米左右，可这里出土的大瓦当，高 52 厘米，长 68 厘米，当面饰高浮雕变形夔纹（图一〇）。类似的瓦当只在陕西省临潼秦始皇陵出土过。这里不妨提出两个问题，如此巨大的瓦当要安装在多么宏阔的建筑之上；能够使用与秦始皇陵同样建筑材料的建筑又是什么建筑？况且在许多砖瓦上还模印了许多铭文。在与石碑地相距 2 公里的黑山头遗址，考古工作者发掘出了三组十个单元建筑遗址，有房屋，有排水管道，有夯土路面。这些比较专业化的发掘情况不必细说，探讨它的性质却是十分必需的。石碑地、黑山头、止锚湾三处遗址出土遗物形制接近，都以大空心砖和较大的异形瓦当为特点，他们的时代也似接近。当是一组以石碑地为中心，西有西山头、东有止锚湾的秦汉时期的建筑群体，遗址内没有出生产工具和生活用具，或说明它们有共同的特殊用途。

史书记载，秦始皇统一中国后，好大喜功，于三十二年（前215年）东巡，住在碣石宫，派燕地人卢生寻找羡门、高誓二位仙人，并在碣石门镌刻纪念。

图九　缓中石碑地建筑遗址

图一〇　变形夔纹瓦当

而石碑地遗址面对碣石，建筑宏阔，建在高大的夯土台基上，房舍错落，并使用大型瓦当和空心砖，媲美始皇陵，当为皇家宫署无疑，也可能就是秦始皇东巡住过的碣石宫。

黑山头遗址建在伸向大海的岬角上，时代也略晚。史籍载，西汉武帝刘彻于元封元年（前110年）登泰山封禅，而后东巡海上，幸临碣石，又由辽西经过九原（内蒙古包头市西）回至甘泉宫。黑山头遗址居高临海，远望海中，极其壮美。它很可能是汉武帝时期的"望海台"。

在山海关西南临海的北戴河金山路，河北省文物考古工作者于1986年、1987年也发掘了一处秦汉建筑遗址，与辽宁绥中县的秦汉宫殿遗址掎角相对。

这是一组四合式建筑群体。东配房遗址面阔 30 米，进深 8 米，分为六间，房址内地面夯筑而成，柱础石排列整齐，间距均在 5 米上下，北房遗址四间，面阔 19 米，进深 9 米。根据探测，房屋建筑继续向北延伸，东西 100 米，南北也达 100 米。墙基均厚 1 米有余。西房建筑遗址规模更大，南北面阔约 53 米，东西进深 17 米，中间有一道南北向的隔墙，将房址一剖为二，每部分均有三排柱础，每排四个。柱础直径一般在 0.8 米左右，最大者达 1.1 米。根据柱础排列情况，推测其为面阔五间、进深四间的巨型建筑。共有房舍 40 间。墙体夯筑，厚达 2.3 米。遗址中出土的器物与辽宁省绥中县建筑群出土的极其相似，也为建筑倒塌后留下来的砖、瓦、瓦当等建筑构件。且出土了巨大的夔纹异形瓦当，板瓦、筒瓦上也有文字戳记。另外，在距此不到 200 米远的金山嘴高地上，还发现了另一处秦汉建筑遗址群，其建筑的中轴线与北房遗址的中轴线重合。据分析，这里的建筑遗址与辽宁省绥中县的秦汉建筑群当为同一整体，都是为秦始皇东巡而修筑的行宫。两千年前的巍峨宫殿变成了瓦砾场，岁月似乎太无情了。但我们不要小看这不起眼的建筑基础，不要小看这些断瓦残砖，一旦需要，马上可以根据发掘所得的科学数据，复原出两处雄伟壮观的秦汉宫殿建筑群。而现在，只能骋思古之情怀，凭借我们思绪的翅膀去追寻秦皇、汉武东巡的盛况，复原两处行宫的壮观了。

游罢山海关，一定为它的气势、它的壮美所折服，称它为"天下第一关"当之无愧。但若有人问，山海关最美之处在哪儿，何以遽称"第一"？想起来，又有些茫然，论山，没有五岳之雄奇；论水，没有南海之秀丽；论关城，没有居庸、雁门之险峻。若论"第一"，我想当在它独特的自然地理风貌，在于山、海、关城的和谐统一之美。关城之雄峻，雍塞于山、海之间，枕燕山而襟渤海，扼辽蓟而居咽喉。山青、海绿、城雄、沙白，这恐怕在其他地方是难以见到的。闲暇之余，或独步青山，听松涛怒吼；或徜徉海岸，见波翻浪涌，犹见昔日金戈铁马，犹闻将士呐喊厮杀，这才是山海关的魅力所在。

（本文有关山海关关城的建筑数据资料，均根据《山海关长城》，文物出版社，1990 年）

河山带砺紫荆关

　　凡喜爱旅游的人，都知道清西陵。西陵是相对北京东北遵化县的东陵而言，在今河北省易县的永宁山下。出北京城，向西南行200余里就到了。这里以青山为障，绿树为屏，方圆几十里内，埋葬着雍正、嘉庆、道光、光绪四代帝王和三位皇后、三位嫔妃。

　　游罢西陵，千万不要急于返程，应再去目睹一座雄关的风姿。出此西行约50里，就是历史上有名的险关要隘——紫荆关（图一）。到这里，踏勘雄关，追忆往事，定会平添无限豪情，一扫游西陵的那一种说不出的抑郁和惆怅。

图一　紫荆关形胜

　　紫荆关建在紫荆岭上，东南距易县县城40多公里。关城分为东西二城，西城面积比较大，东城居次。据史书记籍，西关城是戍守士卒驻扎的处所，东城为官城，城内设有文武衙署。关城的北面，拒马河旁城东流而去，形成一道天然的壕堑。关城以东城的南北二门为通往关内之要道。关城的北面筑瓮城一座，因北面城墙外就是拒马河，无法开设城门，而只能将城门开在东面。瓮城内设门二道。一道为西门，可通西关城；一道为南门，通东城北门。三门作品字形分布，俗称"北三门"（图二）。关城东向的关门之上有匾额二重，上重书为"河山带砺"，下重书写"紫荆关"，款署"万历丁亥聊城傅光宅书"（图三），

图二　紫荆关北瓮城东门

图三　关城瓮城东门"河山带砺、紫荆关"匾额

笔势苍劲，如走龙蛇。南门筑城门三重。最外一重叫"南天门"，建在十八盘山岭的顶上，门上原有匾额，上书"畿南第一雄关"六个大字，惜已毁圮。

站在此处可以凭高俯瞰拒马河，整个紫荆关城尽在眼下；中间一重城门两侧筑有两道砖墙，末端与东城城墙相合；最内一重门西开，将关城分为东、西二城，门洞之上有匾额一块，书"紫塞金城"，上署款"万历十七年岁次乙丑孟秋吉旦立""钦差总理紫荆关兵备按察使刘东星 直隶保定府管关通判宋应试"，下署款"钦差分守紫荆关参将韩光"（图四、五）。关城的东、西各有一座城门，但只通外城，而不与关外相通。登上关城，上面尚存明代张旗的夹杆石，伸出城墙外的排水口等（图六、七）。

东、西关城是紫荆关的主体，但不是它的全部。往北涉过拒马河，在对岸不远，与西城隔河相对还有一座小城址，因面积较小，建筑年代又略晚，称"小金城"。更为奇特的是，当年两城之间，仅靠几条铁索相连，铺上桥板，立即架成了

图四　关城内城门

图五　紫荆关内城"紫塞金城"门额

图六
关城城墙上
插旗的夹杆石

图七
城墙上的排水槽

一条沟通两城交通的浮桥，而撤去桥板，河深水急，则涉渡无门，只得望河兴叹了。可见，小金城虽小，但是为紫荆关的爪牙。可是现在不但小金城遗址很难寻找，连通两岸的铁索踪迹全无，就连拒马河的流水也少得可怜，无声无息地向东流淌（图八），早已不复当年的气势了。

　　凭关遥望，关城左右两侧依稀有城墙隐现，虽已坍塌废圮，但走势还相当清楚，像雄鹰张开的两翼。西翼略长，经大盘石而达浮图岭，约35公里。东翼略短，经君王村、东峪口、桑园而东，约20公里。往北，隔河就是群山苍茫，长城逶迤。往南60公里至插箭岭，与倒马关连为一气。紫荆山在内三关中，居中而置。王士翘《西关志》描述紫荆关之险峻："南阻盘道之险，北

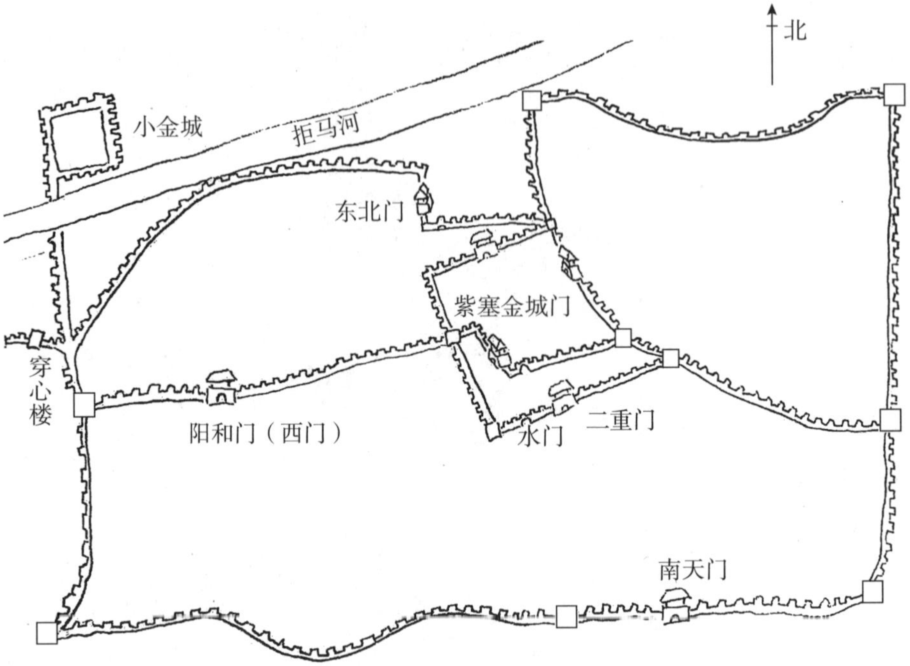

图八　紫荆关平面示意图

负拒马之渊，近以浮图为门户，远以宣大为藩篱。一关雄处于中，群隘翼庇于外，规模壮丽，屹然畿辅保障云。”而今这座雄关已经河北省文物部门修缮保存了古关的旧貌。

紫荆关关城是明代修筑的，三座城的时代略有先后。《西关志》载，东关城池最早，修筑于正统初年。当时所筑的城周长三百八十丈，夹城一道，长九十丈。建城楼三座，其中两座位于南城墙上，一座在北城墙上，北城墙圈城重门。东面水门一道，城楼四座。后来，于景泰元年（1450 年）在旧城的西面又建城一座，是为西关城，周长六百零八丈五尺，夹城一道，长五十七丈。梢城一道，长八十丈。南城墙筑城楼一座，墙外设围城。并辟南、北水门，建东门楼、角楼、敌楼各一座。又于弘治二年（1489 年）在拒马河北岸建西堡城一座，即小金城，周长一百一十丈，城墙上建东、西城楼、角楼、敌台。城筑夹城一道，长十丈，梢城、梢墙各一道（图九）。以后自成化至嘉靖年间，又陆续修筑了钟鼓谯楼、麾虏台、护城墩等防卫设施。围绕紫荆关，有隘口九十余处，墩台近一百二十座，均分派士卒防御戍守。

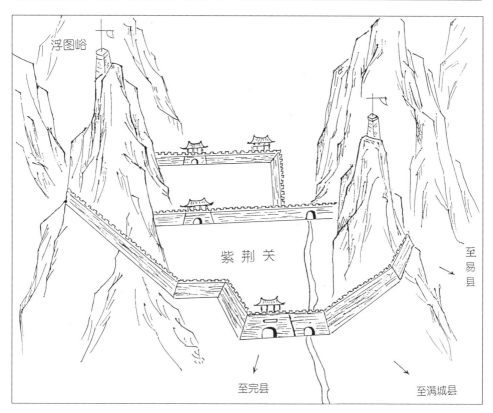

浮图峪

紫荆关

至易县

至完县

至满城县

图九　明紫荆关示意图（根据明嘉靖《九边图》改绘）

在明代，紫荆关设重兵防卫。最初常额为 1195 人，景泰二年增真、神二卫，春秋两班备御官军 800 人，以后陆续增编，最后总军力竟达 3500 人之多。配备充足的兵器，常规兵器有神枪、弓箭、腰刀、斩马刀、骨朵、双头棍、盔甲，重火器有大铁炮、小铁炮、飞火靐大小炮、盏口炮、三眼铳、手把铜铳、佛朗机以及火药等。这些军器除士兵随身携带外，另有专库储存。士卒由各级军官统领。镇守紫荆关的官员先后有管关通判、守备、分守参将、分守副总兵等。

"紫荆关"，是它金元以后的名字，因为当时，关城所在的这条山岭长满了繁茂的紫荆，人们遂称这条山岭叫紫荆岭，关城自然也叫紫荆关了。紫荆关置关很早，而在早期的史籍、地图中，却找不到"紫荆关"三字。春秋战国时期，这里辖于燕，是燕下都的西北屏障，也是"太行八陉"的第七陉——蒲阴陉。秦、西汉时期称子庄关，东汉时期更名五阮关，迤至宋，又改名为金陂关。

紫荆关置关这样早，名字又如此之多，它究竟蕴藏了多少故事，多少秘密？

东汉初年，乌桓、匈奴侵犯边境，伏波将军马援曾率兵驻守襄国（今河北省邢台西南），并出兵五阮关（紫荆关），北击乌桓。

南宋时期，南宋、金、西夏三足鼎立。后来，金皇室贵族日渐骄奢淫逸，金廷腐朽。在水草丰茂的大草原上，另一支马上民族悄然兴起，这就是后来建立大元帝国的蒙古族。其首领铁木真能征惯战。据《元史·太祖本纪》记载，八年即南宋嘉定六年，也就是金至宁元年（1213年），秋七月，铁木真率军南征，先后攻克金宣德府（今河北宣化）、德兴府（今河北涿鹿），遂进兵怀来，与金行省完颜纲、元帅高琪接战，又获全胜，追至古北口。金廷派遣重兵拒守居庸关。铁木真听从部将计谋，选精兵口衔枚乘夜疾行，间道袭紫荆关。天明已驰至，金兵仓促在五回岭应战。一接战，立遭惨败，尸横遍野。太祖遂"拔涿、易二州。契丹讹鲁不兑等献北口，遮别遂取居庸。"（《元史·高祖本纪》）五年之后，也就是在太祖十三年（金兴定二年，1218年）八月，太祖铁木真率兵再攻紫荆关，金代理元帅事张柔出兵迎击，战斗中马失前蹄，被太祖俘获。

元武宗之后，皇帝更替频繁，皇族互相倾轧。文宗继位，上都诸王忽剌台纵兵入紫荆关，守关士卒溃散。燕铁木儿引兵至通州，击败辽东军，又派脱脱木儿率兵四千，西援紫荆关。时后不久，又在紫荆关附近，擒获阿剌帖木儿，送元大都斩杀弃市。

明代，也有一场围绕紫荆关进行的战争，那是在明代"土木之变"后的事。土木堡一战，英宗朱祁镇和太监喜宁被瓦剌俘虏，王振被乱军杀死。不久，英宗弟朱祁钰继位，是为代宗，尊英宗为太上皇。朱祁钰继位后，立即加强北京城及附近各险关要隘的防御。紫荆关增兵八千人，发手铳一千把。第二年，瓦剌太师也先采纳明叛变太监喜宁之计，乘雪攻紫荆关。也先又挟持朱祁镇，率军经大同兵至紫荆关下，矫传太上皇圣旨，命镇守提督守备左都御使孙祥、都指挥金事韩青出关接驾。孙祥不纳，数日拒战。也先攻城不下，又用宦官喜宁为向导，绕至关南，夹攻紫荆关。韩青率明军拼死力战，由于寡众悬殊，身被数创而死。孙祥退保关城，惜又被攻破，孙祥巷战而亡，也先遂占领紫荆关。而后瓦剌军直扑京师，直抵北京城下，遭到于谦率义军的英勇抗击。也先久攻城不下，又损兵折将无奈率残兵撤离北京，再经紫荆关逃逸而去。也先之凶残、明室之昏聩、于谦等人之忠勇，土木堡是见证，北京城是见证，紫荆关也是见证。

紫荆关充满魅力，引人神往之处，不仅在于它关城本身，还在于它周围的诸多充满故事的胜景佳境。

紫荆关所在的紫荆岭，时逢夏秋月初，天边群星寂寥，残月一钩，关城朦胧隐现。或拒马河流水潺潺，蛙声一片，或紫荆岭上秋风飒飒，蟋蟀群鸣，与白日的戎兵走马、剑影刀光形成了鲜明的对照，于是有了"紫荆残月"的佳景。明代钱塘人陈珂有诗赞曰："雄关控西戎，天险不可越。戎梦刁斗回，朦胧见残月。"（《紫荆残月》）

自紫荆关东南行，过易县县城，再向东南走不多远，是著名的燕下都遗址。它是先秦时期，燕国的都城之一。两千多年后的今天，经文物考古工作者大面积的发掘调查，面目已经清楚，并且出土了一大批燕国的珍贵文物，被列为全国第一批重点文物保护单位。燕下都故城东西长达8公里、南北宽4公里，平面呈长方形，城墙夹板夯筑，城基宽达40米，城高至今尚有7米以上。中易水居其南，北易水在其北，形成两道天然屏障。城中有运粮河沟通中、北易水，是城内的主要供水、排水系统。河北侧有隔墙一道，将城一分为二，东城为主要区域，燕国贵族的宫殿区、墓葬区，手工业作坊区，以及一般居民居住区都在这里。宫殿区分布在城内东北部，目前发现了三处基址。手工业区在宫殿区之南，呈弧线分布，墓葬区在西北角，平民居住区散布于城的中部、西南、东南部。西城建筑偏晚，北面向外突出，俗称北斗城。城内遗迹、遗物较少，当是为了增强防御性能而后筑的附郭城。燕下都出土的兵器尤为突出，其他各种建筑构件也为数不少，可见燕下都在当时诸侯国都城中，无论繁华程度，还是防御设施，都属上乘。

易水东去，流水呜咽。如高渐离在击筑（古代一种与琴相似的乐器），如荆轲和弦长啸："风萧萧兮易水寒，壮士一去兮不复还！"

战国末年，秦始皇实现统一六国的野心昭然若揭。有的诸侯已被平灭，剩下的诸侯国也已被秦国的虎狼之师吓破了胆，燕国的太子丹看到以武力对抗强秦无望，便图谋派勇士赴秦刺杀秦王。于是找到荆轲，待以上宾之礼，尊荆轲为上卿。不久秦国灭赵，大兵压向燕国南境。荆轲与太子丹议，要杀秦王，"需贿以重礼，近其左右。"其重礼就是樊于期的人头和督亢（今河北涿州、定兴一带）的地图。樊于期原是秦将，因得罪秦王，逃至燕国避难，闻知荆轲义举，遂拔剑自刎。两件重礼都已得到，使秦的时机成熟。临行前，太子丹还以重金购得徐夫人匕首，交给荆轲做行刺的兵器。这把匕首不但锋利异常，而且经毒药反复淬炼，见血封喉。

荆轲至秦，由于带着厚礼，秦王马上在咸阳宫殿隆重接见他。荆轲手捧装着樊于期人头的箧函，副使秦舞阳捧着督亢地图拜见秦王。还没到台阶前，秦舞阳就被秦国的威仪吓得面无人色，瑟瑟发抖。当秦王索要都亢地图时，荆轲从秦舞阳手中接过地图献上。秦王把地图徐徐展开，渐渐到得图末，突然露出一把匕首，顿吃一惊。荆轲急上前，左手抓住秦王衣袖，右手抢到匕首，直刺秦王。秦王急起身躲避，由于用力过猛，一下子把衣服挣断，慌乱中又拔不出身上的长剑，只好绕着殿上的柱子逃命。荆轲手执匕首紧追不舍。群臣也被这突如其来的事情惊呆了。这时有个医官见此，忙把手中的药囊对荆轲掷去，荆轲侧身躲避。秦王趁机拔出长剑，一剑砍断了荆轲的左腿。荆轲在血泊中将匕首奋力掷向秦王。秦王急忙闪身柱后，匕首没有击中秦王，却深深地刺入粗大的殿柱中。秦王见荆轲已无兵器，上前连连挥剑砍来。荆轲八处受创，身靠在柱上，箕踞而坐，笑骂道："事情没能成功，是因为我想让你活着，逼你签订契约，以报太子丹。"这时左右侍卫涌上前来，乱刃杀死荆轲。这就是历史上著名的"图穷匕首现，荆轲刺秦王"的故事。

荆轲杀生取义，甚为后人推崇。东汉时期的画像石刻，常常以此为题材。画面上荆轲已被秦王的侍臣拦腰抱住，他怒发飘拂，双手上举，在极力挣扎，奋力掷出的匕首已穿透木柱。他的脚下，是盛着樊于期人头的箱匣，旁边秦舞阳匍匐在地上，正瑟瑟发抖。与荆轲形成了鲜明的对照，画面的另一段是绕柱奔逃的秦王和不知所措的群臣。人物刻画得栩栩如生（图一〇）。以后历代人们游历易水，多作赋吟诗凭吊。唐代诗人骆宾王《易水送别》云："此地别燕丹，壮士发冲冠。昔时人已没，今日水犹寒。"

在易县县城西南不远，有一个不大的小山村，叫血山村。传说这里就是荆轲入燕后住过的地方，人们为了纪念这位英雄，就把离村不远的一座山，叫做"荆轲山"，辽代还在山上建了塔，现在此塔犹在，不过是明万历年间重修的，它是一座八角十三层的砖塔，高24米。血山村附近的小山岗还有一座

图一〇　荆轲刺秦王画像（山东嘉祥武氏祠画像石）

元代修建的塔，今上部已坍毁，人们叫它"半截塔"，也叫"樊于期塔"。

出易县县城西南行40余公里，有一座在抗日战争史上赫然有名的山峰，叫狼牙山。这里北距紫荆关也不过数十里，大联陀、棋盘陀、阎王鼻子、小鬼脸、天梯五个险峰直插云霄，形状有如狼牙，故而得名。我五名八路军战士为抗击日寇，在这里谱写了一曲惊天地、泣鬼神的壮歌。

1941年8月，冈村宁次纠集十万日军，分十三路向北岳根据地进行扫荡。面对敌人的疯狂进攻，八路军主力主动转移敌后，组建敌后武工队展开敌后斗争。9月，三千多名日寇分九路进攻狼牙山。我八路军一个团与顽敌苦斗了一整天，晚上主力部队转移外线，留下了两个班的兵力牵制阻击敌人，其中七连六班马保玉、葛振林、胡德林、胡杨才、宋学义五名勇士防守东山口。次月清晨，遭到六百余名日寇围攻。壮士边打边撤，把敌人引向了棋盘陀。棋盘陀一面有路，其他三面却是万丈悬崖。五位勇士手榴弹用光了，用石头砸。最后他们高呼"打倒日本帝国主义"的口号，纵身跳下了悬崖。马保玉等三人壮烈牺牲，葛振林、宋学义挂在树上，幸然脱险。他们大无畏的革命精神，高尚的民族气节，比荆轲更加高尚！今日登临狼牙山棋盘陀，那里有高入云表狼牙山烈士塔，有五壮士碑可供后人凭吊。

"风萧萧兮易水寒，壮士一去兮不复还"！壮士虽去，但他们的精神永在，化作了滔滔的易水河，化作了巍巍的狼牙山；化作了紫荆岭的一草一木，紫荆关城的一砖一石，将永远激励来者，昭示后人。

龙驹却步倒马关

在华北大平原的西部边缘，与太行山麓交界之处，有一座连战马都难以攀越的古关隘，名叫倒马关。又叫常山关。

这座关隘在今河北省唐县西北倒马关镇，有上、下两关城，上关城在大石峪村，下关城在倒马关村。从唐县县城出发，走上百余里就到了，如果从满城出发，会更近些。关城建在群山之中北依插前岭、东南及十八盘险经，一关雄踞，白石山、石门关、马耳山、狼牙山群山屏卫。滚滚的唐河水自关城城西而来，绕城北，再经城东而去，又形成了一道天然壕堑。故明代王士翘在《西关志》中描述倒马关的地势时说："绝壁崇岗，仰观万仞。巨川深汇，俯瞰无涯。"

关城经过数百年风雨的侵袭，已经破败；时光流逝，失去了它往日的防御功能，关楼早已坍毁，城墙颓败。但其势巍巍，威风不减。倒马关的下关城城墙是用黄土、石子、石灰混合而成的三合土夯筑的（图一、二），外面还用青色的城砖包砌，故而坚固异常。城基宽近6米，顶宽4米，高10米有余。登高下望，只见其高低错落，逶迤盘桓2.5公里。关城平面略呈长方形，原东、西、北三面开三座城门，东、西门设瓮城（图三）。瓮城的左右两侧，夹旗杆的青石赫然屹立，暗示着当年的雄风（图四）。在西门之外，还筑一座瓮城，瓮城开一门，与西门相距百步之遥，在唐河岸边还筑有水关战台一座。城墙之上建战台七座。据古籍记载，城北之上建有城楼。城内建有四个牌坊，东面的叫"居仁"，西面的称"由义"，南面的叫"振武"，北面的叫"宣威"。现在关城内一条公路穿过，两旁屋舍俨然。

在下关的西面山岭间还建有一座上关，在今大石峪村界，不过，现在很难见到了。关城一半建在沟谷，另一半在山上。旧宝涞公路穿关门而过。关

图一　倒马关东关城墙

图二　关城城墙断面夯土层

图三　倒马关东关关门外瓮城

城的三面以水为屏，现在保存的城墙仍绵延5公里。岭下设有三道关门。据说这才是最早的倒马关关城，原来叫青龙口，下城建成后称其为上城口。早在汉代，朝廷就派兵戍守于此。上、下两关城相倚，互为表里，构成了这座易守难攻的要隘险关。

图四　倒马关关外夹旗杆石

　　登上倒马关城墙，向北望，可见插箭岭如刀削斧劈。插箭岭城堡乃古代长城主要卫所之一。俯瞰城下，草青水碧，唐河如带（图五）。一条公路由东南保定、满城来，过城下，向西北可到大同，往西南通达太原。在古代，这里也是一处险要隘口，北魏年间，道武帝拓拔珪于天兴元年（398年）所修的直道，孝文帝拓拔元宏于太和六年（482年）

图五　倒马关下唐河风光

修的直道，都从倒马关下经过，连通晋、冀。

倒马关名称的由来，很有传奇色彩，一曰关城地势险峻，仄径崎岖难行，马匹登越极易跌倒，故曰倒马关，记载见于《太平寰宇记》。一曰北宋年间，抗辽名将杨延昭镇守边关，在此曾马失前蹄，据说在倒马关上城南门外河岸边的一块盘石上，尚有六郎的战马跌倒时留下的痕迹，遂称此石为倒马石。为纪念这位忠勇的抗辽英雄，此关而称倒马。明朝马中锡曾作《倒马关诗》题咏，序中说："关有两山对峙，其路极险，相传杨六郎到此马蹄，故名。"

这两种说法都有道理，后世之人不必深究。考诸史籍，倒马关上城关修建在前，大概建于明太祖洪武初年，当时用砖石砌筑正城一座，周长七百六十四丈，东、西各辟一门，圈城二座，水门一空。景泰三年（1452 年），由于明廷派兵在此驻守的人员增多，上城拥塞，又在城东南三里的桑园修筑了下城关。下城关三面濒河，一面跨山，周长七百四十一丈。成化、弘治年间，关城开东、西、北城门三座，水门一空。又陆续增筑了月城、敌台、楼铺、护城墩等，以后再未增筑。沿插箭岭下，围绕上、下城关城，凡在险地势冲，都修砌了墩台以传警戍守。上城关周围有大墩、六郎城墩、东西佛儿崖墩、孟良臼墩等十二墩。下城关有顺城墩、镇房墩、镇朔墩、北岭子墩等，也是十二墩。城北插箭岭附近有峪墩、大敌墩，西北西南护城墩等。这些墩台拱卫着关城，构成了一套相当完善的防御体系（图六）。

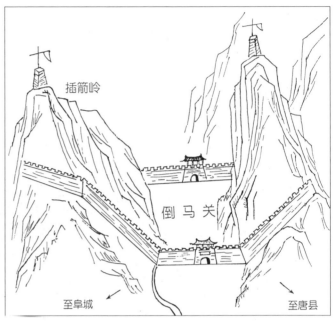

图六　明倒马关示意图（根据明嘉靖《九边图》改绘）

在明代，倒马关下城关原额戍守兵卒937名，嘉靖二十五年（1546年）增全2117名。上城关原额士卒46名，后增至103名，插箭岭原额士卒300名，后增至800名。除此之外，在多险要隘口，设戍守士卒数名至数十名不等，各墩台置戍卒2至5名。嘉靖年间，在下关城置参将一名，统管倒马关诸般防务，上关城、柳角庵、军城、莎路口均设管总官，管理隘口，插箭岭设守备一员管理。他们统辖于参将。以倒马关的防御设施和戍守士卒的数量看，它的地理位置和防御功用在当时是非常重要的。

倒马关在明代，与居庸关、紫荆关并称，为长城的"内三关"之二。历史上曾有许多名将在此抗击顽敌，产生过多少惊天地，泣鬼神的故事。

倒马关置关很早，据说西汉时期，飞将军李广为了抗击匈奴，就曾在城外五花营驻扎过。东汉初年，匈奴侵扰日甚，边境人民已到难以生存的地步。建武十五年（公元39年）二月，光武帝刘秀下诏，将雁门、代郡、上谷三郡的百姓迁徙到常山关、居庸关以东居住。《后汉书》中所说的常山关就是后来的倒马关。

倒马关一带，也是北宋名将杨延昭英勇抗契丹辽军的地方。出倒马关城西行约3公里，上关城不远，有一座马圈梁的地方，山上矗立着一通明正德

图七 杨六郎碑

十五年（1520 年）修造的"六郎碑"。此碑坐北向南，整体呈长方形，高可 1.18 米，广约 0.6 米，厚 0.9 米。碑额抹角，线刻云纹，碑面四周雕云朵纹。正中刻九个遒劲的楷书碑文："宋将杨六郎拒守之处"。下方署款："钦差巡按直隶监察御史沈浚书，正德十五年岁次庚辰春三月吉旦"。整个碑均由汉白玉镌刻而成，洁白莹澈，朝披晨曦，暮沉落霞，又呈彤红之色，足以昭示这位抗辽名将的耿耿丹心（图七）。

在倒马关附近，还有与六郎杨延昭有关的古迹传闻颇多。在上城关东山之巅，有杨六郎拒守之所，建城为六郎城，上关城唐河岸西路旁有杨六郎盔印，上关城北 15 公里有杨六郎的晒甲石，插箭岭南城外有插箭石。此外还有杨六郎的晒书台、拴马桩，以及杨六郎部将孟良屯戍的遗迹孟良臼。当我们伫立在六郎碑前，或游历于倒马关诸古迹间，缅怀英烈，顿生万丈豪情。明倪组《倒马怀古》诗云："春石空闻说孟良，祭刀犹自忆杨郎。燕云献房无中国，灵夏归戎先洛阳。汉勒□私夸跸译，觌师苔古暗苍岗。秦关百二山河胜，最是文皇荒甸长。"

六将杨延昭是北宋初年抗辽名将杨业之子，原名延朗，其事迹见于《宋史》。他幼时沉默少言，有大志。太宗雍熙三年（986 年）征辽，西路以潘美为帅，杨业为副帅北征应州、朔郡。杨延昭曾任先锋，与辽军战于朔州城下，被流矢射中胳膊，仍奋勇杀敌。咸平二年（999 年）冬辽兵再次寇边。杨延昭率兵戍守遂城（今河北省徐水区西遂城）。契丹恃兵众粮足，数次猛烈攻城。而遂城宋军方面，由于城池小，兵员、粮食储备不足。被围数日，城池存亡悬于一线。杨延昭思谋已久，遂把城内青壮年百姓全部集中起来，把库中所有兵器甲杖发给他们，共守危城。为了抵御契丹兵的炮石利箭的攻击。趁天气严寒 滴水成冰之时，提水上城，顺城垣淋下，即刻成冰。只一天功夫，遂州城就披上了厚厚的银铠，成了一座冰城。契丹兵将见此异状，大惊失色，既无法攀援，又难以攻破，只得退兵。宋军不但保住了城池，又截获了契丹军队的大批军需粮秣。杨延昭也因巧运奇计，以少胜多，而升任莫州（今河北任丘县）刺史。

也是在这一年的冬天，辽兵再次南侵宋土，杨延昭在羊山西部（在今徐水县城西10公里）的险要处设下伏兵，自己亲自率兵诱敌，直到埋伏圈内，一时强弓硬弩齐发。契丹人马猝不及防，四散而逃。宋军乘胜追击，大获全胜，俘获了契丹首将，再立战功，升任保州团练史。后来又徙都巡检使、宁边军部署。景德元年（1004年）真宗赵恒下诏令杨延昭带兵一万，如果契丹入寇，则屯静戎军以东。不久，延昭率兵北上，进抵辽境，攻克古城，后官至高阳关（今河北高阳县东）副都部署。杨延昭不但英勇善战，谋略过人，而且能与士兵同甘共苦，出入轻骑简从，打仗身先士卒，有功让与部下，还常把俸禄充作军饷，发付众军。故深得人心，他死后，河朔百姓多举家致哀，望柩恸泣。

杨延昭的英名千古流芳。就是在今天一提杨六郎、杨家将，也是家喻户晓，人人皆知。戏曲、小说、绘画、评书，都活跃着杨家将的身姿。河北、山西境内流传着许多杨家将的传说，留下了数不清的杨家将的古迹。倒马关附近有关杨延昭的古迹传说，正是人民对忠勇抗辽英雄志士的讴歌颂赞。有诗曰："杨郎能用武，功高若此山。祭刀狼鬣暗，晒甲虎牙闲。胡虏当年败，应无匹马还。英灵千秋在，令人骨自冷。"

倒马关城铭记住了杨延昭的功绩，更不会忘记我八路军将士痛歼日寇的奇勋。

在倒马关以东不远，有一处叫黄土岭的地方，它既不高，也不险峻，看起来是那样平淡无奇，但在中国抗日战争史上却赫然有名。

在抗日战争爆发后的第三年，也就是1939年，日寇对晋冀鲁豫发动了全面大扫荡，烧、杀、抢、掠，惨绝人寰。血腥的暴行激起全民族的反抗。这年冬季，日寇集中二万多兵力，再次进攻晋察冀根据地。11月3日，驻涞源日军中将阿部规秀派大佐辻村宪吉率500多日军进攻银坊，途经白石山口（在倒马关北40公里），与我八路军杨成武部接战。我军采用诱敌战术，边战边退，当至雁宿崖山谷时，八路军一部奔袭三岔口，切断敌人退路。随即主力部队将敌包围。辻村指挥日军多次反扑，均被我八路军将士击退。这场战斗从上午开始一直到下午五时，终于将辻村部全部歼灭。

此举激怒了阿部规秀。阿部任第二独立混成旅团长，素以作战勇猛，指挥有方闻名，日军誉以"名将之花"。第二天，亲率日军1500余人，由涞源疾驰三岔口，企图为死去的爱将报仇。我军仍采取诱敌深入之策。6日上午，日军飞机对黄土岭一带狂轰滥炸，阿部在猛烈炮火的掩护下，在黄昏时分，攻占了黄土岭及附近的上庄子。是夜，天气陡阴，伸手难辨五指。我军第一、二、三、十五团及一二〇师特务团，趁黑夜悄悄地包围了阿部。7日凌晨，下起了蒙蒙细雨，黄土岭周围雾气弥漫，显得格外沉寂。早饭后，日军在阿部的催促下，继续向下庄子进军。此时，我军的总攻打响了。日军仓促应战，死伤狼藉。阿部规秀在一个小山包的农家小院里观察地形时，被一迫击炮弹击中，当场毙命。被日本帝国主义者吹捧的"名将之花"，就这样在中国人民的抗战烈火中化为灰烬。现在这门击毙阿部规秀的迫击炮还在中国人民革命军事博物馆中陈列。

这两次围歼战，共歼日寇一千四百余人，首创了击毙日军将级高级军官的辉煌战果。也就是在这次战斗中，我们伟大的国际主义战士白求恩同志为抢救伤员，被病毒感染，于11月12日为国际反法西斯斗争献出了他宝贵的生命。起伏连绵的黄土岭有情，巍巍的太行山有义，会永远铭记八路军的辉煌战绩和白求恩大夫的英名的。

和以雄险的倒马关相比，黄土岭似乎就是一位质朴憨厚的农村庄稼汉，他们同样蕴含着中华民族的优秀传统与美德。如果你有幸到倒马关游历，千万不要忘记到黄土岭来，目睹抗日英雄的遗迹，凭吊烈士的英灵，你一定会为自己是炎黄的子孙而慰藉，而自豪！

三晋首险雁门关（附：宁武关、偏头关）

　　万里长城由居庸关蜿蜒西去，到山西境，过阳高、丰镇，至右玉、朔州转折南下，而后人字双分，一撇继续向西向，过黄河，入陕西；一捺则伸向东南，至五台山附近的代县。在这一撇一捺的长城线上，分布着三座险关要塞，史称"外三关"。

　　"外三关"是相对河北、北京境内的"内三关"而言，为明清京师的第一道屏障。"外三关"的三座关隘是"品"字形分布。雁门关居东，在代县境；宁武关居中而偏南，在宁武县境；偏头关居西北，在偏关县境，隔黄河与陕西、内蒙古为邻。（图一）。

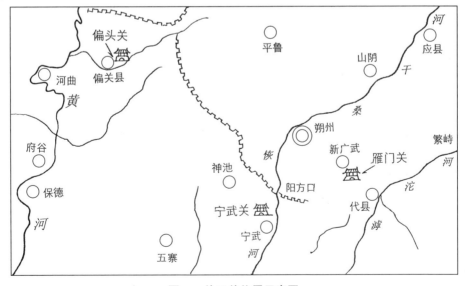

图一　外三关位置示意图

说"三关"，人们必然会想起北宋时期，忠勇无敌的杨家将，说道他们一门忠烈，几代抗辽的悲壮故事。因为雁门关所在的代县，是杨家将的故乡，传说中七郎八虎闯幽州救宋太宗，金沙滩代君赴宴射死天庆王；老令公兵败两狼山，碰死在李陵碑下；杨六郎镇守三关，收孟良、焦赞；穆桂英与杨宗保结亲，大破天门阵……实在不可胜数。古代的文学家、戏曲家将杨家将故事写成小说，编成戏剧，广为传唱，以至家喻户晓，妇孺皆知。在传统戏目中，如《金沙滩》《李陵碑》《审潘洪》《四郎探母》《八姐游春》《穆柯寨》《天门阵》《破洪州》《打焦赞》，据《昭代箫韶》记载，有三百六十出之多。如果到了河北、山西，当地方民会指着一处处古迹，如数家珍般向你讲述杨家将的故事。其实，这许多都是后人根据历史演绎而成，并且加入了劳动人民赞颂英雄、渴望和平的良好愿望。据考证，还在北宋中叶，杨家将故事就在民间广为传颂了。宋欧阳修说，杨业、杨延昭"父子皆名将，其智勇号称无敌，至今天下之士至于里儿野竖，皆能道之"（《供备库副使杨君墓志铭》）。

传说虽然不是历史，但杨家将的确在雁门关附近，山西、河北一带抗击过辽兵。

据《宋史·杨业传（附子延昭等）》，杨家将世居并州太原（今山西省太原市）。杨业幼年时"倜傥任侠，善骑射，好畋猎"（《宋史·杨业传》），素怀杀敌报国志。太平兴国五年（980年），契丹铁骑十万犯雁门，杨业命部将断峪谷南口，自己亲率千余骑北出勾注山西陉，直插雁门北口，困契丹军于雁门峡谷中。杨业率宋军奋勇冲杀，以少胜多，斩其主将，获其甲马甚众。杨业以战功升云州观察使，仍知代州。太平兴国七年（982年），契丹三路侵宋，中路以3万人入雁门山，杨业与战，斩契丹三千余人于雁门山下，追敌军至雁北朔、应、寰等州。此后契丹兵将被吓破了胆，远远望见杨业的旌旗，就引军逃遁。

雍熙三年（986年），宋太宗赵光义认为辽圣宗耶律隆绪幼年继位不久，萧太后代掌国政，正是"主幼国疑"之时。于是派出三路大军进攻辽国。曹彬率师出雄州（今河北省雄县），为东路；田重进、谭延美率师出定州（今河北省定州市），攻飞狐口，为中路；潘美、杨业率师出雁门关，攻朔州（今山西省朔州）、寰州（今山西朔县）、云州（今山西省大同市）、应州（今山西省应县），为西路。而后三路合兵，攻打幽州。用兵之初，多路纷纷得胜，不久，曹彬兵败歧沟关（今河北涿县西南），田重进闻东路溃败，也引军退去。
而西路潘美、杨业攻城夺隘，接连收复了朔、寰、云、代四州，麾师桑干河
畔。但由于东、中两路退却，西路遂成孤军。辽军打败东、中路宋军后，迅
速集结，围攻寰州。宋太宗令潘、杨撤回代州待命。杨业认为，辽兵势力正
盛，宜退兵暂避其锋芒，按朝廷命令撤掩百姓撤退，而后待机与云、朔二州
配合，前后夹击辽军。监军王侁指责杨业畏惧敌兵，说："素号无敌，今见敌
逗挠不战，得非有他志乎？"杨业被逼无奈，决定出兵。临行前对潘美说：
"此次出兵必定失利。我不是贪生怕死之辈，诸位指责我畏惧敌人。今天我当
先与敌死战。"又用手指着陈家谷口说："请在这一带布置步兵强弩，为左右
翼驰援。待我转战至此，以步兵出击救援。不然，定会全军覆没。"说完，上
马率军而去，潘美与王侁陈兵陈家谷口。

　　辽将耶律色轸得知宋军出兵，出兵佯与杨业对阵，暗命副将萧挞兰设伏
兵。杨业明知有诈，仍率兵追击，遂被四面围困，退兵狼牙邨。此时已是巳
时，王侁已等得不耐烦，又怕大功被杨业独得，遂引兵撤离谷口。潘美不能
禁止，于是沿交河西南行10公里。不久探得杨业兵败，也率军退去。杨业奋
身苦战，从早晨战到午时，从午时又战到日暮，好不容易杀到陈家谷口，但
未见一兵一卒，不禁仰天长叹。又率将士死战，身上已受伤数十处，还奋身
砍杀辽国数十百人。此时杨业之子延玉力战而死，部下的将士也死伤殆尽，
战马也受重伤不能再驰骋，只得隐匿林中。契丹战将耶律希达望见杨业背影，
一箭射去。杨业中箭落马，被契丹军擒获，遂长叹一声："圣上待我甚厚，我
本想征讨挞虏，保卫疆土以报圣恩。但被奸臣逼迫，致使兵败，有何面目再
苟且偷生！"绝食三日而死。这就是杨家将保卫雁门关故事的基本素材之一。
至于杨业之子延昭镇守边关，水浇城墙，冰城御敌则是长城"内三关"的紫
荆、倒马关附近的事情了。

　　杨家将世居山西，故里，在今代县城以东40里的鹿蹄涧村，建有杨家祠
堂（又名杨忠武祠），祠堂始建于元代。杨业父子英勇抗辽。为国捐躯，深得
人民爱戴，故常在这里享祭他们。迄至元代，杨业的十七世孙奉旨在此建祠。
以后香火不断，到了明清时期，又重新营缮修葺，所以现在的杨家祠堂为明
清建筑。祠内塑像也出自明清工匠之手（图二）。

　　杨家祠堂面南背北，院落两进。前院供奉杨业的后裔。后院正殿五楹，

图二　杨忠武祠匾

东西厢房各三间。正殿九脊歇山顶，殿前设廊。殿内中间彩塑杨老令公与佘太君夫妻坐像，七郎八虎分列两侧。个个威武雄壮，宛若生前。祠内立"宗祖图"碑一通，载记杨氏一门世系。大殿前，一块形状奇特的鹿蹄石特别引人注目，传说杨业的第十四世孙杨友率兵镇守代州时，一日杨友外出行猎，突然从灌木丛中跳出一只梅花鹿，杨友拈弓发箭，看看射个正着。梅花鹿带箭奔逃，杨友带兵追去。梅花鹿逃到这里，忽然钻入地下。杨友命士卒挖掘，得到了这块鹿蹄石，上刻一只五角丫叉的梅花鹿，还有鹿蹄痕迹。遂把这里叫鹿蹄涧。杨家后人在此建立祠堂，至今香火不断。

杨家将抛洒热血保卫过的雁门关，在代县县城西北20多公里的崇山峻岭之中。这里有两座高山，一名勾注山，一名雁门山。勾注山又叫勾注陉、西陉（图三）。雁门山又称雁门塞，为"天下九塞"之首。因两山相连，难以截然分开，所以古时统称勾注，兼括雁门。顾炎武《天下郡国利病书》云："雁门古勾注，西陉之地。重峦叠嶂，霞举云飞。两山对峙，其形如门，而蜚（飞）雁出于其间，故名。"雁门山东部最高的山峰名过雁峰，高入云表，北与应县龙首山相望。雁门山界分南北，在半山之中，筑关城一座，即雁门关（旧雁门关）。

雁门关也有新、老之分，老雁门关即西陉关，新雁门关是明代在东陉关基址上修建的（图四）。

图三　勾注山形胜

图四　雁门关全貌

　　新雁门关关城为明洪武七年（1374年）始筑，构筑在勾注山顶上，万历年间原关楼废圮，复筑门楼。雁门关遗址在今雁门关村之南。由北南行，顺着盘旋的"之"字形的山径一路攀登，便到了关城之下。仰望关城，甚是雄伟。我们最先见到的是关城的北门，也就是雁门关西门的瓮城门。城墙是在石城基上用青砖包砌而成，高达7米。关门作拱券形，门顶之上嵌一块石门额，上书"雁门关"三个大字。门洞左右有砖刻楹联："三边冲要无双地，九塞尊崇第一关。（图五）"传为傅山所书，笔势苍劲。信步入关，沿坡道上行，左转就是关城的西门，与关门相对是一座关帝庙和古戏台，都是在原址上复建的。西门门顶嵌石匾额，镌刻"埊（地）利"二字（图六、七）。上建重檐歇山顶关楼，悬挂"宁边楼"巨匾。关楼原为六郎祠，现辟为古代兵器陈列馆。与西门相对是东城门，东城门门洞较大，门顶外侧也嵌一块石匾额，上书"莫（天）险（图八、一〇）"，城楼檐下悬"中华第一关"巨匾（图九）。关门外的官道用青石铺砌，经几百年的车轧马踏，留下了十几厘米深浅凸凹的印迹（图一一）。基座之上，也建有重檐歇山顶关楼。虽是近年复建的，但威仪不减当年。登上城头，回望来时走过的雁门关村，房舍三五成聚，古道折曲盘旋，又见峻岭起伏，崇山巍巍，古道一径，斗折蛇行。这就是贯通晋北、晋中的唯一通途，雁门之险备矣！

图五　雁门关北关门、门额及楹联

图六　雁门西关关楼

图七　雁门西关门额

　　老雁门关建在雁门山的山顶上，《唐志》载："西陉关，亦曰雁门关。"西陉关，即古雁门关。又说，东陉关与西陉关相对，因位处勾注山之东，即陉岭之东而名。唐杜佑云："（东陉关）甚险固，与西陉关并为勾注之险。"（《通典》）宋代以前的雁门关居高筑险，自山脚至山顶关前，仄径盘旋崎岖，行走艰难，故为要塞。唐代诗人卢照邻《战城南》诗云："将军出紫塞，冒顿在乌贪。笳喧雁门北，阵翼龙城南。"诗中所说的雁门关，就是雁门山顶上的雁门关。关

图八　雁门关东关门

图九　雁门关东关门额

城历经唐、五代、辽、金数百年，到元时已经废圮。明代在东陉关关址上扩建关城，东西两翼与内长城相接，重建十八隘。这就是保存至今的雁门关（图一二）。

在雁门关下，尚保存了两座古代城址，均以"广武"为名。因筑城时代

图一○　雁门关东关关楼牌匾

图一一　雁门关南官道

不同，遂以新旧别之。旧广武城概筑于辽金时期，南北长达500米。东西阔约200米，虽南北走向是长方形。现城墙依然断续保存，城墙的东、西、南三面各有一座城门，唯北墙上无门可通，大概是为防御北方而独特设计。而今这里也是一个村落。旧广武城为旧广武县旧治，西汉以来一直为战略要地，辽金时筑城。新广武城构筑在雁门关北口，由半山腰延伸至山前平地，状如

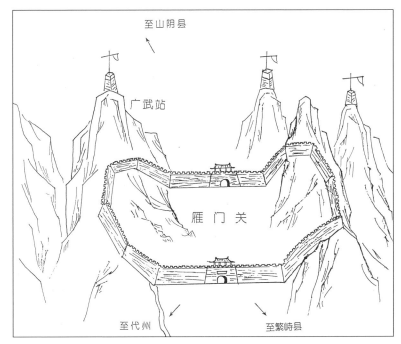

图一二　明雁门关示意图（根据明嘉靖《九边图》改绘）

一只蹲伏的猛虎。其周长约 1500 米，北门外另筑关楼一座。新广武城建于明洪武七年（1374 年），与雁门关几乎同时。当是雁门关北面的前哨阵地和瞭望所。

唐代、明代的两座雁门关，历经了无数次战争和洗礼，流传着许多悲壮的故事。雁门作为一个战略要塞，一个隘口，其攻守争夺可以追溯到两千多年以前。昔日的雁门山，留下过战国时期，赵国一代名将李牧的身影；疾风阵阵，传送着西汉武帝年间，李广指挥将士击避匈奴的喊杀之声。

在明代雁门关东关门以外，一溜青石台阶通往一处高起的台基之上，一座汉白玉石碑矗立其间，为明代所立。碑文记载了赵国名将李牧屡败匈奴的赫赫战绩。台基之前树立石旗杆，旗杆旁石狮守卫。这里是李牧祠的旧址，21 世纪初，为旅游之需复建了雁门关和李牧祠。李牧祠又称靖边寺，为明代所建祭祀李牧的庙宇（图一三）。

史书记载，战国时期的赵国长受匈奴的侵扰，后来命李牧坐镇雁代，防御匈奴。李牧对将士爱护至深，每日杀牛给食，教习骑射，谨举烽火，广设

图一三　镇边祠（李牧祠）

间谍侦察敌情，坚守慎战，十数年没有丧失一寸土地。匈奴以为李牧怯战，赵国兵将也认为主将懦弱。赵王责备他，李牧依然为故。赵王大怒，使他人代替李牧御边。一年之内，屡屡出兵攻敌，但屡屡失利。损失惨重，百姓不得安居。赵王重新起用李牧为将。李牧称病不受。赵王再三相请。李牧说，大王一定要用我，我还将照以前的方法行事。您答应之后，我才敢从命。

李牧再至雁门，依然避而不战。又过了几年，匈奴依然认为李牧怯懦。李牧每日教习将士，演练阵法。李牧分析敌我形势，认为时机已到。于是精选战车一千三百乘，骑兵一万三千骑，勇士五万人，弓弩手十万人。又让百姓四出畜牧劳作，遇到小股匈奴来犯，则作退却。匈奴单于认为李牧赵军可欺，率领大队人马倾巢出动。李牧据中军坚守不动，驱两翼兵马包抄，大败匈奴。此一战，破杀十余万骑，灭襜褴，破东胡，降林胡。此后十多年间，匈奴再不敢窥伺赵国边界。

到了西汉初年，匈奴更是猖獗，攻马邑（今山西朔州境内）、围晋阳（今山西省太原西南），困高祖刘邦于白登（今山西省大同市东北）。但由于当时经济凋敝，西汉朝廷尚无力以武力击败匈奴。到了武帝时期，国力日强，为集中兵力击逐匈奴，围绕雁门关进行了数次激战。李广、卫青、霍去病等著名战将都曾在此一展雄才。《汉书·武帝纪》载，元光元年（前134年）"卫尉李广为骁骑将军屯云中，中尉程不识为车骑将军屯雁门"，元光六年"匈奴入上谷，杀掠吏民。遣车骑将军卫青出上谷，骠骑将军公孙敖出代，轻车将军公孙贺出云中，骁骑将军李广出雁门。青至龙城，获首七百级。元朔元年（前128年）秋，匈奴入辽西，杀太守，入渔阳、雁门，败都尉，杀掠三千余人。遣将军卫青出雁门，将军李息出代，获首虏数千级。元狩二年（前121年），"匈奴入雁门，杀掠数百人。遣卫尉张骞、郎中令李广皆出右北平。广杀匈奴三千余人，尽亡其军四千人，独身脱还。"在短短的十余年内，匈奴数次进攻雁门。汉朝军队数次反击，最终击败匈奴。唐代诗人李白《塞下曲》颂赞霍去病云："骏马似风飙，鸣鞭出渭桥。弯弓辞汉月，插羽破天骄。阵解星芒尽，营空海雾消。功成画麟阁，独有霍嫖姚。"李白的诗使我们联想起陕西省茂陵博物馆收藏的一件马踏匈奴石刻来。这件石刻原就立在霍去病墓前。一匹雄骏的战马将一名垂死挣扎匈奴人踏在腹下。战马四肢如柱，蹄碗如铁。匈奴虽手执弓箭，但无奈其何。霍去病的战马尚其如此，其人之神勇将何以比拟？

两汉诸多在雁门抗击匈奴的战将中，参战最多，最为勇武，也是最值得同情当是"飞将军"李广。他镇守边关四十余年，任过雁门、代郡、云中太守，一生与匈奴凡七十余战，以力战冠誉。李广身长善射，唐代诗人卢纶《塞下曲》："林暗草惊风，将军夜引弓。平明寻白羽，没在石棱中。"赞喻的就是他。李广与匈奴战，曾引箭三发，射杀两名匈奴射雕者，生擒一人。而后飞骑再射杀匈奴白马将，惊破敌胆。元光六年（前129年），匈奴侵扰上谷，武帝派遣卫青、李广等人分头出兵迎击匈奴。李广率兵万骑出雁门，与匈奴遭遇。率军奋力苦战，但匈奴人马太多，寡难敌众，被匈奴击败。李广身负重伤，落马被擒。匈奴兵见李广伤势太重，难以骑乘战马，就找了一张绳网，系在两匹马上，把李广置卧在网中，载之以归。北行了十多里，李广从昏迷中醒来，见自己已被匈奴俘获，一面佯作昏迷，一面思谋脱身之计。这时恰有一名匈奴士兵骑着一匹好马从身旁走过，李广腾身而起，跃上这个匈奴兵的马背，用力将其推坠马下，并夺得弓箭，驱马向南奔去。待周围匈奴兵省悟，策马追来时，李广已跑出了很远。又用夺来的弓箭，还射敌兵，箭箭不空。匈奴兵不敢再追。李广驱马飞驰十余里，赶上了被击散的残部，

图　四　边靖楼

检点入塞。李广的勇武，被匈奴传以为神，称"汉之飞将军"。

　　两汉之后，历经三国、两晋、南北朝、隋唐，乃至明清，雁门关都是兵家必争之地，代县城内的边靖楼也是见证之一。边靖楼是代县的名胜，连基座高达40米。面阔七间，进深五间，三层四滴水，九脊歇山顶。围廊平座，周护其遭。楼的南北面檐下悬巨匾。南面楷书"声闻四达"，北面楷书"威震三关"。在南面"声闻四达"匾之上还悬一匾，行草"雁门第一楼"（图一四）。边靖楼始建于明洪武七年（1374年），成化七年（1471年）重修。登上边靖楼北望，在群山之中，雁门关历历可见。

　　宁武关　在"外三关"中位居第二，乃三关之中。设在宁武县境，今宁武县城区，北与朔州相接，南和静乐通达。东面，灰河沿城下东北流去，入桑干河，地理位置非常重要。

　　宁武关古来就是兵家必争之地。附近有楼烦关故地，又有宁文堡。明景泰元年（1450年），在宁文堡东500米许建宁武关。因关址选在凤凰山北面，去山不远，所以又叫凤凰城。关建成后，宁文堡仍是重要的卫所，与宁武关互为犄角。由于地理位置重要，宁武关自景泰以后，经成化、弘治，在不到

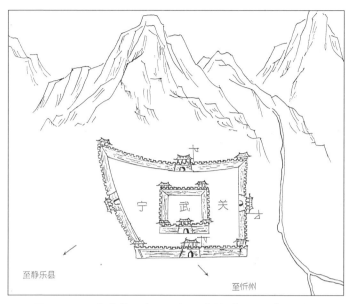

图一五　明宁武关示意图（据明嘉靖《九边图》改绘）

五十年时间内两次扩建。第一次在成化二年（1466 年），关城扩为"周围四里许"，"基宽五丈，顶旁二丈五尺，城高三丈有奇"。在东、西、南三面城墙上多开城门一座。第二次在弘治十一年（1498 年），将城墙扩展加高，环周"七里一百二十步"，城墙高度增加"五尺"，总高三丈五尺。到了万历三十四年（1606 年），又在夯土墙外砌以青瓦，还建了两座城楼。加之镇守三关的总兵卫所设在这里，威势赫赫，雄镇一方（图一五）。岁月风烟，现仅留下了关城的断壁残垣，连接关城的敌台、关堡（图一六），还有一座复建的城楼，城楼三层，绿琉璃瓦歇山顶（图一七）。

　　与其他关隘一样，宁武关周围也有一套以戍堡、边墙构成的防御系统。最为重要的除宁文堡外，在关城东北不远尚有阳方堡（图一八）。此堡嘉靖十八年（1539 年）始建，万历四年（1576 年）增修，堡墙周长二里，居险而设。或云："自堡北至朔州，不过四十里，不惟宁武要冲，亦为三关翰蔽。大同有事，以重兵驻此，东可卫雁门，西可援偏、老，北可应云朔，盆地利得也。"（顾祖禹《读史方舆纪要》）其次，东有大河、朔宁，北有神池、大水口、利民，西北有黄花岭、土棚、义井，西有二马营、西镇，凡十二堡。

　　考据宁武关的地理沿革，春秋时，属楼烦故地，战国时期辖于赵。阳方

图一六　宁武关关城残城墙

堡所在的阳方口，盖为故楼烦关的北口，其南口则在宁武县的宁化村。唐代在这里置宁武军，明代置关，清代设宁武府。

往事如烟，如果我们现在去拜访宁武关，再难见到它往日的雄姿了，或能见到为旅游新建的关城孤零零地立在那儿，但周围的城垣已坍毁殆尽，只有两侧斑驳的长城城墙时断时续地默立在那儿，讲述着以往的故事。

明朝末年，宁武关又经历了一场更大的战火。崇祯十六年（1643年），李自成率农民军破潼关，斩孙传庭，继而连下华阴、商州、临潼，攻入长安。次年正月在西安称王，立国号大顺。二月率兵马百万，渡黄河东进山西，接连攻占汾州、河曲、太原，复攻忻、代，至宁武关。宁武关总兵周遇吉凭险固守，先用炮石远轰农民军，伤万余人。火药用尽，开门奋击，杀农民军千余人。又趁夜色率二百壮士缒城而下，潜入农民军营，获胜，农民军退兵二十里。周遇吉坚守半月，援军仍迟迟不至，乃开城门诈降，将农民军万余人诱进城内，斩杀农民军四骁将及进城的所有农民军。最后农民军轰塌东城墙，引兵入城，周遇吉身重数箭，亲手格杀数十人。被执，缚之高竿射杀。周遇吉夫人刘氏率妇女二十余人登上屋顶箭射敌人，全体死于大火。

抗日战争时期，宁武关曾是我八路军消灭日寇的战场。1938年春，一二

图一七　宁武关关城

图一八　阳方口

○师在贺龙师长和关向应政委的率领下，英勇奋战二十余日，捷报频传，连续收复了被日寇占领的宁武、神池、保德、偏关等七座县城。1940 年百团大战，宁武关也使日本侵略军闻风丧胆。

偏关　又名偏头关，雄踞于滚滚黄河的东岸。《天下郡国利病书》云："（其）东连丫角山，西通黄河，与河套仅隔一水，其地东仰西伏，故名。"

偏关也有早晚两个关城。现在我们见到的是明代的偏关，即今偏关县县城。关城因地势而建，形状极不规矩。古人以丰富的想象，把它比作一头巨犀，称"犀牛望月城"。其头枕塔梁山，身卧关河畔。明代诗人崔镛诗云："半壁犀城水一湾，万家烟火护偏关。黄河曲曲涛西下，紫塞隆隆障北环。"《偏头关》说得就是这座偏关。

明代的关城始筑于洪武二十三年（1390 年），镇西卫指挥张贤置偏关所、筑关城。后经宣德、正德、天顺、成化、弘治几次扩修，遂成定制。"（城）周五里十八步，高三丈

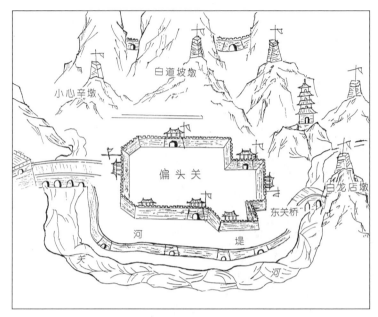

图一九　明偏头关示意图（根据明万历《三关图说》改绘）

五尺。东、西、南三面为门，上置丽谯。"到嘉靖、隆庆年间，又陆续加高，加厚城墙，建城楼、筑望台。砖砌墙面。万历二十六年（1598 年）又于西关南关筑女城、水门各二（图一九）。

偏关周围也构筑了许多城堡卫冲。重要的如桦林堡，在关城以西 10 公里，万历二十年（1592 年）始建，以夯土构筑，周长 500 余米。在关城东北40 公里有老营堡，城堡周 2 公里，站在堡上，北望大同如在眼前，正统末年始置，弘治、万历年间增修。次之戍堡尚有十六座。东为马站、八柳树，东北为小营、水泉，北有寺墕、滑石涧，西有楼子营、罗圈、杨晃、唐家会、五花营、得马水、灰沟，南有永兴，东南有八角、长林。这十八座戍堡构成了偏关的外围防御系统。

偏关虽然是三晋冲突之地，但地理条件并不优越，几乎无险可守。为了弥补这一缺陷，明代在筑关以后，又在偏关的周遭修筑了四道宽厚的边墙，像四条苍龙一样护住了这颗明珠。第一道在关城以北 60 公里处，东与平鲁县崖头墩连属，西达黄河岸边，逶迤 300 多公里。第二道距关城 30 公里，由北向西，再折向南向东，约略成环形。北贯草垛山，西抵黄河边上的老牛湾，南连河曲县石梯隘口，往东达老营好汉山。明长城至此分为内外两道，外长城是内蒙古与山西的分界，内长城则是雁北与忻州的分界。第三道位于关城东北15公里处，东起老营堡，西达白道坡，长达45公里。第四道在关城南1公里许，东以长林鹰窝山为起点，西至教场而终结，凡50公里。如今这四道边墙的夯土遗存犹在，如游龙走蛇盘伏山间。保存最好的是桦林堡边墙一段，高达4米，夯土墙外青砖包砌，拔地兀立，展示了其他关城不同的特色。偏关河自东向西流来，经关城南，绕城西而注入黄河。不仅解决了关城的供水之需，也为偏关增加了一道屏障。

如今的偏关城为省级重点文物保护单位。斑驳的城墙历历在目，南城门及城墙上的门楼已经整修，为三层歇山顶建筑，端门外侧书"偏头关"三字，为近现代人所书（图二〇、二一）。城内主要干线南北大街上，黄土洞、财神阁、古戏台、节孝坊，仍显示着昔日的风采（图二二、图二三）。登临关城，东面的管涔山峭壁悬崖依稀可见，西面的黄河水，浊浪滚滚尽收眼底。在城东的白羊岭上，可以找到明代内、外长城的交会点，人字的撇和捺就是从这里分开的。

图二〇　偏头关东关楼门额

图二一　偏头关东关楼

图二二　偏头关城墙

图二三　远眺偏头关

　　旧的偏关为元代所设，名偏头关。关址在明代偏关城东北的山梁上。山梁称玉皇梁，地势东仰西伏。关名偏头概来源于此。据考察，旧关城东西阔约 800 米，南北因地势而建，宽窄不一。现在东部墙体仍有保存，上建有玉皇庙。这里景色颇佳，旧"偏头关八景"之一的"玉清真境"就在此处。关城的西部被明代关城括入，今东门街有"大个洞"当就是西门所在。在偏头关东南 1 公里左右，有一座明代天启年建的凌霄塔，塔高 35 米，外观形似文笔，故名"文笔凌霄塔"，朝迎旭日，夕沐晚霞，是偏关的又一佳境。

这里，先秦时期为林胡之地，汉代为西河郡美稷县，隋辖于并州开阳县，唐为岚州唐隆镇。五代北汉天会元年（957 年），在此建偏头寨，沿至宋金。

偏关城内外，历代有过无数次争战。但最值得回忆的，是八路军勇士痛歼日寇，收复偏关的战斗。

1938 年春节刚过，日本侵略军为巩固后方，纠集万余人，分五路包围晋西北抗日根据地。北西两路，一路出井坪攻偏关，另一路由绥远清水河出发，进攻目标也是偏关。我八路军闻讯，命王震率三五九旅北上击敌。日军乘我军未到，抢行占领了偏关、宁武诸城。中央研究了这一局势，毛泽东亲发电报指示，集中力量歼敌一路，击溃其他四路。根据电示，一二〇师麾师岢岚、五寨，围攻日军，断绝水源，日夜轮番攻击，扰得日军筋疲力尽，只得向北撤退。攻占偏关的日军见另一路已经撤退，自己成了孤军，慑于八路军的赫赫威势，也只好放弃偏关，向东退去。偏关再次回到人民的手中。

图二四　老牛湾古堡

　　如果有幸到偏关一游，或纵览关北四道边墙，或游览老牛湾，站在黄河之畔，仰望长城古堡巍巍，俯瞰黄河在这里拐弯南流，蓝蓝的河水与莽莽的黄土高原、巍巍的古长城交汇在一起，是一种在他处绝难见到历史与现实的交融，如果再品尝这里的特产黄河鲤鱼，犹如在古代征战的金戈铁马之中，又觅到田园诗一般的静谧（图二四）。

　　涉足晋北山川，看罢三关胜境，胸中似乎有一种自豪的惬意在涌动，一股爱国的怀情在升腾。可是当你凝神屏息去捕捉时，它又化作了一曲流传于山西、河北的《小放牛》，悠悠的在你耳边吟唱，伴着和煦的春风，伴着牧童的短笛。"……赵州桥来鲁班爷爷修，玉石栏杆圣人留。张果老骑驴桥上走，柴王爷推车轧了一道沟……""天上的梭罗儿王母娘娘栽，地上的黄河老龙王开。杨六郎把守三关口，孟姜女哭长城她就一去没回来"……

太平虎踞平型关

起来，不愿做奴隶的人们，

把我们的血肉，

铸成我们新的长城。

……

这首由田汉作词，聂耳作曲的《义勇军进行曲》在抗日战争时期唤醒了多少民众，鼓舞着多少志士仁人为了中华民族的存亡前仆后继，浴血奋战。1949 年中华人民共和国成立，被选作中华人民共和国国歌。

抗日战争的初期，八路军将士高唱着《义勇军进行曲》，在山西的平型关设伏，给了入侵山西的日寇以沉重的打击，从而使这座不大的关隘闻名遐迩，成了国内外新闻的热点，平型关大捷成了中国人民反法西斯战争的里程碑。

七七卢沟桥事变之后，日本侵略者气焰嚣张，先占平、津，继而集结了 20 余万兵力，分兵三路，从平绥、平汉、津浦三条铁路线出击，叫嚣三个月灭亡中国。1937 年 9 月，进攻山西的日军由北向南推进，攻击雁门关和长城诸关口。而国民党军队抵抗不利，此时，我改编后的八路军一一五师已由陕北开赴山西太行山下。23 日师部得到消息，日军板垣师团正向平型关逼近。当时一一五师师长林彪、副师长聂荣臻、政训处主任罗荣桓全面分析敌情，拟定了在平型关伏击敌人的计划，并上报中央，很快得到以毛泽东同志为首的中央军委批准。

次日午夜，部队轻装急行，这时正值天降大雨，寒冷的秋风挟裹冷雨扑面袭来。可是八路军战士们还只穿着夏天的单衣，但他们胸中抗日的烈火在燃烧，为了民族的存亡，他们顶风冒雨，在崎岖泥泞的山间小路上飞奔。东方即将破晓，部队按时到达，埋伏在乔沟公路两侧的山上。这时，骤雨已停，天气放晴。秋风阵阵袭来，寒凉侵袭肌骨，战士们忍着饥渴劳乏，忍着寒冷，盼望着，等待着。

雨后的清晨的田野上，飘忽着轻纱般的雾霭烟幛，是那样和谐而安谧，如果没有战争，这是多么迷人的山村美景啊。突然，从远处传来的刺耳的汽车马达声打破沉寂。指挥员们从望远镜中看到，日寇板坦师团第二十一旅团像一股黄色的浊浪向这边涌来。前面是一百多辆汽车开道，后面是二百多辆马车，最后是骑兵殿后。由于一夜暴雨刚过，道路泥泞，敌军行进艰缓。渐渐地走进了八路军的伏击圈——老爷庙东北的山谷中，汽车、马车、骑兵混杂在一起，拥塞了公路。

一阵嘹亮的冲锋号划破了凌晨的清寂，惊起了刚刚睡醒的飞鸟。紧接着响起了爆豆般的枪声和震耳欲聋的爆炸声。战士们投出的一束束手榴弹，炸毁了走在最后的几辆汽车，堵住了敌人的退路。板垣师团乃侵华日军的精锐，一路又未遇抵抗，侵华气焰十分嚣张。在平型关受阻，恼羞成怒，挥舞着刺刀，架起机关枪，妄图利用汽车、水沟作障碍，拼命顽抗。我八路军六八五团五连与六八六团一连首先冲到了公路上，亮开了刺刀，与负隅顽抗的日寇拼杀在了一起。接着其他部队也冲了上来，手榴弹在汽车上开花，刺刀在敌群中闪光，双方展开了肉搏战。日军顽抗之中，又派出一部强占了公路旁边的老爷庙制高点，企图以精良的武器挽救败势，以待外援。八六三团三营八路军战士越过公路，冲上了老爷庙的山头，消灭了敌人，夺回了老爷庙。敌人又数次向山头反攻，都被三营将士击退。此时战场上硝烟弥漫，烈焰腾空，日军已被八路军分割包围，难以统一指挥，败局已定。

板垣师团在平型关被伏击的消息很快传了出去，不久，驻守涞源、蔚县的日军都派兵前来驰援。但一一五师师首长们早想到这一点，派出了独立团和骑兵营在平型关外围公路上恭候多时。尽管敌人一次次进攻，终不能靠近平型关战场半步。日军见陆上援助无效，又派出了飞机从空中援助。但这时平型关战场上战斗已成白热化，双方展开了近战肉搏，胶结在一起，难以分开。飞机不能参战，只得在高空盘旋，悼念东洋亡灵。

在血战中，八路军战士把对日本帝国主义的民族仇恨化作了满腔烈火，凝结在枪膛中、刺刀尖上，许多战士身上负伤两三处，仍与敌人拼杀。日近中午，激战已达六个多小时，敌人再也坚持不住了。一一五师指挥部见时机已到，马上发出了总攻击的信号，八路军将士再奋余勇，全线出击，敌人溃逃了。在 5 公里长的伏击圈内，日军遗弃的死尸累累，公路上，汽车、马车、武器、装备物资拥塞不绝。

平型关一战，八路军歼敌 1000 余人，击毁敌汽车 100 余辆，缴获九二式步兵炮 1 门，炮弹 2000 余发，机枪 20 余挺，步枪 1000 余支及大批食品、衣被等物资。它是我八路军开赴抗日战争前线打的第一个大胜仗，狠狠地打击了日本帝国主义侵华的嚣张气焰，鼓舞了中国人民的斗志。在艳阳的照耀下，八路军战士在欢呼，巍巍的太行山在呐喊，不远处那坚不可摧的平型关则显得更加壮美，凛然不可侵犯，并从此永远载入了中国人民抗日战争的史册。

这座因抗日战争而出名的雄关是内长城的一处重要关口，位于大同市灵丘县与忻州市繁峙县的分界线平型岭上，今山西省忻州市繁峙县横涧乡平型关村（图一）。往西南 70 公里为繁峙县城，往西去 110 多公里为雁门关。明代修筑的内长城蜿蜒由此通过。

图一　平型关关门

　　明代修筑的内长城时经过平型岭，在关岭上修筑关城、关楼。关城平面略呈正方形。这座平型关城饱经数百年的岁月和烽烟战火，现在显得有些破败。

　　关城城门坐西向东，东城门洞以券栿相间方法砌筑，呈拱形，高 4 米，宽2.7 米，墙厚也为 2.7 米。门顶有门额，上书"平型关"三个大字。城墙外以青砖包砌。城楼早已坍毁。现在城台上有三楹硬山顶屋宇一座，为后人所建。城门之下有土石古道穿过，西通繁峙，东接灵丘。关城附近的长城构筑的极为坚固，高达 6 米以上。以花岗岩石条砌筑墙基，上面夯土构筑墙体，墙体外甃以青砖。城墙顶部，每隔 1.5 米砌一垛口，与平型关城构成了极为严密的防御体系。远远望去，山峰、雄关、长城好像融铸在一起，构成了一道牢不可破的屏障。

　　这里宋代以前并无关城，只有瓶形寨，大概只因为这里的地形象个瓶子的模样而得名吧！宋代沈括曰："飞狐路有道从倒马关出，自石门子、冷水铺入瓶形、梅回两寨间，可至代州。"（《梦溪笔读·杂志》）到了明代正德六年（1511 年），在此修筑关城，遂成了长城的一个重要关隘。嘉靖二十四年（1545 年）、万历九年（1581 年）两次增修。据载，当时建成的关城周长二里有余。周围还设数座戍堡拱卫，西二十里有团堡子堡，又西北二十里有大安岭堡，再往西北二十里有车道口堡（图二），明代对平型关十分重视，认为它是"东控紫荆，西辖雁门"的中介。嘉靖年间，流贼草寇数次由此越关出塞，

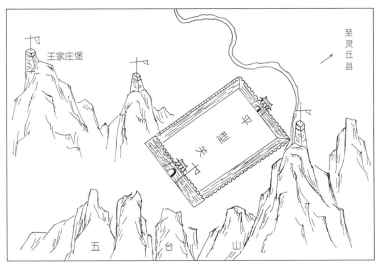

图二　明平型关示意图（根据明嘉靖《九边图》改绘）

图三　平型关战役遗址关帝庙

侵扰百姓，危及官府。从而朝廷对平型关的防务更为重视，增置官兵戍守。在明代，蒙古骑兵经常由这一带侵边，抢掠财物。关城刚刚筑成不久，嘉靖三十二年（1553 年），蒙古鞑靼部俺答又率兵大举南侵，从大同入浑源攻平型关，乘虚陷平型关而入。由此直趋灵丘、广昌（今河北涞源），进逼紫荆关。途中遇明将陈凤率军抵抗，又遇连日阴雨不能深入。遂掠繁峙等地而去。

　　平型关如此壮美，为世人瞩目。不过八路军歼击日寇的平型关战役，并不是在平型关城上打的。当年的置伏地点在平型以东约 5 公里的乔沟一带，隶属灵丘县境，因邻近平型关，故称平型关战役（图三）。

　　沿着平型关下的公路东行，一边随意漫步，一边观赏山野秀色，聆听鸟语虫鸣。步行走上一个小时就到乔沟了。以战争谋略家的眼光观察，这里是伏击歼敌的最佳地带。乔沟狭长 7 公里许，路旁崖高数丈，而且非常陡峭。崖顶平缓，杂草丛生，臻莽蔽野，两崖之下公路如带，蜿蜒远去。如果在桥沟崖上埋伏重兵，居高临下发起攻击，犹如瓮中捉鳖，十拿九稳。站在崖顶眺望四野，近处峰峦如春笋出泥，相连相接，向北远望，恒山余脉绵延而来，往南五台山飘缈有若仙境。此情此景，谁会想到这里曾是硝烟弥漫的战场，曾让日寇闻风丧胆。还是让我记住这雄伟的平型关，记住这痛歼敌寇的地方吧！

巾帼留名娘子关

京畿西南的山西三晋大地，素以历史悠久称著，古来也是兵家逐鹿的战场，古代关隘以外三关为最，但绝不止于此。在晋中与河北省交界的平定县娘子关镇，有一处以女性命名的雄关也很有名，这就是娘子关。

娘子关在长城诸多关隘中，排名第九，故有"万里长城第九关"的美誉。你如果是个旅行家，是文史爱好者，娘子关是不能不去的。乘车出北京顺京广线南下，至石家庄折西而行，出河北进山西，第一站就是娘子关。下了车走上一段路，极目西望，但见群雄陡起，接踵联袂，险崖壁立，如列屏布障。回望石太铁路，沿山间峡谷蜿蜒而来，至此穿隧道而过。而前面，娘子关雄踞山腰，端然稳坐。似乎在向你频频招手，欢迎你这远道慕名而来的游子。

这座娘子关也为明代所筑，建在半山腰上，下临桃河。关城不大，平面略呈方形，东、南各有一座城门。现在城垣、关楼依然保存。东城关门砌作券顶，门顶之上有砖石匾额，匾额上排阴刻"直隶"二个小字，下排阴刻"娘子关"三个大字，并有上下署款。惜上面的关楼已失（图一、二）。南门门洞也作券拱形顶，门顶匾额刻"京畿藩屏"，也有署款，惜年久风化不能辨识，更衬托出石匾额的古朴（图三、四）。又因为地势关系，东北高而西南低，把东关门称为上关，南关门称为下关。

据史书记载，娘子关原名苇泽关，大概是地临水泽，盛产芦苇之故吧。隋代曾于此置苇泽县，不久即废。唐代在此设承天军，修筑过承天军城，驻重兵防守。宋太祖赵匡胤建隆年间建承天寨。到了明代嘉靖二年（1523年），保定巡抚刘麟认为："娘子关深入山西，椎剽之徒盘踞为奸，宜设专官聚兵守之。"

图一　娘子关东关门（20世纪40年代旧貌）

图二　娘子关东关城门匾额

到嘉靖十九年（1540年），保定巡抚刘隅"拓修娘子关营房，设守备一人守之"（《明实录·世宗肃皇帝》）。嘉靖二十一年（1542年），筑娘子关城。以后崇祯年间修补增筑。清代，又在此设固官营，置把总率兵戍守。

从南门外，顺着上山的斑驳古道攀登，远望娘子关，如悬在头顶，步入关门，拾级而上，进入这座不大的关城。南门内东侧是座关帝庙戏楼。庙内有钟楼，西院墙上嵌有一块明代的石碑。石碑不大，长不过2尺，宽约1尺半。但内容很重要，记载当时筑关的情况。"崇祯七年分奉拨国定□营中军军干总管两员，统领军匠五百名，修筑娘子关三等砖城，二十七丈七尺。除正式外又捐修工二十一丈三尺。于本年五月二十五日修完讫。"东城南段已部分坍毁，北段及北城墙的城砖也已缺失殆尽，筑砖的夯土暴露在外，让人痛心。登上城头，但见南城关楼仍在，不过是近些年复修的。九脊歇山顶，两层楼阁形式，外侧檐下悬"天下第九关"巨匾（图五）。关楼内侧有四根青石立柱，柱上镌刻了两幅楹联，颇值得玩味，一幅为"楼头古戍楼边寨，城外青山城下河"，另一幅为"雄关百二谁为最，要路三

图三　娘子关南城楼及关外古道

图四　娘子关南城城门匾额

千此并名"，概括了娘子关的地理形胜、自然风貌和在古人心中的地位（图六）。关楼内供奉平阳公主塑像（图七）。关城东，峰峦逶迤连绵，城墙随地势起伏，如走蛇游龙，伸达峰顶。关城之下的桃河，波翻浪涌，古时为娘子关的壕堑。极目西南望，数十里外的平定县城如海市蜃楼，依稀可见。往东不远为河北省境内的井陉关（又名故关），两关相依，互为唇齿。又与坐落在吕梁山西麓的柳林孟门关对应，古有"东有娘子关，西有孟门关"之说。

图五　娘子关南城楼外檐下匾额

图六　娘子关南城楼

图七　娘子关南城楼内平阳公主像

在明代，娘子关被尊为"天下第九关"，古来也是游览胜地。明人王世贞曾在这里留下了佳篇："夫人城北走降氏，娘子关前高义旗。今日关头成独笑，可无巾帼赠男儿。"（《娘子关偶成》）

说到此，有人不禁要问，娘子关何以名娘子，苇泽关何以更名，王世贞称颂的"夫人"又是谁呢？这就要考索娘子关名称的由来了。

传说此地有妒女祠，顾祖禹《读史方舆纪要》记载，凡"妇人服靓妆"经过妒女祠时，妒女就会心生妒火，雷电大作，娘子关因此得名。《元和郡县志》则说，春秋时晋国介子推的妹妹介山氏，焚死绵山，后人为之筑妒女祠。

还有一个传说是平阳公主的。据《平定县志》记载，唐代初年，平阳公主曾率兵戍守于此，麾下精兵数万。本人又机谋过人，丝毫不让须眉男儿。戍防数年，敌人不敢窥视，关城有若金汤之固。当地百姓遂呼此关为"娘子关"，后人因循，也以娘子关呼之，而其正名"苇泽关"反而被人们遗忘了，只有在史书中才能偶然见到。

平阳公主是唐代开国皇帝高祖李渊的第三个女儿，太宗李世民的嫡亲姊妹。隋朝末年，助高祖成其帝业，称得上是一位巾帼将军。后来下嫁柴绍。这个柴绍也是个了不起的英雄，"矫捷有勇力，任侠闻于关中"（《旧唐书·柴绍传》）。随高祖李渊、太宗李世民起兵，为开辟唐朝基业，屡建奇勋，封谯国公。柴绍不但正史有传，就连后来的小说《隋唐演义》《说唐》中也每每记载。平阳公主出嫁后，仍常常率兵征战，身不离鞍鞯，手不离兵刃，戎马倥偬。

隋朝末年，隋炀帝杨广荒淫无道。十八路反王、三十六路烟尘举旗反隋。大业十三年（617年），李渊在太原起兵，密信招柴绍。柴绍此时与平阳公主同居长安，接到信后，欲赴太原，又担心公主的安危。平阳公主说："你应火速前往，不要为我担心。我一个妇人，随时可以躲藏，并自有良策。"柴绍走后，平阳公主变卖家产，回到鄠县（今陕西省户县），散尽家财，招兵买马，得数百人，起兵策应高祖。此时附近还有一位反隋的胡人，叫何潘仁，聚众司竹园。平阳公主命家僮马三宝前往司竹园，晓以利害。何潘仁出兵攻陷鄠县。马三宝后来又劝说李仲文、向善志、丘师利等，各率数千人来归降。平阳公主势力日盛。隋廷数次派兵进剿，都被击败。后来，平阳公主又率兵攻占盩厔、武功、始平。队伍扩大到了七万多人。平阳公主为了带好这支队伍，严明军纪法规，禁止侵掠。高祖李渊率义军渡过黄河，派柴绍率兵至华阴，迎公主于南山下，遂引精兵数万在渭北与高祖会师。平阳公主带来的生力军，为推翻隋朝增添了力量。军中称平阳公主所率领的军队为"娘子军"。

高祖李渊也特别宠爱平阳公主，每每赏赐，异于其他公主。不幸英年早逝，李渊悲痛已极，下诏加前后羽葆鼓吹、大辂、麾幢、班剑四十人及虎贲甲卒等规格极高的仪仗。太常对此提出异议，高祖李渊说，鼓吹乃是军乐，公主于司竹举兵应义旗，亲执金鼓指挥作战，立下战功无数。不是一般妇人所能相比的。怎么能没有鼓吹呢！"遂特加之，以旌殊绩"。

娘子关自唐初平阳公主镇守之后，到唐大历年间仍设重兵把守，置承天军。唐穆宗长庆元年（821年），河、朔镇兵作乱，镇州四面行营都招讨使裴度率兵出承天军、故关征讨王庭凑。唐朝末年，藩镇割据，烽烟四起，李唐朝廷已难以控制。昭宗光化二年（899年），汴将葛从周率铁骑八百，自邢州（河北省邢台）攻入魏州，殊死征战，破仁恭，压其八寨。随之乘胜自土门攻河东，拔承天军（即娘子关）。

　　唐代以后，各代兵家也都把娘子关作为争取的目标，娘子关屡经修葺，到了明嘉靖筑关以后，形成了现在关城的形制。

　　抗日战争时期，八路军及抗日勇士曾在娘子关抗击日寇，英雄血祭娘子关城头。1937 年 10 月，日本侵略军企图攻占太原。为配合忻口国民党正面防御，八路军在日军的侧翼和后方展开游击战，平型关首战告捷，又在宁武、雁门关克敌，切断了进攻忻口日寇的运输线。日军进攻忻口受阻，又调平汉线日军由东西进，威逼太原。国民党第二战区副司令长官黄绍竑指挥第一、十四军团在娘子关沿线布防，阻击敌人。八路军一二九师开赴平定，与国民党军队协同作战，向娘子关东南方攻击日寇的侧后方，于长生口、东石门、马山村、七亘村为战场，或突袭，或设伏，打得日军惶惶不可终日，只七亘村一战，就歼灭日寇 400 多人。但由于正太线国民党防御部队溃败，日军于 10 月 26 日攻占了娘子关。不久，太原也随之陷落。但抗日志士的热血却没有白流，它激励中华民族觉醒，共筑新的长城。

　　1940 年七八月间，八路军在副总司令彭德怀的指挥下进行的百团大战，是抗日战争时期在华北地区对日军进行的一次规模最大、持续时间最长的战略性进攻。攻击目标是华北地区的主要铁路、公路干线，重点是正太铁路。这样，娘子关就成了主要战场之一。日军胆战心惊，对正太铁路各站增兵加强防守。其中第四独立混成旅团驻守娘子关至榆次路段，十五大队守娘子关至测石路段。根据八路军前敌总指挥部的统一布置，晋察冀军区十个团向正太线开进，攻击正定至娘子关路段所有日寇据点，或攻井陉，或突袭贾庄。在攻击井陉新矿时，八路军战士在战火硝烟中，救出了两名日本小姑娘，传为发扬国际人道主义的千古佳话。中央纵队二团攻击娘子关附近的蔡庄和乏驴岭，左纵队五团攻击娘子关，与守关的日寇展开激战，敌人虽然装备精良，但挡不住我八路军战士的抗日怒火。8 月 21 日零时攻克娘子关。继而又用大刀、手榴弹把残敌逼入关西龙王庙。到 21 日下午，突然阴云密布，大雨滂沱，河水暴涨。磨河滩的日军趁我军立足未稳之际，向娘子关猛攻。五团撤出娘子关，转向其他战场。如果把百团大战比作一部悲壮的乐曲，娘子关攻坚战只是其中的一个音符，而它同样激昂雄壮，展示了中华民族抗日救亡的决心和力量。

　　如今，历史翻开了新的一页，平阳公主的飒爽英姿、八路军勇士痛歼日寇的身影都留给了过去。但谁不说他们的精神永存呢？如今站在娘子关城头极目四望，周围的青山绿水尽收眼底。

　　风景秀丽也是娘子关的一绝。这一带处于太行山脉与华北平原交会处，石灰岩山体由于年久风化，缝隙孔罅多如牛毛。加之这里地势偏低，股股山泉或大或小，或急或缓，汩汩涌流，汇流在一起，有的形成了瀑布飞湍，有的形成清溪素潭（图八）。有水就有绿，有山有水就有景。后世好事者又把这一处处景观与平阳公主的传说联系在一起，让人充满了美好的遐想。来到娘子关，寻访名胜古迹，听一听有关平阳公主的动人传说，会庆幸自己得到了许多意想不到的收获。

　　当地百姓都说娘子关南城门上的关楼叫"宿将楼"，是平阳公主修建的，供娘子军休息的地方。楼内有平阳公主塑像；北面桃河对岸有一座高高的平台，那又是平阳公主的"点将台"；高高的绵山顶上，据说还有平阳公主消夏纳凉的"避暑亭"，匀面梳妆的"洗脸盆"。那一盆碧水不但清澈甘爽，而且无论天旱雨涝，不涸不溢。

　　"水帘洞"是娘子关附近的最神奇的佳境了，传说是平阳公主率领的娘子军洗

图八　娘子关旁山崖瀑布
（摄于 20 世纪 30 年代）

尘、饮马的地方，素以名泉灵水著称。"水帘洞"方圆数米，时值暑夏，泉水从洞底涌出，如沸如汤，翻滚蒸腾。据说以前有好事者，曾抱起十几斤重的巨石抛掷而下，转眼间又被泉水翻卷上来，可见冲力之大。股股泉水奔流着，遇到悬崖峭壁，飞泻而下，形成一道道瀑布。升腾的水雾在阳光的映照下，幻化成五彩虹霓。这美景古往今来不知有多少人被陶醉。金代诗人元好问游娘子关，作诗赞诵瀑布："悬流百里行不前，但觉飞湍醒毛发。"（《游承天悬泉》）并将瀑布与晋祠难老泉比并，"只知晋阳天下稀，娘子关头更奇崛"。（《游承天悬泉》）数百年后的 1956 年，现代历史学家、大诗人郭沫若先生游娘子关，也曾被这大瀑布的壮阔所陶醉，作诗记云："娘子关头悬瀑布，飞腾入谷化潜龙。……回顾陡惊溶碧玉，倒流将见吸长虹。……"（《过娘子关》）

　　我曾两次游娘子关，记得我第一次游娘子关时，细雨飘飞。沟通关门内外的古径山石斑驳，一块块被洗刷得干干净净。关城内，古道的两旁，青砖灰瓦，农舍俨然。一切都笼罩在宁谧的雨雾之中，只有几个孩童在雨中嬉戏玩闹。关城下，桃河水湍急奔流，催动水车的木轮飞速旋转。浓浓的田园生活气息把我带到了古时，让我想起了南宋诗人陆游"细雨骑驴入剑门"时的悠闲和洒脱……

流芳千古虎牢关

　　说起虎牢关，恐怕没有多少人能知晓了，它昔日的风姿，也早已被岁月的风尘湮灭；但如果说起刘、关、张三英战吕布的故事，大家会一点也不陌生，吕布的骁勇，刘、关、张兄弟的忠义，成为千古佳话流传至今。你可知道，三英战吕布的故事，就发生在虎牢关前。

　　罗贯中《三国演义》第五回"发矫诏诸镇应曹公，破关兵三英战吕布"，讲述的就是这个故事。董卓攻陷洛阳后，侵凌皇室，肆虐公卿，激变了各路诸侯。曹操当先发檄讨伐董卓，随之一呼百应，诸镇纷纷起兵，直逼东都洛阳。董卓闻讯，亲率十五万大军坐镇虎牢，命吕布带三万人马驻扎在城外。吕布一匹赤兔马，一杆方天画戟，接连斩杀上将数员。北平太守公孙瓒出马接战，也因力怯败阵而逃。眼看吕布已催马追来，公孙瓒生死系于一旦，骤然一骑一人，喊声如雷，犹如一团黑旋风飞至。原来是猛将张飞，挺起丈八蛇矛，与吕布杀在一处，酣战五十回合不分高下。关羽看三弟战吕布不下，挥起青龙偃月刀前来助战，又打了三十余合，大哥刘备抡开双股剑，又催马杀入战团。以三对一，四般兵器并举，十六只马蹄翻飞，那阵式，那声威，夺人心魄，旷古难见。书中古诗说得精彩："温侯吕布世无匹，雄才四海夸英伟。护躯银铠砌龙鳞，束发金冠簪雉尾。参差宝带兽平吞，错落锦袍飞凤起。龙驹跳踏起天风，画戟荧煌射秋水。出关搦战谁敢当？诸侯胆裂心惶惶。踊出燕人张翼德，手持蛇矛丈八枪。虎须倒竖翻金线，环眼圆睁起电光。酣战未能分胜负，阵前恼起关云长。青龙宝刀灿霜雪，鹦鹉战袍飞蛱蝶。马蹄到处鬼神嚎，目前一怒应流血。枭雄玄德掣双锋，抖擞天威施勇烈。三人围绕战多时，遮拦架隔无休歇。喊声震动天地翻，杀气迷漫斗牛寒。吕布力穷寻走路，遥望家山拍马还。倒拖画杆方天戟，乱散销金五彩幡。顿断绒绦走赤兔，翻身飞上虎牢关。"

图一　虎牢关碑

　　这座被小说家、戏剧家称道的，因三英战吕布而名声远播的虎牢关今在何处？原来它就在中原大地的千里沃野上，在今河南省荥阳市西北 18 公里的汜水镇虎牢关村。汜水从村前流过，北流注入黄河，所以又叫汜水关；隋代这里曾隶属成皋县，还叫过成皋关；到了唐代，为避唐高祖的祖父李虎的名讳，还改称过武牢关。

　　古往今来，这里虽没经过沧海桑田的变化，但五谷丰稔，树木四合，早已经成了百姓安居乐业的乡村，要想寻找古战场的痕迹实在太难了。记得我们寻访虎牢关时费了好大气力。到了荥阳，先找虎牢关村，到了虎牢关村，只见满川的玉米地，青绿苗壮，两旁山上也是绿树成荫。一条土街，数家农舍。虎牢关在哪儿？我们询问一位老人，他指着前面不远的一个水泥亭阁说，那就是了。顺着他手指的方向看去，见一个六根水泥柱围成的露天亭阁中，立着一通高约两米的石碑，抹角长方形。正中竖行楷书"虎牢关"，边款"大清雍正九年辛亥二月立"（图一）。在碑亭后面几十米处，有一座新建的仿古建筑"三义庙"，红墙黄琉璃瓦顶（图二）。我们在院中，看到了丢弃在墙角刻有康熙年号的砖雕牌位。据说附近尚有吕布城、张飞寨遗迹，可惜无缘谋面。

　　在虎牢关村西北不远处，有一处古城址，据考是东汉年间的虎牢关故城。不过现在也面目全非了。只有一条夯土城墙还在（图三）。像一条土龙卧伏地上。它时断时续，时直时弯，延伸 1 公里有余，最高处可达 6 米。土墙为堆

图二　新建的三义庙

土夯筑而成，夯层内时夹碎陶片，从附近地表上可到处捡到古代的残砖断瓦、残碎陶片。在城址的西北部，还有一座高 8 米，面积约 800 平方米的土台，当地老百姓叫它"点将台"，实际当为一处建筑基址。

不要看现在虎牢关是个平静的农村，地势却相当险峻。它盘踞山岭之间，两旁峭壁如斧劈刀削。向北望，黄河之水波翻浪滚，为一道天然壕堑。向南看，峰岭连绵不断，又形成难以逾越的屏障。在古代虎牢关乃西进洛阳的必经之地。

虎牢关这个名字很怪，何以叫虎牢关呢？流传着一个有趣的故事。据《穆天子传》记载，西周时期，穆王行围狩猎到了这里，命吏卒进丛林驱逐鸟兽，突然跳出一只斑斓猛虎，勇士高奔戎徒手搏虎，生擒献给穆王。穆王在此修建柙笼，畜虎于此，以后遂有了虎牢之名。春秋时期，这里地属东虢国，以后又成为郑国的辖地，名北制。《左传·隐公元年》记载，姜氏曾向郑武公为共叔段求制为领地，指的就是这里。到了襄公二年（前 571 年）秋，北制已被晋国夺取，适晋、宋、齐、鲁诸国联盟攻郑。鲁卿孟献子献策，在虎牢建城以迫郑，恐怕是这里建筑得最早的城池了。战国时这里辖于韩，称成皋邑。秦时在此置关，西汉时在此设成皋县，隋代改称汜水县，唐垂拱四年（688 年）一度更名为广武县，神龙元年（705 年）复名汜水县，五代改属河

图三　虎牢关古城墙

南府。宋熙宁五年（1072年）废入河阴县。元丰二年（1079年）复置，属孟州，金复属郑州。1948年与广武县合并为成皋县。所以虎牢关又名成皋关、汜水关。

前述三英战吕布故事乃小说家言，正史未见记载。但这里确实上演过无数次惨烈的争战。当你站在"虎牢关"巨碑前，当你漫步在东汉虎牢关故城内，昔日的金戈铁马、征尘烽烟就会扑面而来。

早在2700多年以前，郑国的军队就曾在此大败燕师。那是发生在鲁隐公五年（郑庄公二十六年，前718年）之事。这年四月，郑国攻占卫国的郊野，卫国也不示弱，带领南燕兵马攻打郑国。郑国施巧计，派祭足、原繁、洩驾率三军从前面佯攻，以作疑兵，公子曼伯、子元率领制地的军队偷袭南燕军的后面。使其首尾不能兼顾。六月，公子曼伯、子元在虎牢关一带击败燕军，大获全胜。战国时期，秦、齐、楚、燕、韩、赵、魏七雄并立，相互鲸吞蚕食，到后来形成了以秦为一方，以东方六国联盟为一方的对垒局面，遂出现了纵横家苏秦、张仪两大说客。张仪连横事秦，极看重韩国成皋（即虎牢）、荥阳的地望，认为它是东取诸国，南控荆楚的要地，于是威胁、利诱韩王盟秦。秦庄襄王元年（前249年）拔韩成皋（虎牢）、荥阳，韩国失去了固守的险塞，不久即亡国了。此后十几年内，其他五国的疆域也相继并入了秦国的版图。

秦始皇统一中国后，只维持了十二年安定局面。他刚刚去世，就爆发了陈胜、吴广领导的历史上第一次农民大起义，征战三年，推翻暴秦。接着又是长达数年的楚汉相争，汉王刘邦和楚王项羽有两年时间在成皋（虎牢）展开拉锯战，这距秦拔虎牢不过四十余年。"楚汉相持，鸿沟为界"，说的也就是这里。

据《史记》记载，西汉高祖二年（前205年），刘邦与项羽在彭城激战，项羽先败汉王刘邦于榖、泗二水。复追击汉军于灵璧东睢水旁，汉军战死，溺死十万余，以至堵塞了睢水。刘邦的父母妻子也被项王俘虏，成为人质。幸逢狂风骤至，刘邦才得率数十残兵败将突出重围。逃到了荥阳方才得以喘息。第二年楚王项羽又带兵追至荥阳，建城堡与汉军对垒。汉军在荥阳南驻扎，取成皋敖仓的粮食为军需。又因兵力孱弱，惧怕偷袭，只好筑甬道以御楚军。项羽恃兵精将勇，数次攻破甬道，夺得汉军粮草辎重，并再次包围了汉王刘邦。刘邦拟割地议和，项王不准。又相持了数月，汉军已到了粮草尽绝的地步。只好采取弃城而逃的下策。于是依将军纪信的计谋，在一个月黑风高之夜，先命两千名妇女顶盔披甲，出荥阳东门佯作突围之态，吸引楚军。继而纪信乘坐汉王的黄屋车，李代桃僵出城诈降。楚王军队果然上当，皆奔城东。刘邦得此间隙，开西城门，走成皋进入关中。此后，刘邦听取了臣下的计策，南出武关，驰走宛县、叶县，引楚军南下。不久，项羽率兵东击彭越。刘邦乘机北上，再取成皋。项羽击败彭越军后，得知此讯，又指挥楚军斩将破关，攻占了荥阳，包围了成皋。刘邦此时仍难与项羽争锋，只好与夏侯婴同乘一辆车，从成皋北门玉门出城，渡黄河北逃。凭张耳、韩信军，阻楚军西进。不久，彭越又攻楚后方，断楚军需粮秣。项羽只得再东剿彭越。刘邦三取成皋，驻军广武。项羽平定东海，又引兵西进，也在广武附近扎营。两军对峙，数月不下。项羽因军需紧缺，欲与刘邦速战。把刘邦的父亲放在案俎上，对汉王刘邦说："再不交战，我就烹杀太公。"刘邦做了让人啼笑皆非的回答，说他和项羽等人反秦时相约为兄弟，"吾翁即若翁，必欲烹尔翁，则幸分我一杯羹"。据《括地志》记载，东广武城上有一座高土坛，就是当时欲烹太公之处，后来这处土坛叫项羽堆，又叫太公亭。项羽又对刘邦说："天下战乱数年，都因你我而起。我们俩来个单打独斗，一决雌雄！"刘邦笑着回答："我宁愿跟你斗智，而不斗力。"项羽命部下壮士出阵挑战，被刘邦汉军中一个善射的楼烦胡人，一箭射死。项羽大怒，被甲挺戟，催乌骓马亲自出阵，瞪圆双眼，大声喝叫，声如巨雷，吓得楼烦胡将不敢正视，双手再无发箭之力，返身逃回营垒。后来项羽又用伏弩射中刘邦胸部，刘邦恐涣散军心，佯做伤脚，退出成皋。

高祖四年（前203年），彭越又犯梁地，断楚粮道。项羽带兵东征，留大司马曹咎守成皋，临行告诫曹咎坚守不战。项羽走后，汉军辱骂挑战达五六日，曹咎盛怒之下，出兵迎战，在楚军有一半人马渡过汜水时，汉军掩杀过来。楚军措手不及，一败涂地，曹咎等人自刎在汜水旁。项羽回军援救，迫走汉军。这时项羽军队因连续作战，士卒疲惫，粮饷殆尽，而刘邦的汉军日盛，只得与汉和约，以鸿沟为界，西为刘汉，东为项楚。《史记·叔孙通列传》记载，楚汉相争，战荥阳、争成皋之地，"大战七十，小战四十"。

以成皋、荥阳为中心所进行的楚汉相持之战，奠定了汉王刘邦胜项羽的基础。刘邦一面利用成皋，也就是虎牢关附近的险要地势，与楚军周旋，一面联合彭越、韩信、英布等各路军队进攻楚军，断其粮道，侵袭骚扰，迫项羽四面出击，疲于奔命，最后兵败垓下，自刎于乌江，空留下"力拔山兮气盖世，时不利兮骓不逝"的千古悲歌。

楚汉在虎牢关附近的争战，虽不如刘关张三英战吕布故事那样家喻户晓。但其悲壮、其惨烈则远远胜出。项羽武勇绝伦的气概，刘邦及谋臣的韬略，以及那一场场争战，同样使人难以忘怀。当初留下的楚、汉王城垒，敖仓遗址，今天尚可追寻。

在东离虎牢关不远的广武山上，有一条南北走向的深沟，宽约80米，两旁陡壁悬崖，蛇行斗折，这就是著名的"鸿沟"（图四、五）。沟西有一处城址，为汉王城，沟东也有一处城址，不用说那自然就是楚王城了，两城相距约1000米，由于黄河河道南移，两城的北部已被滚滚的黄河冲垮吞蚀。

鸿沟西部的汉王城东西长1200多米，南北宽约300米，城墙墙基宽30米，残高6~7米不等。东城墙北端濒黄河断崖处最高，达10米余。从鸿沟西入汉王城，必从此过，如今尚留下了拾级而上的磴道痕迹。东部的霸王城面积略小，东西长约1000米，南北宽约400米。城墙墙基宽26米，转角处约70米。城墙一般残高7米，西南城角为制高点，高达15米。西城外沿黄河

图四　鸿沟遗迹

岸，尚有一自然山峰，为楚王城的天然屏障。敖仓遗址也离此不远，在今北邙乡高村、马沟村一带。经考古调查，此处发现许多圆形仓窖，有的仓窖内还发现炭化的谷物。漫步汉、楚二城，常可拾到战国或秦的陶片，侥幸还能拾到一两枚铜、铁箭镞。登上二城的北端，俯视滔滔东去的黄河之水，怀古之情便会油然而生。唐代诗仙李白游虎牢，登广武，作《登广武古战场怀古》诗："秦鹿奔野草，逐之若飞蓬。项王气盖世，紫电明双瞳。呼吸八千人，横行起江东。赤精斩白蛇，叱咤入关中。两龙不并跃，五纬与天同。楚灭无英图，汉兴有成功。

图五　鸿沟碑

按剑清八极，归酣歌大风。伊昔临广武，连兵决雌雄。分我一杯羹，太皇乃汝翁。战争有古迹，壁垒颓层穹……"

　　自楚汉战争后，围绕虎牢关之战不断，但最值得称著的当是八百年后，唐初李世民在虎牢关大败窦建德之战。公元618年李渊在长安称帝后，遂之开始了平灭各路诸侯之战。李世民率军东征，武德四年（621年）围攻洛阳王世充。王向窦建德求救，窦率兵驰援，连下数城，屯兵于虎牢关东的广武山上。李世民率兵据守虎牢关，分析敌情后，认为王世充被围洛阳，兵疲厌战，窦建德气盛兵骄，有隙可乘。遂进兵虎牢关，扼其咽喉。次日，先派秦琼、李世勣、程知节，也就是小说中的徐茂公、程咬金等人设下埋伏，亲率骁将尉迟恭出关侦察敌情。并示形诱敌。窦建德果派兵五千追来，待进入埋伏圈后，秦琼等率兵杀出，旗开得胜，斩敌三百余级，大挫其锐气。

此后月余，又派大将王君廓偷袭窦军粮道，并伏获窦建德的大将军张青特。窦军乏粮，又西进不得，遂军心涣散，思归心切。到了五月，李世民率兵渡河，临广武观察敌情，为了诱敌，临还虎牢关前，故意将千余战马留在河畔牧放。窦建德认为时机已到，第二天，出动全部人马，北距黄河，南属鹊山，列开连绵二十余里的大阵，击鼓而进，直逼汜水东岸，大有一举聚歼唐军的威势。李世民仔细分析敌情，认为敌军"渡险而涉，是无纪律；逼城而陈，有轻我心。我按甲不出，彼勇气自衰；阵久卒饥，势将自退，追而击之，无不克者"（《资治通鉴·唐纪》）。并预料过了中午之后，就是破敌之时。

果然，刚过中午，窦建德的军士因又饿又累，大都坐在了地上，并为争饮水，秩序大乱。看到这些，李世民先命部将宇文士及带骑兵到窦建德军前试探。随后亲率轻骑直冲敌阵，大军继之，东渡汜水，以迅雷不及掩耳之势直逼窦军。窦建德猝不及防，阵式大乱，只得东撤，待机重整旗鼓。可是李世民率领的精骑速度更快，步步进逼。其后路又被史大奈、程知节、秦琼等率兵切断，遂溃不成军，窦建德战乱中受伤坠马被俘。这一仗，唐军大胜，回师洛阳，王世充也降。

南宋建炎二年（1128年）著名的民族英雄岳飞也在此大破过金兵。就是到了近代，洪秀全领导的太平军尚在此与清兵鏖战数日。

凭吊虎牢关，使人荡气回肠，赞叹汉祖、唐宗的文韬武略；又催人泪下，叹项王的盖世英姿。唐代贾至《虎牢关铭》曰："……维兹虎牢，天设巨防。攻在坤下，拒在离防。昏恃以灭，圣凭而王。峥嵘豁呀，孟门相向。……虢叔反道，复隍燿师。项氏烹苛，莫能守之。险易同途，成败异时。德不在鼎，王孙布词……"

襟带咽喉函谷关

在中国的古代成语中，有一个成语叫"鸡鸣狗盗"，用来比喻那些微不足道的本领和技能，具有这样本领的人也常常被人看不起。但在战国时期，曾有两个"鸡鸣狗盗"的食客用自己的微末之技救了主人孟尝君之命，这个故事就发生在古函谷关内。

战国中晚期，出了四位喜欢结交、收养食客的贵族君子，其中一位就是孟尝君，他是齐国人，姓田名文。孟尝君在薛地（今山东滕州市南）抛舍家产，广招食客，几倾天下贤士。孟尝君和他们吃同样的饭菜，慰问他们的家属亲戚，彼此不分贵贱。食客们都以孟尝君为知己，愿为其效力。

秦昭王知道孟尝君赋有贤名，两次遣使请他事秦。秦昭王九年（前298年），孟尝君率食客入秦，受到了秦昭王的盛情款待，还准备拜他为相，因而遭到了秦国官僚贵族的妒忌。有人对秦昭王说："孟尝君虽然贤德，但他是齐国人，现在如果拜他为相，遇到大事一定会先考虑齐国，而后考虑秦国，那么秦国就危险了。"秦昭王认为这话有道理，遂放弃了拜孟尝君为相的打算，又怕他被别国重用，就把他囚禁了起来，预谋杀之以绝后患。孟尝君苦无脱身之计，便派人找昭王的宠姬帮忙。那位宠姬表示，要帮忙不难，但要用白狐裘衣为交换条件。原来孟尝君有一件白狐裘服，是用狐狸腋下的毛皮做成的，天下无双。可是已在初入秦时献给了秦王，哪还有第二件再送他人呢？孟尝君为此一筹莫展。这时坐在最下首的一位食客站起来说："请让我试一试。"当天夜里，他学着狗的样子，骗过了守卫，潜入了昭王的寝宫，偷出了白狐裘。第二天，孟尝君派人把它送给了昭王的宠姬。这位宠姬向昭王吹了枕边风，昭王释放了孟尝君。

　　孟尝君得此机会，更换出关凭证，改变姓名，即刻出逃。到了函谷关，日值黉夜。按照规定，到五更鸡叫之后方开关门，现距开关时间还早。孟尝君非常着急，恐怕秦昭王反悔派兵追来，情况非常紧急。这时有一个食客学起了鸡叫，几声过后，全城的雄鸡都啼叫起来，守城的士卒以为时刻已到，打开了关门。孟尝君一行急急忙忙奔逃出关。果然没过多久，秦昭王派来追赶的人马到了，可是为时已晚。孟尝君得此二人之力逃离虎口樊笼，遂留下了这个典故。

　　典故中提到的函谷关，是秦国的一处重要关隘，春秋战国，秦的一些重大的历史事件都在这里发生，先秦典籍中每每提及。

　　函谷关始置于秦，设在弘农县，今河南省灵宝市城区西南。这里东起崤山，西至潼津，是长达近8公里的大裂谷，谷深50～70米，谷壁坡度40～80°，两旁绝壁悬崖，状如刀削。谷底宽处约三丈，窄处不足一丈，谷底有古道蜿蜒崎岖，窄仄难行。人行其中，如在函中。古书有云，函关古道"车不方轨，马不并鞍"，可用"一泥丸而东封函谷"之说。关城设在谷内，控扼连通关中、关东的要路。故称函谷、函谷关，关址在于今灵宝市区以北15公里的王垛村。古代入关中，有三条道路可通。一条南行，取道武关、峣关，一条自北入临晋关，至朝邑，但要两次渡过黄河，凶险可知。相对而言，只有这条过函谷关入关中之路最为便捷。在此设关，号称"天险"。

　　《太平寰宇记》记载函谷关"其城北带河，南依山，周回五里余四十步，高二丈"。在灵宝市坡头乡王垛村村东里许，有一座夯土城址，就是历史上赫赫有名的秦函谷关关城。关城依山势而建。因两千多年风雨的侵袭和战争的破坏，早已失去它昔日的雄姿，只剩下了一段段断壁残垣和仅仅高出地面的城基。据勘察，函谷关关城平面呈不规则长方形，城墙夯筑，东城墙长约1800米，西城墙长约1300米，南城墙长180余米。现在关城东北角和南城墙保存较好，而东城墙、西城墙等地面上的城墙墙体已破坏殆尽，只剩下墙基了。从残存的城墙来看，城墙宽约12米，残高1～3米。墙体夯土筑成，若是走近它的面前，还可清清楚楚看到它的夯层，厚度都在6厘米左右，层层而上。文物考古工作者在城内调查发掘，得知东部为当时的一处储藏弓箭的武器库，曾出土过许多成捆成束的箭支，惜年长日久，竹木制的箭杆，翎毛制作的箭羽都已朽坏，只剩下铁铤铜箭头了。城内还出土过铜剑、铸铜钱的范模。有

图一　新建的秦函谷关

"中侯"字样的建筑瓦当等其他文物。以及后人在老子过关著道德经之处立的石碑，传说中函谷关令尹喜恭候老子的望气台，孟尝君潜出函谷关时的鸡鸣台等等。前些年为了怀念古人，参照汉代画像石中函谷关的样式复建了这座古关（图一）。

函谷关扼西入关中的要路，是关中与关东的分界，唐代颜师古认为，"自函谷关以西总名关中"。徐广引霸王项羽关塞语，"东函谷，南武关，北萧关，西散关"《史记、高祖本纪》。盖函谷关乃秦国之东关，为防御东方魏、韩、赵、燕、楚、齐六国而设。秦统一六国后，它的防御作用渐失。所以到了西汉武帝元鼎三年（前114年），楼船将军杨仆破南越数次立有大功，因为自己是关外人而感到耻辱（杨仆为宜阳人，今河南宜阳西），遂上书武帝，请求将函谷关东徙，迁关费用由他个人以家产支度。武帝欣然同意，下诏将函谷关东移至新安（今河南新安县东），称新关。新关规模也很宏阔，左右关塞横亘，南贯洛水，连接宜阳散关，北越丘陵，直抵滔滔黄河。因新关为西汉所建，后人也称为汉函谷关。相对而言，原来的函谷关就称旧关，或秦函谷关了。新、旧函谷关相去约150公里（图二）。

函谷关东移后，也就成了洛阳的西部屏障。东汉时，光武帝刘秀迁都洛阳，也以函谷新关为重。当时东都洛阳周围拱卫四关，西即函谷（新）关，东为成皋关（虎牢关），南为伊阙关，北为孟津关。到了东汉末年，张角、张

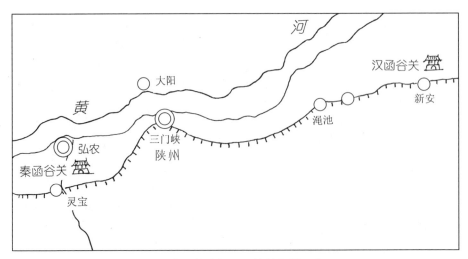

图二　秦函谷关与汉函谷关位置示意图

梁为首的黄巾军起兵反汉，灵帝中平元年（184 年）三月，为了保卫洛阳而置八关都尉，以函谷新关为八关之首。三国中期，曹魏正始元年（240 年），汉函谷关废弃。以后各代又在原址上复建、重修。

　　汉函谷关遗址在今新安县城关镇以东的盐东村，距县城 1 里许。尚存关城的基座，为明清建筑。基座开东西走向的拱形门洞，门额上刻"汉函谷关"四字，乃近代康有为书题。基座上的关楼多已毁坏（图三）。1998 年，考古工作者曾在关址周围发掘出了汉代的石磨和带有"关"字的瓦当。在关址东侧，竖有一通重修函谷关碑。碑高约两米，为清顺治十五年（1658 年）新安县知事福莆所立。碑文记叙函谷关由弘农迁至新安始末。

　　不论秦函谷关，还是汉函谷关，至今都已成了历史的遗址，很难再形象地展现它昔日的雄姿了。但在历史上，特别是秦函谷关，实在太有名望了，我们只有借助史书典籍，古人的描述去接近它，了解它。唐代诗人宋之问《过函谷关诗》云："二百四十载，海内何纷纷。六国兵合同，七雄势未分。从（纵）成拒秦帝，策决问苏君。鸡鸣将狗盗，论德不论勋。"

　　函谷关在先秦时期确起过举足轻重的作用。从宋之问的诗中可见其一斑。春秋时期，函谷为晋所有，尚未设关，晋国就曾依据这里的特殊地理条件，成功地阻挡了秦国的东侵。到了战国，秦夺取了函谷并修筑了关城，即凭此"天险"而数次打败六国的联军。不但可以有效地保护自己，还可伺机出兵东

图三　汉函谷关旧迹（西门洞）

进。可以说，据有函谷关是秦并吞六国，一统天下的有利条件之一。所以也是各国诸侯争夺的重要目标。

说起来也很有意思，战国中晚期的四位贵族君子，其中三位都在函谷关留下过故事。孟尝君靠"鸡鸣狗盗"之徒潜出函谷不必再叙。信陵君率五国联军兵陈函谷关下也是一段佳话。

信陵君是魏国的公子，名无忌。曾以窃虎符夺晋鄙兵权救赵国而闻名于诸侯。自此留住赵国三十余年。秦国得知信陵君在赵国的消息，遂派兵攻魏。魏王非常害怕，赶紧派人到赵国请信陵君回国。信陵君开始时怕受魏王重提窃符救赵事再受谴责，不想回国。手下的两位食客晓以利害，茅塞顿开。回到魏国后，与兄安釐王尽释前嫌，被拜为上将军。遣使遍告诸侯，请求派兵同抗强秦。魏安釐王三十年（前247年），信陵君率领浩浩荡荡的五国联军，在河外（河南西部黄河以南）大败秦军，秦将蒙骜率残兵逃走。信陵君挥军乘胜追击，直逼函谷关下，阻挡秦兵，秦军再不敢出关。此时，信陵君的威名天下皆知。但这次联军抗秦，只是推迟了魏被灭国的灾难。不久，秦施反间计，使魏王猜忌信陵君。信陵君抑郁不欢，四年后病酒而卒。秦闻信陵君死，遂派兵攻魏，连下十二城。又过了十八年，攻破大梁（今河南开封西北），魏国遂亡。

　　另一位君子春申君也曾率联军攻打过函谷关，但结果却与信陵君相反，落得一败涂地的下场。

　　春申君乃楚国人，姓黄名歇。博学识，广交游，集食客三千。且机敏善辩。被楚考烈王拜为相，主宰国事。任相期间，曾亲率大军救赵，解邯郸之围，又麾师东北，灭鲁以归。当此时，各国诸侯相继受到强秦攻伐，忧心忡忡。秦王政六年（前241年），魏、韩、赵、卫、楚相约伐秦，以楚国为合纵长，拜春申君为将，率领联军直逼函谷关下，攻城甚急。这次秦国毫不示弱，遣精锐之师迎战。各诸侯国见秦的虎狼之师非常害怕，加之各怀异心，遂如洪水决堤，纷纷退兵。楚败，不久楚迁都寿春。

　　函谷关虽为"天险"，也有被攻破的时候，鲁昭襄王十年（前297年），齐、韩、魏三国联军打得非常勇猛，攻破了秦的函谷关。秦王与楼缓商议，拟"割让河东之地以计和"。楼缓说："割让河东地，损失太大。但可以免国患，也是大利。不过，这是你们父子兄弟要商量的事，您为什么不问问公子池呢？"秦王召见公子池，讲了这件事，公子池回答："讲和也后悔，不讲和也后悔。"秦王道："这话怎么说？"公子答道："大王割让河东而讲和，三国罢兵而去，您一定会说：'太可惜啦！三国退兵，是我以三城割让为代价的！'这是议和的悔恨。您不讲和，三国攻入函谷，咸阳就危险了。您又会说：'太可惜了。我因舍不得三城而造成了被动局面！'这是不讲和的悔恨。"秦王沉吟许久，说："我明白了，宁可丢失三城而悔恨，不能为危及咸阳而悔恨。我决心讲和！"于是马上派遣公子池去谈判。三国得到三座城池而罢兵。

　　秦代末年，陈胜、吴广揭竿而起兵，振臂一呼，天下汹汹。此后项羽、刘邦及各路共击秦军，相约先入关中者为王。刘邦一路南出轘辕关（今河南偃师东南）险道，下宛城，破武关，攻蓝田，占咸阳，屯兵霸上（今陕西西安市东）。项羽在巨鹿（河北平乡西南）大败秦章邯主力，率军西进咸阳，兵至函谷关下。刘邦得知项羽到来，令部将紧闭关门，不纳项王。项羽知此消息，怒火中烧，派骁将英布攻打函谷关。楚军刚败秦章邯军数十万，士气正盛，加之英布勇武绝伦，很快就攻破函谷关，项羽遂率兵入关，屯军鸿门（今陕西临潼东北）。不久，便发生了关系到刘邦及后来汉王朝命运的"鸿门宴"事件。

　　函谷关前的厮杀征战数百年不断，也有不少动人的逸闻传说，这就是太

图四　老子塑像

史公《史记》和刘向《列仙传》中记载的，老子李聃修道德经的故事，但以自隐无名为原则。他曾任守藏室史，管理周王室图书典籍。见周德日衰，决意离去。遂乘青牛车一路西行，向函谷关而来。函谷关令尹喜也是一个善内修、服精华的人，看见一片紫气冉冉而来，知道有得道之高人要从此经过。适时出关迎接，果然见到了老子。尹喜把老子留下来，盛情款待，恳求老子著书传经。老子也认为尹喜品格异于常人。于是写下了《道德经》两卷五千余言相赠。尹喜大悟，后来随老子一块出行，到了流沙之西，遂羽化升仙而去。前面提到的函谷关关城内树立的老子著经碑和关令尹喜的望气台，盖为后世为纪念他们附会而建（图四）。

　　函谷关险自天成，史迹煌煌，历代都有名人作赋题诗，先不说徐贤妃的《秋风函谷应诏》诗，也不提江统的《函谷关赋》，仅汉代李尤的《函谷关铭》寥寥几十字，就概括了此关的形胜、史迹。铭曰："函谷险要，襟带喉咽。尹从李老，留作二篇。孟尝离秦，奔骛东征。夜造稽疑，谲以鸡鸣。范雎将入，自盛以囊。元鼎革移，错之新安。舍彼西阻，东即高原。长堋重关，闲固不逾。简易易从，与乾合符。"

山河表里壮潼关

记得十九年前，电视台播放过大型电视连续剧《唐明皇》，其中两集演绎"安史之乱"。安史叛军攻至潼关城下，哥舒翰率兵固守雄关，凭险拒敌。而后执行了唐玄宗的错误决策，贸然出击，结果全军覆没，潼关失守。当时的战争何其惨烈！潼关一失，长安的大门遂破，再无险可守，玄宗李隆基只好携杨贵妃仓皇向川蜀逃窜。行至马嵬坡（今陕西省兴平市西），唐军将士哗变，杀死宰相杨国忠，逼迫玄宗缢杀杨贵妃。一位千古美女成了替罪羔羊。唐代诗人白居易的《长恨歌》唱尽了这段离愁哀怨："渔阳鼙鼓动地来，惊破霓裳羽衣曲。九重城阙烟尘生，千乘万骑西南行。翠华摇摇行复止，西出都门百余里。六军不发无奈何，宛转蛾眉马前死。花钿委地无人收，翠翘金雀玉搔头。君王掩面救不得，回看血泪相和流。……"

不过话可两说，这也是玄宗李隆基养虎为患，而且不察实情，乱下旨谕应得的下场，应该为之痛惋的倒是哥舒翰和那些英勇战死的将士。

据史书记载，唐天宝十四年（755年）冬，安禄山、史思明起兵范阳（今河北省涿州），率十五万铁骑南下，渡黄河，克洛阳，直逼潼关城下。潼关守将高仙芝坚守潼关，抚击叛军，有功于朝。可是李隆基听信谗言，下诏斩杀了高仙芝，调哥舒翰为兵马副元帅，率兵二十万驻守潼关。安禄山之子安庆绪数次猛攻潼关，都被哥舒翰率兵击退，保住长安的大门，挡住了叛军西进之路。就这样相持了数月。到了天宝十五年（756年）六月，李隆基又一次错误地估计了形势，认为唐军势力转盛，听信杨国忠谗言，下诏哥舒翰出关反击。哥舒翰力主坚守潼关，以待援军到来，一举破敌；贸然出兵，必中安禄山诱兵之计。其他大将郭子仪、李光弼也主张固守潼关，再以其他军队抄其后路，捣贼巢穴。而李隆基不纳忠言，力主速胜以解长安之围，一连几道诏谕，令哥舒翰出关击敌。圣命难违，哥舒翰只得领兵出关。到了河南灵宝县境。安禄山部将崔乾祐利用桃林塞七十里的狭长隘路，诱敌深入，并在侧后方布下精兵。唐军以王思礼率精兵五万为前锋，庞忠带十万人马紧随其后，另派三万人在黄河北岸击鼓助战。刚一接战，叛军即溃，唐军追击进入隘谷。叛军伏兵齐出，抛掷擂石路障，堵住了前后道路。唐军顿时成了关入樊笼的猛虎，进退不能。仓促间，乱发箭弩，直到箭弩射光。日暮时分，叛军精骑从唐军侧后方发起冲击。唐军兵力虽强，但无法发挥作用，军心大乱，自相残踏，出关时浩浩荡荡的二十万军队，只有八千人逃回了潼关，余者被杀被俘。就连主将哥舒翰也被部将裹挟，投降了安禄山。大半生屯兵戍边，立有赫赫战功，令胡人闻风丧胆的哥舒翰，在此葬送了一世英名，二十万将士的生命就葬在李隆基的一纸诏书之下，这难道不令人潸然落泪？诗圣杜甫目睹哥舒翰兵败潼关，感慨颇多，在《潼关吏》诗中写道："士卒何草草，筑城潼关道。大城铁不如，小城万丈余。借问潼关吏，修关还备胡？要我下马行，为我指山隅。连云列战格，飞鸟不能逾。胡来但自守，岂复忧西都。丈人视要处，窄狭容单车。艰难奋长戟，千古用一夫。哀哉桃林战，百万化为鱼。请嘱防关将，慎勿学哥舒。"我认为，在述说失败原因上，杜老夫子或失于客观，正是皇帝的轻信谗言，胡乱指挥才酿成潼关失守的灾祸。

潼关，古来是长安的东部屏障，牵系长安的安危。《山海关志》云："畿内之险，惟潼关与山海为首称。"地在今陕西省潼关县，因附近有潼水而得名。或如《水经注》中说，"河在关内南流，潼（冲）激关山，因谓之潼关。"登上西行的列车，沿陇海线过风陵渡就到了。如果以西安出发东行，经临潼、渭南、华县过华阴也可到潼关脚下。

潼关扼函谷西口，古往今来，位置有所挪移。潼关与函谷关之间，由一条狭小的通道相连。这条通道长达70公里，蜿蜒山间，两边崖壁陡直，深险如函，因此称之为函谷。函谷的东端所筑的关隘称函谷关，西端的关隘便是潼关。由于潼关离长安较近，便于补给，对于防守关中更为便利，而函谷关，从长安运送兵员辎重必须穿过一百四十里的穿越崤函古道，相对迟滞。所以东汉时期修筑了潼关之后，潼关逐渐取代了函谷关。

史书记载，汉献帝建安年间，迁关于潼关上南门外，即今港口镇杨家庄、城北村一带。自此有了潼关之名。隋大业七年（611年），移潼关道于南北镇城埒兽槛谷（今港口镇禁沟口附近），去旧关两公里。到了唐天授二年（691年），又将关址北移到黄河边上（今港口镇的旧城址），即"移关向北，近河为路"（《通典》）。自此以后，历宋元明清，虽屡经修葺，扩建，但位置再未变迁（图一）。

潼关在今陕西潼关县港口镇，黄河与渭河交汇处南岸的台地上。地处晋、陕、豫三省交界，南靠凤凰山，北面黄河。来到这里，无论是谁都会被这里独特的地理位置所折服。仰望西南，华山和崤山在这里会聚，崇山峻岭，逶迤连绵，特别是那素以高峨险峻称著的西岳华山，是为巨屏；放眼东北，东去的渭水与北来的滚滚黄河在此合流，而后几乎是90°直角，折曲向东流去，形成了潼关的天然濠堑；往东至河南省灵宝县的函谷关，峰峦起伏，悬崖峭壁，深险如函，中间唯一径可通，据说古时仅可容单车通行。这一带古称桃林塞，可能是

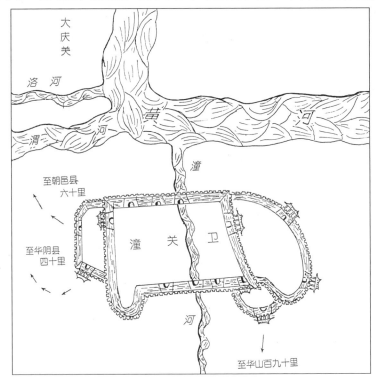

图一　明潼关示意图

（根据明天启《陕西舆图》改绘。原图上南下北，右西左东，
绘图时遵照令人视图习惯，改为上北下南，左西右东。）

当时遍生茂密的桃树之故吧。古代此处留下了多少将帅的喜怒哀愁。后来的潼关城址是明清两代在唐代基址上重修、扩建的。城墙宽厚，城楼巍峨，有的作九脊重檐歇山顶，下筑坚固的城台，门洞呈券拱形。抗日战争时期，遭日本侵略军飞机轰炸，重炮轰击，关城被严重破坏（图二、三）。1959 年修建三门峡水库，县城搬迁，关城城门、城垣再度被拆毁。只剩下断壁残垣让今人凭吊。

据勘察，关城平面略呈长方形。东西长约 2500 米，南北宽 1500 米。北城墙较直，南城墙东西两端向北弧曲，使得东南、西南呈抹角弧形。

关城的东、南、西、北四面城墙都辟有城门，并设南北水关，东、西门还筑有瓮城。现在残存的城墙以南城墙和东城墙南段最为壮观，依山势堑山为障，从外面看，高达 30 米。东城墙、西城墙的北段的甃砖已被拆剥殆尽，只存厚实的夯土，残高 3~6 米不等，城基宽达 8 米，夯层厚 12~15 厘米（图四）。北城墙地面以上的城墙已荡然无存。漫步关城中，依然可找到南城门，门洞用砖砌作拱券形。高达 6 米，宽约 3 米，进深约 7 米，南水关仍在，跨潼河而建，砖面结构。过水洞三孔，半圆拱形，条石券作洞顶洞壁。高 6

图二　潼关城内景

图三　潼关城西门内景

图四　潼关残存城墙

米，进深 12 米。水洞下部还砌出分水尖。前几年我们去探访时，只见一条宽四五米的乡间公路建在城墙顶上，把城墙当成了桥身（图五）。两边的农家院旁，有用城砖砌成的厕所、猪圈，用不完的码垛成堆。再看 20 世纪 50 年代雄伟的南水关老照片，不禁让人心酸落泪（图六）。潼河接近水关附近，两边石

图五　如今的潼关南水关

图六　南水关及凤凰山（摄于 20 世纪 50 年代）

图七　"潼关八景"之一"风陵晓渡"

砌护坡。东、西瓮城也还有遗迹可寻。东瓮城东西长 35 米，南北宽 25 米，残高达 15 米。西瓮城只剩下了基座，南北长 65 米，东西宽 48 米。现在潼关故城已被公布为全国重点文物保护单位，了解潼关的面貌，了解昔日的"潼关八景"，无奈只能借助一些老照片了（图七）。

潼关的名字，最早见于《三国志·魏书·武帝纪》。东汉建安十六年（211 年），曹操大败马超于"潼关"，由此可见潼关始置于东汉末年，或者更早。迤至明初，于洪武七年（1374 年），设潼关守御千户所，管理关防戍务。两年之后即改设潼关卫。清雍正五年（1727 年）又改为潼关县，乾隆十二年（1747 年）升格为潼关厅。

潼关自东汉置关以来，经历了大小战争不计其数，多少次毁于兵燹战火，又经多少次修葺一新，要想述说清楚，恐怕只有关城自己了。遥望华山，高入云表，似陈雄兵百万，近察黄河，浊浪排空，惊涛击岸，蕴含杀声阵阵。

曹操在潼关兵败马超之战，打得惊心动魄。《三国志》中，魏书"武帝纪""许褚传"，蜀书"马超传"，将曹操、许褚、马超等人物一个个写得栩栩如生。

建安十六年三月，曹操派大将钟繇、夏侯渊征讨汉中张鲁。关中马超、韩遂诸部认为曹兵此举，为项庄舞剑，意在沛公，遂反，勒兵十万，占据潼关。七月，曹操亲率大军西征，八月兵至潼关，与超军对峙，夹关列寨。为了防止马超据河守险，秘密派徐晃、朱灵率四千军队，以夜幕为掩护，由蒲阪津渡过黄河，在西岸扎下营寨。

一个多月后，十六年闰八月，曹操大军从潼关北渡黄河，让士兵先行，自己则坐在胡床之上闭目小憩，周围只有许褚带领一百余名虎士随从保卫。突然潼关关门大开，马超率步骑万余人骤然杀出。马超勇武超群，又有文才。诸葛亮给关羽的复信中评价他："兼资文武，雄烈过人，一世之杰，黥、彭之徒，当与翼德（张飞表字），并驱争先。"这一来，曹操几乎陷入了绝境，前有滔滔黄河，后有虎狼追兵，亏得许褚左右护持。许褚也是曹操麾下的一员猛将，号"虎痴"，"长八尺余，腰大十围。容貌雄毅，勇力过人"，与好提"八十斤双铁戟"的典韦并为左右。许褚扶曹公上了小船，刚刚离岸，马超率西凉兵已经追至，一时弓弩齐发。许褚左手高举马鞍为曹操遮挡箭雨，右手挥刀斩杀攀船求生的败卒，哪知一波未平，一波又起。还没有走到河心，驾船的船工被乱箭射死，许褚左手仍举马鞍，用右手驾船，保护曹操渡河脱险。这次曹操脱险，还有一个立大功者，就是渭南县令丁斐，他见马超兵将追赶曹操甚急，连忙放出了许多牛马，西凉士兵爱牛马甚于生命，纷纷捕捉，无心恋战，给曹操脱险创造了机会。

曹操渡河而西，陈兵于渭河北岸，马超屯兵渭口。曹操想涉渭河在南岸立寨，几次都被马超兵士冲散，加之渭河岸边全是沙土，没有其他的筑城材料，随筑随坍，使曹公大伤脑筋。这时，有个叫娄子伯的人献策，说可趁天寒泼水筑城。时当九月将尽，又赶上连日阴霾，天气寒冷。曹公依其计，命士兵以缣囊运土，连夜渡渭河作城，随筑随冻，到第二天天明，一座城垒拔地而起，大军随即渡过了渭河。

马超见曹兵渡河，欲乘其立足未稳而一举歼灭，多次挑战，曹公闭而不出，暗地施反间计，离间马、韩二人。分别单骑约见马超、韩遂。会语马超时，马超依仗自己的武力，想突然出击擒获曹操，又有些惧怕许褚，不敢妄动。后马、韩反目，曹公认为时机已到，约期会战。即日，曹公先出轻骑与马超军队接战，两军斗得难解难分之时，曹操派遣精锐虎骑，两面夹击，马超等西凉军队大败，曹军斩杀成宜、李堪，马超、韩遂逃向凉州，关中遂平。

后来罗贯中著《三国演义》，收录了这段情节。为了加强故事的吸引力，也可能是为马超鸣不平吧，演绎出马超穷追曹公和许褚裸衣斗马超两段。

事见第五十八、五十九回，曹公初至潼关，与马超对阵，见马超声雄力猛，白袍银铠，暗伸拇指。马超败于禁，斗张郃，刺李通于马下，如出林猛虎，直冲入中军捉曹操。曹操无措拨马而逃。只听西凉兵高喊，"穿红袍的是曹操！"曹操急忙脱去红袍，又听得有人大叫："蓄长髯的是曹操！"急抽佩刀割断须髯。马超则麾军捉短髯者。曹操急忙扯下旗角，包缠脖颈，策马急奔。马超挺枪追来，高喊："曹贼休走！"操慌乱间将马鞭掉在地上。这时，马超恰恰赶到，举枪直刺。曹操绕树而逃。也是吉人天相，这一枪没刺中曹操，而深深刺入树中。待马超拔下枪来，操已走脱，被曹洪救走。现在潼关城内的东大街鱼渡口，生长着一株千年古槐，老干虬枝，高三丈有余。传说就是它的遮护，曹公才躲过了马超那致命的一枪。

许褚裸衣斗马超在曹公大兵渡过渭河，与马超、韩遂单骑会语之后。许褚回寨说："来日必擒马超！"即派人下战书，约次日单战马超。马超也勃然大怒，批书来日誓杀虎痴。

次日，马超出关驱马阵前，高叫："虎痴快来受死！"这边，许褚拍马舞刀，两人刀枪并举，打在一处。一百回合过后，胜负未分。两人更换战马又打了一百多个回合，还是不分高低上下。许褚杀得性起，飞骑回阵，脱去盔铠，露出浑身黑肉，再翻身上马，来与马超决战，又是三十多回合，许褚奋起神威，举刀劈下，马超疾身躲过，回手一枪，直戳许褚心窝。许褚再躲已来不及了，忙丢掉大刀将枪杆夹住，两人奋力争夺，咔嚓一声，枪杆拗断。各持半截在马上乱打，曹操见此情况，立刻派夏侯渊、曹洪齐出接应。这边庞德、马岱也麾两翼铁骑，混杀过来。许褚肩臂连中两箭，被簇拥着退回营寨。这一战，马超大军直杀到曹兵的寨壕前才止步。许褚裸衣斗马超这段佳话，在民间广为流传，以至编成戏剧曲目演示后人。

围绕潼关附近进行的争战，以曹操破马超最富戏剧性，也最引人入胜。其他如明末农民军李自成于崇祯十六年（1643 年）大败孙传庭，夺潼关，乃至现代解放战争中，陈赓、谢富治兵于 1949 年在潼关至洛阳的中原沃野连续作战，歼灭国民党反动派军队数万，胜利地开辟了豫、陕、鄂根据地，都很悲壮。

在潼关附近，还有一处与潼关互为唇齿的险隘要塞，就是位于潼关城东3公里外的十二连城。这一带古称禁沟，禁沟北起与潼河交汇处的苏家村塬头，南至秦岭蒿岔峪口，长度约14公里。因长期雨水冲刷，形成了一条巨大的冲沟。沟底宽达30米，略有倾斜，顺着这条禁沟而行，可达潼关的后侧，所以是防守潼关的军事要地。在禁沟之内，有夯土构筑的十二个方形土台。土台的大小相近，基本呈方形，长宽4～12米，高3.5～12米不等。夯层厚10～15厘米。这十几个夯土台连绵逶迤，与潼关城相连属，是与潼关防卫有关的军事堡垒，人们于是称它们为十二连城（图八、九）。在这些夯土台的四周，散见唐代至明清的断砖残瓦，破碎陶片，显然十二连城是唐代以后的建筑。古代将士都知道，守潼关不守十二连城，潼关之险已失一半。唐代末年，黄巢率众起义，就是由十二连城攻入潼关的。

事情发生在唐僖宗广明元年（880年）十一月，黄巢攻克洛阳之后，麾师直指长安。这时唐朝廷上下惊慌失措，僖宗李儇任命太监田令孜为诸道兵马都指挥制置诏讨使，神策军将张承范为兵马先锋使，率神策军二千八百人开赴潼关御敌。这些神策军士卒多为长安富家子弟，平时缺乏训练，遇到战事贪生怕死，纷纷雇佣穷人顶替，所以这支军队毫无战斗力。十二月初一，神策军到达潼关，黄巢的先头部队也抵潼关城下。由城头望去，白旗遍野，波翻浪涌。守关的士卒被吓破了胆。张承范从附近搜得百姓一百来名，让他们挑水运石，为作守关之备。不久黄巢率主力到来，驻扎在城外的唐将齐克让先与农民军接战，自午时至酉时，士卒又饥又渴，无力再

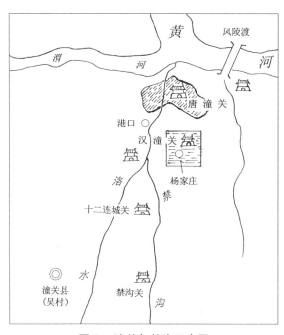

图八　潼关与禁沟示意图

图九　十二连城残存夯土墩

战，烧毁营垒退至关上，闭关艰守。

　　张承范到潼关后，急于布置守关，仓促间忘记防守禁沟十二连城。齐克让战败的士卒，一部分由禁沟溃逃出关，把沟内的荆棘榛莽踏为平地。黄巢派遣义军一部分沿禁沟直插关后，主力猛攻潼关。张承范指挥军队死守潼关，箭支用尽，投掷石块。但挡不住士气正旺的黄巢军将士。潼关外原有一条很深的天堑，也被他们掘土填平。攻城自早至晚，已到潼关城下，由禁沟插入关城后面的农民军将士也对唐军展开攻势。到了十二月初三，黄巢军两下夹攻。守潼关的唐军背腹受敌，再也抵挡不住了，张承范易服改容，率残兵败将弃关而逃。这样一座"艰难奋长戟，千古用一夫"（《潼关吏》）的潼关，只三天就被黄巢率领的农民军攻破了，而导致唐军失败最直接原因是没有派兵防守禁沟十二连城，为黄巢军入禁沟，抵关后方两面夹击造成可乘之机。

　　潼关不仅地势险要，而且人文荟萃，景色秀丽，那滔滔而去的黄河带给了人们多少遐思，逶迤数十里的函谷留下了多少动人的故事，又有多少诗人墨客在此遣兴舒怀。其中最值得称道的是杜甫的《潼关吏》，级别最高的则是唐太宗李世民的《入潼关》诗："崤函称地险，襟带壮两京。霜峰直临道，冰河曲绕城。古木参差影，寒猿断续声。冠盖往来合，风尘朝夕惊。高谈先马度，伪晓预鸡鸣……"元代的大词人张养浩在赴任陕西，经过潼关时看到的却是另一番景象，感受的黎民百姓的疾苦："峰峦如聚，波涛如怒。山河表里潼关路。望西都，意踌蹰，伤心秦汉经行处。宫阙万间都做了土。兴，百姓苦。亡，百姓苦（《山坡羊·潼关怀古》)"。而今关城不在，雄关虎踞、禁沟龙湫、风陵晓渡、黄河春涨、淮楼观照等"潼关八景"也只存留在人们的想念中了。

进入潼关，就进入了关中的大道，西行不远，就到了华山脚下，两耳灌满了华山雄奇的话语。那群峰秀隽的姿容，那美丽动人的传说故事，激起了多少人寻幽探险的欲望，金庸武侠小说中的华山论剑勾起了多少人的遐想。或手攬铁索，登攀有五百七十余级台阶的千尺幢，或壮起胆子，小心翼翼地跨过长达 1500 米，只有几尺宽仄径的苍龙岭。如果再贾其勇，沐朝阳（东峰）、览莲花（西峰）、临落雁（南峰）、登云台（北峰）、拜玉女（中峰），定会平添无限豪情。有人说"登过华山不知险，看过华山不见山"，不知你是否也有同感？

如果再往西行，就到了临潼、西安，骊山脚下的秦始皇陵和兵马俑坑博物馆，杨贵妃洗过澡的华清池；壮伟的西安古城墙，高耸的大、小雁塔，雄浑的含元殿遗址，还有那碑林和不可胜计的精美历史文物，都将带给你浓郁的，十代古都十大而精深的古代文化气息。

云屯貔虎话武关

据史书记载，秦据关中，周围有四个关隘最为险要：东曰函谷关，西曰大散关，北曰萧关，南面就是下面我们要说的武关。

武关也称少习关，因傍少习山而得名，始置于春秋。战国时期，秦为了向东方六国显耀武力，更名为武关。乃秦国的南部藩篱，形势险要，故《战国策·楚策》记载苏秦游说楚威王合纵时说："大王不从亲，秦必起两军，一军出武关，一军下黔中。若此，则鄢、郢动矣！"

武关在今陕西省月凤县城以东40公里武关镇，地处涧谷中，长坪公路的南侧，关城建筑在一块高起的平地之上，北以巍峨雄峻的少习山为依托，东、南、西三面有武关河萦绕盘迴，又形成一道天公惠赐的屏障。再往远，西接商洛、终南山，东连熊耳、马蹬山。崇山幽谷，绵延百里，故有"一夫守垒，千夫沉滞"（《读史方舆纪要》）之谓。武关像中国古代神话中的老寿星，至今已经历了两千多年的岁月风尘，多少次毁于战火，又多少次被重新修茸，仍以隘要关险之著。一直到20世纪40年代，仍可见到它苍老却依然雄健的身姿。关城平面呈长方形，周长约1500米，面积约4万平方米以上。版筑的城垣虽然多处坍塌，但不失格局。特别是东、西城垣，残高仍达6.5米，城顶宽2.5米，夯层清晰，每层

图一　古少习关门额

厚10厘米许。20世纪40年代以前，在保存较好的东西城垣上，仍存原来的两座城门。门洞呈拱券形，内外用砖石包砌，非常坚固。门洞顶上嵌石门额，有题刻，东门外门额镌刻"武关"，内侧镌刻"古少习关"（图一）。西门门额刻"三秦要塞"。匾额虽然年久风蚀，字迹有些剥蚀漫漶，但一钩一挑，一波一磔，气势雄健，让人感觉到它昔日凛然不可侵犯的威严。50年代以后，关城及城墙均遭严重破坏。不过稍有留心，在城内还可以见到绳纹砖瓦的碎片，考古工作者在这里发现过云纹瓦当，文字瓦当和五角形陶水管道。不要小看了它们，这些都是秦汉遗物。见到了它们，犹如把握远古武关跳动的脉搏，与它之间的距离倏然拉近了（图二、三）。

关城东面横亘四道山岭，其中尤以吊桥岭高为险峻。昔日这里陡壁悬崖，深壑密林，只一险径由半山腰盘环折曲而过，山路窄仄，马"不可并骑"。商旅行此，触目惊心。素为武关屏障。有"关中东南门户""秦关百二"之

图二　武关城墙残垣

图三　武关残墙下武关遗址碑

誉。古称商於道、商山道，乃古都长安连接荆楚、吴越的纽带。而今残存古"秦楚分界墙"一段，大约长 300 多米。唐王棨曾作《武关赋》记其形胜："地势争雄，山形互对。西连蜀汉之险，北接崤函之塞。锁百二都，绵几千载。世乱则扼限区宇，时清乃通流外内。当其六国连谋，关防日修，则斯地也。云屯貔虎，雪耀戈矛。张仪出以行诈，怀王入而竟留。纵下客之鸡鸣，将开莫可；任公孙之马白，欲渡无由。及乎尘起九州，波摇四海。秦鹿失而襟带难保，汉能兴而山河遽改。岂料御冲之所，此日全凭；未知击柝之徒，当时安在？"而今武关仄径已绝大部分拓为宽阔的长坪公路，逶迤东南行，入河南境，沿途再无凶险（图四）。

　　查阅史地书籍，均记载武关在商州，而不见丹凤县这个地名，这是什么原因呢？原来丹凤县是 1950 年分商县、洛南县的一部分新置的县，取境内的丹江和凤冠山的头一个字而名，治所在龙驹寨。

　　武关自古以来，都是重要关防，与函谷关、萧关、大散关并称"秦之四塞"。又云函谷关、潼关虽是关中巨防，但必须以武关为依托。武关之于函谷关、潼关，犹如阴平之于剑门关。秦末汉初，高祖刘邦入武关而亡秦，出武关而败霸王项羽，传为千古佳话。

图四　武关道地貌

秦二世三年（前207年），楚怀王与诸将相约，先入关中者为王。刘邦一路奉令西行攻秦，沿途收编散卒，扩大队伍，联合反秦将士共同抗秦，是以声势渐盛。占据了黄河渡口，遂兵临洛阳城东。与秦军接战，大败，退至阳城。经短暂修整，刘邦采取向南迂回，由武关进入关中的策略。一面令韩王守阳翟（今河南禹县），以牵制秦军，他自己则率领主力，南出轘辕关，直取南阳。六月在犨（今河南省平顶山市西南）东与南阳郡守吕齮接战，大获胜。败兵逃至宛城据守。刘邦急于入关，欲率兵绕过宛城继续西进。谋士张良说："我们虽想尽快入关灭秦，但不能急于求成，顾此失彼。现在如不攻宛城，留下后患。以后西进攻秦时会遭前后夹攻的危险。"刘邦听从了张良的规劝，趁黑夜从另一条路回师，次日黎明，就将宛城包围得水泄不通。郡守吕齮见寡众悬殊，只好献城投降。此后西进途中，守将毕降，一路势如破竹。到了八月，很快就攻破了武关，叩开了进入关中的大门，率先进入关中。（图五）。

鸿门之宴后，刘邦被封为汉王，南走汉中。不久暗度陈仓，定三秦。次年，又乘项羽东进击齐田横之机，出函谷关东进。汉高祖三年（前204年）四月，项羽又率军追刘邦至荥阳，围城攻关。刘邦施李代桃僵之计，开西门

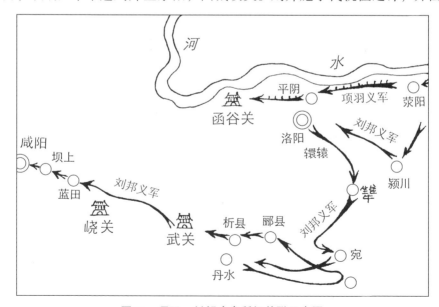

图五　项羽、刘邦攻秦所经关隘示意图

逃往关中。再收拾旧部，准备东取荥阳。谋士彭生向刘邦献策："以前我们与项羽在荥阳相持，常被围困，失去主动。不如大王率军出武关南下，这样，项羽必然率军追击。我们坚壁不与接战。使得荥阳、成皋得以休闲。再派韩信赴河北收复赵地，连燕齐。那时再攻荥阳也不为晚。楚军虽多，需要防守的地方也多，兵力必然分散，我们则可以逸待劳，掌握主动。破楚则有日。"刘邦听取了这个建议，引军出武关，走宛（城）、叶间。项羽果然中计，率领大军尾追而来。刘邦约束汉军，不与楚军对阵，只牵着楚军的鼻子走。这时，一直在河南、山东活动的彭越军队断楚粮道，攻占下邳（江苏省邳县东南），直攻楚都彭城（今江苏省徐州市）。项羽只好放弃追击汉王，而驰救彭城。汉王刘邦乘机再占成皋。项羽破走彭越后，再返回攻打荥阳，虽然逼走了刘邦，暂时取胜，但往返河南、江苏，动辄千余里，将士疲于奔命，又耗费了大量粮草辎重。而刘邦一面以逸待劳，一面在其他地域发展势力，积蓄力量。所以，南出武关之策正是刘邦由弱转强、脱离被动的关键，也是大败楚军，迫项羽乌江自刎乌江的基础。

自战国以降，武关历经大小战争数十役，西汉景帝时，吴楚七国诸侯王作乱，周亚夫用兵神速，率军疾驰蓝田，出武关，经南阳折趋洛阳、荥阳，控制了洛阳武库和敖仓粮草，迈出了平灭吴楚的第一步；东晋永和七年（351年），桓温伐秦，率步兵由淅川进兵，攻破武关，败秦军于蓝田；唐广德初年，吐蕃进犯，攻陷长安，大将郭子仪急至商州，占武关守军疾驰长安，击败吐蕃军队，收复帝京；到了明崇祯年间，农民军李自成兵败于潼关南原，只率刘宗敏等十余骑逃至商洛山中，次年收拾残部，出武关，入河南、湖北，跳出了洪承畴、孙传庭的包围圈，得以重新扩展势力。可以说，武关城的每一块砖石，每一寸夯土，都经历了无数次战火烽烟的熏陶，都能述说一个个气壮山河的故事。

远在先秦，武关地处秦、楚、韩三国交界之地，诸侯间会盟结姻，也常出入此关。当年楚怀王至武关与秦结盟，被秦扣留，终老异乡，唐王棨《武关赋》云"张仪出以行诈，楚王入而竟留"，说的就是这个典故。

周赧王十六年（前299年），秦国大举攻楚，一举连下八城，楚国震怖。秦昭襄王致书楚怀王说，秦、楚不和，难以号令诸侯。邀请楚怀王到武关结盟缔约，以修兄弟之好。怀王接此书信，进退两难，去恐怕上当受骗，不去，又怕秦王怪罪。遂与群臣商议对策。昭睢认为，秦乃虎狼之国，他们的话不能信。不去赴约，要集结军队，备战自守。楚怀王之子子兰则主张还是去的好，不去会交恶于秦。楚怀王左右权衡，还是决定去会盟秦昭襄王。于是溯汉水、沿丹江西北行，好不容易到了武关。秦派一名将军诈称昭襄王，伏兵武关，怀王一到，马上紧闭关门。怀王大呼中计，但为时已晚。秦将挟持怀王入咸阳，要怀王以藩臣之礼进见，并要楚割巫、黔中郡予秦。楚怀王大怒，"你们先行诈骗，后又要挟我们割地，太无信义！"不再答应秦的要求，昭襄王就把怀王扣留下来。

怀王被扣的消息传到了郢都，群臣议论，有人主张，君王被秦扣留，太子又在齐作人质，国内不可一日无君，应选怀王在国内的儿子继位，以绝秦望。昭睢认为，君王和太子都困在异国，现在违背王命另立国君，于情理不合。于是多方交涉，尽费周折，把太子横迎回郢都，立为国君，是为顷襄王。秦与楚会盟，目的是为了得到楚的巫、黔中的土地，可是楚却用另立国君的办法对付秦。昭襄王大怒，派兵出武关攻楚，大败楚军，夺得析地（今河南省西峡县）城池十五座。

第二年，楚怀王趁秦疏于防备，从咸阳逃了出来，但马上就被秦发觉了，下令遮蔽了所有通往楚国的道路。楚怀王怕被发现，东折间道至赵，求赵保护他归楚，赵惠王怕得罪强秦，不敢接纳怀王。楚怀王想再去魏，中途被秦派出的人追上，带回了咸阳。不久得了重病。第三年，也就是周赧王十九年（前296年），客死咸阳。秦国把他的灵柩送到了郢都，楚国的百姓都很伤心，沉痛地悼念这位虽不睿智但很有骨气的君王。

据说楚怀王赴武关会盟，还有一个冒死劝谏的人，他就是历史上著名的三闾大夫屈原。怀王一行人马向武关进发，走到了一座小山岗上，看看离楚都郢城越来越远。只见后面路上尘烟荡起，一乘车疾驰而至，车刚停住，屈原大夫从车上踉踉跄跄跳了下来，拦住怀王的马头，气喘吁吁地说："大王请回去吧！秦如虎狼之国，不可轻信。"楚怀王没有听信屈原的苦劝，还是率队向西北而走。屈原见劝谏无效，祸殃将至，遂仰天长叹："荃不察余之中情兮""恐皇舆之败绩！"（《离骚》）哀声凄切，震荡山野。后来人们把今河南省西峡县，当时屈原扣马苦谏楚怀王的山冈称屈原冈，冈上建屈原祠一座，立石碑一通，上书"屈原冈"，冈下有一村庄名"回车"，就是为纪念屈原劝怀王未果，驾车而归取的名字。屈原规劝楚王，事见太史公司马迁《史记·屈原贾生列传》，至于是否驱车至西峡、扣马相谏就不得而知了，也可能是后人出于对屈原的景仰而杜撰的吧。

武关虽然说不上多么雄伟，却历经两千多年的岁月风烟，负载了如此丰厚的历史内涵。古往今来，引得多少诗人题诗赞咏，唐代诗人杜牧《题武关》诗云："碧溪留我武关东，一笑怀王迹自穷。郑袖娇娆酣似醉，屈原憔悴去如蓬。山樯谷堑依然在，弱吐强吞尽已空。今日圣神家四海，戍旗长卷夕阳中。"

在武关所在的丹凤县商镇，还有一处游览胜地，即"商山四皓墓"和"商山四皓祠"，旧称"商州八景"之一。"商山四皓"指的是秦末汉初四位有德行名望的老人，为东园公、冉里先生、绮里季、夏黄公。因不愿为汉臣，隐居商山。西汉初年，高祖刘邦想废太子，立戚夫人之子如意。吕后非常忧虑，派人向张良问计，张良说："商山附近隐居四位老人，他们德高望重，不愿为主上所用。但主人特别尊尚他们。如果把他们请来，让太子时时和他们在一起。主上知道太子与四贤人居处，必然器重太子，改变初衷。"吕氏依照张良的计策行事，果然成功。吕后封四人为官，他们婉言辞谢，仍归隐商山。

四皓墓背依商山，面临丹江。墓前树巨碑一通，上书"商山四皓"四个大字。周围苍松遮蔽，翠柏成荫。相传过去之时，文官到此下轿，武官到此下马，以示崇敬。唐代大诗人李白游历商州，也曾到此拜谒过四皓墓，并题诗以记之："我行至商洛，幽独访神仙。园绮复安在？云萝尚宛然。荒凉千古迹，芜没四坟连。伊昔炼金鼎，何年闭玉泉。陇寒惟有月，松古渐无烟，木魅风号去，山精雨啸旋。紫芝高咏罢，青史旧名传。今日并如此，哀哉信可怜。"（《过四皓墓》）

四皓祠在丹江的另一边，与四皓墓隔江相望。据记载，是西汉惠帝刘盈为感念商山四皓而建。现在的四皓祠为清代修建，有房舍一十八间，四皓祠也是历代文人墨客游历拜访之地，唐代大诗人白居易、许浑等都在这里留下了脍炙人口的诗篇。

铁马冰河大散关

　　记得幼时读《三国演义》，对蜀相诸葛孔明运筹帷幄、决胜千里的雄才大略钦佩之至，对书中描述叱咤风云的战将和著名战役也很熟悉。曹操出兵讨伐张鲁，过陈仓（今陕西宝鸡市东）、出散关，麾师西进，诸葛亮二出祁山伐魏袭散关，取陈仓，大败曹真，这些故事给我留下了深刻印象。后来涉猎文史，知散关乃秦之西限门户，四险关之一，古代在此争战颇多。诗仙李白的一首《蜀道难》，写尽秦岭蜀道的艰险神秘，更平添了我一览散关的渴求。

　　在北京大学读书期间，曾于宝鸡茹家庄发掘整理西周㳇国墓地资料，工作之余，登秦岭，游散关，才有机会圆了这个梦。

　　大散关在今陕西省宝鸡市西南的大散岭上，与宝鸡市区相距约25公里。关前有散谷水流过，大散关因山、水而得名。《宝鸡县志》载："散关在大散岭上，为秦蜀襟喉。南山自蓝田而西，至此方尽。又西则陇首特起，汧、渭萦流。关当山川之会，扼南北之交。"

　　记得游散关那天，正当春末夏初，天清气爽，日丽风和。我们同窗师友和宝鸡博物馆一行数人由金台观出发，沿公路西南行，过渭河，奔益门，一路上坡，大家有说有笑，兴致勃勃。待到了大散关，我的满腔热情顿时化作了冰水。原来这里既无关也不险，川陕公路由此通过，蜿蜒西南而去。只有崖上"古大散关"题刻昭示这里就是大散关旧址。字迹为20世纪30年代赵祖康书题（图一）。字字笔势苍劲，显示了古散关的威仪。我当时怅然了很久。后来才知道，这里属渭滨区益门乡二里关村。关城早已毁圮，只在两侧山崖间残留一些石砌的城垣。近些年，在大散关附近修建了大散关文化博览馆，尚可借此凭吊古关（图二）。

倒是一路上的风景十分迷人。川陕公路与宝成铁路像两条巨龙并驾齐驱。路旁的田野中，小麦正在灌浆，油菜花开得一片金黄，使得早晨清新湿润的空气中，融进了一股股醉人的醇香，不远的清姜河翻卷着细碎的浪花，在狭长的河谷中流淌。间或一列火车飞驰而过，又如蛟龙游戏水上。我不禁感慨油然而生，这就是孕育华夏古代文明的三秦大地，八百里秦川！车过益门，山势渐渐陡峭起来，公路也更加折曲盘桓。透过车窗，才见峭壁悬崖，转瞬又睹巨壑深渊。又走

图一　秦岭大散关碑刻

了好一段路，突然来到一处两山相对的隘口，这就是大散关了。

我们现在见到的大散关，绝非是它昔日的仪容。由于修筑了川陕公路和宝成铁路，才使它变成了今日的康庄坦途，不论乘火车还是汽车，即可踩秦岭于脚下，通畅通达川陕。昔日这里山高谷险，林深草茂，千仞峭壁直伸入清姜河谷，其间唯栈道可以通行。若断绝栈道，恐怕飞鸟难过，猿猴愁度了。所以历来为兵家必争之地，才留下那么多惊天地泣鬼神的故事。

诸葛亮袭散关，破陈仓，事在蜀汉建兴六年（228 年）冬，诸葛亮趁曹魏东下，关中空虚之际，谋二出祁山再伐曹魏。十二月，率兵数万袭取散关，包围了陈仓。陈仓守将郝昭早有防备。诸葛亮派郝昭的乡人靳详前去劝降，被郝昭严词拒绝。诸葛亮趁曹魏的救兵尚未到来，以数万精兵对陈仓发动强攻，起云梯，发冲车，攻势甚猛。而郝昭只率数千人凭险固守，用火箭射燃攻城云梯，以拴上绳索的磨盘砸毁了冲车。蜀汉军队又采取士兵携带土包，填塞河池强行攻城的办法，也被郝昭修筑的重墙截住。再挖地道，想偷入城中，郝昭在城内挖了横地道将其破坏。看看昼夜攻城已达二十余日，毫无进

图二　新修建的大散关文化博览馆

展。邺城派出的曹真救援大军马上就要开到，蜀汉军队的粮草又渐渐接济不上，如果魏军从后面偷袭，切断蜀军粮道，则陷于进退两难的地步。诸葛亮考虑再三，以退兵为上策。于是，授大将魏延以密计，令其留下来阻挡曹兵，自己率大军悄悄地向后撤退。魏延性机智，又勇猛过人。诸葛亮主力撤退后，也趁黑夜撤军南行。魏将王双见蜀汉军队撤退，随后麾军掩杀而至。魏延早依丞相密计，派兵潜至曹魏兵营中放起火来。王双回军救援，蜀汉军队伏兵骤然杀出，魏延立斩王双于马下。

在大散关的西南不远，有一座吴公祠，祠内塑吴玠、吴璘两兄弟的塑像，这两位是南宋时期了不起的民族英雄，曾在大散关抗击南侵的金军，立下了不朽的功勋。

北宋末年，强悍的金兵多次挥师南下，掳走徽、钦二帝，高宗南渡，在临安建都，是为南宋。金国企图一举灭宋，又一次次南下，都被岳飞、韩世忠等率兵击溃。于是改变战略，"先事陕西"，再入四川，然后顺江而下，攻灭宋朝。建炎四年（1130年），宋金战于富平（今陕西省富平县），宋军被打得大败。秦凤路马步军副总管吴玠与弟吴璘收拾残部，由凤翔退保大散关东部的和尚塬。修建寨堡，训练士卒，积草屯粮，做长期拒守的准备。有人劝说吴玠移屯汉中，确保巴蜀。吴玠说，在这里构建坚固的营垒，屯集重兵，居高临下，俯视雍甸，敌人怕我乘虚击其后路，不敢贸然轻进，这才是保卫川蜀的良策。由于长期戍守，军粮渐渐接济不上，凤翔一带的百姓常常三五成群，趁黑夜送来粮食牧草。吴玠感念他们远途辛苦，每次都厚加赏赐。金军得到了百姓为宋军送粮的消息，埋伏在渭南道旁，截杀了许多送粮的百姓，又下令百姓什伍连坐，有再给宋军送粮者，皆杀之。但百姓并没有向金兵的威嚇恫吓屈服，给吴玠送粮的反而越来越多。这样一直坚持了好几年。

绍兴元年（1131 年），金兵分两路进攻和尚塬，一路由金将没立率领，由凤翔出发。一路由乌鲁折合率领，由阶、成出散关，约定日期，合围吴玠。但事未如愿，乌鲁折合先期到达，在北山列阵，击鼓索战。吴玠采用车轮战法，轮流出战，更替休息。又逢北山一带，谷深林密，路狭多石，金兵的战马难以行走，只得下马与宋军步战。金人游牧为生，骑马射箭为其强项，下马步战，是舍长用短，加之宋军以逸待劳，不久就被打得大败。恰逢天助宋军，一时乌云四合，风雨交加，冰雹骤至，乌鲁折合只得率领残兵败将逃跑了。直到这时，没立才率军赶到，猛攻箭菁岭，又被吴玠派兵击败了。嗣后，吴玠驻师河池，吴璘守和尚塬。

金兵自起事以来，战则常胜，很少败绩。到了陕西，一再被吴玠挫败。忿懑已极，主帅金兀术会集各道精兵，凡十余万，企图一举消灭吴玠。兵至宝鸡，结下了联珠大营，在渭河上架设浮桥，用巨石垒筑城堡，夹涧与宋军对峙。这年十月，金兀术下令猛攻和尚塬。这边吴玠、吴璘也作好了准备，命诸将准备强弓硬弩，更番迭射，称为"驻队矢"。金兵攻到，闻听号令，万箭齐发。金兵死伤无数，狼狈后退。吴玠派出精骑从侧翼袭击，切断了金兵的粮道。吴璘又率兵在神坌设下了埋伏，金兵走到这里，喘息未定，吴璘麾兵骤然杀出，金兵乱作一团，自相残踏，死伤无数。吴玠派兵以夜幕为掩护，大败金兵，主帅金兀术被流矢射中，只率少数残兵逃离险地。以后吴玠、吴璘兄弟又与金兵苦战于饶凤关、仙人关。兀术率兵披重铠，执铁钩，鱼贯攻城，吴玠、吴璘指挥驻队矢用神臂弓迭射，率长刀大斧队近砍。"明炬四山，震鼓动地"《宋史·吴玠吴璘传》。又击败金兵十数万。此后，乘胜收复了秦川（今甘肃省天水县）、凤州（今陕西省西凤县东北）、陇州（今陕西省陇县）。吴玠、吴璘兄弟在大散关一带与金兵对峙达二十年，金兵始终未能越秦岭而入川。今天我们游散关，难道不应该缅怀这两位抗金英雄吗？长风猎猎，那正是无数抗金将士的喊杀之声；古碑斑驳，实乃烈士的热血之躯融铸而成。

曾在大散关戍守御敌的还有一位著名的人物，就是南宋时期著名的爱国诗人陆游。陆游十二岁既能诗文，怀抗金救国大志。二十九岁登进士第。但由于志在抗金救国，一统华夏，而遭奸臣秦桧忌恨，不得入仕。直到秦桧死后三年，才被录用为州、县下级属官，以后又任夔州通判。乾道八年（1172年），王炎宣抚川陕，驻南郑（今陕西省汉中市），辟陆游为四川宣抚使司干办公事兼检法官，襄赞军务。这年，陆游已四十八岁了，他感到壮志可酬，报国有望，欣喜地由夔州来到南郑，以壮年之躯着戎装，戍守在大散关头，奔走于凤县、两当、陇干（今甘肃静宁县）、鱼关（今陕西略阳县北）、骆县（陕西周至县西南），考察地理形势，检查防务。并参加了防秋战斗。当时的军旅生活非常艰苦，巡边到大散关时，天气骤寒，关下还有金兵驻扎。但陆游和守关将士一样，唯有一心报国。正如他诗中所写："我昔从戎清渭侧，散关嵯峨下临贼。铁衣上马就坚冰，有时三日不火食。山荞畲粟杂沙碛，黑黍黄糜如土色。飞霜掠面寒压指，一寸赤心唯报国。……"（《江北庄取米到，作饭香甚有感》）。也曾夜渡渭水，侦察敌情。"往昔秦蜀间，慷慨事征戍。猿啼鬼迷店，马噤飞石铺。（陆游自注：鬼迷店在大散关下，飞石铺在小益道中，常有崩石）。危岭高入云，朽栈劣容步。天近星宿大，江恶蛟鼍怒。意气颇自奇，性命那复顾。最怀清渭上，冲雪夜掠渡。封侯细事尔，所冀垂竹素。兜鍪竟何成，岂独儒冠误。当时妄校尉，旗纛今照路。浩歌遂成章，聊慰老不遇。"（《秋夜感旧十二章》），针对当时宋、金对峙的形势，陆游向王炎建议，"以为经略中原必自长安始，取长安必自陇右始。当积粟练兵，有衅则攻，无则守"（《宋史·陆游传》）。当时有的将领恃功自骄，动辄杀人，王炎对他们都没有办法。陆游主张坚决撤换，否则会延误军机。

陆游在南郑王炎属下时间不长，但是他一生最得以施展抱负的时候。至垂暮之年，犹追忆不已。"早岁那知世事艰，中原北望气如山。楼船雪夜瓜洲渡，铁马秋风大散关。塞上长城空自许，镜中衰鬓已先斑。出师一表真名世，千载谁堪仲伯间。"（《书愤》）

陆游与陆游的诗，为大散关增添了许多文学色彩。后人可以循着陆游的描述，追寻昔日大散关的风貌。"危岭高入云，朽栈劣容步"（陆游《秋夜感旧》），形势何其险要。或藉此险关要隘，缅怀陆游"气吞胡虏""赤心报国"的雄心与壮举。

大散关以东的三秦大地，是周、秦的发祥之地，你到了这里，就会强烈感到自己已置身于浓烈的历史文化氛围之中。每一块岩石，一抔黄土，或许都是古代文物，都与历史文化有关。

就在大散关不远的宝鸡茹家庄，竹园沟，西周时期本是弪国的封地。1974～1975 年，在茹家庄发掘了两座西周大墓，出土了青铜器、玉器、陶器、原始瓷器等达 1500 余件，根据铜器上的铭文，墓主为弪伯，入葬在昭王、穆王时期，距今有 3000 年以上的历史了。

这两座墓都是竖穴土坑木椁墓，南部有斜坡墓道，旁边还有共用的车马坑。内部结构却与众不同。1 号墓为弪伯墓，木椁分为甲、乙二室。乙室大而深，底部还挖了一个腰坑，坑内殉葬一只狗。出土铜器很多，为以五鼎四簋为主的礼器兵器，有的铜器上有铭文"弪伯自作用器"，墓主当为弪伯本人。甲室较浅较小，出土的器物不但数量少，而且质地不佳，有的铜器上有铭文"兒"，有人推测，墓主可能是弪伯的滕妾，但尚缺乏足够的证据。有意思的是在椁室周围的二层台上，殉葬了青年、儿童等 7 名奴隶，这些奴隶都有简单的木质葬具。除殉葬奴隶外，二层台上还放了车轮。

2 号墓在 1 号墓东部，打破了 1 号墓的东北角。木椁正中置内外重棺，葬一女子。旁边殉葬两名少年奴隶，有简单葬具。墓内也随葬了一套青铜礼器和大量玉器。青铜器上有"弪伯作井姬用器"，可见墓主名井姬，是弪伯的夫人。

弪伯墓出土器物有的非常精美，譬如那件象尊，通体浑圆，两小耳直立，四足短粗，憨态可掬，更像一头温顺的猪，只有那弯曲而上翘的长鼻子，方显示了些许大象的威风。象尊的背上开方孔，盖一个有两个环纽的小盖。前肩、后臀饰圆环形鸟纹。通长一尺有余，还有那三件鸟尊。最大的一件长达一尺，喙硕大而下钩，大而圆的双眼灼灼有神。通身羽毛、翅翼一丝不苟。只是在两足和尾之间又加铸了一只小足，略显得有些笨拙，但更加稳健。使人想到了古神话传说中象征太阳的三足鸟。鸟尊的背上也开有方孔，惜盖已失，而非完璧。

　　𢎐伯墓出土各类玉器1300多件，不但数量多，而且相当精美。有玉鹿、玉虎、玉鸟、玉鱼等，玉虎张着血盆大口，令人生畏。玉鹿有的昂首，有的回眸，但都有着一对丫叉的大角，显得是那样温顺可爱。这些玉器玉质驳杂，色彩或黄白，或青绿，上面时而沾染着红色的朱砂。五彩斑斓，目不暇接。茹家庄𢎐伯墓可以说是目前发现西周中期最完整、出土文物也最丰富的一座墓葬，其意义不庸置言。

　　在离茹家庄不远的竹园沟，也发现过𢎐国墓葬，达二十座之多，所出铜器有的铭"𢎐季"字样，当是又一处𢎐国贵族墓地，从出土器物的形制分析，时代或比茹家庄𢎐伯墓略早。此外在益门春秋晚期秦墓中出土过3件嵌绿松石的金柄铁剑，也是不可多见的珍贵历史文物。

　　凡读过《封神演义》的人都知道姜子牙垂钓磻溪，周文王斋戒访贤的故事。姜子牙满腹经纶，磻溪垂钓，"宁在直中取，不向曲中求。不为锦鳞设，只钓王与侯"。姜子牙直钩垂钓的磻溪就在大散关附近，现在的宝鸡县境。溪水清流，折曲盘绕。在磻溪畔的伐鱼堡有一块巨大的岩石，石上有两个圆窝，像是膝盖跪过的痕迹。传说这就是姜太公直钩垂钓过的钓鱼台。台下素湍飞流，浪花如雪，时常细雾濛濛，人们称其为"云雾潭"。钓鱼台西面有太公庙（文王庙），台南有武吉祠。台北还有一块高达一丈的巨石，这块巨石顶大根小，像一只睨视猎物的秃鹫，所以叫"大鹫石"。如果在游览完大散关之后，再来磻溪凭吊姜太公，那实在是最惬意不过的事了。

大漠胡笳嘉峪关

如果把长城比作一条伏卧在神州大地的巨龙的话，它昂起的头是耸立在渤海之滨的山海关，它的尾伸向瀚海戈壁，那就是抗击着大漠风沙的嘉峪关了。

出兰州城西行，追寻着昔日丝绸之路商旅驼队的足迹，穿行过绵延千余公里的河西走廊，到了甘肃省的西端，陡然间，一座披负着大漠风烟的雄关屹立在你的面前。不用问，那就是嘉峪关！它的磅礴气势让人吃惊，让人震撼。看到它，一路跋涉的辛劳顿时烟消云散。与它相比，你所见过的关隘无一不相形见绌。当年林则徐因虎门销烟开罪了洋人，被朝廷贬谪新疆，途经嘉峪关作诗曰："严关百尺界天西，万里征人驻马蹄。飞阁遥连秦树直，缭垣斜压陇云低。天山巉削摩肩立，瀚海苍茫入望迷。谁道崤函千古险，回首只见一丸泥。"（《出嘉峪关感赋》）

我去嘉峪关时正值七月盛夏，乘汽车从兰州出发，沿着312国道西行。经武威、张掖、酒泉，第二天下午到达嘉峪关。我认为乘汽车去嘉峪关是最好的选择。虽然辛苦些，但河西走廊的独特自然景观、人文、历史让人陶醉。透过车窗，远处覆盖着皑皑白雪的祁连山时隐时现，近处岗峦起伏，深绿的大麦，浅绿的牧草，黄色的油菜花交织成了一幅幅美丽的图案。草滩上，坡岗上，三两头牛马，一群群羊儿在悠闲地吃草。或者放眼戈壁砂碛，一眼望不到边际。还有那长城的身影，高低起伏，断断续续地沿着312国道，追随着汽车跳动、奔跑。这一切是久居内地、过惯嘈杂喧嚣大城市生活的人很难见到的，蕴含着宁静恬淡又雄浑壮观的美。

七月是流火的季节，大漠戈壁更是如此。远远望去，嘉峪关的城墙楼橹

图一　嘉峪关与积雪的祁连山

尽在骄阳的曝晒之下，泛起层层金色。关城之上，热浪蒸腾，宛如红云，映衬着白雪皑皑的祁连山，整个关城更显得若虚若幻，飘渺迷离（图一）。

考察嘉峪关形胜，古人曾经用巨龟来形容。我认为它更像一只祁连山麓的山鹰，头西尾东，大有振翅欲飞、凌空天宇之势。嵌有乾隆御笔亲书"嘉峪关"门额的罗城城门，城楼是山鹰的头颅。内城是山鹰的躯干，城内的将军衙署是它的心脏，嘉峪山的九眼清泉是它的血脉，东西两瓮城是它的利爪。与南城垣相接，伸向讨赖河边的南长城，以及与关城北垣相连，一直向北延伸出黑山顶的北长城是它的双翼，而内城东墙外的关帝庙、文昌阁则是它的尾羽。前面的千里戈壁是它捕食的猎场，后面的河西走廊是它的依凭。

作为山鹰躯干的内城是嘉峪关的主体，呈西宽东窄的梯形。如果将它比作一只巨斗的话，斗底居东，斗口朝向西方。现西城墙长 166 米，东城墙近 154 米，南北二城墙也长 160 余米，总周长 640 余米。城墙用黄土夯筑，城台，垛口、敌台包砌以青砖，高 11 米余。在城的东西两端各开一门，东曰"光华门"，西曰"柔远门"，门洞均作拱券形，宽达 4.2 米，可容双车并行。沿两门北侧的斜坡马道顺势而上，便可登临城顶。俯瞰两座城门，几成一线。平视东西两座形式完全相同的城楼，遥相对峙，宛若孪生。南北城墙中段各建一敌台。内城的四角建有四个瞭望敌楼（图二）。

东西城楼均建在石条铺砌的平台上，为三层楼阁式建筑。西城楼为正面

图二　嘉峪关关城内景

关楼，面临敌方，建筑颇为宏阔，面阔五间，进深七间；东城楼略小，开间次减，面阔三。进深五。楼顶作九脊重檐歇山式，上盖碧绿琉璃瓦。每迎朝阳，沐晚霞，无不熠熠生辉。无怪明人作诗赞叹："磨砖砌就鱼鳞瓦，五彩装成碧玉楼。"高达 9 米城墙，加上高 17 米城楼，在大漠平沙中陡然拔地而起，气势何其壮观！

南北敌台上建敌楼，左右对称。为单层建筑，面阔三间，进深一间，向城内开门，门前设明柱，前廊，顶作两面坡悬山式。整个建筑形式与普通民居无异。在古代，敌楼内藏有各类守城的兵器和军用物资，实际上是两座备战用的小型武器库。

西出"柔远门"，东出"光华门"，各有一座瓮城建筑。瓮城平面均作正方形，瓮形的城门开在南城墙，与内城城门不在一条直线上。进瓮城门，折向西行（或东行）方能进入内城城门，增强了关城的防御性能。瓮城门作券形，东曰"朝宗"，西曰"会极"。两座瓮城的城门之上都建有形制相同的城楼。单层三开门，向南开门。顶作两面坡硬山式。

西瓮城"会极门"外，不远又是一道城墙，称"罗城"。它中部呈弧形向外突出，两侧翼展略成一字形，形成内城之外的又一道屏障。这道罗城比内城墙更为坚固，中部近 200 米的一段城基用条石砌筑，宽 25 米，顶宽 5 米

图三　嘉峪关西门

余，高 10 米，夯土城墙外用青砖包砌。城顶筑女墙，墙垛上开瞭望孔、射击孔、灯槽。罗城的南北两端建前楼。罗城向西开拱形城门，宽 4 米，高 6 米。门顶有长方形门额，上刻"嘉峪关"三个大字，为乾隆皇帝御笔（图

图四　嘉峪关西门门额

三、四）。城台之上城楼早年坍毁，近年为了旅游予以修复，三层重檐歇山顶。蔚为壮观。出罗城西行百余步，道旁有碑亭，内立石碑一通，高可 3 米，碑阳刻"天下雄关"四字。字大如斗，刚毅遒劲，为清嘉庆十四年（1809年）甘肃镇总兵李廷臣所书（图五），猜测书者的心态，大概将嘉峪关与山海关勘比，高下难分，山海关有"天下第一关"之称，又不忍让嘉峪关屈居第二，遂书"天下雄关"。

在嘉峪关内城之外，与西边的罗城城墙相接，南、北、东三面尚有一道夯土筑成，却矮得多的城墙，称"外城"。长1100多米，底部宽1.5米，高约4米，南北城墙与内城南北墙平行。与肃州西长城相接，一座城门开在北城墙东部。外城内有文昌阁、关帝庙牌楼、戏楼等建筑，文昌阁、关帝庙始建于明代，戏楼则为清代建筑。

考诸史籍，嘉峪关是明初建造的，此后历近200年时间，到嘉靖年间经数次修缮，才成为现在的规模。

图五　嘉峪关"天下雄关"碑

明洪武五年（1372年），宋国公冯胜平定河西走廊一带，在此地建造了一座土城，周边220丈，高2丈，宽1丈，也就是现在的嘉峪关内城。弘治八年（1495年），平定吐鲁番叛敌之后，兵备道李端澄在关西城门之上修建了城楼。又过了10余年，到了正德元年（1506年），已迁兵备副宪的李端澄，又在内城的东西城墙上修造了两座城楼，式样与西城墙的关楼相同。又在关内修建了官署衙门、夷厂、仓库等。至此嘉峪关已初具后日的规模。特别是三座城楼呈一字展开。砌瓦雕砖，戗脊飞檐，蔚为壮观。据说内城城楼建成后，曾镌刻《嘉峪关碣记》碑以记之，这块碑至今尚在。嘉靖十八年（1539年）明廷命尚书翟銮巡察西北戍务，翟见嘉峪关多处坍毁，防御性能锐减，加之虏寇常避开嘉峪关城，从讨赖河侧翼入侵肆虐，遂与当时驻嘉峪关的兵备李函一起，再度营缮嘉峪关，在内城上增筑敌楼、角楼，并在关城南、北、东三面修筑了外城墙，外城西与罗城相接，南北连肃州长城，至此，嘉峪关的整个严密防御体系已成。

自嘉峪关城初建，至最后完工近200年间，虽然是明朝官吏主持，但却应该说，是黎民百姓的血汗浇筑的，是人民智慧的结晶，他们没有留下姓名，但功绩与嘉峪关同在。不说别的，就说那筑城的一土一石吧，筑城的夯土要选上等黄土，要从几十里外用木轱辘车运来，条石来自20里外的黑山磨子沟，是趁严冬天寒地冻，在路上泼水成冰，棍撬人推，把条石一块块由冰上运至关城的。试想一块条石重愈千斤，上万块条石需要花费多少力气？绵延数里的运石队伍，直冲云霄的指挥号子，那气势，那声威，与一支雄壮的军队何异！运来的黄土要碾碎细筛，为防止城筑好后草籽发芽，还要经烈日曝晒。夯筑时，再加上棉麻、灰浆，甚至糯米浆，所以筑好的城墙非常坚固，才能达到箭射不入的质量。至于建筑城楼的城砖，除了人力运输外，还把城砖绑缚在羊身上，赶羊上城，以畜力运输。说到嘉峪关的设计、用料测算，更是周到严密。整个关城呈六边形，酷似龟盖。据说正德年间修筑关城时，让一位名叫易开占的工匠测算用工用料，他严密考察后拟定方案。待按计划筑城完工后，材料刚好用尽，只剩下了一块砖。人们为了纪念这位精于营算的工匠，就把这块多余的砖放在西瓮城门"会极门"城楼的后檐台上了，叫它"定城砖"。这或许有些夸张，带有一定的传奇色彩，但它表达了对劳动人民聪睿才智的赞颂。

不到大漠戈壁不觉得奇，不登嘉峪关城不觉得险，这话一点不假。当你登上嘉峪关城头，极目四望，南面祁连山峰峦起伏，势与天齐，终年积雪的寒气时时袭来，会令你不寒而栗。北面马鬃山、合黎山簇聚，如一道天然屏障，唯鸟径羊肠可通。嘉峪关的外城墙，沿南北山势，逶迤而去，渐与长城连成一线。纵观嘉峪关地势，南北山脉间的狭谷不足15公里，而往西临近的肃州，陡然开阔，广袤数百里，甚为平旷。嘉峪关选在这峡谷咽喉处建关，扼千古商贾行旅必经之丝绸古道。故云："山河襟带限西东，南挟黄流一径通。"嘉峪关所在的嘉峪关下，有清泉九眼，澄碧如镜，不枯不竭。据《清边纪略》载，这九眼清泉是当时建关的首要条件之一，"初有泉而后置关，有关而后建楼，有楼而后筑长城"。当初这九眼清泉曾被列为"肃州八景"之一。在关南，讨赖河出自祁连山麓，由关城东部北流，再折向东。九眼泉和讨赖河为嘉峪关提供了充足的水源。

嘉峪关占尽河西走廊的地利，古来赢得多少诗人的赞颂，但最值得一提的，还是明万历年间留传下来的徐养量《嘉峪关漫纪》中记下的一首五言长诗，作者是巡按御史徐养量。诗曰："揽辔酒泉西，纵横千□列。朝旭丽飞旌，凯风□长戟。行行招玉门，迢迢扼砂碛。红泉襟其南，黑水障其北。五月沟草黄，一带石烟白。屹立华夷防，泂自鸿蒙辟。右臂断匈奴，越裳献重泽。霜骏宴昆丘，天马来西极。遐略侈前闻，雄图载往册。……王者守四夷，天险亦空设。班生掷柔翰，所志在竹帛。执讯俘尉犁，臣服尽姑墨。从兹入版图，五十余属国。……咨谀叹靡遑，聊为勒良石。"

嘉峪关自古以来就是内地通往西域新疆的险关要隘，汉唐的丝绸之路即由此通过，过玉门、至敦煌，遂分为南北两路，由阳关、玉门关进入新疆。所以，这里也是传播各民族乃至与邻国友谊的一个驿站。考其历史沿革，这一带汉代归酒泉郡管辖。酒泉郡乃西汉武帝时，派霍去病逐去匈奴后所设，为河西四郡之一。贰师将军李广利带兵征大宛，得汗血天马，张骞出使西域都曾从此经过。东汉时改称延寿县，隋属福录县，唐属肃州，五代诸国分立，辖于回鹘，元代属肃州路。现在的嘉峪关筑成，是明代的事。

出嘉峪关西行 20 公里，是一片广袤的大草滩，春夏之季，牧草青青，牛羊成群，是放牧的好场所。到了秋冬之时，朔风砭骨，草木凋敝，一派肃杀之气扑面而来。古来多少触目惊心的战事在这一带发生，多少血气男儿在这一带血祭黄沙，猎猎寒风，瑟瑟衰草在向人们倾诉。

明成化、弘治年间，西域诸国如哈密、吐鲁番等互相攻杀，对明廷时附时叛。战火常常波及肃州、嘉峪关。肃州卫也曾遣兵征袭。成化十七年（1481 年），满速儿嗣位为吐鲁番速檀（王），正德八年（1513 年），满速儿引诱哈密速檀拜牙即背叛明廷，并派他只丁据守哈密，次年出兵肆掠苦峪（甘肃安息）、沙州（今敦煌）。正德十一年，满速儿在他只丁引导之下，移驻哈密，并率精骑万余占据沙州，进而寇袭肃州，兵至嘉峪关，于是引发了一场恶战。对于这场战争，《明史·西域传》，有所记载，但不甚详细，结合方志，我们知道，当时驻守嘉峪关的游击芮宁，与参将蒋存礼、都指挥黄荣、王琼分兵迎战。芮宁率千户许钊，百户张玺、吴英、陈泰、王忠、刘威一部七百人，到了黄草坝（推测即前述大草滩一带）与敌寇相遇，双方展开了激战。明军从清晨苦战到夕阳西下，斩杀敌虏无数，己方也伤亡惨重，热血浸渍了黄沙，染红了野草。但由于敌我双方力量悬殊，渐渐不支。箭支用尽，又无后援。游击将军芮宁被利箭射死，千户许钊等人浴血奋战，也先后阵亡，到了最后，七百余人全部壮烈牺牲。芮宁和他率领的将士用他们的血肉之躯谱写了一曲抗虏御边的壮歌。后来肃州副使陈九畴除去了内奸，满速儿无法再取肃州，劫掠后退兵而去。

正德十六年、嘉靖三年，吐鲁番速檀满速儿又接连侵掠嘉峪关、肃州，"焚庐舍，剽人畜"，无所不为。嘉靖三年（1524 年），竟以两万余精骑的声势，掠肃州，犯甘州。又被甘肃巡抚陈九畴带兵击败。只好带残部退还西域。据《肃州志》统计，在嘉峪关附近为国捐躯的将士有名者达 30 余人，无名者更不可胜计。"青山有幸埋忠骨，何必马革裹尸还"，让我们和嘉峪关一起，记住这些将士的名字吧！

在嘉峪关北黑山中，有一处峡谷地带叫黑石峡，周围峰峦环围，峡内沟壑相通，极便于隐蔽，是一处很好的藏兵屯兵之处。从这里到大草滩，纵骑不到半个时辰。黑山脚下，矗立石碑一通，上书"北漠尘清"四个双钩大字，为明肃州兵备道副使郭师古于万历二十一年（1593 年）手书。

明廷为了加强嘉峪关的防御功能，在嘉峪关附近乃至肃州长城一线，构筑了许多小的堡城、城台、墩台、烽火台，以供戍守、警戒之需。据记载，有十里一墩，三十里一堡之说。墩堡相属，络绎不断，围绕嘉峪关城，有堡城 7 座，为卯来泉堡、塔儿湾堡、石关儿营堡、安远寨堡、野麻湾堡、新城堡、双井子堡等。都录名于古籍，至于墩台，更不胜数，在嘉峪关西部、东部、南部以及东北，都有分布。一处有事，燃火为号，即可传警周围，及时驰援。

明代嘉峪关兵员、军需、防务辖于肃州卫所（治甘肃酒泉），归肃州兵备道统管，最初设置为兵备道分司，以后改为守备公署、游击将军，卫戍肃州东西长城 35 公里，墩台 39 座。将士们一边戍守，一边种作，实行屯戍制度，三七轮作。生活非常艰辛。戍卫的士卒每人发腰牌一面，标明腰牌执有人的职别、编号。要随身携带，以备查验。腰牌不得偷失，不得转借，无牌或丢失者按律治罪。嘉峪关关门晨启昏闭，锁钥由武营把总掌管。启、闭关及午时三刻，鸣炮为号，声传数里，山野震撼。行人商旅进入关门，以"关照"为凭，核验后方得放行。到了清代，平定西域，嘉峪关的防御功能减弱，但仍设兵戍守，出入关仍需验核关照。

嘉峪关一带不但地势险要，而且在古代，也是牛羊繁衍、牧养狩猎的好地方。祁连山的雪水滋润了这片土地。西汉武帝时，霍去病出陇西，越焉支

图六　嘉峪关魏晋墓壁画

山击匈奴。匈奴溃败，失却焉支、祁连。乃作歌曰："亡我祁连山，使我六畜不蕃息；失我焉支山，使我妇女无颜色。"自古以来，这里不只是有战火烽烟，拼杀征战，还有各种不同族属的居民在此劳作生息，共创历史。他们在魏晋时期的劳作、生活情况我们今天尚能见到，这就是嘉峪关魏晋壁画墓给我们提供的宝贵财富。

20世纪70年代初，甘肃省的文物考古工作者在嘉靖关东约10公里新城公社发掘了6座魏晋时期的壁画墓，共见壁画800余幅。这些壁画虽经历1500年以上的岁月，但多艳丽如新。古代画师们先在砖砌墓壁上用黄土抹平为地，然后作画。一般以砖为单位，一砖一幅画，内容不相关联。也有在一排砖上连续作画的，但这种情况并不多，用来表现比较宏阔的场面。

观赏嘉峪关魏晋墓壁画，你立刻会被那田园牧歌式的情调所吸引，置身强烈的生活氛围之中，而不见中原同期壁画那种忠臣贤士、孝子节妇故事的矫揉造作，往往寥寥数笔，就使绘画内容形神兼备。你看那幅耙地图，一位农夫拱膝坐在地上，一手揽缰，一手执鞭，驱牛前行。和煦的春风吹起了他那长长的发辫，耕牛似乎像刚刚吃饱嫩草，昂首奋蹄，显得格外精神。由头蓄发辫看，这个农夫好像是古代氏族人。那幅牛耕图由两牛共挽一犁，后面的农夫绾发长衣，右手扶犁柄，外带挽缰，左手挥鞭，看来耕作技术十分娴熟。这类农作图的题材除耕地、耙地之外，还有播种、扬场、打连枷、园圃、采桑等。扬场、连枷图都画有高高的谷堆，谷堆旁还常常有鸡群啄食凑趣，农夫的脸上都挂着丰收的喜悦（图六）。

图七　嘉峪关魏晋墓壁画

　　表现当时社会经济的还有一类牧猎壁画，放牧的畜种有马、牛、羊，放牧者有的挥鞭，有的手持弓箭，也可以间或狩猎吧（图七）。画师们画马群，多奔腾驰骋，表现牛群、羊群，多温良恭顺。至于狩猎图，画师着重表现人与兽之间最紧张的一瞬。这幅壁画上一名头戴兜鍪的武士正策马追逐一只野羊，看看赶上，奋力刺出了他的长稍。那幅骏马向前疾驰，骑士返身张弓，射出的利箭已经刺穿了一只逃窜的野兔的咽喉。还有的表现放犬、纵鹰追踪猎物。从壁画所表现的内容看，嘉峪关附近的居民除牧猎外，还饲养猪、犬、骆驼、鸡等家禽家畜。

　　嘉峪关壁画中表现家居生活的更是情趣盎然。你看，为了伺候主人宴饮，仆人们早已忙活开了。他们有的宰猪、宰羊、屠牛、杀鸡；有的在和面，有的在切肉，还有的在烤炙羊肉串。有的提盒托盘进奉主人。那幅屠牛图画得多么生动。牛在挣扎，在颤抖，眼中似在流泪，在哀求。庖夫一手牵牛，一手持铁锤，双目紧闭，想动手，又不忍残杀这一通晓人情的牲灵。一人一牛的情感交融在了一起，在瞬间凝固、升华。食物排好，主人开始进食了，他们有的在饮酒，有的一手悠闲的摇着便面，有的在让食烤肉串。烤炙肉串，是西域独特的食品，在这里我们找到了它的历史渊源。吃喝已毕，主人可以观赏舞乐遣兴，那边乐师们已弹起了琵琶，吹响了长箫，还可以对局六博。如果要出行，导骑，随从已经列队恭候，牛车、马车已经备好。一声令下，即刻可以启程。

　　嘉峪关魏晋墓还有两幅表现将士戍守、屯垦的壁画,有可能为我们了解嘉峪关在修建关城以前的守卫情况提供些参考。更深夜静,星河高耿。在一片营地里,士卒都在支起的小帐篷中安睡了,他们的兵器长戟大盾立在了帐前。只有中央的拱形大帐中,将佐还未安歇,他席地而坐,右手持便面,像是思谋什么。大帐之外,旌旗猎猎,两名士卒一左一右守卫警戒。另一幅屯垦图,中部一人持戆引导,其后一武士头戴兜鍪,按刀剑前行,最后是一名骑马的将官。在他的带领下,两队士兵戴兜鍪、着袴褶,挟盾持戟向前进发。壁画的下方,有两人扶犁驱牛。画师将士兵操练与农夫犁地和谐地绘在了一起,当是嘉峪关特殊的戍卫方式的表现。纵观嘉峪关壁画,好像一幅嘉峪关地区世俗生活的长卷,囊括了人情百态,让你对此地汉族与氐、羌、鲜卑等少数民族和睦和共处的某一断面有所了解。又像一壶美酒佳酿,醇得让你心醉,平添了对巍巍雄关的几分景仰,几分向往。

　　祁连晴雪,大漠平沙,长城雄关,疾风劲草,这些不相连属的胜景,却在这里聚合,在这里融汇,构成了嘉峪关雄关的独特风姿,至于“汉军西去笛声哀,胡骑闻之去复来”(元戴良《凉州词·凉州城头闻打鼓》)的争战情景,以及嘉峪关城墙“击石燕鸣”等动人传说,还是待你亲涉河西走廊,聆听嘉峪关自己的诉说吧。

　　(本文有关嘉峪关关城的建筑数据资料,均根据《明嘉峪关及明长城》,文物出版社,1989 年)

丝路明珠玉门关

一提玉门关，我们必然会想起唐代诗人王之涣的《凉州词》来，它给人留下的印象太深了。

> 黄河远上白云间，一片孤城万仞山。
>
> 羌笛何须怨杨柳，春风不度玉门关。

据说，这首诗是王之涣由长安赴玉门关，登皋兰山有感而作，大有吞吐山河之势。古来也有人将首句的"黄河"写作"黄沙"，虽气势稍减，但与玉门关的自然风貌更为贴近。首句的"黄沙"与末句的"春风"形成了鲜明的对比，"远上"与"不度"对题，勾勒出大漠雄关的风骨。

一曲《凉州词》，把我们带入了瀚海戈壁、孤城雄关、狂风黄沙的苍凉世界，继而萌生了寻奇探险的欲望。

这座奇幻的玉门关在哪里？首先我们要明白古代诗人吟咏的玉门关、玉关，有实指和虚指之分，另外还要明白汉代和唐代各有一座玉门关，两座关址不在一处。

汉代的玉门关在甘肃敦煌市西略偏北约90公里处。来到敦煌，就离玉门关不远了。出敦煌西北行，涉过党河，进入戈壁，溯疏勒河西行，过大方盘城，再走不远，在一望无际的茫茫沙海中，矗立着一座不大的城址。远望去，它多像一头孤傲不群的老骆驼，虽然毛色尽褪，累累伤痕，仍顽强地挺立着，抗击着肆虐的大漠风沙。这座城址平面略呈正方形，所以当地人也叫它"小方盘城"。南北长约27米，东西宽约25米，总面积不过650平方米。城垣用黄土夯筑而成。下宽4～4.7米，上宽3.7米左右，残垣最高约10米，在西、北两面的城垣中各开一门（北门在后来已被封堵）。城内的东南角设马道，顺马道可登城头。城顶上内外各筑一道女墙，女墙之间是走道，沿走道可以绕城一周（图一、二）。

登上城头，但见小方盘城附近，还拱卫着诸如古塔、烽燧、营盘的遗迹。周围大小沙丘高低错落，戈壁风烟尽收眼底。

小方盘城北面，紧靠一条东西走向的古道，虽被沙尘覆盖，但路径依稀

图一　玉门关（小方盘城）遗址

图二　玉门关（小方盘城）内夯土结构

可辨，沿此路西北行，就是通往西域的大道，沿途经车师前王庭（今新疆吐鲁番市西北交河）、焉耆（今新疆焉耆西南 20 公里）、龟兹（今新疆库车县）、疏勒（今新疆喀什噶尔一带）、贵山城（今中亚卡散赛），向西到大宛（今中亚费尔干约盆地）、康居（今乌兹别克斯坦撒马尔汗城），再折向南，与南路会合，南行经大月氏（今阿富汗东北）、大夏（今阿富汗北部），到罽宾（今克什米尔）。终点到达身毒（今印度）境内。

距城垣北不到百米，是久已干涸了的疏勒河故道。早年这里河水充沛，是小方盘城北面的天然屏障。再往北，北塞山隐现，峰峦如带。汉塞长城从东北方蜿蜒而来。它东起敦煌与安息交界处，西至玉门关西的西湖，逶迤 150 余公里，如巨龙翔于天际，气势蔚为壮观。虽然悠悠岁月已过了两千年，由黄土、沙石、红柳夯筑的城垣残高仍达 3 米，沿线每隔两三里就筑的有一座烽火台。据统计，全线共有烽火台 70 余处。从玉门关向南至阳关，沿途也有烽火台分布。据考古资料，这些烽火台有的保存尚好，甚至还能发现戍守士卒居住的建在台顶的房屋、火坑、灶膛遗址。遥想当年，戍守边关的士卒，独对大漠冷月，尝尽思乡之苦。或遇敌情，各烽火台燃火为号，消息瞬时即可传递到指挥卫所，其迅捷无可比拟。千百个烽火台先后点火，映红浩瀚的大漠戈壁，其气势声威定然会让进犯的敌人胆寒。

如果就小方盘城本身来说，实在小得可怜，称其为城址实在太牵强，更难与千古留名的玉门关盛名相符，但在古代史书中确实是这样记载的，玉门关"周四一百二十步，高三丈"。近年来，考古的作者还在城北附近，挖掘到了汉人的简牍、丝织品、书写文具、箭镞等遗物，简牍中书写着"玉门都尉""酒泉玉门都尉"，证明这里是汉代玉门关的可能性较大。

近来，甘肃省的考古工作者根据最新的勘察和考古资料，认为小方盘城不是玉门关址，而是汉玉门都尉的治所。汉玉门关址或在离此 20 多公里的马圈湾南岸，古道所经的羊圈湾，或在马圈湾西侧 1.5 公里处的后坑附近。近年来在这一带发掘所获颇丰。除汉代简牍外，尚有毛笔、砚石、印章、梳、麻布、毡鞋、漆尺，以及大麦、小麦、青稞、豌豆等，是为佐证。

出玉门关东北 20 多公里，在疏勒河南岸的一片高起的台地，是汉代的河仓城遗址。也为夯土筑成，平面呈长方形。东西长 130 余米，南北宽 17 米。与小方盘城相比，面积要大得多，故俗称大方盘城。它的城垣分为内外两重，外垣已破坏殆尽，内垣保存较好，北壁高达 7 米。城内有两堵隔墙，将其一分为三，每部分各在南面开一门。四面墙上还开有许多三角形孔洞。这些正是古代仓廪的特征。在大方盘城附近的戈壁滩上，还耸立着数座烽燧遗迹，是为河仓城的警卫。南面最高的一座保存最好。用红柳夹砂石夯筑而成，残高几达 9 米，考察时，不但形制清楚，甚至包砌在外的土坯也未完全损坏（图三、四）。学者分析，大方盘城是一座储藏粮草、物资，以供给玉门关戍守将士军需物资的仓库，从发掘所得的石碣推知，河仓城到西晋年间仍在使用。

汉玉门关始筑于汉武帝时期，与汉长城几乎同时。《汉书》中有西汉武帝元鼎六年（前 111 年）"列四郡，据两关"的记载。当时的"四郡"都在今河西走廊一带，即武威、张掖、酒泉、敦煌。"两关"即玉门关和阳关，同属

图三　河仓城遗址——大方盘城

图四　敦煌汉长城遗址（玉门关）城墙

汉龙勒县，辖于敦煌郡。其位置在四郡的最西端，是为汉王朝西北边境的门户。丝绸古道上的重要交通枢纽，在汉朝与西域诸国的经济、文化交流中发挥过重要作用。

"青海长云暗雪山，孤城遥望玉门关。黄沙百战穿金甲，不破楼兰誓不还。"这是唐代边塞诗人王昌龄描写玉门关的乐府诗——《从军行》。诗意气势磅礴，歌颂了边关将士力克敌虏的决心。玉门关的每一寸夯土都在讲述着动人的故事，都在缅怀边关将士气吞山河的壮志情怀。

西汉武帝时，西域大宛国贰师城（今吉尔吉斯斯坦西南部的马尔哈马特地区）盛产良马。其马日行千里，蹄坚逾铁，踏石有痕。武帝因为战争需要，期待改良马种，闻知这个消息，立即派使节携带金银珠宝，和一匹黄金铸成的马驹赴大宛，以求得贰师城的良马。谁知大宛国王不贪图汉朝的珍宝，也不肯给大宛良马。汉使大怒，出言不恭，并砸碎了金马驹准备返汉，大宛人认为汉使有轻辱之意，使人在途中杀死汉使，劫走珍宝。消息传至长安，武帝非常气愤，于太初元年（前104年）派李广利，为贰师将军，率甲骑6000人征伐大宛。李广利出玉门关入西域大漠，长途跋涉。一路上各小国都坚守城池，不肯供给粮食。这支军队只得边打仗，边补给军需，边向西进发。到郁成城，屡屡攻城不下，士卒因饥疲过度，死亡甚重。李广利决定先率兵回师，以后再作计议。往返两年，回到敦煌时，士卒损失十之八九。回奏朝廷，武帝怒，派使封堵玉门关，传旨："军有敢入，斩之。"贰师将军李广利难违圣命，只得在敦煌屯戍以待。不久朝廷又征调了甲骑，补充军需给养。仍由李广利率领，再次攻打大宛。这次由于兵多将广，沿途小国争相趋迎。先攻轮台（今新疆轮台东面），一路兵不血刃，直入大宛国境，大宛派兵迎战，被汉军用强弓硬弩击溃，遂围大宛国都，攻打了40余日。大宛无力支撑，其贵族杀大宛国王求和。贰师将军李广利答应了大宛的要求。于是大宛放出了所有的马匹，供汉军挑选，并拿出食物慰劳汉军。李广利选取上等良马数十匹，中等以下的马三千匹，罢兵而还。良马到了长安，已是太初四年（前101年）春天了。武帝十分高兴，认为是祥瑞降临，下诏命作《天马之歌》以记之。"天马徕，从西极，涉流沙，九夷服。天马徕，出泉水，虎脊两，化若鬼。天马徕，历无草，径千里，循东道。……天马徕，龙之媒，游间阖，观玉台。"考察汉代马的形象资料，不论是铜马、陶马模型，还是壁画、画像石中马的绘画、雕刻，都神骏异常，恐怕都有大宛良马的精髓与神韵。特别是甘肃武威雷台东汉墓出土的那件踏在鹰隼脊背上的铜奔马，简直就是大宛天马的写真（也有学者认为墓葬的时代为魏晋）。可是，至今目睹过大宛天马入汉和贰师将军李广利班师的，只有那斑驳的玉门关城了。

就是这不大的玉门关，不但饱览大宛天马奔腾入汉的盛景，还恭送了两位出使西域、屡建奇勋的友好使者，他们是西汉的张骞和东汉的班超。班超出使西域三十年，于永元十二年（100 年）上书汉和帝："臣不敢望到酒泉郡，但愿生入玉门关。"《后汉书·班梁列传》言辞荡气回肠，对汉朝本土依恋，对故土的怀念之情令人为之泣下。

东汉初年，百业凋敝，连年战乱的创伤尚未恢复。此时西域被匈奴统治着，以前通达西域诸国的丝绸之路已成荒陌。匈奴对西域诸国的残酷压榨，激起他们的不满，纷纷派遣使节要求汉廷所设都府庇护。以后匈奴进而入寇河西，边关尽闭。班超就是在这种情况下，以其特有的外交家才干、军事家胆略出使西域。班超生得燕颔虎颈，少有大志，仰慕傅子介、张骞立功异域的壮举。于是投笔从戎，于汉明帝永平十六年（73 年），随大将军窦固出征北匈奴，屡立战功。后与郭恂一起出使西域。先到鄯善，鄯善王对他们待如上宾，以后骤然冷落。班超他们了解到，原来是匈奴也派使者来到了鄯善。班超马上召集同来的三十六人商议对策，说："我们身在绝域，与胡虏狭路相逢，非死即生。乘匈奴尚未察觉我方虚实，骤然出击，冒死一战，方有生路。不入虎穴，焉得虎子！"这一天夜里，月黑风高，班超命十人执鼓藏在匈奴驿馆的后面，其余诸人手携带强弓硬弩埋伏在驿馆前门。班超本人则趁风放火，顿时火势冲天，加上后面鼓声大作。匈奴人如惊弓之鸟，欲夺路而逃，又遭硬弩攒射，班超冲上前去，亲手杀死 3 人，属下吏卒又斩杀 30 余人，其余的一百余人全部被烧死。班超的壮举鄯善举国震惊，遂与汉质子复通友好。以后，汉朝封班超为军司马，再次出使西域。朝廷本拟多派些人马随从，班超认为，人多反被其累。于是只带领他的旧部三十余人，向西域继续进发。先后到达了于阗、疏勒、焉耆等国，并派副使甘英一直西至大秦（罗马帝国），再次开辟了古丝绸之路。班超留驻西域 31 年。年逾古稀，才上书"但愿生入玉门关"。

昭君出塞，下嫁匈奴呼韩单于，"一去紫台连朔漠，独留青冢向黄昏。"（杜甫《咏怀古迹》）已传为千古佳话。早在王昭君之前，玉门关就曾为下嫁的汉王公主送行。西汉武帝元封六年（前 105 年），天汉元年（前 100 年），先后两次下嫁两位公主到乌孙和亲。一位是江都王女细君，一位是楚王女解忧。这两位公主生于中原，长于中原，平时锦衣玉食。下嫁乌孙，且不说数千里的长途跋涉，风餐露宿，大漠上如刀似剑的风沙，一路车马劳顿，对一个女儿家的折磨，就是那改变多年的生活习惯，乃至汉家的礼仪风俗，这需要多么大的勇气，要经受多少苦痛！细君公主含泪作歌唱道："吾家嫁我兮天一方，远托异国兮乌孙王。穹庐为室兮毡为墙，以肉为食兮酪为浆。居常土思兮心内伤，愿为黄鹄兮归故乡。"（《汉书·西域传下》）况且她下嫁的昆莫是个老头子，少妻嫁老夫，其情可堪！后来又遵从乌孙国的婚俗，再嫁昆莫的孙子岑陬。细君死后，汉廷又将解忧公主下嫁岑陬。岑陬死，再嫁季父大禄子翁归靡。翁归靡死，三嫁岑陬胡妇子泥靡。她们为了汉朝与西域的友谊与和平，为了丝绸之路的畅通，贡献出了宝贵的青春，乃至生命。她们的功绩，不让须眉男儿。古老的玉门关会像记住张骞、班超一样，同样记住她们的名姓与功勋。

说到"玉门"、玉门关的由来，远比汉武帝时所筑的玉门关为早。两周时期，西域向周天子进贡玉石，所经之路有"玉门"之名，甘肃学者考证，地址在今甘肃嘉峪关西北石关峡，为嘉峪关与黑门之间的峡口。西汉初年驻兵，也称玉门关、玉石障。此后，关址屡迁。西汉元鼎六年（前 111 年）迁至玉门县，天汉年间再迁至敦煌郡。隋唐时期关址又迁，关址在瓜州寿昌城东 10 公里。学者考证，寿昌即今甘肃省安西县苦峪城（锁阳城），唐玉门关在今瓜州县双塔堡（图五）。

文献记载，唐玉门关规模较大，且以有葫芦河为特征。瓜州县双塔堡处于自南而北流的葫芦河与自东向西流的疏勒河的交汇处，附近有一处用夯土筑成的唐代城址。城垣的地势优越，周围还有护城河环绕。经勘察，城址南北长 160 米，东西宽 155 米，几乎呈方形，四周城垣保存也较好，残高达 4 米。勘察时在城内和河岸上发现了唐代方砖、陶片等生活遗物。还在附近几十公里范围内找到了汉长城，晋晋昌郡城址，唐开元寺遗址、烽燧、古道等。这里距唐晋昌城址不过数十公里，符合史书记载。所以这里是唐玉门关的可能性极大。

不管是实写，还是虚指，玉门关被唐代诗人屡屡吟咏，但玄奘为取佛经，偷渡玉门的故事却很少有人知道。唐朝初年，突厥扰边，唐王朝关闭了玉门关。太宗贞观元年（627 年），玄奘和尚，也就是吴承恩笔下《西游记》中的

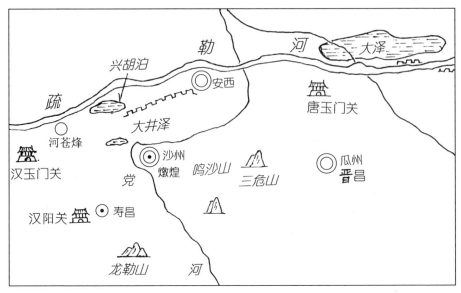

图五　汉玉门关与唐玉门关位置示意图

唐僧，以他坚定的意志，虔诚的信仰，踏上了西去取经之路。到了葫芦河畔的玉门关，因无文书过不了关，心急如焚。后得熟悉地形之人帮助绕道过关，又几经磨难，通过了五座烽堠台堡，才最后脱离了险境。在过烽堠台堡时，两次险些被利箭射中，但丝毫没有动摇他一心向佛的决心。历经十八年的磨难，直到贞观十九年（645 年），才满载经卷回到了长安。可惜的是我们今天很难再见到唐玉门关的姿容了。1958 年在这里修筑双塔水库，疏勒河水上涨，将关城全部淹没，玉门关成了水下之城。

　　不管是敦煌的汉玉门关，还是安西的唐玉门关，到了今天，都不再是唐代诗人王之涣所描述的"春风不度"的时代了。在新中国的怀抱中，在改革开放的新时代，特别是党中央又提出了一带一路的伟大倡议，和煦的春风，不但吹过了玉门关，吹过了浩瀚的戈壁大漠，而且吹到了新疆，吹醒了古代西域诸国。你看，吐鲁番的葡萄熟了，哈密的香瓜也熟了。库尔班大叔打起了手鼓，阿娜尔罕翩翩起舞，大板城的姑娘绽开了笑脸，整个西部沸腾了。李白《关山月》诗云："明月出天山，苍茫云海间，长风几万里，吹度玉门关。"我想，李白如果生在今世，一定会把"长风"改作"春风"的。"春风几万里，吹度玉门关。"正是我们新时代的浓烈气息。

古曲三叠唱阳关

渭城朝雨浥轻尘，客舍青青柳色新。

劝君更尽一杯酒，西出阳关无故人。

这首传唱千古的《阳关曲》（又名《渭城曲》），最初是唐代大诗人王维为挚友安二出使西域安西所作的饯行诗，因为他写得太感人了。诗成之后，马上被人广为传诵，还谱成乐曲，供人吟唱。到了北宋年间，更增词加句，成为了著名的乐曲《阳关三叠》，可以吟唱，也可以用乐器演奏，特别是古琴曲《阳关三叠》回肠九转。

渭城朝雨，一霎浥清尘。更洒遍客舍青青，弄柔凝，千缕柳色新。更洒遍客舍青青，千缕柳色新。休烦恼，劝君更尽一杯酒。人生会少，自古富贵功名有定分。莫遣容仪瘦损。休烦恼，劝君更尽一杯酒。只恐怕西出阳关，旧游如梦，眼前无故人。只恐怕西出阳关，眼前无故人。

一曲《阳关三叠》唱尽了亲朋挚友惜惜难舍的离别之情，催人潸然泪下。也唱出了内地人初到西域，人地两生，举目无亲的凄苦与悲凉。

古人们为什么把阳关做有无故人的分野，昔日的阳关又何在呢？

阳关是古代丝绸之路上，与玉门关相望的另一座关隘，沿着丝绸之路的足迹就可以找到它的踪迹。穿越河西走廊，到了嘉峪雄关，再往西行，就到以石窟壁画而闻名的敦煌了。丝绸之路到此，遂分为两股，一股取道西北行，由玉门关往西入西域，称丝绸北路。一股出阳关，西南行进入西域，称丝绸南路。阳关是丝绸南路上的第一个大驿站，因为在玉门关之南，或云阳关的北面有一座墩墩山。古人的习惯，把山野或建筑的南面（向阳面）称为阳，于是把它称为阳关了（图一、二）。

图一　阳关烽燧遗址

图二　新建的阳关关城

　　阳关在今甘肃省敦煌市南湖乡的骨董滩之上。我们要想见到昔日阳关的雄姿实在太难了，历史的风刀霜剑已把它切割得支离破碎，面目全非。出敦煌西南行约70公里，在平旷中涌起一道绵延不断的山岗，叫龙勒山，因为它形状像马勒，古代又常以龙来比喻马，于是就有了龙勒这个名字。又传闻古代有匹龙马从这里奔驰而过，马勒掉下来就化作了此山。在这座红砂石山峰的最高处，矗立着一座高高的土墩，用土坯类芦苇筑成，此乃汉代的烽燧遗址。像这样的烽燧遗址，附近山冈上还有两个。2000多年的雨雪风霜的侵袭，已使它们体无完肤了。但至今仍高达5米。远看去，它们极像三名哨兵，虽然盔甲俱失，征袍残破，仍忠心耿耿地护卫着阳关的大门（图三）。

看到了烽燧烟墩，就到了"骨董滩"，可以说已离阳关不远了。再过几道土梁，就到了玉门关遗址了。这里既没有关，也看不到城，你一定会感到茫然，不禁会问，兴盛了汉唐数百年的阳关就在那里？或者真如古人所说的阳关已经"隐去"？许多学者认为，阳关遗址就在这砂石戈壁之下，考古工作者用他们的双手奇迹般地给我们弥补了这个缺憾。他们在这里挖掘出了上万平方米的建筑遗址，都是版筑而成的，房基排列有序；耕地的田埂历历在目，就连烧制砖瓦、陶器的窑址也较好地保存了下来。两座烽燧一南一北，将遗址夹峙其间。登上烽燧，数十里的景物尽在眼下，空旷而沉寂。但闭上双眼，昔日阳关的雄关盛景，鳞次栉比的楼阁房舍，并肩接踵的行人商旅，马帮驼队，威武而又忠于职守的守关将士，一派繁华如在目前。

图三　阳关烽燧遗址

　　自阳关遗址向东，在墩墩山烽燧遗址附近，有一片平旷的沙滩，阵风吹过，常常有铜铁箭镞，铜带钩，汉代五铢、唐代"开元通宝"铜钱、石器等古代文物现于地面。当地人说，如果在以前，再碰上好运气，还可以拣到产自西域的琥珀或色彩斑斓的料珠。这里发现的古代砖瓦质地细腻，扣之声音清悦，以之制砚，润而不燥。正是由于这里埋藏的古代遗物丰富，也就有了"骨董滩"的美名。从这里开始，数道砂岗蜿蜒西去，一眼望不到头，据说可达罗布泊。因其砂白如雪，冈地走势如龙，古人给它起了个好听的名字——白龙堆。汉唐时期，西域诸国常遣人携带干粮、净水一应行旅川资，在这里恭迎汉使。自阳关遗址向北70公里至玉门关，沿途残长城，烽燧每每可见。两关掎角相倚，互为支援（图四）。

　　在汉代，阳关属龙勒县，归敦煌郡所辖，魏置阳关县，唐代龙勒县更名为寿昌，辖于沙州。自阳关向东行3公里为唐寿昌县城。在今敦煌市南湖乡，城垣保存较好，夯土为城墙，残高4米有余，基宽7米。城内面积达8500平方米。在千里戈壁中，唯此处树木青葱，风水独秀。附近还有一湾长年不断的碧水清流，广阔500余米，古来鱼游鸷翔，苇葭丰茂，名黄水坝。或叫阳关水库，水从沙砾间隙涌出，汩汩不断。此水在《史记》、《汉书》中赫然有

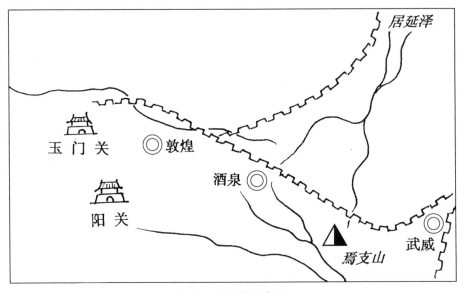

图四　汉两关示意图

名，当时称渥洼水，武帝曾得到过产自这里的神马。据说武帝时期，有个叫暴利长的人，因服刑流放在敦煌附近。他多次在渥洼水看到一群野马来此饮水，其中一匹神骏非常，他想尽办法，终于将此马捉获，献给了汉朝朝廷，得以免罪。汉武帝得到这匹马，非常珍视，于元鼎四年（前113年）作《天马之歌》，次年下诏表记。歌曰："太一贡兮天马下，沾赤汗兮沫流赭。骋容与兮蹠万里，今安匹兮龙为友。"唐代大诗人李白曾作《天马歌》流传今世。

汉唐之时，阳关外通西域的大道非常宽阔，据说宽可36丈，以至于后来把"阳关大道"作为坦途的代名词。出阳关向西行的这条丝绸南路，沿南山（昆仑山脉）北麓，途经鄯善（今新疆若羌县）、且末（今新疆且末西南）、拘弥（今新疆于阗）东、于阗（今新疆和田西南）、皮山（今新疆皮山）、莎车（今新疆莎车县），翻越葱岭（今帕米尔高原），向西可达大月氏（阿富汗东北部）、安息（波斯，今伊朗）、条支（今伊拉克境内）、大秦（罗马帝国）、身毒（今印度境内）。汉唐时期，内地的冶铁、丝绸，以及先进的科学技术，通过阳关而远播西域，西域诸国的天马、核桃、葡萄，乃至胡乐也由此传入内地。促进中西经济文化交流的首功，要授予两次出使西域，开辟南北两条丝绸之路的探险家、外交家张骞。东汉的班超紧步其后。到了唐代，玄奘法师、只身赴西天取经，历凡十八载，行程5万余里，满载经卷回国，也是经阳关进入唐朝本土的。

阳关自西汉至唐兴盛了近千年，也正是过分兴盛导致它日后的衰亡。自然气候的变化，常年军队驻守屯垦，砍伐大量适合这里生长的耐旱固沙的植被，滥用水源，遂使这里的土地大面积沙化，唐代沙漠就已侵袭到了阳关城下。宋代以后，这里的人民陆续迁徙。滚滚的热风，挟带着大量黄沙肆意侵吞古阳关的房舍、街巷、城墙，最后只留下了墩墩山上的几座残破的烽燧遗址守卫着阳关的大门，讲述阳关昔日的苍凉故事。

到阳关，必经敦煌，在敦煌市东南20公里，鸣沙山的东麓，有一处石窟造像群——敦煌莫高窟，那可是一座世界闻名的佛教艺术的圣殿。

走近鸣沙山石窟区，1000多个洞窟或三层或四层排开，绵延4华里有余。据统计，现在保存较好的洞窟尚有近500个，洞窟内满塑历代佛、菩萨、罗汉、飞天、供养人像，达2400多尊；窟壁上满绘彩画，加起来总面积达125000平方米，可组成高5米，长达25公里的璀璨画廊！

看96号窟那尊主佛，高达33米，比六层楼房还要高。需向后仰起头来，才能看到他的面部。站在他面前，你顿时感到佛法的广大无边佛界的庄严神圣。这尊佛像是唐代武则天延载二年（695年）建造的，大虽然大，但比例匀称，眉眼五官，身姿手式，乃至一丝肌理，一条衣纹，都刻画入微。再看诸窟窟壁上一排排，一列列的小佛像，长仅十几厘米，也是一丝不苟。佛像面相庄严肃穆，有超凡脱俗的仪态。菩萨则宝冠璎珞，端庄秀丽；力士则肌肉突凸，威猛孔武；飞天则窈窕飘曳，婀娜多姿；供养人则华贵雍容，趋势虔诚。这一个个洞窟，构成了一幅幅佛界与世俗交融的风情画。

莫高窟的千余洞窟，最早的开凿于前秦建元二年（366年），历经十六国、北魏、西魏、北周、隋、唐、五代、宋、西夏、元诸朝，达1000余年。若仔细观察不同时代的佛教造像，造型特点各不相同。北朝时期的造像多为"瘦骨清像"，衣纹如"曹衣出水"，隋唐，特别是唐代，造像面部丰满圆润，衣饰典雅华贵，展现了煌煌盛唐的丰采。

莫高窟的壁画堪称一绝，第285窟的那幅西魏时期绘画的"五百强盗成佛图"，表达的是佛教"劝恶从善""放下屠刀，立地成佛"的寓意，但实际上是一幅北魏时期的战争图，缉捕强盗的官兵都是重装甲骑，他们顶盔贯甲，手执长戟、马稍，骑着披挂马甲的战马。强盗都是步行，他们或拈弓搭箭，或双手执戟，或一手执刀，一手举长盾与官军厮斗，那激烈的战争场面动人心魄。最后他们被佛祖感化皈依了佛法。绘于112窟的那幅中唐时期的伎乐图，描绘了十数名歌伎或弹琴，或吹箫，或捧笙，或轻歌曼舞的情景。最引人注目的是反弹琵琶的那位女伎，那身段，那舞姿，令人叫绝。舞剧《丝绸花雨》中英娘的形象就是以她为蓝本制作的（图五）。壁画中的佛本传故事、《鹿王》等，均为一套套生动感人的连环画。张议潮、宋国夫人出行图简直就是晚唐时期的世俗风情画，仪仗、车马、音乐、舞蹈、侍卫无一不备。

莫高窟还有一个"藏经洞"，那是在北宋景祐二年（1035年），敦煌和尚为躲避西夏战乱，在逃难前将大批经卷藏匿于洞中的。烽烟散尽，和尚或死或逃，这批宝藏一直留在洞中，静静躺了800多年，直到1900年，才被一名叫王圆箓的道士偶然发现。洞内藏历代经卷、绢画以及各种文书、契约、字据等50000余种，涉及从晋到宋十个朝代的政治、经济、历史、文学、天文、地理、医药、历法等诸多内容，有汉文、古藏文、梵文、龟兹文、康居文、佉卢文、回鹘文

图五 敦煌莫高窟壁画伎乐图

等多种文种，说它是个艺术宝库毫不夸张。这个发现在当时震惊了世界，英国、沙俄、法国、日本的探险家纷纷来此"寻宝"，威胁、利诱、欺骗、收买，手段用尽。仅英国的斯坦因，一次就运走敦煌文物29箱！又是近百年过去了，这些文物仍散失在世界各地，可谓遗憾之至。但在中国，在世界形成了一股研究敦煌文物的热潮，这就是炙手可热的"敦煌学"。

说来也颇奇怪，在鸣沙山的一片沙碛之中，还掩映着一泓碧水——月牙泉，塞外长年干旱少雨，四周漫漫黄沙，它却不涸不枯，永远保持着清新秀丽的姿容，形如一眉新月，长达百米，深可5米。"渊渟澄澈，映月无尘"。白天树影婆娑，青天碧水融为一色。如逢晴朔，晓星寥落，明月一钩倒映水中。天上月，水中月，月牙泉，三月会聚，令人如醉如迷。古人敦煌八景之一的"月牙晓彻"，说的就是这儿，也有人说，月牙泉就是汉代的渥洼水，暴利长就是在这儿捕获天马的。

昔日的阳关，而今已覆盖在茫茫的黄沙之下，驼铃悠远，商旅云集的阳关大道也废圮已久。但阳关往日的胜景、史迹，还有美妙的传说故事，会与《渭城曲》《阳关三叠》一起，永远流传。"相逢且莫推辞醉，请听阳关第四声。"（白居易《对酒》）

蜀道栈云剑门关

"噫吁嚱，危乎高哉！蜀道之难，难于上青天。……"唐代诗人李白的一曲《蜀道难》，道尽了古代西去四川的艰辛。其险"连峰去天不盈尺""天梯石栈相钩连""黄鹤之飞尚不得过，猿猱欲度愁攀援"……简直让人透不过气来。而今，这些都已成了历史，川陕公路以及宝成铁路的修通，打开了西蜀的大门。然列车过宝鸡，入秦岭，一路钻山越岭，折曲盘旋。眼望车窗外，或峰峦插天，或险壑千仞，气象倏乎万变，真有惊心动魄之感。车过广元，好不容易松了一口气，陡见前面千峰壁立，中分一线，鸟径羊肠，这就是四川成都的北面门户——剑门关的所在了。李白《蜀道难》诗中所云"剑阁峥嵘而崔嵬，一夫当关，万夫莫开"，说的也就是这里。

剑门关在四川省剑阁县北 60 多公里处，如果自广元出发，西南行不到百里就到了。回望四周，简直是到了一个山的世界。高山、矮山、大山、小山，无一不是峭壁悬崖，状如刀削斧劈，若谓"刺破青天锷未残"，丝毫不为过。而且山山相连，如列剑戟，如排狼牙。这里的山名、水名、地名多以剑冠誉，剑山、剑溪、剑门、剑阁，其险峻可以想见。剑山又有大、小剑山之分，大剑山居东，又称梁山，小剑山居西北，相间 15 公里。大、小剑山据说有七十二座山峰，嵯峨逶迤，然至剑门关附近，豁然中分，一线才通。两边山崖如削，相对如门，这就是剑门的由来。剑门的这条险路，宽约 20 米，长达 500 米。人行其中，若在釜底。两边峭壁高可 150 米，屏息仰头，方见天日。故古人云："两崖对峙倚霄汉，昂首只见一线天。"附近大剑溪流过，至两溪口与小剑溪汇流，再东北流，入嘉陵江（图一、二）。

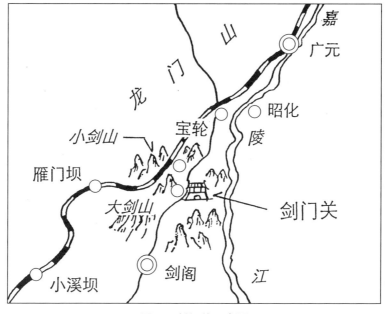

图一 剑门关示意图

剑门关就建在大剑山剑门咽喉地带，扼川陕要路。据说剑门关始置于唐代初年。以后屡经修葺。清代修葺的关楼，一直到 20 世纪 30 年代还矗立在剑门道上。青条石砌就关台座，中间南北开券拱形门洞，两边置包铁皮的木门两扇。可容三骑并行，五人并列。关台座上建双层关楼，九脊重檐歇山顶。檐下悬匾额，上书"天下雄关"四个巨字。当时如果自北面入关，要登攀层层台阶，方到关门之前。1935 年修川陕公路时，将其拆除，自此剑门只有门而无关了。到了 1992 年，剑阁县人民政府按原貌重建了这座关楼。

现在你如果再到这里，就可以一睹这座雄关的胜景了。不必再为这里有门无关而慨叹了。

新修复的剑门关城楼比原关楼稍有挪移，位置在川陕公路东侧，大剑溪自关旁流过。台基正中开石砌拱券形门洞，高 4.3 米，宽 3.3 米，进深 14 米，门额石刻"剑阁"二字，北向楹联"矗立岗峦起伏蹲踞如猛虎，迂回栈道蜿蜒曲折似蛟龙"，南向楹联"体若大邦或应三刀夜梦，首当要地是为双剑之门"。为关楼旧联，自下而上有台阶直达台基顶，台基顶砌青条石底盘，南、北、西三面围以砖砌垛口。正中按旧式建关楼，面阔三楹，重檐歇山，灰瓦

图二　剑门古道剑门关

盖顶，北面悬"天下雄关"巨匾，乃丹阳吴文华书题，南面悬"剑门天险"
巨匾，为已故书法名家沙孟海书题。剑门关自底至顶，高 17 米有余，仰望斗
栱飞檐，如雄鹰展翅凌空。（图三）剑门关前，矗立石碑一通，高 2.3 米，宽
1 米，上书"剑门关"三个大字，书体行草，雄浑苍劲，气度非凡。为南充
人朴维干所书。

　　远望雄关，虎踞龙盘，高可与剑门悬崖比翼。无怪乎诗圣杜甫《剑门》
诗云："惟天有设险，剑门关下壮。连山抱西南，石角皆北向。两崖崇墉倚，
刻画城廓状。一夫怒临关，百万未可傍。"南宋爱国诗人陆游由夔州奔南郑途
中，到剑门关，也留下了不朽的诗作："剑门天设险，北乡控函秦。客主固殊
势，存亡终在人。栈云寒欲雨，关柳暗知春。羁客垂垂老，凭高一怆神。"
（《剑门关》）。

　　剑门关附近的山岩，形状怪异，巧自天成，或似石剑、石胄、石鼓，或
如石龙、石虎、石狮，它们每一个都可以讲述一段动人的故事与传说。

　　在剑门关关楼的东侧，另有一座烽火墩台，高二丈有余，台顶平旷如砥，
四周有砖砌垛口。古时原为燃放烽烟报警而设，现在则成了观赏剑门关景观
的极好去处。自墩台至关楼，有城墙通达，两相连属。

　　史书记载，后唐长兴初年，董璋守剑门关时，又在小剑山修建了另一

图三　剑门关关楼

座关隘，称永定关，也叫小剑关、后门关，为自陕入川增设了一道新的屏障。

　　雄伟的剑门关，界分南北，隔断川陕。南出剑门关，地势平缓，村舍相望。沿着绿荫大道可达剑阁县城，良田阡陌，五谷丰稔，实为屯戍，养兵的理想之地。北出剑门关，那就是另一番景象了。道路险仄，如盘蛇穿行在群山之间，古时至小剑山小剑门，有6丈长的穿山通道，俗称石牛道或金牛道。传为战国时期秦将司马错西攻蜀国时所开凿。到了三国时期，刘备据守成都，是为蜀国。蜀相诸葛亮特别重视这处隘要，关隘沿绝壁，倚崖垒石为门。直至小剑山凡15公里，在悬崖上开石凿孔，架木置板，建成栈道，修治阁亭，并派兵卒把守。故《水经注》云："清水又东南经小剑戍北，西去大剑三十里，连山绝险，飞阁通衢，故谓之剑阁也。"《华阳国志》云："武侯相蜀，凿石架空，始为飞阁，以通行道。"

　　剑门关虽始置于唐初，但它的雄险很早就引起了军事家的重视，战国中期，秦国大将司马错西入川伐蜀，开金牛道。三国时，蜀相诸葛亮力拒曹魏，在剑门立石为门，修飞阁栈道。此后历代均在此置官吏、驻军卒，视为重险。北宋年间，甚至由京师开封直接管辖。到了明初，在广元设利州卫，剑门关遂废。可是时隔百年余，正德、嘉靖年间，又重修剑门关，置百户守卫。这时的剑门关成卫，兼有驿站的性质，负责传递公文。清代的剑门关有马夫、驿马、扛夫等杂役。每年关饷银九百七十六两余。

剑门关古来也是兵家必胜之地。或云："得剑门，即得四川。"或云："四川陆路有剑门之雄，水路有瞿塘之险。"有人做过统计，历代围绕争夺剑门关的征战约有五十余次，除了三次以轻骑过崎岖的来苏小道，屯兵青张岭。而后突袭剑门关，而获成功外，余者，特别是自北正面攻关者，无一得胜。

三国时期，被誉为"运筹帷幄之中，决胜千里之外"的军事家诸葛亮曾采用诱兵之策，在剑门关外射杀曹魏勇将张郃，诸葛亮死后，曹魏发重兵攻蜀，蜀将姜维拒守剑门，亦为佳话。

诸葛亮诱兵杀张郃也被明代罗贯中编成故事收入《三国演义》中，见一百零一回"出陇上诸葛妆神，奔剑阁张郃中计"。诸葛孔明五出祁山伐魏，乔装神仙，割陇上小麦以充军粮，正欲出兵，忽蜀中遣使飞马到米，说东吴勾结曹魏兴兵犯境。孔明认为，孙曹联合，两面夹击，事关到蜀国生死存亡，必须撤军以图良策。又担心曹魏司马懿的大兵追杀。于是自己坐镇陇中，先令王平、张嶷诸将带领祁山大寨人马分两路退入西川（今四川省成都市），另对杨仪、马忠授以密计，命他们率领一万弓弩手埋伏在剑阁木门道的两侧，又命魏延、关兴断后。然后率军队由卤城徐徐撤退。曹魏先锋张郃不听主帅司马懿劝阻，率其五千人马追击，前行不到三十里，忽然由树林中杀出一支人马，由魏延带领，与张郃打在一处，战不数合，带兵退去。又往前行，转过一座山坡，关兴又引兵杀到，再战再去。沿路蜀军不时丢盔弃甲。将近天晚，已到剑阁木门道口。魏延突然掉转马头，疾驰而来，大叫："张郃不要欺人太甚，今天定与你决个生死！"遂挥刀直劈，张郃十分愤怒，挺枪骤马接战魏延。拼杀正酣，魏延再败，率兵往木门道仓皇退走。张郃见蜀兵一败再败，渐有轻敌之念，认为蜀国既有伏兵，也不过如此。率兵紧追其后，也入木门道。走不多远，天色渐黑，突然号炮乍响，再看两边山上，火光冲天而起，随即滚木礌石如骤雨抛掷而下。再想撤退为时已晚。张郃大叫："我中计矣！"看看周围，两边峭壁千仞，攀援无望，前后木石壅塞，进退不能。正踟蹰之时，一阵梆子响，顿时两边山上，弩箭骤然射至。此地又是一块空地，没有任何遮蔽之物。就这样，张郃连同他的百余部将，尽被射死。随后追来的魏兵见此惨状，也担心自己的命运。只见山上火光影中，诸葛亮安然而立，遥指魏军说道："我今天围猎，本打算射杀一马（指司马懿），不幸误中一獐（指张郃）！"后人凭吊剑门关此次战斗："伏弩齐飞万点星，木门道上射雄兵。至今剑阁行人过，犹说军师旧日名。"

《三国演义》中的这段故事，虽有作者一定的文学夸张成分，但事实不失大略。《三国志·蜀书·诸葛亮传》记载："九年，亮复出祁山，以木牛运，粮尽退军，与张郃交战，射杀郃。"同书《魏书·张郃传》："诸葛亮复出祁山，诏郃督诸将西至略阳，亮还保祁山，郃追至木门，与亮军交战，飞矢中郃膝，薨。"

姜维剑门拒钟会事在蜀景耀六年（263年），蜀将姜维驻兵沓中，以拒曹魏，因阉党弄权，遭后主猜忌。值曹魏大将钟会、邓艾率重兵攻蜀，遂上表，奏请派张翼、廖化带兵拒守阳安关口、阴平桥头。后主信阉党黄皓，未及时派兵。待钟、邓大军攻到。派兵为时已晚。姜维孤军作战，为钟会大军所败。连失关口、乐城，只能舍弃阴平，与廖化合兵一处，退到剑阁，据险固守。钟会拥兵十万，而姜维的蜀汉军队不到三万。钟会多次麾兵攻关，都被蜀军凭险杀退。不能前进一步。但此时蜀汉王朝已成敝厦，姜维独力难支。在姜维与钟会对峙之时，邓艾率军偷渡阴平，跋涉过七百里荒无人烟的山岭，绕过剑阁险关，突然出现在绵竹，破绵竹守将诸葛瞻，随后长驱直入，攻入西川，后主刘禅伏拜投降，蜀汉遂亡（图四）。然非关不险，亦非守将不勇，而在于国家腐朽，无力回天，而今独留下姜维城、姜维洞等遗迹昭示后人。

攻陷剑门关战例首推北宋初年，宋太祖攻剑门，灭后蜀之战。这一战发生在乾德二年（964年）冬，是由宋将王全斌率军攻打的。这时王全斌为忠武节度，奉诏率禁军两万、诸州军一万、共三万人马伐后蜀。下兴州，拔石图、鱼关。后蜀军节节败退，拆毁阁道，力阻宋军南征。全斌命部将日夜督修栈道，又拔大、小漫天岩，三战三胜，克利州（四川省广元），后蜀军队退守剑门，凭险固守。

王全斌兵至剑门关下，强攻未能取胜，遂召集部将商议破关之策。侍卫军头向韬进言，"听一个投诚的降卒说，从益光渡江而东，翻过几座大山，有一条名为来苏的羊肠小道，顺着这条小道，可直插到剑门关南二十里，到清强店，与剑门大道合为一股。如果从这条路出兵，剑门关的天险就不足惧了。"王全斌认为这是好办法。于是派都将史延德率健卒奔来苏，自己仍率众将对峙剑门，以待时机。

史延德率兵直奔来苏小道，在江上架设浮桥，江西岸守岩堡的蜀军见浮桥造成，吓得弃岩堡而逃。北宋军队遂渡江，沿小道直扑清强店。后蜀剑门关守将昭远闻此消息，留偏将守剑门，自己率兵南趋汉源城，列阵以待史延德军。但此时首尾已难兼顾，守剑门关兵力薄弱，全斌率兵猛攻，击破剑门，又以轻骑擒获昭远，斩杀后蜀军队万余，克剑州城，继而灭后蜀。

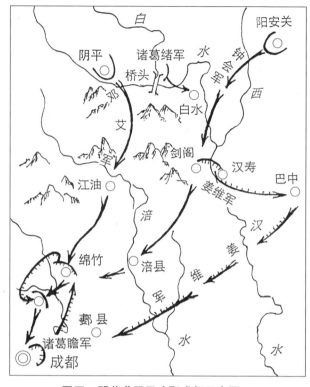

图四　邓艾袭阴平攻取成都示意图

在新民主主义革命时期，中国共产党领导下的工农红军，也曾攻陷剑门关，大败国民党军队。那是在 1935 年春，中国工农红军第四方面军先破四川军阀刘湘于川北陕西南，继而渡过嘉陵江，拟夺剑门关而南进。蒋介石命川军邓锡侯以六个团的兵力，镇守剑门。当时红四方面军总指挥是徐向前，决心攻破剑门，遂由副总指挥王树声亲自指挥，率九十三师三个团，九十一师一个团，共计四个团的兵力，直逼剑门，经数次苦战，以红军战无不胜、攻无不克的顽强意志，于 4 月 2 日攻占剑门关。随即红三十军、红九军再下剑阁城，为西进铺平了道路。今天，如果你走在剑阁县顺城街上，还可以看到红军在城墙石壁上镌刻的"十大政纲"，凡 145 字，读后使人浮想联翩。

图五　剑门关蜀道古驿道

文章写到这里，你不要以为剑门关就是一个充满肃杀之气的险关要隘，它还是一处著名的风景游览胜地，称"剑门蜀道"。以山峰险峻、怪石嶙峋、剑水清秀、关楼雄浑为胜。还有难以数计的人文景观。三国蜀将姜维距守过剑门，留下了姜维城、姜维阁、姜维祠、姜维墓等遗址、遗迹，还有那走过诸葛孔明巧制的木牛流马的剑阁栈道遗迹，战国时司马错开凿的"金牛道"，以及与佛、道教有关的经皇洞、志公寺、梁山寺、仙峰观。

自剑门关向南，直达剑阁县城，极目而望，一片青葱，极佳的气候培育了丰茂的植被，不说别的，就是道路两旁一株株古柏，就让你百看不厌，远看像绿色长廊，像两列恪尽职守的卫兵。近看，铁干虬枝，各具姿态，关刀柏、阿斗柏、帅大柏、五鼠爬杆柏……每一株都饱含情韵（图五）。

有人说，山势巍峨是剑门的精神，关楼雄壮是剑门的风骨，而春夏之际的霏霏细雨，则是剑门的姿容。细雨如丝，沾衣欲湿，浸润万物，五谷滋生。试想，如果走在细雨霏霏中游览剑门关，那又会是一种什么样的感受呢？陆游在《剑门道中遇微雨》中写道："衣上征尘杂酒痕，远游无处不销魂。此身合是诗人未？细雨骑驴过剑门。"

铁缅横江瞿塘关

前面介绍了许多古代雄关，都是建筑在陆地上的关隘，它们有着共同的特点，就是据险而置，或以土石夯筑，或用砖木构砌，城墙堞垛，饯脊飞檐，蔚为壮观，下面我介绍一个建在水上的关隘，建在长江三峡上的关——瞿塘关。

记得中学时代，读北魏郦道元《水经注·江水》中"三峡"一节，曾被那些描写三峡的词句所陶醉，对三峡的美景魂绕梦牵。

> 自三峡七百里中，两岸连山，略无阙处。重岩叠嶂，隐天蔽日，自非亭午夜分，不见曦日。至于夏水襄陵，沿溯阻绝。或王命急宣，有时朝发白帝，暮到江陵，其间千二百里，虽乘奔御风，不以疾也。春冬之时，则素湍绿潭，回清倒影。绝巘多生怪柏，悬泉瀑布，飞漱其间。清荣峻茂，良多趣味。每至晴初霜旦，林寒涧肃，常有高猿长啸，属引凄异，空谷传响，哀转久绝，故渔者歌曰："巴东三峡巫峡长，猿鸣三声泪沾裳。"

自后又读过许多有关三峡的诗词文章，工作之后，又几次过三峡，或溯江而上，或顺流而下，曾赞三峡之壮美，叹天公造物之神奇，但从未注意三峡之中还隐藏着一座古代江关。

瞿塘关在瞿塘峡入口处，属重庆市奉节县。瞿塘峡是长江滚滚东流遇到的第一个峡口，西起白帝城，东至巫山大溪镇，全长大概有33公里，与巫峡相比，只是个小弟弟，但三峡大坝修筑之前，峡窄水急，是行船的最为凶险之处。到这里，群峰壁立，颇为宽阔的江面陡然收为一束，江水拥挤着，翻滚着，怒吼着，有如奔腾万马，直扑夔门。江的北岸为赤甲山，南岸为白盐山，夹江对峙，雄峻巍峨。千仞陡起，仿佛要夹断江流，这里古称夔门（图一、二）。两山之间，那时江面宽不过170米，最窄处只有100米。船行其间，仰望苍天一线，两边的悬崖陡壁仿佛要压到头上。俯视江水，波翻浪涌，大有撕破船体，吞吐一切之势，令人胆战心寒。在以前，江心之中还矗立一座巨型礁石，长可 40 米，宽 15 米，叫滟滪堆，又称淫预堆、犹豫堆。是长江三峡中出了名的险要之处。每至夏秋，江水暴涨，滟滪堆大部浸入水中。冬春时节，江水枯浅，滟滪堆又高高耸立于水面，如猛虎蹲伏江心。上书"对我来"三个大字，不知何人所书，何人镌刻。或有人传说是蜀相诸葛武侯的手笔。前人行船至此，必须选有胆有识，又有经验的船夫掌舵，让船头对正巨石驰去，随湍急的江水过滟滪堆。如果想绕石而行，则会正触巨石，船翻人亡。古代人民经历了多次险境，把过滟滪堆的规律编成歌谣，唱道："滟滪大如马，瞿塘不可下；滟滪大如象，瞿塘不可上。"北魏郦道元《水经注·江水》记曰："江中有孤石，为滟滪堆，冬出水二十余丈，夏则没。"到了1958 年，人民政府为了疏通长江航道，炸掉了滟滪堆，为长江航运除去一害，同时长江也失去了一处景观。

船过瞿塘峡，是一险，也是一奇。我们古代多少诗人骚客在此留下了著名的诗篇。唐代大诗人杜甫有多首诗篇吟咏三峡、瞿塘、白盐、赤甲、滟滪堆、白帝城、武帝庙。李白、白居易也多有题咏。白居易《初入峡有感》："上有万仞山，下有千丈水。苍苍两崖间，阔狭容一苇。瞿塘呀直泻，滟滪屹

图一 瞿塘峡夔门

图二　轻舟过夔门

中峙。未夜黑岩昏，无风白浪起。大石如刀剑，小石如牙齿。一步不可行，况千三百里。菁荑竹箑稔，欹危楫师趾。一跌无完舟，吾生系于此。……"南宋爱国诗人陆游曾在夔州供职通判，有诗曰："四月欲尽五月来，峡中水浊何雄哉。浪花高飞暑路雪，滩石怒转晴天雷。千艘万舸不敢过，篙工舵师心胆破。"（《瞿塘行》）诗人所云为夏季瞿塘峡的景象，至于冬日，则"……滟滪屹中流，百尺呈孤根。参差层颠屋，邦人祀公孙。"（《入瞿塘登白帝庙》）

　　平常船过三峡尚且如此，如有战事，为了御敌，横江设险，怕不有金汤之固。先秦时期，居于川东的巴国，为了防御楚国溯江而上，就在瞿塘峡峡口设江关。汉代在赤甲城设江关都尉。江北岸的白帝城，历代为军防重镇，驻兵把守。据说在瞿塘峡夔门的峭壁之下，草塘河的入江口有铁锁关遗址，在江边的礁石上立大铁柱二根。唐代末年，藩镇割据，军阀混战。天祐元年（904年），忠义节度使赵匡凝遣水军溯江而上，进攻王建，被击败，王建的部将万州刺史张武在夔门铸铁柱，两岸立栅，中间横贯铁缏（索），绝江中流，时人称其为"锁峡"。南宋末年，夔州守将徐宗武又在这一带江两岸立铁柱，高六尺有余，横江置铁索七条，长约三百丈（图三）。

图三　昔日拦江铁柱

　　以植铁柱横铁索封锁大江，比陆地建关筑寨简便了许多，又节省了经费。但在拦截来犯之敌的作用上不比陆关差。后梁乾化四年（914 年），高季昌率水军进攻夔州，纵火烧毁了浮桥，但不能烧断巨大的铁索，蜀招讨副使张武凭横江铁索阻挡高季昌的荆南兵。高季昌乘蒙遮生牛皮的战舰往来冲突督战，但无法突破横江的铁索。正在这时，又逢风向骤变，大火卷烧过来，反烧死了许多自己的士卒。高季昌的战舰又被飞石击中，折断船尾，只好换小舟逃遁。这一战，高氏荆南兵死伤五千，大溃败，蜀军则凭铁索关一举获胜。后唐同光三年（925 年），唐荆南节度使高季昌攻三峡，率水军取施州（恩施），又被张武的横江铁锁拦住，遂派勇士驾轻舟，欲砍断铁锁，大风骤至，船被铁锁拦挂，不能进退。张武掷巨石，发矢雨，将高季昌杀败。

　　但任何事情都不是绝对的，长江瞿塘关固然是天险，但主要的还靠人的因素，靠运筹决策，科学用兵。所以在我国历史上，既有凭借瞿塘关险阻，大败来犯之敌的记录，也不乏攻破瞿塘关，溯江而上的战例。

　　公元 10 世纪前段，是唐灭亡之后战乱纷争的年代，在不到 50 年的时间内，中原相继更替了梁、唐、晋、汉、周五个朝代。公元 960 年，赵匡胤策动陈桥兵变，建立了宋朝，不久就开始了统一长江南北之战。乾德二年（964 年）冬，命刘光义（后因与太宗赵光义同名，改作廷让）率军攻蜀，入峡路连取松木、三会、巫山等寨，斩杀蜀军 5000 余，夺战舰 200 余艘，初战告捷，遂至夔州瞿塘关下。蜀夔州守将高彦俦置铁索封锁江面，又在铁索上架设浮桥，桥上设敌栅三重，还在长江两岸架设砲具（抛石机），可谓险阻重重。光义准备强攻，太祖赵匡胤以独到的战略眼光，指出不可用战船水师和他们争锋，先派遣步兵、轻骑从陆路秘密出击，再启动战舰，水陆夹攻，一举歼敌。刘光义依太祖计，距江关三十里下寨，派士卒舍舟登岸，突袭夺得浮桥，牵引战舰而上，攻破夔州城，屯兵白帝城西。继而与蜀军大战于猪头滩，又获全胜。蜀将高彦俦奋力苦战，身受创伤十余处，无奈大势已去，遂纵火自焚。宋军打开了西蜀的大门。

400 年后，明洪武年间，朱元璋派兵进攻蜀夏，再一次攻破了瞿塘关。

洪武四年（1371 年），以征西将军汤和、副将军廖永忠率水师战舰溯江征蜀夏。汤和驻兵大溪口坐镇，廖永忠率军先行攻敌，至旧夔州府，大败守将邹兴。遂进逼瞿塘关，再次导演了一出北宋初年刘光义攻破瞿塘关的戏剧。廖永忠至瞿塘，被蜀夏架设的铁锁桥阻挡。于是，秘密派遣几百名精壮武士，身披青蓑衣，备齐干粮水囊，离水寨，沿羊肠小径鱼贯过崖石，又驾小舟过了瞿塘关。来到上游。廖永忠估计这些士兵已到达了目的地。即率领精锐部队出墨叶渡，当夜五更时分，分兵两路进攻蜀夏的水陆大寨。其水师战船，在船头上蒙裹铁板，并配备了当时杀伤力最强的火器，悄然而前。到了黎明时，蜀夏的军队才发现明军，急忙集中所有的精锐仓促抵抗。但为时已晚，廖永忠率领军部已攻破陆军大寨。这时潜至上游的武士也驾船顺江而下，造成两面夹击的态势，瞿塘关遂破。明军一举烧毁了浮桥，斩断了横江铁索，打开了长江通道。这一仗斩杀了蜀夏夔州守将邹兴，俘获其属将 80 余名。次日，又与主帅汤和分道进兵，率水师溯江而上，直捣重庆。蜀夏皇帝见大势已去，只得求降。后来，明太祖朱元璋御制《平蜀文》表彰有功将士，廖永忠功居第二。

奔腾不息的江水滚滚东去，荡涤了战争的烽烟战火，也滋润了它周围的沃土，孕育了灿烂的历史文化古迹之花。唐代诗人李白《早发白帝城》诗云，"朝辞白帝彩云间，千里江陵一日还。两岸猿声啼不住，轻舟已过万重山。"曾引起过后人的多少遐思！

今日游三峡，两岸高山幽谷中的猿啼很难听到了，由于修建了三峡大坝，长江水位上涨了许多，但在彩云缭绕之下的白帝城胜景却旧景依然。白帝城在今奉节县城以东4公里的白帝山上，控瞿塘峡西口，乘船行至瞿塘，望江北白帝山，可依稀见到白帝城的身影，白帝城所在的奉节，古时称鱼复，又称夔州，到了西汉末期，公孙述在四川拥兵自立为蜀王，为了控制上瞿塘关天险，在此建了这座城池。传说公孙述称帝时，见殿堂之前的井中突然飞出了一条白龙，自己随以"白帝"自称，此城为"白帝城"。白帝城自建成后，历代都是州卫治所。三国时期，关羽守荆州失败，败走麦城，后被吴将潘璋斩杀。蜀汉先主刘备为报羽仇，亲率大兵伐吴，但在猇亭被吴陆逊施计火烧连连营，大败而归，到了白帝城，身染重病，生命垂危，临终托孤于诸葛亮。后人为纪念这段历史，在白帝城内修建了明良殿，正殿内立先主刘备、诸葛亮等人的塑像。现在去白帝城，尚可一睹三国蜀汉这些叱咤风云的人物的仪容，大殿两侧，蠹立历代碑刻、墓志，起自隋唐，终到明清。素有长江小碑林之美誉。白帝庙据说建得很早，唐代以前为公孙述祠，明代称三功祠，清代改名为白帝庙，不用说奉祀的主神就是公孙述了，一进庙门，但见殿堂巍峨，气势宏阔，但时代特征偏晚，为清康熙年间重修（图四）。白帝城筑在白

图四　奉节白帝庙

帝山上，地势很高，每当清晨，云霞缭绕，缈如仙境。所以李白才有"朝辞白帝彩云间"的诗句。而唐代的另一位诗人杜甫看到的却是乌云翻卷，大雨滂沱的另一番景象，"白帝城中云出门，白帝城下雨翻盆。高江急峡雷霆斗，翠木苍藤日月昏。……"（杜甫《白帝》）

在瞿塘峡的长江两岸，自古就是人类生活栖息之地。著名的新石器时代晚期文化大溪文化遗址，就在瞿塘峡南侧的巫山县大溪镇。这个遗址经 1959 年和 1975 年几次发掘。以后又在长江中游地段发现了许多与大溪遗址文化特征相类的遗址，遂以大溪为名，统称这类文化遗存为大溪文化。它的文化时代约为公元前 4400～前 3300 年前。当时的人们从事以种植水稻的原始农业，饲养狗、猪、牛、羊、鸡，以及渔猎采集维持生活。耕作的农具是石锄、石铲，使用的陶器有釜、罐、盘、瓶、杯、钵、器座等。这些陶器大多是红陶，也有少量彩陶，甚为珍贵。彩陶外表一般涂一层红陶衣，再用黑彩绘花纹。纹饰母题有绚索纹、横人字纹、条带纹和漩涡纹，还有受中原仰韶文化影响的花瓣纹。陶器中有一类空心内装泥丸的陶响球特别引人注意，其用途也颇令人寻味。当时人们住的房屋用竹、木建造，分为地面建筑和半地穴式两种，并都考虑了防潮、散水等因素，采用了铺垫红烧土垫层、设散水，以及屋檐外展等措施。人死后，采用仰身跪屈或侧身屈肢的葬式。一般墓内随葬石制生产工具、日用陶器等，而且女性墓内随葬品多于男性墓，还有用整条鱼做随葬品的现象，这在其他新石器时代遗址中很少见到，反映了鱼类在他们生活中的重要地位。

上面的这些话语或许扯得太远了？我们旨在阐述长江三峡的瞿塘峡、瞿塘关不但有隽美的自然景色，还有壮丽的人文景观。从新石器时代中晚期始，我们的祖先就选中了这片肥沃的土地，创造了灿烂的大溪文化。秦汉以后，依瞿塘、夔门设关，或凭险据关固守而获胜，或斩断江索，攻破江关而争功。这都随着滔滔东去的江水逝而远去。我们须当放眼未来，宏伟的三峡工程早已经建成，水位提高百余米，如果现在游三峡，那瞿塘峡又当是另一番景象了。

龙蛇首尾上、下关

如果有人要问，中国的风光哪里最美丽？大家自然会想到是云南。云南又是哪里最美丽？自然就是大理。苍山洱海的山川秀色，大理风、花、雪、月的自然景观，让人浮想联翩。有一首小诗中说："下关风，上关花，下关风吹上关花。苍山雪，洱海月，洱海月照苍山雪。"

大理的自然风光美，大理的古代建筑上关、下关曾以它的雄险与自然风光融为一体。两关都始于唐代，为公元 738 年皮逻阁统一六诏，迁都大理以后所建。

上关在今大理白族自治州上关镇西，至州治约 40 公里。因建筑在西洱海之首，所以又称河首关，也叫龙首关、龙口城、石门关。皮逻阁统一洱海地区，建都大理太和城，为了屏蔽都城，在都城北建上关。此后各代屡经修葺，至明代初年，改筑为方城，其规制沿袭至清代民国，现在尚存城址。其平面略成梯形。南北城墙已被毁去 100 余米，南城墙残长 250 米，北城墙残长 360米。西城墙保存较好，长 600 米。东面濒临洱海，未筑城墙。墙体宽厚，一般在 10 米以上，最厚度达 15 米。残高 1~10 米不等。为了加强防御，在北城墙外，又加筑了一道长 300 余米、厚 18 米、高 7 米余的重墙；在关城的西南角，向苍山方向筑起长 500 多米、厚 12 米、高 8 米的延伸墙。城墙皆用土夯筑而成（图一）。

下关在大理之南，今下关西洱海北岸。因关址在洱河的下游，又称河尾关、龙尾城，为南诏时期皮逻阁统一洱海后，于开元二十九年（741 年）所建。据说在南诏统一之前，这里就有一座名叫石桥城的小城。皮逻阁在此基础上修筑了下关。也有史书说，下关是皮逻阁之子阁逻凤所建。唐樊绰《蛮

书》中说："龙尾城，阁逻
凤所筑，萦抱点苍山南麓数
里。城门临洱水下，河上桥
长百余步。过桥路三条，向
南蒙舍路，向西永昌路，向
东白崖河路。"后来的关城
为明代修筑。平面依地势而
变，呈不规则形。在西洱河
北岸，东起大关邑，西至天
生桥，有残城墙，长 4000
米、宽 5 米余。在 20 世纪
50 年代前后，城墙残高仍约

图一　上关遗址

2 米，现在只剩下了高约 1 米的土垅。当是其南城墙。

　　上、下关南北呼应，左右以苍山、洱海为屏，怀大理于其间。如遇战事，
必经上关、下关。而两关击首则尾动，击尾则首应，唇齿相依，故曰："龙尾
在南首在北，两关镇钥牢封疆。"

　　大凡古代关隘，其间争战必多，上关、下关也不例外。三国时期，蜀相
诸葛武侯曾南征至此，因饮用毒瘴之水，全军将士皆喑哑，诸葛亮祈祷伏波
之神而愈，后建伏波神庙。据记载，伏波神庙就在龙尾关附近。大理天宝街
南侧和金星区天井乡旧铺以东，有两处阵亡将士的冢墓，一称"万人冢"，一
称"千人堆"，载记着唐代天宝年间，佞臣杨国忠派兵征南的一次惨败。天宝
十四年（755 年），杨国忠强行征兵，命侍御史、剑南留守李宓将兵七万征南
诏。南诏首领阁罗凤利用上、下关的有利地形，诱敌深入，紧闭太和城，坚
守不战，以逸待劳。而李宓久久攻城不下，锐气尽挫，粮饷渐趋尽绝，加之
中土人至此瘴湿之地，水土不服，感染毒瘴，死者十之七八，无法再战，李
宓只得退兵。阁逻凤乘机率精兵开城杀出，擒杀李宓，七万人马全军覆没。
杨国忠隐其败绩，反以大捷奏闻玄宗，再增兵征剿，又败。唐国将士前后战
死几达三十万。"万人冢""千人堆"就是这些阵亡将士的冢墓。后人作诗悼
念死者："龙关黯黯阵云昏，碧草无情掩墓门。多少子规啼不住，为怜千载未
归魂。"（周之烈诗）昔日，"万人冢""千人堆"一带榛葬丛生，至晚，狼嚎

狐咽，青燐隐约，夜行人肝胆生寒。每逢阴雨之夜，风啸树吼，电闪雷鸣，犹如千百冤魂破冢而出。而今这里已辟为公园，四季繁花似锦，蝶舞鸟鸣。尚存墓碑一通，上书"大唐天宝战士冢"。树立在太和城遗址的南诏德化碑，对唐廷这场不义之战记载得更为详细。战争由唐朝云南太守张虔陀侮辱阁逻凤妻和剑南节度使鲜于仲通傲慢狂妄引起的。第一次征战，以鲜于仲通"逃师夜遁"告一段落。第二次与李宓之战，碑文记曰："白日晦景，红尘翳天，流血成川，积尸雍水，三军溃衄，元帅沉江。"

五代晋时，段思平于天福二年（937年）自石城起兵，杀至河尾，攻克下关，代杨干贞而据大理。到了南宋理宗宝祐元年（1253年），元军在世祖忽必烈率领下，南下牧马中原。九月分兵三路攻略云南。大将兀良合台为西路，出晏当，诸王抄合、也只烈为东路，出白蛮。自己亲率中路大军，过大渡河，拔白蛮打郭寨，十二月包围了大理城。兀良合台一路斩关夺塞，屡建奇勋。至半空和寨遇阻。这里地势依山枕江，易守难攻。又有阿塔刺率重兵防守，实有"牢不可拔"之势。兀良合台先率兵断其水源，又命精锐用火砲轰击寨栅。阿塔刺派兵出战，兀良合台派其子阿尢迎战，大败蛮兵。随之拔半空和寨，又进军夺得龙首关，迎忽必烈于大理城下。此时大理国国王段智兴势力衰微，国政全操纵在高祥兄弟手中。高祥兄弟见蒙古大兵骤至，遂率兵逃遁而去，忽必烈命大将也古、拔突儿追击，自己驻跸大理。不久，南出龙尾关，将高祥斩于姚州。次年，兀良合台追至宜良生擒段智兴，段智兴"献地图，请悉平诸部，并条奏治民，立赋之法"《新元史·信苴日列传》。大理遂平。为了纪念这次平南的伟绩，镂石刻铭，这就是留传至今的"世祖皇帝平云南碑。"碑通高4.5米、宽1.7米，青石制成，碑额雕二龙捧珠花纹。碑文千余字。碑身下接龟趺座。现在这座碑就屹立在苍山脚下三月街的平坝之上。

争夺上关、下关的另一场争战，发生在元末明初。太祖朱元璋平定中原，经略四边，命傅有德率征南右将军沐英、左将军蓝玉进兵云南，元镇守云南的梁王命平章达里麻率十万之众陈兵曲靖。时大雾弥空，沐英趋兵疾进，直达白石江畔。待大雾消散，达里麻才看到明朝大兵已集结河边，大惊。沐英又施巧计，大军佯作渡江之态，另派一支轻骑至白龙江下游，渡江绕至元军阵后，漫山遍插旌旗，吹响铜角。元军惊怖，阵脚大乱。沐英趁此机会，派游泳好手为先行，携长刀渡江与元军拼杀肉搏，随后指挥大军渡江。过江之后，又马上组织铁骑精兵冲掠敌阵。元军大败，沐英生擒达里麻，长驱入云南。梁王败死，右丞献城投降。兵至大理，土司段世凭上、下关之固，苍山洱海之险，率兵坚守。沐英遂分兵两路，一路由卫弼率军至洱水以东逼上关，自己率兵直趋下关城下。又派出一支奇兵，由胡海率领，由石门仄径渡河，登上点苍山顶，在山崖上、树稍间插旗竖帜作疑兵。大理守军见背后明军已至，斗志顿失。沐英望见山上旗帜，知疑兵计已成，果断渡河攻关，并身先士卒，策马渡河直扑关城。山上胡海也率兵直冲下来，前后夹攻，遂破下关入大理，擒获段世。

在历史上，战争虽然惨烈，但毕竟是短暂的瞬间，而各族劳动人民的美好愿望，用他们的双手创造的繁盛的精神文化和物质文化才是永恒的。大理的上关、下关以及自唐以来历朝历代的遗迹、遗物历经数百、上千年而流传至今，就是最好的说明，他们已与大理秀丽自然风光交融在一起，成了主宰和灵魂。

在上、下关之间，沿着苍山山麓，有一条走了千百年的驿道。这条驿道始筑于南诏，到了清代还在使用，古道南北走向，全长近50公里，路面宽约3米。当中铺条石，两侧铺砌卵石。现在许多路段仍保存完好。沿途不仅风光秀丽，而且经过太和古城、阳苴咩古城、崇圣寺、弘圣寺、大佛顶寺，可以目睹许多著名历史遗迹和古色古香的村寨。

在这些散若珍珠般的古迹中，最具历史价值的是太和古城和阳苴咩古城。若以空灵秀丽而论，当首推崇圣寺三塔。

崇圣寺三塔在今大理旧城西北1公里处。到了这里，你会感到这里充满了佛国的圣洁。三座密檐式佛塔在蔚蓝天空下鼎足而立，塔身洁白，远远望去，如玉笋直插晴空（图二）。洱海在其前铺开了万顷碧波，苍山在其后立起了翡翠屏障。清波倒影，三塔对映成了六塔。

崇圣寺三塔中，以千寻塔最高，自塔底至刹顶69.13米。塔下有方形基座两层，下层边长33米，四周雕栏砌柱；上层边长21米，东边石照壁上镌刻"永镇山川"四个大字，为黔国公沐英的后裔沐世阶所题。塔凡16层，以第一层为高，为13.45米。以上渐次减矮减窄。塔层之间以砖砌叠涩挑檐。塔身中空，有木梯可通。每层外壁正面雕一壁龛。龛内供奉白色大理石佛像一尊。塔刹高约8米，自下而上依次为仰莲、覆钵、相轮、宝瓶。塔顶四角

图二　崇圣寺三塔

原来各铸有一只大鹏金翅鸟，盖取"龙性敬塔而畏鹏，大理旧为龙泽，故此镇之"之意（《全石萃编》）。在千寻塔之西 70 米，一南一北等距离分布着两座小塔，也为密檐式砖砌结构，各 10 层，高 42.19 米。塔内实心，平面作八角形。塔身浮雕佛像、八宝，琳琅满目。漫步塔间，俯瞰洱海碧波之中白玉沉浸，仰望金黄色的宝瓶在蓝天下生辉。或晴日碧空，看悠悠白云从塔刹旁边飘过，或月轮高挂，繁星满天，听塔檐风铃传响，多少美妙的景像。

这三座古塔，大塔千寻塔建于唐南诏保和年间，两座小塔建于五代。三塔原是崇圣寺的一部分。惜寺院早已圮废无存。据记载当初寺际宏阔，香火兴盛，寺内有五宝传世，为三塔巨钟、雨铜观音、证道歌碑和佛都匾。而今巨钟、碑、匾早已失却，雨铜观音也毁于十年动乱，只有三塔留存人间。

洱海之滨，苍山脚下还有一座古塔闻名遐迩，这就是耸立于苍山马耳峰下的蛇骨塔，距下关仅 3 公里。塔以蛇骨为名，听起来让人恐怖。再看此塔，虽仅存下段，但为青砖砌筑，似与森森蛇骨并无联系，听了下面的故事，自然就明白了。

传说唐南诏时期，龙尾关（下关）附近常有一条巨蟒出没，出则洱海中风雨大作，舟倾楫摧，人死畜亡，卧则壅塞流水，致洪水泛滥，房倒屋倾。

这时有一位名叫段赤城勇士决心为民除害。一天夜里风雨大作，巨蟒又出来祸害百姓。段赤城将自己身上绑缚了多把钢刀，双手各执一柄利剑，冲向堤坝，向巨蟒迎去，巨蟒张天血盆大口想把段赤城一口吞下。段赤城奋身一跃，钻入巨蟒腹中，用手中的利剑刺，用身上的钢刀扎。巨蟒痛得遍地翻卷，碗口粗的树木被拦腰击断，斗大的巨石飞起数丈。不久就一动也不动了。而我们的英雄段赤城也因窒息而亡。后来人们为了纪念这位舍生

图三　南诏铁柱

取义为民除害的英雄，将蛇焚烧成灰，和泥成砖，砌筑了这座"蛇骨塔"。后来有人作诗曰："榆郡城东洱水清，汪洋万里古昆明。传闻唐代蟒为患，田园漂没庐舍倾。赤城段公有侠行，翻江倒海屠长鲸。慷慨捐躯葬蟒腹，四境黎民庆重生。蟒灰垩塔埋忠骨，矗立山川仰令名。"

在大理周围，再远一些，下关南 60 公里巍山彝族回族自治县有南诏遗址，据说是南诏三世祖细奴逻躬耕垅亩之处，其孙盛罗皮立本主庙纪念。流传至今有巡山殿等建筑；弥渡县城西南有铁柱庙，庙内立铁柱一根，柱顶虽已锈残，仍高 3.3 米，柱围 1.05 米。柱身分五段接铸而成，上有阳书铭文"维建极十三年岁次壬辰四月庚子朔十四日癸丑建立。"（图三）建极十三年为唐咸通十三年（872 年），距今已有 1100 多年了。这就是屡见史书记载的南诏铁柱，又名天尊柱，为南诏十一世主蒙世隆所铸。大理人民对铁柱崇拜之至，每年正月初春，都在这里举行祭祀活动，彻夜篝火通明，载歌载舞，达旦通宵（图四）。

这些历史遗迹、遗物，装点了苍山洱海。苍山十九峰，拥下关，抱洱海；

顶足有似英字九人六叄铁柱時

匯戌黙宗大将後建立陵字撰題寰地像等吏

古将俊揚楚拔左驍軍張奕年林龍莽峭大秀

按版戌國史云當聞大将旗兵米亦卽川河

其戱主益滑暖爲石于令現在廣化绪六寺滇生

獣睐窮石村中镜柱高九天七寸

图四　南人祭铁柱

十八溪曲折萦迴，飞瀑素潭。苍山的云更是一绝，或见烟云绕山，如轻纱舒卷，或见浓云一朵，挟着狂风沙石，直扑洱海水面，掀起巨浪千层。当地人称其为"望夫云"，传说是一名美丽的少女的化身，为探望她葬身于海底的情郎所为。洱海清流如镜，苍山雪峰倒映海底，形成银苍玉洱的瑰丽景观。还有那下关风，一刮起来，万籁齐鸣，移石伐木，其势如千军万马。还有那引来万蝶飞舞的蝴蝶泉……大理的山川秀丽，关城雄伟，相得益彰。杨慎的《点苍山游记》描绘得令人神驰心往："山则苍龙垒翠，海则半月拖蓝；城郭奠山海之间，楼阁出烟云之上。香风满道，香气袭人。余时如醉而醒，如梦而觉，如久卧而起作，然后知吾向者未尝见山水，而见自今始。"

雁叫霜晨娄山关

西风烈。长空雁叫霜晨月。霜晨月。马蹄声碎，喇叭声咽。雄关漫道真如铁，而今迈步从头越。从头越。苍山如海，残阳如血。

这首《忆秦娥·娄山关》词，是毛泽东同志于1935年2月，为工农红军再克娄山关而作的。冬去春来，残月晨霜，西风劲吹，一队鸿雁冒着严寒向北飞去，去报告春天的消息，与鸿雁并行的还有北上抗日的红军战士。人在飞奔，马在疾驰，军号声此起彼伏，一路飞扑娄山关。傍晚攻克娄山关，那则

图一　苍山如海，残阳如血

飞奔，马在疾驰，军号声此起彼伏，一路飞扑娄山关。傍晚攻克娄山关，那则是另一幅图景。夕阳压山，红霞满天，登上娄山关，将固若金汤的雄关踩在脚下，远望四周峰峦拱卫，如海涛翻涌，诗人此时百感交集，既有攻克娄山关的喜悦，也有对牺牲战友的痛挽，他们的鲜血化作夕阳一抹，永垂天地之间（图一）。

从毛泽东同志的这首《忆秦娥·娄山关》词中，可见到当年攻克娄山关战斗是非常激烈的。据红军老战士回忆，第一次攻克娄山关在 1935 年 1 月，长征途中的红军在数十万国民党军队的围追堵截之下，由湖南进入贵州，攻克遵义，遂派部北攻娄山关、桐梓，担当这一任务的是红一军团二师四团。团长耿飚、政委杨成武率领战士冒着严寒在崎岖的山路上跑步疾行，午时刚过，就来到了娄山脚下，占领了板桥。进行了短暂修整之后，当天夜里，乘着夜幕的掩护，由娄山关东侧崎岖的羊肠小道，直插娄山关后。守娄山关的是黔军军阀王家烈的部队。为了堵截红军，王家烈下了死命令，配备了精良的武器，并在娄山关周围，构筑了坚固的工事。但红军迂回到关后，攻其不备。次日清晨，一阵军号声撕破了宁静的星空，战士们发动猛攻。这时王家烈的守关军队还在酣梦之中，没来得及反抗就乖乖地做了俘虏，构筑的防御工事丝毫没有起到作用。

红军首次攻占娄山关，保证遵义会议顺利召开。遵义会议之后，确立了毛泽东同志为首的党中央的正确领导，中国的新民主主义革命重新燃起了希望。遵义会议刚刚结束，蒋介石的追兵就撵了上来。面对强大的敌人，毛泽东同志率领工农红军毅然放弃遵义，继续向西挺进，穿贵州、进云南、入川西，牵着敌人的鼻子走。待敌各路追军至云南后。工农红军又麾师向南，再次入黔，下桐梓，攻娄山关。事在 1935 年 2 月，由彭德怀率三军团开路，兵至赤水河畔二郎滩，首先遇到的第一个任务就是架桥渡河。任务交给了十二、十三团。刚要架桥，就传来消息，敌人一个团正由对面开来，企图阻止红军渡河。军部立刻做出决策，一面继续组织架桥，一面派兵渡过河去阻击敌人。可是找遍附近村庄，只找到三只小船，每次一只小船只能渡 30 人，刚刚渡过一个营，敌人就已接近了，与先锋部队接上了火。又渡过了一个营，红军马上组织起冲锋。战士知道，这是背水一战，胜败与否关系到全军的安危，所以都勇往直前，不管炮弹在眼前爆炸，不管子弹在耳边乱飞，只是向前冲，向前冲！敌人溃逃了，满山坡都是丢弃的枪支子弹、军需物质。

　　部队渡过了赤水，很快就到了娄山脚下。这次王家烈为了守住娄山关，派了几个团的兵力，由遵义驰援，企图凭险固守，挡住我军去路。指挥部命十三团担任娄山关的主攻。彭雪枫率领的十三团素以英勇顽强著称，接到命令后，马上组织了攻坚队、敢死队。战士们听说敌人也在疾行，企图和我军争取娄山关时，大家憋足了劲，一路急行军，行军途中，听几个由娄山关过来的老百姓说，现在板桥一带驻满了白军。大家心急如焚，知道这是一场比赛速度与耐力的争夺战，谁先占据娄山关，谁就夺取了主动权，都不由自主加快了脚步，由慢跑变成了飞奔。渐渐地看到娄山关了，只见山山如剑，周围白云紫绕，好一幅关山早春图！可那时哪有功夫欣赏山景。战士们顺着盘山路攀登。突然从前面传来几声清脆的枪声，敌人已经到了。三营迅速出击，很快地占领了右翼的高山，扼制住了敌人。主力部队仍马不停蹄地向娄山关猛扑。

　　下午三点钟，我军来到娄山关下，据俘虏口供，敌主力驻守板桥，并派出两个团，一个团驻守娄山关防地，一个团出娄山关直插桐梓。这对我军非常不利，要拿下娄山关。只有强攻！而强攻，敌人居高临下，以逸待劳，况且他们的武器优于我们，其困难可想而知。十三团指挥员沉着冷静分析地形，认为右翼的山峰峭壁悬崖，根本无法攀登，中间的盘山公路已被敌人火力封锁，左翼的点金山，虽然无路可寻，但尚可攀援。登上点金山，可俯瞰娄山关。攻占点金山的任务交给了一营，命令黄昏之前攻克娄山关。一营组建了两个梯队，一梯队攀登攻山，二梯队负责火力掩护。随着发出的攻击信号，轻、重机枪怒吼起来，子弹如狂风暴雨飞向敌群，一梯队迅速登山，冲向点金山顶，勇士们的枪口喷着火舌，刺刀闪着白光，经过激烈拼杀，夺得了点金山。

　　站在点金山顶，娄山关如在眼底，只见敌人正在三五成群地构筑工事。从点金山到娄山关，要翻过两个山头，而这两个山头都有敌兵把守，并不时地用机枪向这边扫射。面对娄山关这最后一道防线，战士们都红了眼，忘记了连续征战的疲劳，忘记了腹中饥饿，要求做最后一次冲锋。冲锋号响了，战士们如下山猛虎，一边射击，一边呐喊，一边奔跑，枪炮声、喊杂声构成了鏖战奏鸣曲，敌人顶不住了，溃逃了。我军勇士占领了娄山关！可尚未站稳脚跟，敌人马上组织了反扑，猛烈的火力逼得我们退了下来，于是再次攻关。一次、二次、三次，双方展开了拉锯战。战斗间隙，战士们发现敌人群中，总有一个军官在后面督战，于是选出了四五名优秀射手，枪口都指向了

图二　娄山关战斗遗址

那个军官，随着清脆的枪声，那个军官颓然倒下。红军战士再一次冲锋，打垮了敌人。娄山关上插上了红旗。此时夕阳西下，晚霞映天，所以毛泽东同志诗词中才有"苍山如海，残阳如血"的词句（图二、三）。

　　此后红军又打垮了由板桥而来的反扑队伍，长驱直下，攻板桥，战十字板，再次攻克遵义县城。

　　说起遵义会议，必然要提及娄山关鏖战，而提到娄山关鏖战，必然要了解娄山关。据考娄山关原名高岩子，又名黑神垭。班固《汉书·地理志》称娄山为"不狼山"，清末学者郑珍考证"不狼山"即娄山，亦称大娄山。《桐梓县志》载，唐乾符三年（876年），太原杨端应朝廷之募，率领令狐、成、娄、梁、赵、韦七姓族乡人收复播州，令部将娄殿邦世守其土。娄殿邦子娄姗与梁关为表兄共戎高岩子，遂称娄珊梁关，又名娄山关。明时又称太平关。构筑在今贵州省北部的娄山山脉之中，西侧的大娄山为主峰，东侧为小娄山，北端为点灯（金）山。由遵义出发，前行50公里就到娄山关。中途经板桥镇，板桥镇至遵义20多公里，至娄山关大概也是20多公里，由娄山关北去，过赤水，25公里而至桐梓县城。娄山关万峰插天，中通一线，山势极为险峻。从北而过娄山

图三　娄山关西风台雕塑

关，历岭九盘。20世纪初叶开辟公路，也是十步一盘，八步一转。四围群山高
入云表（图四）。娄山关建在娄山山顶，扼川黔要路。现在关城已不复存在，只
在娄山关南溪口川黔公路的旁边，树立石碑一通，上镌刻"娄山关"三个大字。
附近右侧石壁上还有一处毛泽东手书碑，碑为大理石雕成，高四丈有余，宽七
丈五尺。碑上镌刻毛泽东手书《忆秦峨·娄山关》词，蔚为壮观。又有"娄山
关"摩崖石刻（图五）。

　　娄山关始置于何时未见明确记载，但古来就是兵家必争之地。娄山关所
在的遵义，秦以前为夜郎国境，《汉书·西南夷列传》所载"夜郎自大"故
事就发生在这里。汉代辖于牂牁郡，唐贞观年间改置播州，宋代置遵义军、
遵义县，元世祖时设宣慰使，明代设遵义县，辖于播州宣慰司，后改播州宣
慰司为遵义府，清代因之。

　　围绕娄山关的争夺战，在古代史上，最激烈的推明万历年间征剿播州土司
杨应龙之战，杨家自唐代乾符年间之后，世代历任土司，传至杨应龙已达二十
九世，七百余年。杨应龙性狠嗜杀，恃功骄塞，以诛罚立威，致使五司七姓不
堪虐虏，走告贵州。杨应龙遂反，万历二十一年（1593年），四川、贵州会

图四　娄山关盘山险路

图五　"娄山关"摩崖石刻

同进剿杨应龙。四川一路由巡抚王继光率领，与总兵刘承嗣分兵三路，直逼娄山关，驻兵白石口。杨应龙诈降，率苗兵据关冲击，攻其不备，大败刘承嗣，王继光弃辎重而还。贵州一路也未建功而罢。二十四年（1596年）杨应龙掠大阡、都壩，焚劫草塘、余庆；二十五年再劫江津、南川、洪头、高平。二十七年，都司杨国柱率兵三千进剿，首战告捷三百落（地名），后被杨应龙诈败诱师，全军覆没。朝廷又命李化龙总督湖广、川、贵军务兼巡抚四川。李调集东征诸将刘綎、麻贵、陈璘、董一元，共剿杨应龙。在大兵尚未集结之时，杨应龙又率八万贼兵进攻綦江，当时綦江城中只有新招募的三千新兵，寡众悬殊。游击张良贤率兵据街巷苦战，力尽战死，綦江陷落。杨应龙入城，尽屠城中百姓，尸首投入江中，江水尽赤。后来又焚烧东坡、烂桥，阻断楚黔要路。

万历二十八年（1600年），杨应龙气焰犹盛，出兵五路，破龙泉司。此时，明廷的各军征剿军队已经集结。李化龙先令水西兵三万守贵州，阻断杨应龙招苗兵接应之路。进而移驻重庆，分兵八路进攻播州。其中川师四路，黔师三路，楚师一路。

川师四路中，以都督同知、代四川总兵刘綎所率綦江一路最为重要。刘綎素以智勇著称，出师告捷，率军越过夜郎旧城，攻克杨应龙所据滴泪、三波、瓦窑坪等关隘，进兵娄山关下。杨应龙对刘綎非常惧怕，派重兵据险防守。在唯一一条宽仅数尺的道路上，构筑了木关十三座，置排栅，挖陷马坑。设险重重。刘綎分兵三路，左、右路由轻骑攀藤附葛直插娄山关后，自己亲率中路主力大军仰攻娄山关，血战之后，夺得关隘。这时，左、右路军也相继到来，会师永安庄。刘綎攻克娄山关后，虑敌反扑，遂分三处联结扎营。一部据娄山关为老营，一部驻白石口为腰营，一部扎永安庄为前营。果然不出所料，杨应龙谋再夺娄关。但对连锁营栅无计可施。只袭杀了单独驻兵松门垭，又有些轻敌的王芬营二千余人。刘綎闻讯，亲率兵驰援，采用分兵合击的策略，杨应龙虽拼死力战，还是被打得大败，逃至养马城，自此不敢再窥娄山关。刘綎也据娄山关坚守，等待援兵。

会合八路人马征剿杨应龙，连连陷关夺寨。杨应龙仓皇逃至海龙囤。海龙囤飞鸟腾猿不能踰越，天险自成（图六）。杨应龙企图凭险顽抗。明总兵吴广率兵攻克崖门关，驻军水牛塘，与杨应龙血战了三天三夜，杨应龙不支，使一妇人拜称，"杨已饮鸩而亡，余者愿降"。以作缓兵计。吴广轻信其言，罢

图六　海龙囤飞虎关

兵不动。不久视敌有诈，又展开了更猛烈的攻势，烧关断路。待八师云集，将海龙囤包围得有如铁桶，用云梯火炮，并轮番攻囤。总督李化龙见海龙囤险峻无法攀越，遂命令一部并力攻敌其后。时天降大雨，道路泥泞。六月四日，天气骤晴，刘綎率军队身先士卒，冒着箭雨攻克土城。杨应龙用重金招募敢死士拒战，但无人响应。杨见大势已去，遂与爱妾田氏双双自缢而亡。平播之役遂全线告捷。

　　如果你有机会登临娄山关，或总览巍巍群山，或驻足毛泽东《忆秦峨·娄山关》手书碑前，似乎时空已在逆转，红军战士的喊杀声、呼啸的子弹声犹在耳畔。或许你已经成了红军战士中的一员，与他们一起欢呼，共享攻克娄山关的胜利喜悦。

　　由娄山关南下，而至遵义市城，遵义会议会址是一定要去瞻仰的。1935年1月15～17日召开的遵义会议，纠正了党内军内的错误路线。是我党我军走向胜利的转折点，是二万五千里长征胜利的奠基石。如果饶有兴致，还可以游览李化龙、刘綎平灭杨应龙的海龙囤遗址。海龙囤在遵义县太平乡。这里四壁如削，左右夹溪，只有山背后的一条小路可通山顶。现在，土司杨应龙构筑的土城、月城仍断垣盘踞，敌楼、卡门保存完好。一通万历二十四年（1596年）镌刻的"示禁碑"矗立山顶。读罢碑文，会对明代的土司制度和关隘设施情况有所了解。

界分中越友谊关（镇南关）

　　说到友谊关，恐怕大家都不陌生，20 世纪六七十年代，中国支援越南的抗击美帝国主义的斗争，许多救援物资都是通过这里运往越南的；80 年代的自卫反击战，这里也是中国人民解放军出兵和凯旋的口岸之一。

　　友谊关是它现在的名字，是 1965 年为了增进中越之间的友谊而改称的。汉朝这里就已经设关，最初叫雍鸡关，后改名界首关、大南关，明代建关之初称鸡陵关，或沿袭大南关、界首关之旧名，到了永乐天六年（1408 年）改名为镇南关，清代沿用旧称。1953 年改称睦南关，1965 年再改。600 年内连改六个名字，称得上中国古代关隘中改名之最了。

　　这座关隘在今广西壮族自治区凭祥市西南 16 公里的友谊镇，左右辅山夹峙。出关南行不多远就出国境线进入越南了。古来就为两广、云南出入越南的交通要路，商旅往来，车马不断。明代朱元璋初建国，就在此置关，到了清代关楼已经毁圮，雍正三年（1725 年）筑关楼一层，19 世纪末叶又在抗击法国侵略军的激战中被毁，遂后再建关楼，巍峨两层。可是到了抗日战争时期，又被大火烧毁。新中国成立后，1957 年重新修复，使这座古关再放异彩（图一）。新建的友谊关通高 22 米。底座建筑面积为 365.7 平方米，长 23 米，底宽 15.9 米，城墙高 10 米。扩宽了关门，关洞改为古典的拱券式。门额顶上嵌一块巨匾，白地红字，"友谊关"三个大字在阳光下熠熠生辉，为陈毅元帅的手笔（图二）。城台顶上起关楼三层，钢筋水泥结构，平台栏杆，灰墙明窗，顶层墙面上悬挂着庄严的图徽，关楼顶上五星红旗在迎风飘扬。周围松柏环抱，浓绿欲滴。关楼两侧，明代修建的城堞蜿蜒伸展，直上青山之巅（图三）。古老的友谊关焕发了新的青春，仍在为新中国的现代化服务。

图一　友谊关关楼

图二　友谊关匾额

友谊关是我国南方边陲的重要关口，为古龙州外户。这里汉代为交趾地，唐代置龙州，属安南都护府，后改隶邕州太平寨，元大德年间升为万户府，明代初年复为龙州。

友谊关外峰峦相连，为古代设伏之地，为友谊关的第一道屏障，但也是由关外进攻关城的要垒，雄险内外之。

清光绪年间，法国侵略军进攻镇南关（友谊关）。清爱国将领冯子材率军与法军激战，大获全胜，创造了闻名中外的镇南关大捷。

光绪十一年（1885年）二月，法军占谅山，克文渊，再入镇南关，劫掠焚关而去。清军将领潘鼎新战胜不追，战败即退，士气十分低落。这时，张之洞举荐冯子材为广西军务帮办，"总前敌师干卫粤、桂。"冯子材久居军旅，已年近七十，朱颜鹤发，矫健不让少壮。他到镇南关后，立即勘察地形，在关前东、西两岭之间，修筑了长墙，置兵扼守。先发制人，率军袭击文渊，三至关外，斩虏颇众。

三月十三日，法军在旅长尼格里的指挥下，分三路进攻镇南关，一路攻关城，两路攻横坡岭炮台。冯子材激励战士："法军再入关，何颜见粤民？必死拒之！"法军的炮火非常猛烈，响彻山谷，"枪弹积阵前厚寸许"。不久，横坡岭的四座炮台就被攻下三座，第四座也岌岌可危，关键时刻苏元春率军亟亟驰援，保住了第四座炮台，冯子材也奋力死战，才保住了关隘。第二天，冯子材预料战斗会更激烈，商议分兵拒敌。子材亲自居中，苏元春接应，王孝祺将右，陈嘉、蒋宗汉将左。法军仍按昨日的策略分三路发起攻势，不过以中路攻关为突破重点。集中炮火轰击长墙，冯子材屹立阵前，麾军沉着应战。看看法军就要冲刺长墙前，于是大开墙门，手持长矛。率领两个儿子相荣、相华冲杀而出，枪刺刀劈，进战肉搏。子材以年已古稀之躯陷阵杀敌，将士深受感动，群情激奋，皆殊死拼杀。关外百姓也纷纷参战。法军顿时溃不成军，冯子材率军随后追杀二十余里，斩法将数十人而还。两天之后，再

图三　友谊关登城马道

克文渊、谅城、长庆，大获胜。在镇南关保卫战中，冯子材的几名部将也人人奋勇。王孝祺曾夜袭文渊，至街心，马失前蹄，易战骑继续前冲，率敢死队绕至山后，攀登上崖，接连破敌二垒。夺西岭时，夺三垒而还。陈嘉在东岭与法军争三垒，争先而上，蒋宗汉继之，他们二人七上七下，轮番攻击。陈嘉身负四伤，仍坚持战斗（图四）。

这次镇南关保卫战，击毙击伤法国侵略军千余，尼格里身受重伤，只得全线溃退。后来一名法国侵略军军官记述当时的激战时说："中国军队的号筒愤怒地响起了前进的命令，从所有的堡垒，从所有的天边各处，烟云一般的敌人，展开旗帜跑来，发出有时把枪炮的声响都遮断的喊杀声。他们因成功而胆力加大，奋力狂怒地向我军驰突而来。"镇南关保卫战是近代史上抗击外虏打的一个大胜仗，显示了中国人民大无畏的爱国主义精神。

镇南关保卫战中国打胜了，然而清政府屈服于列强的压力，答应了法国提出的苛刻条约，李鸿章在巴黎与法国签订了《中法会定越南条约》中法战争，以中国战胜而败，法国战败而胜告终。

中法战争后，清朝的一些爱国将领仍坚持抗战。苏元春在凭祥和离镇南关几十里的龙州城附近筑大、小连城。大连城在凭祥县东面，扼中越交通要道。小连城在龙州城西南，这里峰岭连绵，号称天险。苏元春在山顶筑炮台三座，设营房，修道路，操练士卒，教习兵法。在山腰龙元涧建保元宫，南麓建光禄寺、报恩寺，西麓小垒城用石灰岩料石砌长墙，与将山炮台相连属，犹如一条深灰色的长龙卧于山间，这条长墙坚固非常，有南疆小长城的美誉。今天这些

图四　友谊关冯子材塑像

足迹犹存。在大、小连城的周围，苏元春还利用地形，修筑了一百三十余座炮台，设五十八卡，六十四隘。形成了一套有金汤之固的防御体系。经费匮乏，他率先捐资，"凡三易寒暑，厥功始成"。其用心可谓良苦。可是清朝政府腐败，其险奈何！

镇南关大捷涌现出了冯子材等许多爱国将士，令后人仰慕。围绕镇南关的争夺战远不止此。明嘉靖年间，兵部尚书毛伯温督师征讨交趾、莫登，曾在镇南关内受降。清光绪三十三年（1907年），孙中山领导的义军占领镇南关右翼辅山炮台，与守关的清军作战。孙中山、黄兴由河内赶到炮台督战。由于义军枪械弹药不足，清军重兵又前来驰援。激战数日后，撤离镇南关。后来称这次战斗为"丁未镇南关之役"。

据史书记载，出镇南关行15公里，有坡垒驿遗迹，传为东汉征交趾，立铜柱处。《后汉书·马援传》李贤注引《广州记》曰："援到交趾，立铜柱，为汉之极界也。"

东汉建武十六年（公元40年），交趾有个名征侧的女子，勇悍异常，因不服交趾太守苏定的法度，与其妹征贰起兵谋反，九真、日南、合浦的少数民族纷纷响应，声势日趋壮大，攻州掠郡，很快占领了岭外六十余座城池，并自立为王。

消息传到东都洛阳，光武帝刘秀下诏拜马援为伏波将军，率扶乐侯刘隆、楼船将军段志等南征交趾，缘海进军，随山开道一千余里。到建武十八年才到浪泊上，遂与征侧、征贰的军队展开激战。汉朝军队大获全胜，斩杀敌人数千，俘虏一万余人。征侧、征贰率残部逃窜到了禁溪。又数次被马援率领的汉军击败，多溃散而走。第二年正月，斩杀征侧、征贰两姊妹，传首洛阳。马援班师，封新息侯，食邑三千。

后来马援又奉诏率楼船二千艘，士卒二万余人再入交趾，征剿征侧余党都羊等人。从无功一直追击到居风，一路奏捷，又击毙、俘虏敌人五千余，彻底平息了岭南的叛乱。马援整饬户籍，请置封溪、望海二县，并帮助郡县修筑城池，砌坝开渠，引水灌溉，教民稼穑。并与当地百姓重新申明以前的法律制度。此后骆越一直奉行马援为他们制定的法则。坡垒驿的铜柱就是马援为标明汉代的疆界而树立的。

在友谊关东北，有清澈秀丽的明江，两岸青山依偎，倒影流光。山上草

图五　宁明花山岩画

木经年不凋，山下百花四季争艳。在群山之中，明江江畔，有一座名叫花山的山峰，山崖壁上的崖画，远近闻名，这面崖画画幅大得无可比拟，高约40米，长达200米。用朱红色颜料涂画而成，共画人物1300多个。粗看起来，似小儿涂鸦，又像先民不经之作。若仔细观察，你就会被画面中那摄人心魄的场画所震撼，你会感到在粗犷的画风中蕴藏着内在的原始的美。画中的首领人物高两米以上，头插羽饰，腰插环首刀，手持环首刀或短剑，两腿半蹲，双手上举，前面还有一只犬形巨兽，周围人物画得略小，或正面，或侧面，也都双手上举，两腿半蹲，簇拥着高大的首领在舞蹈。画面上还绘着中间有太阳纹、星纹或同心圆的圆形物，我认为，它们更像一面面铜鼓。由崖画的风格和人们手持的环首刀来看，当绘于汉代。久久注视崖画，你会感到这些人物活动起来，几百人上千人的队伍，在江边草坪上，在他们首领的带领下，跳着雄壮而热烈的舞蹈，山河在他们的铜鼓声中、呐喊声中回鸣，大地在他们的脚下震颤。何等雄浑，何等壮观！他们是战前的誓师，是丰收后的欢庆，还是在举行一场祭祀盛典？这只有靠后人展开思维的双翅去揣摸，去想象了（图五）。

花山崖画有着优美的传说。远古之时，江边上住着一个剽悍英俊的青年叫蒙括，他食量惊人，一顿能吃一百二十斤米做的饭，力大无穷，曾把一丈二尺长的巨石一掷三四十里。遇当地土司对百姓压榨十分残酷。蒙括想推翻他，解救百姓，但自己单枪匹马，身寡力孤。有一次他上山砍柴，遇到了一个白发老人指点迷津，告诉他画画成兵的秘诀，但要一百天后才能成真人真马。蒙括回家后，白天画人马，夜里才去耕种农作。这样辛辛苦苦干了九十多天，人累瘦了，眼熬红了。他年迈的母亲看了非常心疼，又不知他在做什么。一天趁他不在家时，悄悄走进他的房间，打开箱子想看个究竟。谁知箱盖刚一打开，那些纸人纸马都飞了起来。可是由于一百天未满，尚未形成真人，飞到花山崖壁被阻，贴在了岩壁上，就成了现在的崖画。

也有的传说，花山一带是唐代末年黄巢作战的重要战场。黄巢与朱温在此激战数日，黄巢神勇无敌，麾下的将士也勇猛善战，把朱温的军队打得溃不成军，他们拼命奔逃，但被江水所阻，沿着江边逃命，又被花山挡住了去路。成了笼中鸟，网中鱼。不久黄巢的军包抄上来，将他们团团围住，双方一场决战，朱温的军队死得尸横遍野，朱温也投江而亡。这些人马死后，影像映在悬崖上。也就出现了一片片崖画。你看，这些岩画都是血红血红的，有的人马还断手缺足，头颅不见。不正是当时战死的士兵吗？

民间的传说不可细究，但这些岩画确实反映古代骆越民族的生活情况。绘画的手法稚拙而奔放，不拘细节。同样是中国古代美术史中灿烂的一页。

此处的崖画不止花山一处，沿左江山崖上时有分布，游览友谊关，再顺着青山绿水观摩花山崖画，定能双美齐收。

裹饭长歌古严关

广西壮族自治区境内的古代关塞，南面以友谊关（镇南关）为最，北面则以古严关为雄。宋代诗人范成大诗云："回看瘴岭已无忧，尚有严关限北州。裹饭长歌关外去，车如飞电马如流。"（《严关》）道出了严关的雄险。

这座古关塞在广西兴安县仙桥乡严关口村，西去县城约8公里。由桂林驱车东北行，大概走上一个小时的路程就到了。在湘桂公路旁不到几百米的地方，一道古城墙横亘于两山之间，坐东北、面西南。城墙以青条石砌砌，长43.5米，厚8.23米，高5.3米。正中辟关门一道，拱券顶，门宽2.9米，高3.7米。门顶内外均有巨石门额，上刻"古严关"三个楷书大字，为清咸丰元年（1851年）兴安知县商昌题刻。城墙顶部为条石铺砌的平台。上面的关楼在民国年间被大火焚毁（图一）。关塞旁边的石崖上存题刻十余处，最早的为宋人书题。一处正中书"严关"二正体楷书大字，边款刻"万户山翁程邻东归过此书"，"大宋政和乙未孟冬"。政和乙未，为北宋徽宗五年（1115年）。另一处也作"严关"二字，为南宋嘉定九年广南西路转运判官方信儒题书。两处题刻字大愈二尺，铁划银钩，苍劲古拙（图二）。

古严关城垣虽然不甚宏阔，但所处地势十分险要，扼楚粤之咽喉，控湘桂之要路。城垣两端，一边连狮子山，一边接凤凰山，宛若一只展翅欲飞的大鹏。雄关四周，群峰环绕，壁立如削，葛藤灌木，杂生其间。要想绕关而过，势比登天。而今湘桂公路穿山而过，严关再无险可称，但青山叠翠，雾腾云起，灵渠萦回，碧水如带，绿竹掩映，田舍俨然，一派岭南水乡秀气，不啻仙境。

图一　严关关门

图二　严关宋代石刻

此关何以称严关？一说汉归义越侯严出零陵，下漓水，定越建功，筑此关以严为名。一说关扼楚粤要险，令人可畏而称严关。还有一说，严关或曰炎关，以气候得名。关内多雪而寒，关外炎热如火，"人以为南北之限也"。宋人刘克俭有《炎关》诗曰："关南关北气候分，雪飞不过古来关。若非曾发看山愿，老夫何因入瘴云。"孰是孰非毋需细考，姑且三存其说。现在所见的城垣是明崇祯十一年（1638年）修筑的，清咸丰元年（1851年），重修关门，勒石门额。几年前我赴严关考察，顺一条不宽的土石路径到关门之下。这条古径通连关内关外，往南可诣广西南宁，向北达湖南。现在有了公路，古径基本废弃，两旁农田村舍，关门内外的空场上晾晒着玉米菽豆，一派宁谧恬静的农家田园风光，让人陶醉的乡野气象。

由严关西南行10多公里，有一座更古老的城址。据说是秦代为防戍五岭而修筑的。惜年代太久远了，只剩城垣留存了下来。我去严关时，广西考古工作者正在这里发掘，我顺路也略作踏勘。这座城址北起马家渡南岸，南至灵渠出口水街村旁。城垣残高1~2米，厚5米余。城垣外有堑壕，与大溶江通。在七里圩村南有一座呈不规则四边形的小城。小城套在大城之内，城垣保存非常好，东南城垣长176米，西北城垣252米，城垣最高可达4米，矮处也有2米。城垣四角有突出的台城（马面），北城墙正中辟一门。围绕城垣有宽约10米的城壕，其防御功用非常突出。城内靠北部有建筑台基，出土了许多秦砖汉瓦。当地乡民称此城为"王城"，可能是当时的防戍指挥所在（图三）。现在这里还在进行考古发掘，将来一定会有新的发现面世。在通济桥和太和堡之间还有一座方形古城址，保存情况也很好，其性质待考。

宋人范成大认为："秦城相传秦始皇发兵戍五岭之地。城在湘水之南，

图三 严关附近秦城遗址

融、漓二水之间。遗址尚存，石甃无恙。城北近严关，群山山环之，鸟道不可方轨。秦取南越，以其地为桂林。而戍兵乃止湘南，盖岭之喉衿在是。稍南又不可以宿兵也。"顾祖禹《读史方舆纪要》、周去非《岭南代劄》中也有类似记载。严关、秦城两处都可以屯兵，可相互策应、支援。群山险峰为其屏障，扼要设险，素为广西巨防，古来争关守险的争战颇多。唐光化二年（899 年），马殷平定岭北之后，继有窥视岭南之心。静海帅刘士政非常惧怕马殷南图，遣大将戴可璠屯兵严关附近的全义岭，又派王建武进驻秦城，以为掎角，策应可璠。马殷的军队几次进攻，都被戴、王两军据险击溃，正一筹莫展之时，逢戴可璠抢掠百姓耕牛犒赏士兵，激起百姓怨恨。有人跑到马殷军处，说西南五十里有一条小路可以通过，并愿做向导，马殷军指挥彦晖派遣别将李琼抄小奔袭秦城。到秦城王建武营垒时正值半夜，将士越墙而入，王建武将士在睡梦中就做了俘虏。奏捷回全义岭。戴可璠军队见秦城已破，顿时惊慌失措。彦晖军全力进攻全义垒，一战而破，再战擒可璠。马殷遂引兵直趋桂州，沿路二十余垒都震惊而走。刘士政见大势已去，只得献桂州城池投降。

三百年后，到了宋末元初，有一位像文天祥那样的民族英雄马塈，曾据守严关，英勇抗击蒙古军队，传为千古佳话。

至元十四年（1277 年），马塈严关抗元事，清毕沅《续资治通鉴》记为至元十三年，今从《宋史·马塈传》。忽必烈元军攻陷临安（今杭州）后，向南方各州府进军，平章阿里海牙一部攻广西。南宋马塈为左武卫将军，留守静江（今桂林），急调部下将士以及当地峒兵，加强静江城防。自己亲率三千精兵，镇守桂北巨防严关。马塈一到严关，立即抢修工事，断绝岭道，在关外挖陷马坑，严阵以待。海牙率大兵来到关前，数次麾军攻关，都被马塈率兵击退。一连数日，城头旗帜不乱，士卒严整。海牙见正面攻城无效。遣别将偏师绕道平乐（今广西平乐县）、临桂，至严关后面，前后夹攻。马塈看看严关再难据守，率兵撤回静江固守危城。海牙派人招降，被马塈用硬弩射回。海牙恼羞成怒，遂将静海团团围住，连续攻城达三个月之久，终不能克。马塈在城上指挥军民拒敌，夜不解甲，枕戈待旦。经数月上百次争战，城中将士疲惫已极，伤亡日增，但没有一个有降敌之意。

静江城的东南角地势偏低，是防御的薄弱之处。元军也看到了这个弱点，阿里海牙采用声东击西的战术，一面指挥大军佯攻静江西门，一面派精兵破坏城东水闸，猛攻东门。马塈正率军在西城与元军苦战，东城疏于防守。不久东城门既被攻破，马塈只得率兵退守内城。内城又被攻破，马塈率将士与元军展开巷战，血战之中胳膊被砍伤，作了元军的俘虏，仍叫骂不止。行刑时，头颅被砍掉了，仍握紧双拳奋力站起。

马塈舍生取义后，他的部将娄钤辖以主帅为楷模，率部下二百五十人坚守月城，誓死不降。阿里海牙纵骑将月城包围得水泄不通，十多天过去了，月城内将士的粮食早已吃尽。娄钤辖站在城楼，向下高喊："我的部下已挨饿多日，难以行动，不能出城投降，如果给我们粮食充饥，一切听从命令！"海牙派人送来了牛数头，米数斛。元军从城外高处看到，城内宋军分到粮食后，没等到米饭煮熟，取来就吃，牛刚刚杀死，便分而生食而尽。俄尔，听城内鸣角击鼓，都认为他们要冲出城来拼死一战。然娄钤辖命部下抬来一尊火砲，装好炸药，用火点燃，一声巨响过后，土城内烟尘冲天而起，很多元兵被震死吓死。待烟消火熄，只剩一片狼藉的瓦砾，娄钤辖和他的二百五十名将士全部壮烈殉难。

马塈、娄钤辖和他们的将士，以他们的血肉之躯谱写了一曲曲民族主义和爱国主义的凯歌，"人生自古谁无死，留取丹心照汗青"！

清朝初年，严关经历了一场争夺战。顺治七年（1650年）定南王孔有德率领精兵南征南明永历王朝，鏖战严关。后来，明末农民军领袖孙可望与南明联合抗清。顺治九年可望遣李定国、冯双礼两名骁将分兵攻取桂林。李定国军次武冈，冯双礼军次宝庆，想继续南进，又怕清将孔有德抄其后路，决定先合兵夺取全州（今广西全州县），遂派张胜率西胜营进袭严关，张胜一战而取严关，掌握了主动，为攻占全州创造了条件。下全州后，李定国、冯双礼继续东进，孔有德见清军连连失败，亲率大军抢夺严关。张胜率兵出关十里迎击清兵，双方激战了一整天，夕阳西下，清军稍稍退却。第二天天刚亮，清军又攻到严关城下。李定国陡出奇兵，以象队为先锋先入敌阵，自己率军随后掩杀，清军被大象踏死踏伤无数，四下奔逃。李定国乘胜一路追杀。直达大榕江边。清兵前有大江阻隔，后有追兵利刃，被杀得尸横遍野。孔有德率残部逃回桂林，闭门坚守。李定国又围桂林，激战之中，孔有德被冷箭刺中额头，又见桂林孤城难保，遂焚身而亡。

游览严关，它的雄险，以及周围山光水色的灵秀不免使人陶醉，感慨雄关与自然的完美结合。往北不远的巧夺天工的灵渠，还有秀甲天下的桂林山水，阳朔风光会让人的这股激情升华。

　　说到灵渠，还要提到千古一帝的秦始皇。灵渠是秦始皇经略岭南时，为了运输军需粮饷，命史禄（使监禄）率军民开凿的。灵渠沟通漓江、湘江，从而也连接了长江、珠江两大水系，故曰："一道源泉却两支，右为湘水左为漓。"（明鲁铎《分水塘》）灵渠初名秦凿渠，又名零渠、澪渠、湘桂运河，全长30多公里，蜿蜒穿行于起伏的低山丘陵之间，沿线有七十湾、五十三坝、二十四涵，不要说设计的周密、开凿之艰辛，以及打开南北水路交通所起到的巨大作用，就是那萦回盘绕的绿水清波、秀丽如画的山光水色也足以使人流连。

　　灵渠最主要也是最具匠心的工程，是上游的分水坝。分水坝屹立在海阳江中，顶端是一个用巨大的长方形料石迭砌而成的石台，高4米许，前尖后钝，状若犁铧，故称"铧嘴"。石台后紧接人字形的分水坝，基宽25米，顶宽7米。砌作鱼鳞形状。靠北渠的一段长344米，称大天平。靠南渠的一段

图四　严关附近灵渠大天平

长133米，称小天平（图四）。就是这道人字形分水坝，将水分为两股，三分经南渠入漓江，七分过北渠入湘江。身临此处，气象万千，冬春则细澜卧波，恬静如端丽处女；夏秋则洪涛奔涌，雄壮似万马奔驰。清人张祥河诗曰："大天平接小天平，铧嘴分舟骑石行。极望陡门三十六，海洋引山一源清。"（《陡河》）

"陡门"也是灵渠的一绝，始修于唐代，是为了行船便利而设。即在渠堤两侧，每隔一定距离，两两相对用巨石砌一对半圆形石槽，中间的口门可以下闸。陡门宽可5米，仅容一船。船进入陡门后，下闸挡住江水，水位提高，引船上行，再入一陡。逐级提升，如爬阶梯然。据记载，唐代置陡门十二，宋则三十六，清为三十二，如一串珍珠嵌在灵渠之上。看到此，使人想起今天长江葛洲坝上的船闸，想到巴拿马梯形运河，我们的祖先早在一千多年以前就有了如此精巧的设计！

游览灵渠，美景不可胜计。岸边的四贤祠与吞碑的千年古垂杨树掩映争辉。四贤祠始建于元至正年间，明清重新修葺。原并列三殿，奉祀秦代史禄，东汉马援，唐代李渤、鱼孟威四位修凿灵渠有功之臣，并树修灵渠碑五通；秦堤上的飞来石流传着一段动人的故事。这块巨石20米见方，高可4米。略嫌孤傲，然有石缝间的两株如绿罗华盖般的巨树为伴，倒也安然。石上名人题咏颇多，其中以明人严震直的《修渠记》最有价值。古人传说，当年修灵渠时，有一猪婆龙在江中捣乱，白天修好的渠夜里就被猪婆龙拱破。一连数次，人们一筹莫展。这天夜里，风雨大作，猪婆龙又来破坏堤坝。轰隆一声巨响把人们震醒，只见一块巨石从西北天边飞来，正压在猪婆龙的身上，顿时将这怪物碾成了肉饼，堤坝遂成；在灵渠之上，唐代李渤修建的万里桥，如飞虹卧波横跨两岸，倩影倒映水面，又似银龙戏于江中；南岸的三将军墓，传说埋葬的是秦史禄手下三位修渠的将军。清乾隆碑记载凿凿，使人难置疑喙。

至若沿灵渠至桂林，驾扁一叶，浪迹漓江，青山与你擦肩而过，碧水在你身下涌流。或朝霞满天，千帆竞渡，或落霞一抹，渔舟唱晚。其景其情，想想就足以让人心醉。

凌寒香凝数梅关

敌垒穿空雁阵开，连天衰草月迟来。

攀藤附葛君须记，万载梅关著劫灰。

这首《偷渡梅关》诗，是陈毅元帅于 1935 年冬所作。当时正是第二次国内革命战争最艰苦的时期。中国工农红军第五次反围剿失败，主力被迫放弃湘赣革命根据地，开始了前无古人的二万五千里长征。陈毅同志由于大腿负伤不能长途行军，带领红军一部留下来在赣南粤北坚持游击战争。一次在大梅关下隐蔽了两天三夜。国民党军队认为小股红军游击队不敢走大路，就在各条小路层层设卡。陈毅同志摸住了敌人的脉搏，率领部队径走大道，直插梅关。到梅关时已值深夜，伸手不见五指，又不敢点火照明，红军战士摸黑爬山，坡陡路滑，不知摔了多少跟头才爬到山顶。这时天已拂晓，寒风如刀，针砭肌骨。放眼山下，晨雾散尽，只见大梅关镇的守敌如蜂蚁，三三两两出来操练。同志们难以抑制内心的喜悦，陈毅同志诗兴顿生，遂作《偷渡梅关》诗以记之。

陈毅同志率领红军游击队撤入梅岭之后，敌人马上把梅岭包围起来，三天两头出来清剿搜捕。游击队给养供应不上，又与中央失去了联系，生活十分艰苦。陈毅元帅的《赣南游击词》记载了当时的情况，"天将晓，队员醒来早。露侵衣被夏犹寒，树间唧唧鸣知了，满身沾野草。天将午，乱肠响如鼓。粮食封锁已三月，囊中存米清可数，野菜和水煮。日落西，集会议兵机。交通晨出无消息，屈指归来已误期，立即就迁居。夜难行，淫雨苦兼旬。野营已自无篷帐，大树遮身待晓明，几番梦不成。叹缺粮，三月肉不尝。夏吃杨梅冬剥笋，猎取野猪遍山忙，捉蛇二更长。满山抄，草木变枯焦。敌人屠杀空前古，人民反抗气更高。再请把兵交。……"

　　老一代革命家回忆起三年赣南游击战的艰难岁月，都交口赞叹陈毅元帅的大智大勇和大无畏的革命英雄主义气概。陈毅元帅和大家一起住草棚，一起露宿树下。带领战士们翻草棵捉蛇逮田鸡，掏马蜂蛹。陈毅同志的腿伤也是他自己治好的，那是在一次赶赴大庾岭开会之际。陈毅同志的腿伤由于缺乏药物治疗，早已发炎，加上十几里崎岖山路急行，到了开会地点，早已累得汗流浃背。待卷起裤腿，大腿已肿起老高，脓水顺伤口直流。陈毅同志叫警卫员去端一盆水来，自己把伤腿横绑在一棵树上，背靠另一棵树，用双手使劲挤着，带着腥臭的脓血一股股往外直淌，疼痛钻心。待警卫员端水回来，只见陈毅同志的脚下已积了一滩脓血。陈毅同志见警卫员满脸惊恐，风趣地说："看，这家伙'反攻'了，快过来帮我挤一挤！"警卫员开始不敢用力，只用手抚摸，陈毅又说："对它要像对反动派一样，不能手软，否则它还要反攻的哟！"他们使劲挤着，突然"嗤"的一声，一个什么东西掉在了盆子里，警卫员忙捡起来一看，原来是两块碎骨。陈毅同志擦了擦沁满额头的冷汗，笑着说："哈哈！罪魁祸首原来在这里！"他们挤干净了脓血，又用盐水清洗伤口，最后把抹上万金油的白布条，用竹签子一点点塞到伤口中去。待包扎完毕，开会的同志已经到齐，陈毅同志又神采奕奕地主持了会议，经过这次"手术"，伤口居然渐渐好了起来。陈毅同志的革命乐观主义和大无畏的精神永垂风范，著名的《梅岭三章》就是在这时写的："断头今日意如何？创业艰难百战多。此去泉台招旧部，旌旗十万斩阎罗。……"在陈毅同志的心目中，尽管雪压冬云，但星火定能燎原。正如他在诗序中所写，"梅山被围，余伤病伏丛莽间二十余日，虑不得脱，得诗三首留衣底"。梅岭隽秀，梅关有灵，当永远铭记这位威名赫赫的人民元帅（图一）。

　　缅怀陈毅元帅，不禁对梅岭也产生了几分敬意，几分好奇。萌生了瞻仰梅关的愿望。

　　在江西与广东省交界处，有一道略呈东西走向的山脉，称大庾岭，乃五岭之一，传西汉元鼎年间征伐南越时，监军庾胜在此构筑过城池，遂以庾姓为岭名。这个庾胜乃梅鋗的部下，所以此岭又称梅岭。也有人说，到了唐代，这里的道路仍很险峻，商旅难通。开元四年（716 年）当时任左拾遗内供奉的张九龄奉命攀磴道，披荆棘，勘察地形，劈山凿石，拓宽道路，革除险弊。

图一 《梅岭三章》石刻

据《开大庾岭碑》记载，辟此路工程浩繁，路宽一丈五尺，两壁峭立，中途坦夷。路旁遍植梅树，每当严冬将过，梅花绽蕊，洁如冰雪，誉为奇景，梅岭以此得名。白居易记其胜云："大庾多梅，南枝既落，北枝始开。"（《白氏六帖》）后遂称此岭为梅岭。两说孰是，无须细考。在梅岭顶上就是梅关。

若以地理隶属关系论，梅关在今广东省南雄县梅岭镇梅关村，南距南雄县城24公里，北与江西大余县毗邻。沿石级山路而行，到得梅山脚下，向上仰望，但见山如翠屏，山口间露出一线蓝天。再顺石级继续攀登，山路顿时陡峭起来，两旁的梅、竹、枫，紫薇夹道而生，郁郁葱葱。当喘吁吁地爬上山顶，见关楼当道而立，不禁心摄于龙盘虎踞之势。这座关城为明清所建，城墙以砖石砌筑，高5米，宽4.4米，辟拱券形门洞，门洞高2.7米，宽3米，进深5.44米。城门之上一南一北嵌砌石匾额二块，南面的镌刻"岭南第一关"，北面镌刻"南粤雄关"（图二、三）。在梅关的绿树掩映之中，六祖庙依偎旁侧。庙建于清代，为纪念唐代名僧六祖慧能途经大庾岭而建。灰瓦硬山顶，穿斗式梁架结构。庙内供奉着六祖的放钵石（图四）。如果你沿梅关浏览漫步，在梅关所在的梅岭村，还能见到一处奇特的钟乳岩悬石，以石敲击，其声或清脆如钟，或浑然如鼓。传之甚远。钟鼓岩周围，有盛唐以降的历代题记二十余处，最为著名的为宋代大文学家苏东坡书"诸仙岩"石刻。关楼附近尚有明清两代的碑刻多通，载记了梅关的历史和古代岭南岭北的交通轨迹。

图二　梅关北门

图三　梅关南门

追寻梅关的历史，可以溯源到 2000 多年以前的秦代。秦始皇三十三年（前 214 年），曾遣谪徒五十万戍守五岭，其中大庾岭最东，称东峤。建关曰

图四　梅关衣钵亭

横浦关，后人也称为秦关。以后数百千年在大庾岭一带虽累有争战，但未见有建关的记载。直到北宋嘉祐八年（1063年），蔡挺、蔡抗兄弟一在江西主管刑狱，一在广东主管漕运，为了再辟大庾岭通途，各在其境以砖石铺路。岭北路广八尺，长一百零九丈，岭南路广一丈二尺，长三百一十五丈。并在道路两旁夹道种植松梅，以备来往客休憩。这样大庾岭这条沟通岭南北江两广东的通道再度行盛起来，车马不绝。又在岭上修治关隘，取名"梅关"。

　　大庾岭上的梅关，古来既为交通要路（图五、六），也自然是兵家争夺的险要。秦时在此屯兵。西汉之时，南越王相吕嘉谋反，尽杀汉使，函封汉节至塞上（今大庾岭）。武帝大怒，于元鼎五年（前112年），下诏兵发五路，攻伐南越。其中一路由楼船将军杨仆率领，出豫章（今江西省南昌市），下横浦，有人认为，横浦即为大庾岭的横浦关。南朝梁太清年间，陈霸先为始兴太守时，起兵讨伐侯景，曾遣杜僧明屯兵大庾岭。

　　公元6世纪末叶，隋朝军队与番禺反叛在大庾岭有过一场激战。开皇十年（590年）岭南高智慧、汪文进聚众作乱，断绝岭南交通。文帝杨坚下诏裴矩巡抚岭南。裴矩至南康（江西赣州东北），调得老弱兵将数千人，继续南进。这时，黎帅王仲宣已近逼广州，并派部将包围了东衡州，还在大庾岭上

图五　梅关古驿道

图六　梅关接岭桥

构筑九道砦栅，以为策援。裴矩与大将军鹿愿率兵进击大庾，拔九栅，击破
大庾守军。敌军弃东衡而守原长岭。裴矩率军又破原长岭，斩王仲宣部将，

自南海驰广州，击散王仲宣叛军，凯旋捷报朝廷。南宋末年，蒙古军队的铁骑驰掠中原，南宋君主弃临安（今浙江杭州）南逃。景炎元年（1276 年），叛将吕师夔引元军过梅关至南雄，宋将熊飞及曾逢龙率兵御敌，大败。次年，吕师夔与元将塔出、李恒等率步卒再入大庾岭，穷追不舍。

　　梅关自然以梅花称著，如果能在梅花盛开的季节来梅关，时节最好！那一树树梅花，或一二枝独秀，或三五株簇聚，凌寒傲雪，含苞绽蕊，把梅岭装扮得银装素裹，一缕缕清香在初春湿润润的空气弥散。再看梅关，古老的关楼在雪白的梅花簇拥之中，更显得雄伟奇耸，人置其间，如履仙境。自唐代以来，大诗人杜甫、孟浩然、白居易、苏东坡都写过赞咏梅岭、梅关的脍炙人口的诗句。孟浩然赴洛阳访挚友袁拾遗，适袁已贬官江岭（即梅岭），心情惆怅，作《洛中访袁拾遗不遇》诗云："洛阳访才子，江岭作流人。闻说梅花早，何如北地春。"

　　游览梅岭、梅关，观赏漫山遍野的梅花，心中自有一股热流在涌动，更怀念陈毅元帅，怀念那些坚持三年赣南游击战争的英雄。梅岭上那一株株怒放的梅花，不正像英雄们那崇高的革命气节，那"大雪压青松，青松挺且直"的风骨？

下编

凡　例

一　本编所收录的古代关隘，均按关隘名称的笔顺排序：第一字笔画少者居先，多者在后；笔画相同者按首笔横、竖、撇、点、横折钩排序；第一字相同者，按关隘名称字数多少排序，字数少者在先，多者居后；第二字也相同者，仍按首划横、竖、撇、点、横折钩排序。

二　同关异名者，以常见名为主介绍，异名附后。

三　不同关隘叫同一名称者，按《中华人民共和国地图》分省的顺序排序，或以便宜。

四　本编附收录的古代关隘，不少在省界，县界毗邻之处，辖属不清，加之古今地形沧桑之变，古今区划、名称屡改屡迁，古籍中又往往只记其大致方位，故很难以现代区划一一考察清楚准确。对于这些关隘，只能遵从古籍，或略加考述。

五　对于古代关隘的考察，笔者虽然查阅了大量古今典籍，花费了很大功夫，但数千年来，典籍载记的关隘多如牛毛，且屡兴屡废，只能撮要择之。其中难免疏漏、错讹，敬请教正。

古代关隘通览

一女关　在今云南省洱源县界。《明史·地理志》："浪穹县东有佛光山，山后险仄，有一女关。"浪穹县于民国初年改为洱源县，至今未变。

一片石关　又名九门水口。在河北省秦皇岛市抚宁县和辽宁省葫芦岛市绥中县交界处河道上，今属绥中县界。旧说在抚宁县东七十里。建有关城，即今九门口长城，有"京东首关"之誉。与山海关相距 15 公里。因关城基础全部用大石块铺成，石与石间用亚腰铁锭咬合，浇注铁水固定，犹如一整块石头砌就，故而得名一片石关。曰"九门口长城"，源自桥下的九孔的水门。山、水、古关长城相映，别具风姿。明时置参将驻守。明季末，李自成遣别部出一片石，绕道山海关外，攻山海关守将吴三桂。

二郎关　见于记载的有四处。一在今山西省代县境。明洪武十八年（1385 年）修筑，为土城，周长一里。置巡司驻守。此前元代大德年间就曾在此设置过巡司。另外三处皆在四川省境：一在长江上游宜宾市东南；一在巴

一片石关（九门口）

县东 30 公里处，明末平永宁土司叛乱，曾派精兵夺取二郎关；一在广元市西北，旧传二郎赵昱曾在此屯兵，遂得名。

二渡（度）关　在今福建省浦城县。旧说在县城北百里，关外溪流回绕，

东、西两面均有桥渡河，关遂以二渡为名。历来为浙、赣入闽要隘。关城周围岩岭峻险，清康熙《江山县志》称二渡关"山溪环匝，路容单骑"。附近有太平关、梅溪关、梨关。

七里关 见于记载的有三处。一在今江西省玉山县，旧说在县城西三里。大概置关于明代中期。附近有连城关，矿岭关、太平关、雅山关。一在今湖南省常德县，旧说在县北万金村，古代这里名七里涧，关因涧得名。一在今陕西省旬阳县，旧说在县南一百五十里。古来为楚蜀交冲之地。先置铜钱关，后来因山关僻鄙，移关至七里沟，遂名七里关。时至清代，仍设守备，都司戍守。

七星关 有三处。一在今四川省茂县。旧说在县治南四十五里。关前有一座小崖，崖上有自然形成的八个圆孔，一大七小，状如七星伴月，关因此得名。关南临江倚崖曾设栈道，古有绝险之称。此关又称望星关，唐代高骈镇戍过此关。一在今贵州省毕节市，毕节市设有七星关区。旧说在县城西九十里的七星山上，关下七星河流过，古来为川、滇、黔的交通要路，曾设驿站。一在贵州省福泉市，旧说在平越县县城北五里之处，1953 年平越县改为福泉县，1996 年由县改市。

七盘关 关址在今陕西省宁强黄坝驿乡与四川省广元转斗乡交界处的七盘岭顶上，因其扼守要冲、异常险峻，从山脚到山顶，仄道七盘才得登临。早在先秦时期，它就是由陕入川的一座名关。与白水关、葭萌关、剑门关一起，被誉为"川北四大名关"。在川陕公路修筑前，商贾行人来往，必走金牛古道，而七盘关是必经之地。关置于先秦，明时辖于保宁府。明《重修七盘关碑》记载，七盘关关址屡迁，到唐贞观末年，七盘关由七盘岭迁址至关沟西坡，即现在的校场村境内。当年，因安史之乱，唐明皇李隆基入川避祸就取道于此。清代岭上建有炮台三座，由总武官一员和马步军兵一营戍守。20世纪 40 年代张大千画《七盘关》，画题："此从七盘关北上，初入秦界，路极陡峻，境亦幽邃，昔称牢固关，为秦之咽喉，今更名西秦第一关也。"20 世纪 90 年代误作棋盘关。

丁当丁山关 在今云南省大理白族自治州永平县西南的博南山上。据云博南山又名金浪巅山，后音讹为丁当丁山。此山峻险，是云南通衢要路之一，明代曾在此置关卡。《滇程记》："自永平县七亭而崎达沙木和（土人谓坡为和也），途经铁场坡、花桥哨、蒲蛮哨、丁当丁山关，皆高险。"

八字关 又名五里子、五龙驿，在今四川省广元市苍溪县境。位于天池铺与金针铺上、下五里之间，在县北八十里，明代设有巡检司，入清后渐废。明至清初属保宁府所辖。

八关城 在今河南省宜阳县东北。东汉置，本函谷新关之南寨。东汉末年，黄巾起义蜂起，为拱卫京师，朝廷在洛阳周围设八关都尉，以函谷新关为首。杜佑曰："函谷为八关之首，故此城总名八关城。"《宜阳县志》载："灵帝中平元年（184年），以河南尹何进为大将军，率五营士屯'都亭'。置函谷、广成、伊阙、大谷、轘辕、旋门、小平津、孟津等八关都尉官治于此。函谷为之首，有八关之限，故世人总统其目，有八关之名矣。"《读史方舆纪要》认为城在新安县东北。

八步关 关址在今四川省芦山县东北25公里处之龙门乡。关址有"八步天险"之说，为秦汉时从邛崃越镇西山进出芦山的必经之地，乃是青衣古道上的重要关隘。清朝重建关城，更名为"青龙关"。

八通关 旧称八童关、八同关。在今台湾南投县信义乡东埔村。地处中央山脉与玉山山脉之间马鞍部位的低凹处，清代的八通关古道、日治的八通关越岭道皆于此交汇，乃一处交通要塞。今有清代与日治留下的人文史迹，也有优美的自然景观，为游览胜地。

八渡关 又名马溺关。在今河北省唐县西北十八渡村，距县城约25公里，太行山东麓的主要古代关隘之一。关下有唐河流过，蜿蜒逶迤，此地曰八渡，关因水而得名。此处古来为戍守要地，汉代即在此置关戍。金、明时置军城镇。《寰宇记》载："（关城）在西北二十五里，有水屈曲八渡，水上置关，故名，盖汉戍也。"

九里关 在今河南省罗山县西南六里铁铺乡九里关村，与湖北大悟交界。为义阳三关之一。春秋时称大隧，后又称黄岘关、广蚬关、百雁关。隋唐时为湖北应山县所辖，宋后改为九里关，明代曾置巡检司于此。关隘南与湖北大悟为邻，两山夹峙，峡谷天成，历来为兵家必争之地。20世纪70年代在此修建水库，关隘没于水下，少有遗迹留存。附近有擂鼓台、点将台，鸡冠石、笔架山、狮子台等名胜。

九杵关 在今贵州省。《读史方舆纪要》云，在婺川县西南百三十里。今此县改称为务川仡佬族苗族自治县，辖于遵义市。《婺川县备志》：九杵关"城南七十里，为通播要害处，山径逼窄，陡绝高峻，前明杨应龙据播于此征战。"

九河关 在云南省丽江纳西族自治县西南约 40 公里处，为丽江都城的屏障，也是明清时期通缅甸的要道。

三关 历来有各种说法。东汉时期以上党关、壶口关、石陉关为三关；蜀汉以阳平关、江关、白水关为三关；后周时期以瓦桥关、益律关、高阳关为三关。明自洪武、永乐以后再次大修长城，为防止元蒙古人的残余势力入侵骚扰，环京师设重防。沿太行山东麓，即京师西北设居庸、紫荆、倒马三关，时称"内三关"。居庸关在今北京昌平区，紫荆关在今河北易县，倒马关在今河北唐县。当时与"内三关"相对，还有"外三关"，曰雁门关、宁武关、偏关，均在山西省境。雁门关在东，今代县城北；宁武关居中，在今宁武县境；偏关在西，今偏关县境。另外在云南省也有一处三关，《读史方舆纪要》载在当时的老挝军民宣慰使司境内。

三水关 在今四川省广汉县东南三水镇，盖与县相距十余里。这里乃湔水与绵水汇合处，古来即为渡口，明季在此置关，设巡司。清初裁撤。附近有广汉驿。

三舍关 又名三舍堡。在今四川省阿坝藏族羌族自治州松潘县东北近 60 公里黄龙乡（三舍驿），地势险峻。明代置关，并设偏将驻守，下辖十三堡。《四川通志》载："三舍关，在厅东一百十七里，旧设高桥墩，一名三舍堡。"《志》云："三舍关有偏将驻守。所辖上至望山，下至四望，共十三关堡，四岩绝壑一线，仅通羊肠鸟径，峭磴危湍，险巇万状。"

三岔关 盖有二处。一在甘肃临洮，旧说关址在陕西临洮府西三十里。临洮府为今甘肃临洮县，故三岔关当在临洮县境，又说，关址在今临潭县东南三岔乡，为宋代所置关隘。另一处在今辽宁省盘山县古城子西牛堡子村。属辽东镇长城序列。今关城已无，仅存遗址，已被开辟为农田。

三河关 在今浙江兰溪市西北，与县城相距约 6.5 公里，关在水旁，旧有三河渡口。唐宋时期在此置戍守设驿站。

三度关（又名三渡关） 《读史方舆纪要》载在今贵州省遵义市遵义县东部三渡镇。《读史方舆纪要》记载在府治（今遵义市）东八十里。有上度、中度、下度三关。明万历时，李应祥平定播州土司杨应龙叛乱，曾追敌至三度关，可见置关当在明万历之前。其西南云门囤峭壁耸立，横岩飞架，巉崖纵列，壮美异常。《遵义府志》云："云门囤，遵义县东之奇境也。"

三窠关 在今云南省，《读史方舆纪要》载，在姚安军民府姚州府南三窠山上，为府南峻险，明代在此设巡司戍卫，因此置关当在明代或更早。姚安府于民国初年改为姚安县，今如是。

三大偏关 又作三达奔棍、桑达木贡、萨木达博木关。旧说关址在西康硕督县、丹达县西北。即今西藏自治区比如县东南山扎区普宗乡驻地桑达本贡。为旧日康、卫分界处。

三江口关 《读史方舆纪要》载在今湖南常德市澧县西北，距县城10多里。古来为屯兵之所，置关概在明代或更早。

三舍溪关 在今重庆市綦江县境，县南约50公里处，明置。明清时有事则派兵戍卫。曹学佺《蜀中名胜记》卷十八綦江县："《志》云：治南三舍溪关，上有雁塔碑，曰：此地南平军旧址。南平王墓亦在此。"

三道岩关 在今安徽桐城市西北。早期无记载。《清史稿·地理志》记载，清咸丰十年（1860年）重筑此关。筑成后，潜山的乡勇团练曾在此驻防。

干坑关 在今湖南郴州资兴县西，距县城约40公里。关处少数民族杂居区。明清时期，这里羊肠鸟道，关下有深坑，"临坑不可仞计，处险邀击，一夫当百"。险要至极，官府在此置关，以防少数民族作乱。《湖广通志》卷十四说，干坑关在兴宁县县南七十里。

下南关 旧说在四川省庆符县东百六十里，与南溪县交界处。1460年庆符并入高县。明代天启年间筑关。据记载，永宁土司奢崇明叛乱，石砫女士司秦良玉遣其弟在此筑关城，以切断叛军归路，此为下南关筑关之始。

下马关 有二处。一处位于宁夏同心县下马关乡，是明长城固原镇重要关隘。汉代属北地郡，隋、唐为灵武郡，自古以来，这里就是匈奴、突厥、吐谷浑、土蕃、党项等民族的天然牧场。据《平远县志》记载：关城"明万历五年（1577年）筑，外砖内土，周五里七分，高厚均三丈五尺"。开有南北二门。后关城西墙被洪水冲毁，清光绪二年（1876年）重筑西城墙，墙体内移，"周四里五分，立炮台八座，雉堞七百有二，南北橹楼"。现存关城城墙内土外砖，长 570 米，宽 460 米，高 10 米，基宽 10 米多，顶宽 5~7.45 米。今南门及瓮城的砖砌券拱门洞尚存。此地当时就叫下马房关，也叫长城关，这就是下马关地名的来历。另一处在今贵州省境内。《读史方舆纪要》载，在当时的卧龙长官司司南三十里，大概在今黔南布依族苗族自治州长顺县北。

下府关　在今甘肃省境内。《读史舆与纪要》载，在临洮府狄道县。民国年间（1928 年）狄道县改为临洮县。故下府关当在甘肃临洮县境。

下马房关　《读史方舆纪要》记载，关址在陕西平凉府固原州北二百四十里。即今宁夏回族自治区境内，如按距固原的直线距离计算，大概在同心县县城以北。明嘉靖年间筑成，或即宁夏同心县之下马关。

万仞关　关址在今云南省德宏傣族景硕族自治州盈江县勐弄乡南约 1.5 公里的龙门寨旁的山顶之上。明历历二十一年（1593 年）陈用宾所建腾冲八关之一。据《滇志》卷五"建设志"载："万仞关在吊桥猛山（今盈江勐弄）"，《宝山县志》载，"台周长三十丈，台高二丈八尺，楼高七丈三尺。"今关门已毁，顶部整体坍塌，关北的内城垣尚存石基。门洞通道保存较好。两壁砖体高约 4 米，宽约 3 米余，进深约 6 米。城门遗迹清晰。原来关门的石匾额仍在，上书"天朝万仞关"。惜已断裂。万仞关置关勐弄山上，形势险要，控扼滇要路。《腾越厅志》载："城南三百里，关在盏达吊桥后猛弄山顶，控制港得、港勒、迤西等处要路。"

土地关　有二处。一处在今四川省眉山市，旧说在县城西南四十里。另一处据《读史方舆纪要》载，在湖广忠峒安抚司。按明代忠峒安抚司隶属施州宣抚司，即今湖北省恩施市附近。

大关　有四处。一处在今安徽省桐城市，有大道可通舒城县。一处在云南省，旧说在临安府建水州，即今红河哈尼族自治州建水县境。第三处在今贵州省毕节市黔西县南。第四处在今云南省施甸县姚关乡大关箐村东山上。明万历十一年（1583 年）邓子龙置。尚存关址，坐西向东，有关卡和护关墙。又有大关县，在云南省昭通市，据《大关县志》："大关以有险可守，关寨重垒，故名。"或因关而设。清雍正六年（1728 年）置大关厅，设通判驻其地。1913 年黜厅设县。

大屯关　旧说关址在今贵州普定卫军民指挥使司，卫西十五里。今为贵州普定县境，关置于明代。《安顺府志》载府辖"右九屯"，即有大屯关。在治西南十七里，有古驿道通过。

大石关　有二处。其一在今黔东南苗族侗族自治州黄平县境，《读史方舆纪要》记载，在贵州平越军民府兴隆卫卫北。其二，山东省肥城也曾有大石关。

大龙关　关址在今四川省会理县城以西 30 公里处。明置，属会川卫。《明一统志》卷七十三"四川行都司"：大龙关"在会川卫城西六十里"。

大庆关　即古蒲津关，在陕西省朝邑县东黄河西岸，扼陕西、山西间黄河渡口。入宋后更名为大庆关。明置巡司在此征税。

大安关　有二处。一处旧说在陕西汉中府沔县境，即今陕西省汉中市勉县以西，宁强县以北，关乃宋代置，以大安军而得名，今地名尚存。另一处在福建，即武夷山之分水关，明郑成功曾在此征剿过山寇。

大围关　在今四川省峨眉山市西南，即今四川峨眉山市西南大为镇。明置大围山巡司丁此。《大清一统志·嘉定府》：大围关"在峨眉县西南八十里"。过此关即入峨边彝族自治县界，与土地关相去不过十余里。关最早置于何时不详，至迟不晚于明季。

大谷关　又名太谷关、水泉关，在今河南偃师寇店镇水泉村，地处嵩山与龙门山间的峡谷地带，距洛阳 40 多公里，东与登封市邻近。此地形势险要，是为洛阳东南之门户。东汉末年置关，为中平元年（184 年）汉室拒黄巾军所置八关之一。公元 191 年，孙坚曾率兵入大谷关讨董卓。张衡《东京赋》谓洛阳"盟津达其后，大谷通其前"，所谓"大谷"即指此地。附近有水泉石窟，风景秀美。

大昌关　在今陕西省蓝田县石门谷以南，唐天宝年间，崔湜向朝廷进言，开山破石，引丹江水出石门，北抵蓝田。中宗遂"以湜充使，开大昌关，役徒数万，死者十五。"以此推知此关置关时间当在唐代或者更早（语见《新唐书》）。

大和关　在今陕西省西凤翔县东，关城大概在距县城约 25 公里处。唐肃宗时，安禄山部将安守忠攻武功，"游兵至大和关，去凤翔五十里"（语见《资治通鉴》）。大概置关在唐代，也可能更早。

大泽关　旧说在浙江处州府庆元县，今为浙江省丽水市庆元县境。关在县城西南 25 公里，与福建省交界，向西至龙泉，往南可达福建松溪，向南入闽中的要道。

大城关 今在湖北省红安县（旧称黄安县），明清为湖广武昌府所辖。关址在县城以北45公里处。史书记载蒙古军队在忽必烈率领下，一路南下大败宋军，入大城关。清同治八年《黄安县志·关津》："大城关，今废。在县北九十里，……元世祖己未入此。"

大胜关 见于记载的有两处。一处在湖北省大悟县宣化店镇大胜村大胜吴湾。大悟县原名礼山县。南宋宝祐年间，蒙古忽必烈率军南下，曾攻入大胜关。可见此关当置于南宋或更早。明代有巡司驻守，清代在此有县佐。另一处在江苏南京市雨花区大胜关村。西南即大城港，板桥、新林的浦水入长江处，凭江守险，土阜高起，又称大城冈。宋代曾驻军于此，1132年置烽火台。元代这里是大城港水驿。1360年，朱元璋在此驻军，败陈友谅，置大胜关城，又称大胜港，自古为长江江防要地。

大桥关 旧说关址在湖广永州府，府治以北门十里处，今为湖南省永州市境。关至迟置于明代。

大通关 在今北京市通州区张家湾长店，旧说距县城约三十里。为北运河码头，昔日百货凑集，商贸往来，非常热闹，附近设广利闸提举司、盐场批验所等管理机构。元代在这里发生过争战。

大斛关 旧说关址在河南怀庆府，府治以北的太行山麓（今河南省泌阳县治所），大斛关与河北易县境内的紫荆关相互策应。关址在今为河南省泌阳县辖界。唐代始置，明代为长城线上的关口。

大散关石刻

大散关 又称散关。筑于大散岭上，今陕西省宝鸡市西南渭滨区益门乡二里关村西。有古散水流过。这里地势是为关中西境襟要。"陇首突起，汧渭萦流，当山川之会，扼南北之交。"秦汉时期，为咸阳、长安的四关之一，乃其西部之屏障。大散关关城久已废圮。但两侧山崖间残留有一段之用石砌筑的关墙，关下崖壁上刻"古大散关"题记，为民国年间赵祖康所书。关下有清姜河流过，昔日陡壁悬崖伸向河床，只有开凿的栈道以沟通往来。20 世纪以后，川陕公路、宝成铁路穿越关下，辟开通衢。这里古来为兵家必争之要地，兵燹不断。西汉初年，高祖刘邦由蜀中经散关，出陈仓（今宝鸡东南），定三秦，兴汉业。东汉末年，曹操自陈仓出散关讨张鲁，蜀汉诸葛亮入散关围陈仓。宋代，吴璘、吴阶在大散关附近大败金完颜兀术。明初徐达分兵自凤翔出大散关。大散水自关下流过，入嘉陵江。

大窝关　在今云南省红河哈尼族彝族自治州蒙自县。旧说在县西南，有险可屏，又叫大窝子。明初为防御交趾侵扰而置，乾隆二十二年（1757 年）废。《读史方舆纪要》卷一一五：大窝关"在（蒙自）县西南。亦曰大窝子，有险可恃"。《清一统志·开化府》：大窝关"在新现交冈之上。明置，今废。"

大塘关　又名大塘隘、巅塘关。在今云南省保山市腾冲县境，旧说在县东北龙川江上游东岸，距县城一百三十余里，东为高黎贡山。为明廷所设腾冲八关九隘之一，明清设把总守御。八关九隘，"八关"为明朝中央政府设立，分为上四关和下四关。上四关指神护关、万仞关、巨石关、铜壁关。下四关指铁壁关、虎踞关、汉龙关、天马关。清朝中缅战争中丧失了天马、汉龙两关。后来中缅划界，虎踞、铁壁两关所在地又被划入缅境。目前我国境内还剩四关，均在云南盈江县境内。"九隘"为清政府设立，分别是：古永隘、明光隘、滇滩隘、止那隘、猛豹隘、大塘隘、坝竹隘、杉木笼隘、石婆隘，后来又增加了茨竹寨隘。实际隘口有十个。

大震关　又名陇关、故关，在今甘肃清水县东陇山东坡，接陕西省宝鸡市陇县西北界，因陇山而名陇关。唐中叶以后为防御吐蕃的要地。《元和志》：大震关乃北周天和元年（566 年）所置。因西汉武帝至北逢大雷轰鸣，故名大震。至唐，陇州防御使薛达于大中六年（852 年）将关东徙三十里，改名为安戎关，与故关并为戍守处。此后也将大震关称故关，安戎关称新关。大震关凭高据险，地理位置十分险要，素有"关中襟要"之谓，为兵家必争之地。

大木树关　又名木树关。在甘肃省陇南市礼县境北，旧说距县城北一百里。与武山县接界。明置，即今甘肃礼县，县北 50 公里有木树关。《读史方舆纪要》卷五十九"《通志》：（礼县）县有洮平、牛脊、野麻、尖岔、木树等五关。"

大毛山关　又名大毛山堡。旧说在河北临榆县北，有关城，清时曾在此设把总戍守。1954 年临榆县并入秦皇岛及抚宁县，关址在今河北抚宁县与辽宁绥中县交界处，辖于绥中县永安堡乡。此地群山耸峙，有双峰并立，大毛山关关门即设在双峰之间。登关北望，群山危耸，或一夫当关，万夫莫开。今关门已全毁，仅存遗址，城堡已成残垣，为大毛山村。明长城蓟镇关隘。建于明初，据记载："关及城为砖筑。城高二丈五尺，城周一里。东南各有一门。"

大水峪关 在今北京市怀柔区境。旧说在县城东北三十里，现在已是北京著名的旅游胜地——青龙峡。明朝永乐年间置关，关扼险要，关城设东、南、西三门，是明、清两代京师北通草原的交通要路。附近有段伏岭、安子岭，均为防御之所。又有西石城、东水峪、神堂峪清堡，明清时有官军屯守。大水峪关建于明永乐年间。《读史方舆纪要》记载："大水峪关在怀柔县东北三十里，北去密云之石塘岭四十里，有城，旁地平坦，贼骑易入。"《长城关堡录》记载"大水峪关，南至怀柔县三十里，东北五里至小水峪关，西南八里至河防口关。水口数十丈，五马可并，内外俱宽。永乐年建，通川谷。正关口并东山崖通单骑。"

大寨头关 关址位于山西省浑源县西南 70 公里处，置于明代或更早。洪武七年（1374 年）置蔡家峪巡司于此。

上平关 在今山西省石楼县境。旧说在石楼县城西北九十里。关下临黄河，过黄河路通陕西绥德。五代梁时，梁将刘知浚曾守上平关，败延州帅胡敬璋。概置关当在五代或更早，明万历年间设巡司戍守，清以后革裁。

山海关 位于今河北省秦皇岛市东北部，南面渤海，北倚燕山，东北与辽宁省绥中县毗邻，故有山海关之谓。又名临闾关，临榆关。控扼华北与东北进出之要路。这里有"两京锁钥"之称，为兵家必争之地。先秦属孤竹、属燕，秦时属辽西郡，两汉属卢绾、卢龙，南北朝至隋

山海关东关关楼

属北平郡，唐初在此筑临榆关。宋辽时属临间，属迁州，金废州置迁民镇。现在的关城始筑于明代初年。洪武十四年（1381年），徐达扫北在此选址置关。后屡经修葺。《临榆县志》载："城高四丈一尺，厚二丈，周八里百三十七步四尺。"城墙以夯土筑城，外周青砖甃砌。开东、

山海关东门楼牌匾

南、西、北四门，东曰镇远，南曰望洋，西曰迎恩，北曰威远。城外有护城河环绕。河"宽五丈，深二丈五尺"。东城门楼最为高崇，面阔三间，进深七架，两层，重檐歇山顶。"高三丈，上广五丈，下广六丈"。城楼下层两面辟门，上层西面设隔扇门。东、南、北三面设为窗六十八个。楼檐下悬"天下第一关"巨匾。东城门外筑东罗城、瓮城。形成三道屏障。关城的东西城墙向北延伸，与长城连在一起，直上燕山，筑有北水关、北翼城；向南一直伸入大海之中，有南水关、南翼城、澄海楼、老龙头。关城周围碉堡、墩台林立，形成极为完备的防御体系。山海关于1961年被列为全国重点文物保护单位，今为游览胜地。

千秋关　在今安徽省宣城市宁国城东南，往南为浙江省临安市横路乡境，距市区约60公里。关居皖浙边界，出关即为浙江省。千秋岭"岗峦耸峙，溪谷幽深"，为皖南屏蔽。五代时后梁与吴越曾在此鏖战，关始置于南宋年间，当时曾有重兵戍守，是为都城临安的西部藩卫，自始名"千秋关"，原有指挥洞、点将台、炮台等设置，今已废圮。附近还有濠阡关、唐舍关、白沙关等。这里乃天目山的支脉，风景旖旎，又为

千秋关

游览胜地。

川云关 在陕西省咸阳市阳陵区孝台乡胡家底村。早为历代交通要道，其南临渭水，北靠瓮原，川云关，千阳河，东依漆水畔，当年这里是一片无边无际的松林，东西有良田千顷，是周纣交兵的古战场。西有关城始建于明，清代修葺。现存城台城楼。城台东西向长10米余，宽5米。正中开券门一道，宽3米，高4.5米，进深约10米。东向门额刻"川云南关"。西向门额刻"川云关"。城台上建城楼，面阔、进深均一间，硬山顶，盖灰瓦，檐下头栱施彩画。早年漆水流经关下，为通往西部的要道，有官兵戍守。门前有抛锚桩遗存。

义阳三关 古籍所云义阳三关，泛指武胜关、平靖关、九里关。义阳为南北朝时期的义阳郡，在今河南省信阳市。义阳三关均在郡南，今河南省与湖北省交界处，武胜关居中，平靖关在西，九里关居东。三关首尾相连，魏晋以降，一直为南北重镇，烽烟不断。今九里关已淹没在水库之下，其他二关也地名仅存，遗迹难寻。

义院口关 在进河北省秦皇岛市抚宁县境，旧说在县城北四十五里，今抚宁县驻操营镇义院口村。筑有小城，据《四镇三关志》载："义院口关，洪武年建。"明中期设守备防戍，清改置把总。

小关 在云南省施甸县姚关乡摆马村东南山丫口处。明万历十一年（1583年），邓子龙所筑。关城平面呈方形，坐西北面东南，关城依山而建。现残存石砌关墙。规制虽然不大，但扼守保山湾甸进入施甸、姚关的通道，地处险要。

小梅关 在今江西省与广东省交界处的小梅岭上，地处广东南雄市雄州镇。路通丰州、五渡、龙南、信丰。古时路径荒僻。旧有不大土城一座，明嘉靖年间改筑砖城，万历以后历经修葺。城周不及一里。附近大庾岭上另有梅关（大梅关）。

小平津关 为东汉中平年间所置洛阳八关之一。一说关址在今河南孟津县会盟镇花园村，一说在偃师与巩义市交界处的杨沟渡，今偃师邙岭乡周山村附近。两处均为黄河古渡口，据记载，西晋时期杜预曾在此修架黄河浮桥。

小相公岭关 旧说在四川越嶲卫军民指挥所境的小相公岭。即今四川省西昌市东南，越西县南七十里处。关城筑在小相公岭绝顶之上。明置。明《蜀中广记》卷三四记载，越嶲卫长老坪"又十里为相岭关，设在小相公岭绝顶，又十里为靖边堡"。

马门关　旧说在山西隰县境，即今山西省临汾市隰县。金时期置关。

马斗关　又称马斗渡、马头渡，是黄河上的古渡口，位于延长县罗子山乡黄河西岸，距县城 80 公里，背靠巍巍群山，面对滔滔黄河，自古以来为兵家必争的要冲。隔河与山西大宁相望，有"鸡鸣二省"之说。旧说在山西大宁县县城以西七十里。关南近临黄河渡口，又称路通陕西榆林、延安、绥德。关置于唐代，记载见于《唐书·地理志》。明至清初仍设巡司管理。

马白关　在今云南省文山自治州马关县。关在县城。清雍正六年（1728年）设关。民国二年（1913 年）改称为安平县，因与贵州安平县同名，后又将"马白关"去"白"留"马关"二字为县名至今。

马头关　旧说在浙江湖州府武康县南，关距县城三十里。武康县即今浙江德清县。又，马白关又名马头关。

马耳关　在今山东省莱芜市东北 36 公里原山西麓，亦曰马耳谷。为险厄处。史籍载东晋义熙三年（407 年），南燕慕容超母与妻自姚秦还，超迎于马耳关，关当置于东晋。至清，关城已废。

马安关　又名马溺关，在今河北保定市望都县。旧说县府城有东、西两关。明隆庆初置关。（此关与别名马溺关的八渡关地理位置相近，记载又有区别，不敢妄断，故两存之。又，湖北郧西县马安镇有马安关。

马岭关　记载大概有五处。一在山西省太谷县东南七十里地马岭山上。古为戍守要地。关置于五代或更早。五代梁刺史张归厚自马岭关进攻太原，即此关。一在山西省和顺县正东的马岭上。与河北省邢台接界。也为五代守险之地。第三处在陕西省宝鸡市凤县西境。这里也称作马岭塞，五代时蜀将李廷珪曾守御马岭塞，以拒后周攻蜀。第四处在陕西省安康市石泉县东。关在距县城四十五里的马岭山下。旧时，马岭山路开在半山腰上，盘绕崎岖，十分难行。第五处在今江西省上饶市婺源县东北屏障山上，与安徽省黄山市接界。文献记载关置于北宋初年。

马鸣关　在今四川省广元市境。旧说在保宁府昭化县北百里。今昭化县废，但地名犹存。蜀汉刘备取汉中时，屯兵阳平关，遣陈武绝马鸣关道。置关当在三国时期或更早。一处在安徽省六安市马鸣山，另一处旧说在四川省江油市，具体位置不详。

马面关 在今云南省保山市腾冲县境。旧说在县城北百八十里。明代置关。

马栏关 关址在今湖北省房县县城东 15 公里处。大概置关于明代。

马颈关 旧说在四川重庆府南川废县。南川县于 1994 年改为南川市，现为重庆市南川区，在重庆市东南。《明史·地理志》记载，马嘴山原名"马颈关"，扼川黔咽喉，山高路险，四周悬崖绝壁，惟马颈关处有一独径通向城门，具有"一将守关，万人莫敌"之势。这里因此而成为古代兵家必争之地。

马桑关 在今贵州黔南布依族苗族自治州贵定县。又称马桑冲，明万历时置关。《清一统志·贵阳府》：马桑关"旧为苗民出没之地，明万历中筑堡守御"。

马陵关 在今山西省晋中市太谷县阳邑乡。紧邻榆社县西北境，与榆社县县城相距 40 公里。今关城遗址尚存，附近有"庞涓墓"土冢。马陵关附近有深涧幽河，风景优美，"马陵积雪"为太古十景之一。昔亦为兵燹避难之处。明至清初设巡司。旧讹传为战国时期孙膑败庞涓处，以东和顺县境还有孙膑坡，皆误。据考孙膑败庞涓之马陵在今山东省郯城马陵山（语见《中国古代军事通史》，与山西马陵关无涉）。

马鞍关 在今广西壮族自治区梧州市藤县境。旧说在县城南二里。这里山路仄险，明正德年间置关，至嘉靖末关废。又，湖北省十堰市郧西县观音镇有马鞍关，仅存地名。

马兰峪关 又名马兰关。在今河北省遵化市西北，与蓟县交界处。地处燕山山脉东段的马兰峪，因地得名。原来为京师东北方向的戍守要地，明代在此建关城，附近长城一线关塞碉堡甚多，以防蒙古后元残余势力及东北部游牧部落。马兰关与古北口、喜峰口关、黄崖关、松亭关一样，都是京师东北部的重险。明正德、嘉靖年间，北方的少数部族曾寇扰马兰关。

马鬃岭关 在今贵州黔东南苗族侗族自治州黄平县境。旧说在县城东四十里的马鬃岭上，为当时官道的必经之所，明置。语见《清一统志·镇远府》。

飞凤关 位于今贵州省遵义市汇川区高坪镇海龙屯村双龙村民组境内的海龙屯景区，距遵义市主城区 28 公里。始建于南宋，明代加固重建，用青石与石灰糯米浆错缝砌筑而成。城门为单通道半圆形拱券顶石结构建筑，关顶建城楼，是屯东最后一道关隘，飞凤关与朝天关、飞龙关三关连成一体，高低错落，互为掎角。或认为此关就是文献记载的"太平关"。关内两侧有对称

海龙囤飞凤关

的踏步上下，顶上建有高大的关楼。关楼两翼有关墙，正前开门二道。关内尚存的碑刻数块，说明这里为海龙屯正大门。

飞龙关　在今四川省雅安市雨城区的观化乡境内，是一座通往西藏、云南的交通要隘。旧说在雅安西境，距市区 30 公里，崖谷峻险，坂道崎岖，为雅安三关之一。也是由川入藏的第一险要之处。又，贵州省遵义海龙囤有飞龙关，建筑在海龙囤东侧在从南到北的悬崖上之上。始建于南宋，明代加固重建。用青石与石灰糯米浆错缝砌筑而成，关为三开间，形成三重防御。在关堡后壁上，有一面棱形套叠的多孔石花窗，据说这是当年进关将士传递图影文书、兵符，查验贴文号牌的窗口。门额"飞龙关"传为杨应龙亲笔。飞龙关是从屯东进入海龙囤顶大城的第一关。与铜柱关、铁柱关和飞虎关、飞凤关等构成了海龙囤周围的严密的防卫屏障。

飞虎关　飞虎关是海龙囤的一处险要关隘。在今贵州省遵义市汇川区高坪镇海龙屯村，距遵义市 25 公里。关堡构筑在山的胸部，关下有"天梯"联通。天梯乃人工凿石而成，向上呈 45 度仰角，长 55 米，中间踏步宽 2.7 米，两侧护墙各宽 0.8 米，古称"三十六步"，凶险异常。在关城与天梯之间还有一道壕堑，上架吊桥，故飞虎关又称吊桥关。关城利用半崖上的天然石壕凿为城门，扼登屯古道。这条古道连接飞虎关和飞龙关，又称龙虎大道，飞虎关为海龙囤的第二层险关。

飞狐关　又作蜚狐，飞狐口。在今河北省张家口市蔚县宋家庄乡北口村南一里处。飞狐口今名北口峪，也称四十里黑风洞，地邻涞源县。恰当太行山脉和燕山、恒山山脉的交汇点。这里地势十分险要。两崖壁立，中间一条险道，宽处近百米，窄处不过三至五米，蜿蜒曲折百里有余，古为太行八陉之一——飞狐陉，乃兵家戍守要隘。相传古时有一狐在紫荆关吃了五粒松子，至此遂成飞狐，隘口因此得名。秦末汉初，刘邦败于项羽，谋臣郦食其曾献"东塞太行之险，北距飞狐口，南守白马之津"之策。东汉初年，刘秀下令杜茂、王霸置兵飞狐口。明代正德年间，在岭上筑堡戍守。万历元年筑以砖石。关城周长一百二十丈。天顺年间把兴宁口巡检移到此关北口戍守。清康熙年间裁省。

子午关 又称石羊关，在今陕西省西安市长安区西南的子午谷内。今距西安市区约 50 公里。子午谷为通往汉中的要路，西汉末，王莽于元始五年（公元元年）通子午道，在谷内置子午关，后来亦为兵家必争之地。

子岭关 在今山西省晋中市介休市东 30 公里关子岭口。旧说关在县城东南六十里，有道路由沁源至此。明洪武五年（1372 年）在此置巡司戍守，语见《读史方舆纪要》。关当置于此时，或可早到元代。

卫关 旧说关址在河南怀庆府汲县境。"汲县有卫关，亦大河津济处"。1988 年汲县改为卫辉市，辖于河南省。

卫渠关 又名高岩关。旧说在四川顺庆府渠县境，即今四川省达州市渠县境内。关在县城北部的龙骧山上。此山峰峦突兀，势若龙骧。关置于明代正德年间，渠县县令建关以御寇。

云门关 在今四川省泸州市合江县南境，旧说距县城五十里。与贵州省接境，路通贵州。

云迦关 旧说在陕西榆林镇天德军城北，按今大概在内蒙古自治区乌拉特前旗乌加河东岸以北。唐时置关，《新唐书·地理志》云：单于大都护府金河县"有云迦关，后废。大和四年复置"，即此。后废。唐李泳为振武节度时，曾以兵千人戍守。开成五年（840 年），回鹘溃乱，侵逼西域，文宗诏振武节度使刘沔屯云迦关防御。

云梯关 位于今江苏省响水县黄圩镇云梯村，在明清时代是防倭重镇。明洪武帝在京师和全国各地设置卫所，明成祖时，云梯关为大河卫的卫所。明嘉靖三十四年（1555 年）和三十六年（1557 年），倭寇曾两次入侵云梯关，均被当地军民击败。关在旧黄河故道北岸。明时为黄河入海口，故置关戍守。

后黄河淤泥沙，清康熙时河口已下移五十里。19世纪中叶改道由山东入海，此地不再戍守，仅关名存。

瓦口关　又名瓦口隘，在今四川省阆中城东北处双山垭。《保宁府志》载："瓦口关在苍溪东15里，奇峰拱秀，远望如练，恒侯战张郃屯兵于此"。山上原有石砌城墙，高约2米，宽约10米，长约1000米。城墙中段，有拱形石门，门额刻"瓦口隘"，旁有清代咸丰年间培修隘墙的碑记。20世纪90年代兴修水利工程，城墙和石拱门均被拆除，现仅能见隘墙痕迹和砌墙的石灰印痕。一说在翠云廊南端，梓潼城北五妇岭上，瓦口关石壁犹如刀削，下临潼江，雄奇险要。

瓦口关关门

瓦口关张飞破张郃刻铭

瓦亭关　在今宁夏固原南的瓦亭山西麓，今固原市泾源县大湾乡境内，六盘山东麓。为丝绸之路东段北道必经的关隘。北靠瓦亭长峡，南临三关要塞，六盘山横亘西侧，泾水东流，深谷险阻，是关中通往塞外的重要军事屏障。宋代曾在此建瓦亭堡，明时置瓦亭驿。

瓦桥关　在今河北雄县南偏西。因地属古瓦桥，因地为名。关置于唐代末年，以防契丹。旧说关在涿州南百二十里。唐、五代、宋时为戍守要地，围绕瓦桥，争战频繁。后周时曾把瓦桥与淤口、益津并称"三关"。时人也称瓦桥关为瓦子济桥，当唐河、府河、金钱河、清水河、漕河、瀑河、萍河、潴龙河、孝义河"九河之末"，西南即为白洋淀，地理位置十分重要。

友谊关　关城位于今广西壮族自治区凭祥市南境，距市区10多公里。此关名称尤多，称大南关、鸡陵关、界首关，明永乐时期改名为镇南关，今称友谊关，陈毅元帅题字。关城雄踞祖国南境，面南背北，左右峰峦高耸入云。出土即为越南民主共和国境。关左右有绢隘、南关隘、崖口隘互为支援，素有"一关三隘"之称。

友谊关

友谊关城墙

五水关　有二处。一处在今河南信阳市商城县境，旧说关址在县城南六十里，因五水合流于关下而得名。另一处在湖北随州市。旧说在州东北百八十三里，关在五水山下，又名仵水关。

五里关　在今陕西省华阴市华山山麓华山峪 2.5 公里处。此处西依绝崖，东临深壑，形势险要。当地人为逃避失灾匪祸，多在此据险设关，垒石成城，使一人当关，万夫莫开关。城依山而筑，左右两壁夹峙，甚为峻险。范守已《华山记》云五里关"巨石突塞，谷口为石门，人伛偻上，若隧道然，是为第一关"。即入华山第一关。今日已成为华山的一处游览胜地。

五谷关　关址在今陕西镇安县西。《读史方舆纪要》卷五四镇安县条，"唐置关于此"名五谷关。邻宁陕县境。五谷关是子午道上的军事要塞之一。北朝时期置关，并派兵驻守。到清嘉庆年间，陕南、四川的白莲教发展迅猛，为防止白莲教势力流向关中，清王朝将五谷关改建为"宁陕镇"并增兵防守。

五岭关　在今安徽祁门县南，距县城约 50 公里。文献记载，自关城至县城百里间，皆高山陡壁。关与江西浮梁接界。《全唐诗》许鼎《登岭望》："森森三江水，悠悠五岭关。雁飞犹不度，人去若为还。"或指此关。若此，关当置于唐代或者更早。《闻见录》云："自浮梁入祁门界，有五岭关。自此抵县城，皆高山峻壁也。"

五度关　在今山西省晋城市陵川县夺火镇，旧说在县南八十里，与河南辉县接界。清光绪《陵川县志》曰："正南自县七十里至夺火镇，又十里至城儿沟，即五度关，要隘，有古关遗址。"五度关地势险要，《一统志》云："五度关之险，一夫可守。明初以宁山卫官兵守之，后罢。"

五峰关　在今湖北宜昌五峰土家族自治县五峰镇。清道光《施南府志》记载，恩施县有五峰关，在城东二里五峰山下。关置于明代，明清时有官兵戍守。

太平关　大概有三处。一在今山西省临汾市襄汾县西南约 10 公里。旧说在汾城县，今县已废，但汾城地名犹存。一在广西壮族自治区南宁市横县南，邕江南岸 1 公里处。明成化四年（1468 年）置关。第三处在贵州省遵宁市，为姜山关的异名。

天门关　有二处。一处在山西省太原市北郊东关口村。清道光《阳曲县志》载，"二山回合如门，在县之乾方，故曰天门。"旧说在太原府西北六十里。天门关与石岭关、赤塘关并称"太原三关"，其中尤以天门关最险，关垣版筑土城，至今遗迹断续尚存。关旁有深沟，为太行南北要冲。宋康定元年（1040年），西夏元昊攻麟、府两州，宋将高继宣率兵抵御，出天门关。另靖康初，金兵围太原，朔州守将孙翊驰兵救援。由宁化、宪州出天门关，均为此处。另一处在广西壮族自治区北流市，为鬼门关的异名。

天马关 旧说在云南陇川西境的邦欠山，为腾越八关之一。关在今云南省德宏傣族景颇族自治州瑞丽市西边境外，明清时中缅旧界那仑寨西四十里。清中叶中英勘定滇缅边界时划归缅甸。关当江北，为腾冲至缅甸的要路。明万历年间，为控扼猛广、猛密等要路，而置此关。今有天马关桥昭示了关隘的位置。

天井关 又名太行关。一处在今山西省晋城市南境。关筑在太行山绝顶之上，因关南有天井泉三眼而得名，"三泉并导，渊深不测"。置关甚早，或曰汉魏，汉刘歆《遂初赋》："驰太行之险峻，入天井之高关"，即此。宋靖康时赐名雄定关，元代又称平阳关。关当太行南北险要，关内即羊肠坂道，又称太行坂道，至为险要，为"太行八陉"之一。汉、南北朝、隋唐，在天井关屡有争战。抗日战争时期，八路军曾凭天井关之险，重创日寇。另一处在今河北邯郸武安市，旧说在市西八十里天井峧，临关为通山西要路。后燕慕容垂曾出滏口，入天井关灭西燕。

天生关 一处在云南省昆明市石林彝族自治县石林镇东北，距石林镇约7.5公里。另一处旧说位于今贵州省务川仡佬族苗族自治县北八十里。

天津关 又叫天津口、大口。位于门头沟区斋堂镇西北的柏峪村东。关址设在柏峪和沿河城的山口之间，关口旁存有方圆百余米、石墙围绕的驻兵遗迹。关隘附近群山竞秀，长城逶迤，敌台丛立，风景优美。旧说在宛平县西二百里。

天雄关 旧说在四川昭化县西南2.5公里。即今四

晋城天井关

川省广元市西南，有路通剑阁。《昭化县志》载："葭萌治地四面环山，三面临水，以天雄关为屏障，则上接朝天声势联络，下接剑阁首尾呼应……关之地势雄险而扼秦蜀古道要冲，峰连玉垒，地抱锦城，襟剑阁而带葭萌，距嘉陵江而枕清水，诚天设之雄也。宋、元改修驿道时于牛头山北麓设关，因名天雄关"。是古代兵家必争之地，关当置于明代或更早，今关址尚存，另有"天雄关"碑和古驿道。

　　木峡关　在今宁夏回族自治区固原市西南，今红庄乡境内，即海子峡出口处，这里是西越六盘山的要道。关置于北朝时期，扼陇山山口。北魏永熙三年（534 年）宇文泰讨伐侯莫，曾引兵上陇山，出木峡关。隋代突厥南下关陇，也是由此关入。隋唐时期，木峡关和六盘关一样，都是重要的军事要塞。

　　木客关　在今云南省曲靖市陆良县境，旧说关在县城西 5 公里。关置于明代或更早。

　　木陵关　在今湖北黄冈麻城市西北的木陵山上。与河南光山接界，北距光山县城约 65 公里。旧时山路陡险，委折而上，为守要之处《水经注·淮水》：黄水"东北流，木陵关水注之，水导源木陵山"。南北朝、隋唐，围绕木陵关屡屡争战。其与虎头关、黄土关、白沙关、大城关合称"五关"。又，木陵异称穆陵。木陵关建于南北朝时期，废于五代后梁。

　　木密关　在今云南省曲靖寻甸回族彝族自治县境。关置于县城以东 30 公里的小关岭。木密关，一名易龙堡，洪武二十三年（1390 年）置木密关守御千户所于此。

　　木曹关　在今陕西省汉中市城固县。《汉中府志》记载，关分南北两座。"北关在县西北三十五里，接连云栈道。南关在县南三十里，通西乡县界，今皆废。"置于元代。明初徐达驻益门，曾派遣傅友德夜袭木曹关，攻斗山堡，即为此处。

　　木稀关　旧说贵州赤水卫指挥使司西南七十里有木稀山，山上筑木稀关，因山而名。据考，赤水卫在毕节西，清时并入毕节县。又云，毕节卫东四十里有木稀山，上设木稀关。《毕节县志》载："山崖陡峻，石磴崎岖，仅容一马，设关以守其险。"明张谏《登木稀关》诗云："石磴崎岖翠霭间，木稀山上木稀关。"

　　车骑关　在今河北邯郸市邯山区马头镇。旧说关在河南怀庆府磁州北三十里，查当时的州治即现在的磁县县城。关置于明代或更早，为连通河南、河北的交通要道，车骑往来不绝，关因此得名。明至清初有巡司戍守。《读史方舆纪要·磁州》记载："车骑关在州北三十里。路通直隶邯郸县，自邺趣河北，车骑往来，往往取道于此。"或传北宋名将杨延昭任车骑将军时曾镇守此处，故称车骑关。

长平关 在今山西省高平市西北部与长子县交界的丹朱岭东麓。东西两侧山为屏，近隘口处是圆形平地。扼高平到长子的交通要冲，为晋城市西北部的重要门户。旧说在山西长子县南的长平岭上，距长子县城四十里，南去高平县四十五里，隋代置关，唐代因循未改，历代为重要关口。这里古名长平郡。战国时期，秦国大将白起与赵国赵括战于长平。秦将白起大败赵军，坑杀赵国降卒四十万，即在长平附近。山西省考古研究所等单位于1975年在长平以南的高平市永录村，发现埋葬赵国降卒的尸骨坑证实了这一点。另一处长平关在广西壮族自治区贵港市，旧归浔州府所辖。

长台关 清晚期又称长乐关。在今河南信阳市以北约20公里处的平桥区中北部，南傍淮河，京广铁路经过这里。附近有长台古渡，为明清时期信阳八景之一，20世纪50年代以来在附近发现战国楚墓数座，出土遗物甚为丰富，又使长台关名声更盛。今有楚国城池遗存，但未见长台关遗迹。

长冲关 在今贵州黔南布依族苗族自治州惠水县境。旧说在龙里卫军民指挥使司（今龙里县）正西十七里，明洪武二十五年（1392年）置关。

长社关 在河南省西华县南境，旧辖于开封府。关距县城30公里，明代清初置巡检司。

长岭关 位于湖北省麻城市木子店镇长岭关村（或说安徽省六安市金寨县斑竹园镇长岭关村），西接安徽省金寨县，南界罗田，北界河南商城。旧说在河南归德府商城县，关去县城南一百二十里，有山岭横亘百十里，关因岭得名。明嘉靖年间，盗起西山九龙湾，兵备佥事沈龙议建守备府于此，在长岭关建军营。清咸丰九年（1859年），湖北巡抚胡林翼谕练绅郑家驹于此设立镇安卡，设卡门、碉堡、炮台等。今此关虽废，但"镇安卡"及"天子万年"等石刻尚存。

长城关 旧说在陕西宁夏后卫，即今宁夏回族自治区盐池县。关居县城以北，或说明正德初年所置。或说嘉靖中，统制王琼所筑。长五十里，关上建城楼，下设闸门，关外有市场，每月开市三次，热闹非常，在当时为汉民与少数民族交易要所，设守备监理一切事务。

长淮关　旧说在江南凤阳府凤阳县，即今安徽凤阳县。关在县城西北15公里淮河南岸。明洪武初年筑关，明清在此置长淮卫所。《明史·地理志》凤阳县："西北有长淮关，洪武六年置长淮卫于此。"《方舆纪要》卷二一凤阳府："长淮关在府西北三十里，地名粉团州，长淮卫置于此。"即今安徽蚌埠市东长淮镇境。

长岭关

长清关　在今浙江省诸暨市。旧说关在诸暨县西南五十里，辖于绍兴府，置于元代。明代设有长清关巡司，后废。

长溪关　在今浙江省慈溪市，旧县城西北东埠头的长溪岭长溪村，岭上有仰止亭、长溪寺，岭北即关头，清光绪《慈溪县志》载："长溪关，路达观海卫。"有长溪水从关下流过，清流素湍，屈曲蜿蜒。旧辖于浙江宁波府。素有"浙东屏障"之称。

水关　在今浙江省桐庐县，旧辖于浙江严州府。关在县城东1公里左右，当桐溪入江口。明清在此置合江巡司。

水口关　有二处，其一在福建古田的水口镇。另一处在广西壮族自治区龙州县西端水口镇。关在县城西约七十里，扼河而置，与越南驮隆口岸仅一河之隔。其地理位置险要，与凭祥镇南关（今友谊关）呼应，明清设重兵防守。

水云关　在今贵州省务川仡佬族苗族自治县境。明清之时为思南府婺川县辖界。旧说关在县城以东十五里，明代设兵戍守。《清一统志·思南府》：水云关"在婺川县东十五里，县境又有虎踞关，皆置戍处"。

水西关　元代修都江堰时记载，"水西关据其西北"。由此推知，水西关当置于元代或更早，关址在后来的灌县境。1988年灌县改置为都江堰市。故水西关址当在今四川省都江堰市西北。又，山西省太原市有水西关，但其记载不详。

水磨关　在今甘肃永昌县城西北10公里焦家庄水磨关村。为河西走廊的要道。现遗址尚存，面积南北百余米，东西六十余米。《读史方舆纪要》所云水磨川关，概即此关。明清有兵戍守。

牛心关 湖北省房县东 100 公里有牛心山，关筑于牛心山下，因山得名。《郧西府志·舆地》则记载，牛心关在府治"西二百六十里，交陕西洵阳县界"。

牛栏关 在今广西壮族自治区南丹县境。旧为南丹土州辖界。1924 年设南丹县。今仍之，辖于河池市。

牛蹄关 关址在贵州省普定县境，位于县城以西 2.5 公里处。关始置于明代。又，甘肃陇南武都有牛蹄关，因石上有牛踏蹄痕得名。

牛山镇关 关址在今河南省光山县东境，距县城约 50 公里。关置于明代，并设巡司勒兵戍守。

牛水口关 旧说关址在贵州石阡府龙泉司西境，司治以西八十里处。关至迟置于明代，有明至清初为戍守要地。民国年间，龙泉县改名凤泉县，又改名为凤冈县，今牛水口关当在贵州省凤冈县境，今县城仍名龙泉镇。

牛塘坝关 旧说在贵州石阡府葛彰葛商长官司境内。考其地理，当在今石阡县西南百里处，或已入临界的余庆、施秉县境。

毛坝关 在今陕西省紫阳县境，地跨大巴山西端和米仓山东端，今辖于安康市。关址在县城西南 60 公里，与四川省万源市接界。任河从关下流过，从武汉至重庆的铁路也从附近经过。是由川入陕的门户，清代乾隆四十八年（1783 年），在毛坝关设主簿治理事务。

乌山关 关址在今浙江省安吉县南境，距县城约 25 公里。关始置于明代，属孝丰县辖界。出关以南即为临安市界。

乌仁关 在陕西省宜川县。旧说关在县城东北八十里，辖于延安府。乌仁关下临黄河岸，隔河与山西省吉县相峙。或云乌仁关在山西省吉县西六十里。《唐志》载丹州有乌仁关的记载，可知此关最晚置于唐代。

乌石关 在今浙江建德市，关以乌石山得名。关城临富春江，下有乌石滩。沿江景色旖旎，富春江七里泷一关三峡（即乌石关、乌龙峡、子胥峡、葫芦峡）历代传为盛景。

乌江关 在今贵州遵义市遵义西南乌江镇，距遵义市区约百里的乌江边上，盖在江流北岸。关建于明初洪武年间，临江凭险，甚为固要。明代万历年间，贵州帅童元振讨杨应龙，曾兵败于此，后李化龙占乌江关，平播州叛乱，也在此地。

乌罗关　旧说在贵州省贵阳军民府罗番长官司，司西北五十里，或说在定番县南。1935 年定番县改名为惠水县，故乌罗关当在今贵州省惠水县境。

乌鸣关　旧说在贵州安南卫指挥使司，司南二里处。关置于明代洪武初年，筑在山巅之上，关下有道直入密林深箐。安南卫明置，在今黔西南布依族苗族自治州晴隆县。《读史方舆纪要》又云，乌鸣关俗称老鸦关。此地山势极其险要，《徐霞客游记》载："西循北崖下坠，即所谓乌鸣关也，土人呼为老鸦关。西向直下一里，有茶庵跨路隅，飞泉夹洒道间，即前唧唧细流，至此而奔腾矣。崖下崖环峡仄，极倾陷之势。"

乌金关　关址在今贵州省务川仡佬族苗族自治县西境，距县城约 60 公里。

分水关　有三处。一处在江西铅山县与福建武夷山市交界处。这里有道分水岭，关筑在岭上。北距铅山县城约百里，南距武夷山市约七八十里。旧说在江西广信府铅山县南，或曰在福建崇安县西北。过去为赣闽交通要路，五代、宋在此设寨。明洪武初年置关，设巡司戍守，时称八闽第一关，俗称大关。另一处在浙闽交界地，即浙江苍南县西南，或曰福建福鼎市东北。此地有山名分水山，山上有泉，泉水东西分流，为浙闽的分界。关扼浙闽要道。旧说关在处州府泰顺县东南二百里分水山上。第三处在诏安县西南境，距县城约二十华里，与广东省饶平县相邻，乃漳、潮两个州府的交界。群峰环列，唯分水山有一天然的窨口，形成"东连五福，西接两广"的山隘，明代置关，正德十五年（1520 年）漳潮巡检司迁署至此。

分水岭关　旧说在陕西临洮府渭源县，即今甘肃定西市渭源县。关在县城以西四十五里分水岭上。岭上西流之水注入洮河，东流之水汇入渭河。另一处在云南省曲靖市马龙县，旧说在曲靖军民府马龙州。关在县城西南二十里处，置于明代。

月竹关　旧说关址在湖广郧阳府西南百八十里，东南交房县界，西北通竹山县（记载见《郧县志》）。即今湖北省郧县境。古时绵延山险，竹箐林密，为戍守要处。明代置关。

风陵关　现名风陵渡。在今山西省永济市以南黄河北岸，芮城县西南 35 公里的风陵渡镇。相传风后葬于此，故地名风陵。旧说在山西太平府蒲州，

东门外景　潼关八景之一"风陵晓渡"

州南六十里。隔河路通潼关，为黄河的重要渡口，也是三省交界的陆路交通
要道。唐（武周）圣历元年（698年），于风陵堆南置关，名风陵津。洪武八
年（1375年）在此设巡司，辖于潼关卫。清代设巡检，以管理船运政务。

　　方山关　明代更名为马岭关（马岭关条已提及）。旧说辖于陕西汉中府汉
阴县，今陕西省安康市石泉县，故址在石泉县东南25里许汉江东北岸，唐贞
观二年（628年）所置。北阻方山，南临汉水，当东西要路之冲。

　　六石关　旧说在江西广信府永丰县，即今江西吉安市永丰县，关城置于
县城以东的六石峰下，因峰得名，关当置于明代或更早。又，浙江省衢州市
仙霞岭高山深谷，附近有六石关。

　　六郎关　在今湖北十堰市郧西县。旧说在县城以西百七十里的甲河东岸。
地接陕西省白河县境。陕西省西安市蓝田县玉川镇有六郎关，仅存地名。

　　六盘关　旧说在陕西平凉府隆德县境，即今宁夏回族自治区固原市隆德
县，关建在县城东10公里六盘山上，因山为名。六盘山曲折险峻，盘施六
曲。关置山上，拱扼险要。唐代在此设六盘关，遂为原州七关之一，或谓
"扼九寨咽喉，七关襟带"。南宋之时，宋军与蒙古军队屡屡在此争战。明初
徐达定关中，曾于六盘山大败敌兵。

火烧关 在甘肃省陇南市文县城关镇滴水崖村，南距县城约十余里。两山壁立，中通一径，关扼要路。宋元争战时，元兵数次攻关未克，遂伐薪火攻，后人便将此地取名为火烧关。如今悬壁上木制栈道早失，唯孔穴犹存。另，福建南平光泽县和大理白族自治州云龙县各有一处火烧关，仅存地名。

斗阳关 又名陡岭关，关址在今安徽省含山县西境，巨兴集东北六里许的大茅芦尖山上，距县城约四十里，关至迟置于明代。地当含庐古道要冲，今仍为南来北往行人的要道口。关下有路，界分含山、巢湖。

斗焰关 又名陡阳关。关址在今安徽省和县境。旧说江南和州西北有斗焰山，邻近筑关，以山而名。关距旧县城约四十里，至迟筑于明代。《读史方舆纪要》卷二九和州："明初取和阳，遣张天祐等将奇兵出陡阳关，进薄小西门，遂克之，即此。"

孔夫关 关址位于今安徽宁国仙霞镇孔夫村，四光山与师姑坪山交汇处即为孔大关关口。明嘉靖《宁国县志》载："孔夫关，在治东南一百一十里，宋南渡时建。夫子入吴时适此，故名。"今孔夫关早已废圮。地邻浙江安吉县西境，旧说为安吉州辖界，关去州治西六十里，始置于明代。关下有路出宁国。

孔岭关 又名孔领关。记载见于《五代史·高行周传》《山西志辑要》广灵县："直谷口，县南十五里。灵丘要路，两崖立有直谷关，其北有孔岭关。"关址在今河北省蔚县东北。《新唐书·地理志》：蔚州灵丘县"有直谷关，其北有孔岭关"，可见此关当置于唐代或者更早。《新五代史·高行周传》晋王将讨幽州节度使李匡俦，谋曰："高思继兄弟在孔领关，有兵三千，此后患也，不如遣人招之"，亦即此。

双山关 在今湖北省红安县，旧说在湖广武昌府黄安县。关在县城以北数十里，与木陵关相距十里。也与河南新县相近。这里的地势十分险要，两山夹峙，高可万仞，一水中流，惊涛如雷。峭壁如刀切斧削，蓝天仅存一线。旧谓"过其下连勇夫健儿未曾不逡巡色变，盖诸关中之至险者。"关当置于元代以前。明代有巡司戍守。

双桥关 又名双桥堡。旧说在四川盐井卫军民指挥所，即今四川省凉山彝族自治州盐源县东北境。关筑于卫所以东八十里，概在今德昌附近。明置，属盐井卫。《明史·地理志》盐井卫："东有双桥关。"《方舆纪要》卷74盐井卫亦云：双桥关在"卫东八十里，亦曰双桥堡"。

平安关　关址位于湖北省房县西境，北宋咸平五年（1002年）年置。

平林关　在今湖北省随州东北，即古平林县故地，当豫楚要路，地理位置重要。今关址无存。

平昌关　俗讹称平常关。在今河南信阳市境。关在市区西北七十里处淮河岸边，辖于平桥区。明清有官兵戍守，到民国初，仍有县佐守治。

平定关　有二处。一处在今甘肃省舟曲县西北坪定乡，距县城约三十里。旧辖于陕西巩昌府阶州。关居州城西北，置于宋代。当时这一带多置关、堡，以御西羌。另一处在今贵州省黔东南苗族侗族自治州都匀市，旧辖于都匀府，置于府治北二十五里处。

平羌关　在今四川省乐山市，旧辖于嘉定州。唐代即有平羌关之名，概置关在唐代或更早。旧说关居州城之东大江东岸，又说临江关即平羌关之伪讹。

平型关　又名平型岭关、瓶形寨。在今山西省繁峙县东北，距县城约百四十里。其西恃雁门、宁武二关，东邻倒马、紫荆二关，是明代内、外三关的中继，在长城沿线诸关口中至关重要。瓶形寨之名见于宋《元丰九域志》。现在的关城为明正德六年（1511年）始筑，嘉靖二十四年（1545年）、万历九年（1581年）修葺增筑。其周长1000余米。开东、西二门，以东门为正，现关楼已毁，门上有"平型关"三字匾额。门下有古道，可通广灵。平型关古今俱为兵家要冲，抗日战争时期，著名的"平型关"大战，八路军首创日寇就发生在这一带。

平型关关门

平南关　又名平而关。在今广西壮族自治区凭祥市境。关置于凭祥旧县城西北，临江筑关，西与越南平瑞接界，东北邻龙州。与镇南关（友谊关）势若首尾，可互为策应，旧常屯兵戍守，置关时代也与镇南关相若。

平溪关　在今贵州省玉屏侗

族自治州，旧说在思州府都坪峨异溪蛮夷长官司，关在府东北三十里。明洪武年间置平溪卫，卫所在平溪关，可见此时已筑有关城。

平靖关　在湖北省信阳市浉河区谭家河乡大庞村与湖北应山县交界处。又名西关。古称冥扼、黾扼塞。关口两山相夹。沿山坡筑土城。今关址无存。因其地处鄂豫交界，桐柏山与大别山交汇处，古来为戍守要地。春秋时期，有天下九塞之要，冥扼居其一。后又与武胜关、九里关合称"义阳三关"。又因其居三关之

平靖关隘口

平靖关牌示

西，遂有"西关"之称。平靖关一说以古平靖县而得名（见于《元和郡县志》）。又说"因山为障，不营濠隍，故名平靖关。"（《地理通志》）。其置关久远，颇多异名。曰"恨这关"，传关羽曾陈兵于此，恨不能过此关北进伐魏，遂以"恨这"命关名。曰"行者关"，因宋以后为交通孔道，行人渐多而名。原东关城有大小关门，皆凿山为道，险要非常。其城垣等建垣皆毁于白郎讨袁的战火中。平靖关附近风景旖旎，尤以"三潭"、鸡公山为佳。

平彝关　在今四川省阿坝藏族自治州松潘县，旧属松潘卫。关在城南百35公里，明万历年间置关。据记载，这里又名平彝堡、黄沙坝，地势平旷，可容千骑，四十八寨曾在此歃血结盟。

玉门关　又称玉关。在今甘肃省敦煌市西北百余里，旧说在陕西西宁镇

玉门关河仓城遗址——大方盘城

沙州卫，废龙勒县西北。西汉武帝时置关，现故址尚存，名小方盘城，城方如盘，夯土构筑，现城垣仍存高9米有余。城内东西长24米，南北宽27米，面积不大，遂有小方盘城的俗名。城西、北各有一门。玉门关是汉代丝绸之路上的重要关隘，张骞通西域，李广利出征大宛，班超出使西域都曾以此经过。玉今有汉简、文书等许多珍贵文物出土。唐代的玉门关已向东移，人们考证，在今甘肃省安西县双塔堡。唐代大诗人王之涣"羌笛何须怨杨柳，春风不度玉门关"的著名诗句说的就是这里。

玉峡关 在今山西省平顺县玉峡关乡玉峡关村。关筑于隆虑山顶上，为晋、豫两省之咽喉要塞。与壶关县城相距60公里，又名风门口，地势极险。明代嘉靖年间置关，并没巡检司备守。

玉垒关 有二处，其中一处在四川省都江堰市，旧说在成都府灌县，又名"七盘关"。关址位于县城以西的玉垒山下，用条石和泥浆砌成，宽13.29米，高6.2米，深6.86米。关门楹联为"玉垒峙雄关，山色平分江左右，金川流远派，水光清绕岸东西"，关城唐贞观年间构筑，是成都通往茂汶羌族及阿坝地区松茂古道的要隘，有"川西锁钥"之美誉。这里不但地势险要，而且风光秀美，是千余年来古堰旁的一处胜景。另一处在今甘肃文县玉垒乡境内，旧辖于陕西西巩昌府，关在县城以东百余里。是古阴平之东的雄关要塞，素有"陇蜀咽喉"之称谓。悬崖绝壁上古栈道遗迹。

都江堰玉垒关

　　石关　有三处。一处在今河南偃师市。关在旧县城以西二十五里，又曰二石关。南朝刘宋时所筑。另一处在今甘肃省岷县，关址位于城以东五十里处，为前凉张骏所置石门护军。明代清初仍有官军驻守。集辖于陕西临洮府岷州卫。第三处在贵州毕节市境，旧赤水卫东八里，明代置关。

　　石门关　以石门命名之关尤多，盖有九处之多。一在山西省浑源县西，应县东北，旧崞县境，见于《新唐书·地理志》代州崞县"有石门关"。置关当在唐代或更早。第二处在湖北省建始县，位于县城东 65 公里处，峻险异常。第三处在湖南省衡山县，县城以东 45 公里的凤凰山西麓，为县城锁钥，扼南达攸县，北通湘潭的要路。第四处在陕西省旬邑县东南，石门乡石门关村，石门山主峰东侧，两峰壁立，秦直通从中穿过，两山间垭口形成自然的险隘。现在可见地表散破的秦汉时期的绳纹、布纹瓦，云纹瓦当等，当为秦汉古关。因其地当耀县、淳化、宜君等县交界，位置重要，以后多代仍修葺利用。明代又将关城用砖石甃砌，并派置巡司总理戌务。至清代晚期渐以废圮。第五处在宁夏回族自治区固原市境。其位于县城以北。据《固原州志》，须弥山的古寺即石门关旧址。关或筑于隋唐。第六处在重庆市奉节县东 30 公里，接巫山县境。第七处在四川省西昌市东 5 公里。第八处在四川省宣汉县城以东 15 公里。第九处在云南省昭通盐津县豆沙乡石门村西 500 米处，又名豆沙关。始建于隋唐。关北跨石门道。关墙用条石砌就，方约 15 米，下宽 5 米。中间券砌拱形关门。门顶上方有楷书"石门关"三字。上建关楼。木结构单檐四面坡灰瓦顶。关城毁于清，后又重建。石门古道从关门下通过。北道为唐石门道之一段，卵石铺砌，长约 350 米，宽约 2 米。尚有马蹄痕 30 余个。关地北有唐贞元年间袁滋题记八行一百二十二字，皆阴刻楷书。

昭通石门关

石会关 在今山西省榆社县，旧辖于泽洲府。关在县城之西北二十五里处，与武乡县昂车关互为犄角。唐代置关，会昌三年（843 年）刘稹遣其部将郭㻮守石会关（语见《资治通鉴》）。古来为晋东南入晋中的要道。

石羊关 旧说在湖广武冈州，即今湖南省之武冈市。关在秦侨乡黄沙村附近。明代有巡司在此驻守，今关址已失，仅存地名。另一处在河南省登封市告城镇。又，子午关又名石羊关（参见子午关条）。

石砀关 旧说关址在四川保宁府剑川北八十里处。今四川省剑阁县境。此地山峰奇耸，旧设险处。至明代关已废圮。

石岭关 有二处。一处在山西省阳曲县大盂镇上原村北二里许。距县城东北约一百余里。为通达大同、忻州，北至大同的交通要路，东西群山为屏障，地势非常险要。唐宋时历防范突厥、契丹的重要隘口，屡有争战。明代新年在此夯筑土城。万历年间又在土城基础上筑石城，广袤二百余丈，设巡司驻守。今城址尚存，城周 1.25 公里，原有内、中、外门三道，每门相距约 150 米。而今古关内、外两门均毁，仅存中门，门楣有"耀德"二字，系万历二十四年（1596 年）所建。门洞长 10.3 米，宽 3.9 米，高 7.4 米，石砌门

台，砖券拱门。城墙底宽 3
至 4 米，顶宽 1 米，高 5 至
6 米，依山曲折筑砌。折北
向又有残墙 150 余米。同蒲
铁路从附近经过。史载唐武
德八年（625 年）突厥骑兵
曾逾石岭寇并州。宋开宝二
年（969 年）宋太祖征伐晋
阳，辽国军队增援北汉，赵
匡胤命何继筠将兵赴石岭关
拒之，宋、辽争夺石岭关。
另一处在甘肃省临潭县。旧
说在洮州卫。关筑于卫北石
岭山上，因山而名关。明时
驻有官兵。

曲阳石岭关

曲阳石岭关门额

石乳关　关址在今湖北
省恩施市太阳河垭口，建始
县西境，旧曾辖于四川夔州
府。清道光《施南府志·建
置》记载："石乳关在城西一百七十里，在石乳山上，三国时关蜀分界处，武
侯曾至焉，今俗称十二关。"

石胜关　在今重庆市黔江土家族苗族自治县。关在县城以东，盖与湖北
省恩施市接界，为嘉靖年间所设立的三关五堡之一。

石家关　在今甘肃省陇南西和县境。旧说在礼县东南，为交通要道。另，
河北灵寿县有石家关，今仅存地名。

石湖关　旧说在江南和州境，即今安徽省和县。关在县城以东 10 公里，扼
长江。南宋绍兴年间，金兀术率兵南侵，宋将张浚曾以五千军守石湖关，即此。

石榴关　旧说在陕西巩昌府秦州，即今甘肃省天水市，今天水市秦州区
李子镇南境。据记载：关在州南九十里，当甘肃入川的大道，再往南十里就
是望子关。《天水县志》记载，石榴关"在白音峡内，今称石子关也。"路通

徽县。《元一统志》卷四成州也有记载。

石槽关 关址在今贵州省务川仡佬族苗族自治县境。

石嘴关 在今甘肃省临夏县刁祁乡。旧说辖于陕西凤翔府陇州，关居州城以西八十里。石嘴关也称小关，陡峭难攀。置于明初洪武年间，今关址尚存。

石夹口关 在今河南省唐河县境。记载见于《新唐书·地理志》，云：唐河县"县有石夹口关。昔时戍守处也"。可见置关当在唐代或更早。关城在县城以北，旧辖于南阳府。在今河南唐河县东北。

石塘岭关 又名鹿皮关，在今北京市密云县北25公里大水峪。峪东北有城。《密云县志》记载："石塘岭关，东自陈安峪，西抵元连口，延袤二百十七里，辖关寨二十二。关城周长二里有余，内设石塘营，为明代事。"位于白河注入密云水库的入口处，北通河北省的丰宁县，西北与怀柔县接壤。是历史上著名的长城关口，初建于北齐天保年间，明万历重修时，以北齐长城为基础，其上构建敌楼。

邛崃关 又名大关。在今四川省雅安市荥经县境，以附近的邛崃坂而名。关筑于县城以西40公里的大关山上。这里山岩阻峻，萦纡百有余里，关当西麓将尽处，旧时为通西南彝之要路。附近有天险、紫眼等关。隋大业十年（614年），始置，唐中叶以后，西南多事，邛崃关遂为重地。

巨口关 又名巨口铺。在今湖南省邵阳市西北约六十里处。旧辖于湖广宝庆府，古为通新化的要路。

巨石关 在今云南省德宏傣族景颇族自治州盈江县往宏傣族景颇族自治州盈江县息马乡6公里的息马山顶上，界中缅边界。明万历二十一年（1593年）陈用宾所建，腾越八关之一。关城面积约1000平方米，遗址内尚存。关门为砖石混砌而成宽5米，高6米，进深6米，尚存是被两方，镌刻"天朝巨石关"五个楷书大字。这两通石碑原址在关门内外。另有残砖瓦、石条留存。

龙门关 在今山西省运城市河津市西北的龙门山下。西据黄河，过河即为陕西省韩城市。关置于后周之时，扼黄河要津。《通典》记载，龙门关"盖周齐时攻守处，两峰壁立，大河经此，扼束而出，南北盖百里，关之下即禹门渡矣"。唐武德二年（619年）李世民征讨刘武周，从龙门关下趁严冬坚冰时渡河，即此地。《元和郡县图志》记载："龙门戍（关），在（韩城）县东北，极险峻。后周于此置龙门关，今废。"

龙井关　有二处。一处在河北唐山市境内。旧说在迁安西北百九十里，西接遵化的洪山口。大概在今迁西县境内龙井关村。清初关城仍在。另一处在安徽安庆市潜山县城以东，关城距县城四十里，地名西堡，旧说这里"悬岸瀑布，最为奇胜"。

龙江关　旧说在江南江宁府仪凤门外，即今江苏南京市。明代曾在这里设户部钞关，征收粟帛杂用之税。2015 年在南京下关河路边发现一处城墙建筑遗址，面积达约数百平方米。初步判断是明城墙护城河的驳岸遗址。另有学者认为，这处遗址更有可能是明代的"龙江关"，龙江关乃明洪武元年在龙江湾设置的征税衙署，坐落在河边。到了明宣德年间，又在上新河设立税关。因龙江关在上新河关的下游，又名之为"下关"。

龙回关　在今湖南长沙市东。旧说关距长沙四十五里，两关相连，中仅一路相通。唐乾宁元年（894 年），武安节度使邓处讷命蒋勋率兵三千扼守龙回关。推知关当置于唐代或更早。

龙伏关　在今湖南临澧县东。又称龙伏隘。关当置于元明时期。明初，周征兴取龙伏隘口，即此处。与后坪关、黑崇关合称"永定三关"。湖南湘西州永顺的土司王城周围，有野毛关、椰溪关、大坪关、龙爪关、飞霞关、百丈关、龙伏关等险隘要塞。

龙尾关　又称下关，河尾关，因当洱河之尾而名。在今云南省大理白族自治州下关市西洱河北岸，与北面的龙首关（上关）互为首尾，号称大理的南北屏障。关筑于公元 738 年前后，为南诏王皮罗阁统一大理时所建。明洪武年间蓝英、沐英曾攻取龙尾关，取大理。这里景色旖旎，为旅游胜地。

龙泉关　在今河北省保定市阜平县西境龙泉关镇龙泉关村。关城距县城七十里。文献记载有上、下两关，两关相距约三十里。关与山西邻界。五台山在其西，沿山曲折，有隘口百余处，明正统二年（1437 年）筑下关，景泰二年（1451 年）在其西北又筑上关城。天顺、成化年间置官兵戍守。清代并在此征收官税。

龙势关　关在今贵州省铜仁市东北。附近又有石榴关、倒马关、清水塘关等。关大概置于明代或更早些。

龙虎关　在今广西壮族自治区桂林市恭城瑶族自治县境。关居县城东北七十里处，龙虎河从关下流过。关南有龙头岭，关北有虎头岭，因之得名。

龙泉关东关门

龙泉关城墙

与湖南江永瑶族自治县相接界。龙虎关原名镇峡关，明朝洪武二十六年（1393 年）设镇峡寨巡检司戍守。崇祯末年改名称龙虎关。

龙首关　有两处。一处在今云南省大理市北 80 里，上关村西侧，西靠苍山云弄峰，东临洱海。因居洱河的上游，故又名上关、河首关。龙口城，又因这里两山山壁立，宛若石门，又称石门关。关筑于公元 738 年前后，南诏皮罗阁统一六诏之后，为防御吐蕃南下侵扰，筑以龙口城，作为南诏太和城北面关隘。元代忽必烈遣师取龙口城，入大理城。明洪武年间，大理卫指挥派周能在龙口城的基础上修筑龙首龙、龙尾二城。古龙首关城约两平方公里，四周有五道城墙，五道城门，有各种军事设施。在北城墙中部的北城门上，曾有

"龙首关"门额。因遭人为破坏，龙首关现仅存遗址，南、北两道城墙，各长约 100 米。南北相距 500 米，在北城墙还筑有一道月牙形的城墙，是为瓮城，现存城墙底部宽约 15 米，高约 5 米，用土夯筑而成。关旁为著名的茶马古道。另一处在浙江丽水市景宁畲族自治县。关居县城东，旧说距县城二十五里，地名黄水坑，关当龙脑桥，水流峡中，两岸绝壁，是为险要。

龙耸关　关址在贵州龙里卫军民指挥使司，卫东八里处。据考，龙里卫在今贵州省龙里县西北。那么龙耸关也当在今贵州省龙里县境。明洪武二十

五年（1392年）始置。

龙透关　又名神臂关。在今四川省泸州市，位于泸州市区江阳西路。《大明一统志》"龙透关，在城南七里。"北临沱江，南抵长江，犹如巨龙穿透两江，故名。原为古关隘，始建于蜀汉，为土筑城墙，旧说关为蜀汉丞相诸葛武侯所建。明崇祯十一年重建，清同治二年再建。现为四川省文物保护单位。或云："北濒沱江，南临长江，如一神臂雄锁两江，故又名神臂关。"

龙船关　在今四川省达川地区达县西北境。与重庆开县接界。在明代正德年间，这里为盗贼占据，嘉靖初年派兵讨平盗贼，增筑龙船诸关，与巴州关隘相为形援。

龙透关碑

龙街关　在今云南省楚雄彝族自治州武定县西北境。关当金沙江东岸。建于明永乐五年（1407年）。

龙箐关　在今云南省弥渡县大花乡，扼西门垭口，附近有乾隆年间石刻。或云在大理白族自治州巍山彝族回族自治县。

龙川江关　在云南省保山市腾冲县东，旧说关距县城六十里，居龙川江西岸。明代置关，并设巡司戍守，有驿正，清仍设巡司，民国时改置县佐。据《腾冲彭姓谱牒》记载，明末腾冲都指挥使司在今龙川江东岸设立龙川江关，因当就是今官归寨所在。左所营百户长官彭昌胤奉调镇守龙川江关，不久龙川江关移至今上营，彭昌胤设营盘关隘于上营。

龙堰口关　旧说关址在贵州军民府大龙番长官司，司西二十里。据考，大龙番长官司民国时在定番县境，司治居县城以东三十里。后于1935年定番县更名为惠水县，沿用至今。故龙堰口关当在今贵州省惠水县，旧县城以东，始置于明代。

可渡关　关址在今云南省宣威市杨柳乡可渡村内。关城不大，平面呈椭圆形。面积约为 2500 平方米。城墙已残破；高约 1.5 米，宽 1.2 米。从断层观察，内以土夯筑，外面砌石。始筑于明洪武年间（1368～1398 年）。关城辟南北两座关门。关门上建关楼一座，为清代重修。关城内有一条南北走向的古街道，为石板铺砌。这条古街道连通古石门道，是汉、唐由川、黔入滇的石门古驿道的一段。长约 10 公里，石砌。关城附近尚存明代的古炮台，山崖间有摩崖石刻，刻于明代。可渡河从关城北流过，风景秀丽。2013 年，可渡关驿道被国务院公布为第七批全国重点文物保护单位。

东关 大概有七处。最重要的一处在今安徽省巢湖市。关筑于市区东南，古濡须水所经处，水口即东关。又称濡须坞、东兴隄、栅门口。其西四十里之宝山上又有西关，两相对峙。三国时期，吴黄龙二年（230 年）筑东兴隄。建兴元年（252 年）更筑大堤，左右结山。为孙吴防守要地。曹魏曾在西关北岸置栅，孙吴在东关南岸结寨。第二处在今湖北省崇阳县。关筑于县城南六十里处。明代有官兵戍守。第三处在湖北省荆门市，市区以北一里处，宋末在北设关。第四处在湖南邵阳市，关筑于县城以东，与城西的西关相对。第五处在广东省高州市东北，明初置关，嘉靖十五年（1536 年）重修，改名为条风关。第六处在今广西壮族自治区临桂县。关位于原桂林府城东江门外，为桂林府城的捍卫处所之一。第七处旧说在广西庆远府城东，成化二年垒石为城垣，遮护民宅，故又名迎恩关。

东山关 旧说关在云南阿迷县境，县城东北六十八里的蒙乐村一带。关置于明代，有普姓巡司戍守。清代关废。1935 年阿迷县更名为开远县，今为开远市。

东乐关 旧说在广西浔阳府城东，即今广西壮族自治区桂平县境。

东坞关 在今江西省上饶市。上饶市区以北有柴门关，而东坞关又在柴门关以北。关下有路可通往婺源，是为徽、婺之间要道。

东阳关 在今山西省黎城县东北，距县城约 12 公里，即吾儿峪，也是壶口故关。关当晋冀之界，路通河北涉县。明代清初有兵卒戍守。《资治通鉴》五代晋天福元年（936 年）"赵德钧自吾儿峪趋潞州"。《元史·察罕特穆尔传》载，至正十八年（1281 年）"分兵屯上党，塞吾儿峪"，均指此地。明时设有巡司，为上党通往河北之要道。

东梓关 关在今浙江省富阳市西南场口镇东梓村，濒富春江而筑，西接桐庐县境。濒临富春江，景色秀丽。

东乌岭关　在今山西省沁水县西北境，距县城约 25 公里。宣德四年（1429 年）曾在此置巡司戍守，关当筑于明代以前。

东津渡关　即古柜门关。在今湖北襄阳市以东，关筑于汉水之东岸，与襄阳市区相距不足 5 公里。元人围襄樊时始置，明代曾设千总在此驻防。

古龙关　在今江西省兴国县境，旧辖于湖广武昌兴国州。关位于原州府城西北三里处。元代曾在此驻兵，明代沿袭之。

古北口　金代称铁门关。在今北京市密云县古北口镇，接河北省兴隆县境。这里两山壁立如削，中间仄径仅容单车驰行，地势奇险。自春秋战国，历汉、唐五代、金、元、明，一直为兵家必争之要道。现存关城是为明洪武十一年（1378 年）修筑，名营城。周长 4 里有余，南、北、东各开一门，是山海关、居庸关两关之间的长城要塞。今城垣存在。古北口明长城由卧虎山长城、蟠龙山长城、金山岭长城和司马台长城组成。是游览观光的胜地。

古城关　有两处。一处在今湖北竹山县境。另一处在湖南省澧县境，筑于县城西北七十五里处。明清时置兵戍守，关城旁旧有营门遗址。

古勇关　在今云南省腾冲县境。旧说关址在县地西北。林深竹密，绵亘数十里。上下策应马白关、河口汛。为滇缅要塞。据《腾越厅志》等书记载，

古北口长城

这里西汉时期有古道西通缅甸、天竺，南诏时于此筑"古勇关"，为腾冲县四古关之一。元时置古勇县，明万历年间设古勇隘，由杨姓任世袭土把总，清时依循。

古捍关　有二处。其一在今湖北省长阳土家族自治县。旧说在县城以南七十里。古捍关置关盖在战国时期，楚肃王四年（前 377 年）蜀东下伐楚，楚筑捍关以拒敌。东汉时期，公孙述占益州，以捍关为东部屏障。另一处在今重庆市奉节县，又称江关，即瞿塘关，为想拒秦之要防（详见瞿塘关）。《史记》载："张仪说楚王曰：'秦西有巴蜀，大船积粟，起于汶山，浮江以下，至楚三千余里，舫船载士卒，日行三百余里，不至千里而距捍关。'"《水经注》云："捍关，廪君浮夷水所置。"

古漏关　在今广西壮族自治区宾阳县南境，旧说距县城四十余里，有古漏山，山上泉水滴漏。宋代在此置关，以漏山为名，曰漏关。并凿崖开路，行旅甚便。《徐霞客游记》载："按《志》宾州南四十五里有古漏山，古漏之水出焉。其关曰古漏关。即此矣。"

甘泉关　在今甘肃省武威市。旧说在陕西甘肃镇凉州卫，关居卫西。

打仇关　旧说在贵州贵阳军民府麻响长官司。据考，麻响长官司司治在今惠水县西 37 公里。

打杵关　在今贵州省贵定县。旧说县东五里有打鼠岭。关筑于此，关名概由此山演化而来。

打铁关　据查，在今贵州省就有三处，一处在凯里市与黄平县交界处，一处在安顺市镇宁布依族苗族自治县，第三处在六盘水市。另浙江省杭州市也有打铁关。

打壁峪关　关址在今甘肃省临洮县北境。旧说在陕西临洮府府治北三十五里。宋代始置。

北关　旧说在长沙县北十里处。即今湖南长沙市境内。

北山关　据查，全国以北山关为地名的有多处，记载与古代关隘相关的在今四川省冕宁县北，关濒安宁河。明清时有把总戍守，始置于明代或更早。

北定关　在今四川省松潘县境，旧说在县城以南约一百一十里处。北距归化关二十里。今松潘县岷江乡北定关村。嘉靖七年（1528 年）守将边轮与横梁、监儿等番战败殁于此。

北峡关 在今安徽省舒城县与桐城县交界处，南距桐城县城四十里，北距舒城县四十五里。由北峡山而得名。旧有路直通舒城、桐城，乃桐城的北大门。自三国时有"古峡雄关"之称，置关较早，明代置巡司戍守。（清）王士禛有诗云："溪路行将尽，初过北峡关。几行红叶树，无数夕阳山。"谓此。

北雄关 在今四川省平武县东北境，与甘肃省文县接界。概明代所置，旧辖于四川龙安府泉县青川守御千户所。

北新关 在今浙江省杭州市境，盖在大观桥北处。旧说在杭县武林门外十里。为商旅集散之地，明宣德四年（1429年），朝廷在此置关以收税金，上为桥，收陆路商贾之税，下为水门，收水运商船之税。关以桥名。在明代即为运河七关之一，最初隶属于户部，又称户关、户部分司、北新钞关。

归化关 在今四川省松潘县南境，距县城约九十里处。地势险要，为戍守之所，附近有龙溪等砦。明置，属松潘卫堡。

旧坡石关 旧说在贵州安顺军民府，即今贵州省安顺市。关置于旧坡山上，因山得名，关置于明代。

四口关 在今山东省茌平县南，旧辖于东昌府，关在府城（今聊城）以东八十里，置于隋代，因近四渎津而得名。《两唐书·地理志》载："聊城东南有四口故关。"《元和郡县志》卷一〇齐州长清县载，废四口关"在县西南五十里。后魏置，武德九年废"。《清一统志·济南府》载，四口关"盖即古四渎津之口也"。

四望关 在今四川省犍为县东北境，距县城约七十里。明清时设为四津口巡司，民国初仍在此设县佐总理事务。一说在四川省乐山市五通桥区。

甲子关 在今广东省海丰县，旧说关置于城东甲子门水口，明洪武初年筑成，有石门深广各约二十丈，扼滇海津要。明代设巡司沿理防务。另，贵州省贵阳市开阳县、黔南布依族苗族自治州福泉市有甲子关。

甲河关 在今湖北省郧西县境。旧说关置于县城西南甲河入汉水处。官道通郧县。有把总在此驻守。

卢津关 在今山东省甄城县西境，与河南省濮阳县接界。旧临黄河。《水经注·河水》载："河北岸有新台，卫宣公所筑。大河经此，谓之卢津关，亦名高陵津。"关当置于北魏或更早。又，高陵关也即高陵津也。

丛山关　在今安徽省绩溪县北永安镇，距县城约 15 公里的龐嵸山上。为邻浙江的险要之地。原为绩溪县与宁国市的分界点，在城北 35 里处，两侧高山耸立，地势险要，此处古为歙、宣两州的界关，历来为兵家必争之地。明季在此"垒石为城，上置楼橹，下设铁门"。从明正德年间起，即有官兵在此设防。明末清军南进，徽州人金声、江天一率兵据守丛山关，清军在此屡屡受挫。20 世纪 30 年代修筑铁路关口被毁，今仅存地名。

仙人关　在今甘肃省陇南市徽县东南虞乡镇（或云在陕西省凤县南），旧辖于汉中府。关居凤县县城以南 60 公里处，峰峻岭险，嘉陵江从关城西侧南流，南接略阳北界，北有虞关紧接铁山栈道。乃关中、天水进入汉中之咽喉，也是拒扼吐蕃、秦陇、蜀汉的要险。关置于宋代，依山傍水而筑。关前路分布左右，左路抵秦州，右路出凤县达大散关要和尚塬，仙人关与南而不远的阳平关唇齿相依。南宋绍兴年间，吴玠、吴璘兄弟镇守仙人关等险要，曾在此大败金兵，差一点擒获金兵统帅兀术。关侧筑垒，名"杀金坪"。

仙霞关碑

仙霞关古驿道

仙霞关　在今浙江省江山市，旧辖于衢州府。关置于城区以南约百里的江山市保安乡南仙霞岭，因山得名。明初置关时关在岭下，到了成化年间移至岭上，地当闽、浙、赣三省交界，明清时设巡司戍守。关城东、西与高山相连，南北有狭路沟通，为古代衢州（今浙江省衢州市）往来建州（今福建省建瓯市）之咽喉要地。据《江山县志》记载，为了控扼闽越，附近置关数座，除仙霞关外，还有安民、六石、黄坞、木城、二渡等五关，皆以仙霞为首。素有"两浙之锁钥，入闽之咽喉"之称。仙霞关存有四道关门，五公里麻石垒砌的古道。第一关依峡而建，关墙厚3米余，高5.5米，长60米，设有拱券顶双重关门。第二关建在仙霞岭最高处，与第一关之间有长约2华的千级古道相连，第二关再向上沿古磴道前行约2里为第三关。第三关位于仙霞岭向西北延伸至龙门岗余脉的凹处部。过了第三道关门，古道即盘绕向下，至第四关。

仙翁关　在今河南省方城县独树镇大关口村，又名大关口、缯关。现两面山坡上仍存有土石墙、夯土的遗迹，旧辖于南阳府裕州，关距县城约二十里，在仙翁山上。为戍守之处。史书记载，楚国修筑的北长城即以仙翁关为中心。1981年附近曾出土过铜戈、铜镞，均为春秋战国器物，当是考证楚长城的可靠依据。

白土关　在今陕西省平利县东，与湖北省竹溪县接界，与竹溪县城相距百二十里。旧为兴安州要隘之一，附近尚有五陵关、峒峪关、磁瓦关等，均在湖北竹溪县境。

白马关　有五处。一处在今北京市密云县西北境，距县城约40公里，是长城线上的一处严塞。旧时有关城、水关等，设把总扼守。第二处在河北省正定县县城以西，濒滹沱河置关，概在宋代以前。因旁边的白马冈而得名。金时滹沱河决口，关始废。第三处在今湖南省桃源县境，关在县城西南12公里处，下临白马渡口，旧时设巡司驻守。第四处在今甘肃省陇南市武都区，关

罗江县白马关古驿道

罗江县白马关庞统墓

置于县城东南。东接陕西略阳，南不远即四川，据甘、陕、川三省交界，地理位置重要。清时在此置州分州。第五处在今四川省罗江县，关在县城西南，与鹿头关相对。这里山势峻险，旧时只有小径通往来商贾。明代曾在此置巡司。

白水关　知名者有二处。一处在今陕西省宁强县（在今四川青川县东北沙州镇北），旧辖于汉中府宁羌州。关在县城西南，与县城相距九十里，东汉置。置于东汉以前。东汉末年，先主刘备入川，屯兵葭萌关，刘璋部将杨怀、高沛守白水关，即此。宋代，以仙人、阳平、白水三关为汉中西面之险。也是四川北境之固。第二处在今云南省曲靖市沾益县白水乡白水村。明代在此设白水驿，清时移白二崖巡检驻于此地。白水关拒交通要道。《滇程记》中说，"自乌撒达沾益西南，谓之西路，自善安达平夷而西，谓之东路，合于白水驿，谓之十字路云。"现关址已废圮，仅存石门额一坎，上书"泉关"。

白玉关　在今陕西省略阳县西北，旧辖于汉中府。关筑于县城西北八十里，这里又名九股树。明代设有九股树巡司。

白石关　有二处。一处在今福建省福安市。关筑于市区的南境，相距45公里。清代在此设巡司稽查往来商贾。另一处在今广东省连山县西北境，与湖南省江华县接界。

白头关　在今江苏省涟水县，旧属江南淮安府安东县。关筑于县城东北，相距约百里。记载见于《舆程记》。

白阳关　在今陕西省丹凤县境，今仅存地名。

白羊关　位于河北省平山城西北营里乡，与山西省盂县、五台县交界。始建于春秋时期（前770年），因与山西省五台县白羊村相近，以村为关名，而名白羊关。白羊关曾有"天下第二关"的美誉。是穿越太行山到达山西省必经之路。

白杨关　大概有二处，一处在河南省嵩县境，居县城以东，关至迟置于明代，设有巡司驻守。另一处旧说在四川通江县城以东三百四十里处。据查即今陕西省镇巴县境西境，永乐乡政府驻地之南，古代曾为陕西与四川通江县两河口的要道。有路由西乡钟家沟、龙池场、镇巴林口子、天池寺、白杨，到达四川两河口。明代有戍守处，清嘉庆七年（1802年），定远建厅之后，设卡于此，题联石门云："奉抚宪章程建卡声闻蜀地，遵厅主示谕练丁威镇秦疆。"因此关田在周围有数株大白杨树，故名白杨关。

白沙关　有三处。其一在今河南省光山县境。旧说关在县城西南一百四十里，与湖北省黄安县（今红安县）接界。宋代置，时金人南侵，宋置五关御金。此五关均在光山县附近，名白沙、土门、都木岭、黄土岭、善冲（一说为末陵、虎头、黄土、白沙、大城等五关）。另一处在今江西省德兴市东境，与浙江省开化县接界，距开化县城约八十里，古来为浙赣闽三省的交通冲要。第三处在浙江省乐清市北白沙岭东麓。陆路直达台州，海路通海岛，为古代县境之咽喉。

立石关　在今广东省电白县境，旧辖于广东高州府。关在县城西北旧立石驿西。明置立石驿巡司于此。

兰谷关　在今云南省楚雄自治州禄丰县。关筑于县城以西18公里处。古时这里两山夹一水，鸟道羊肠，为楚雄的必经之路。另，贵州省黔南布依族苗族自治州独山县有兰谷关。

汉龙关　在今云南省瑞丽市西南境。故址在瑞丽县南边界外龙川江东岸约十五六里处。明万历二十年（1592年）置，为腾越八关之一。旧说清代中英勘定滇缅边界时，此关与天马关、虎踞关被划属缅甸。又有说，清光绪年间，薛福成与英议定边界，又划归中国，未及详查。

刘家口关　在河北省卢龙县刘家营乡西。有长城墙体桃林口关相接。关楼三层，建于明代。中部墙上嵌《万历六年岁次戊寅建刘家口关》碑一通。南面门额书有"刘家口关"四字。乃长城上中一处重要关口。明初燕王朱棣驻北平，曾自刘家口攻大宁。

头关　在今江苏省江宁县西南二十五里处。西滨长江，与大胜关为邻。

宁武关　在今山西省宁武县城区。始筑于明景泰元年（1450年），周长约四里，成化十一年扩建，周长增至七里，另在其上建了一座城楼，四周增设敌台、敌楼，使关城更加雄伟坚固。正德、隆庆年间屡有修葺。近年关城已坍圮，唯有两侧长城残存。后又复建。宁武关北恒山与管涔山之间有阳方堡，地势极为险要，古人称之为"宁武关口"，是为宁武关的门户。宁武关东与雁门，西与偏头二关连为首尾，构成明代长城中防卫京师的一套有机的屏障，故有"外三关"的美誉。关城周围有宁文、二马营、西镇、黄花岭、土棚诸堡，旧有重兵驻守。《边防考》宁武关"分辖扬方、宁朔、大水口三堡，

宁武关城楼及牌匾

分管边三十里"。

宁海关　在今云南省通海县。

永宁关　在今陕西省延川县与山西省石楼县交界处。古籍记载宋置或金置，一说在延川县东南七十里，一说在山西省隰县境，或说在石楼县西北九十里，可能是一关不同时代迁徙所致，或是不同古籍记载不同。

永昌关　旧说在四川会理卫南六十里处。即今四川省会理县境，在县城以南。关至迟置于明代。

永和关　关址位于今山西省永和县县城西北黄河岸边南庄乡，与县城相距六十余里，与陕西省延川县接界。关城下临黄河，是历史悠久的渡口之一，隔河与盐水关相望。关城始置于宋代或更早。明至清初有巡司戍守。《元和郡县志》记载，唐代以前就有永和关，永和县即以县西永和关为名。这里地势险要，河水沙滩，气势雄浑。关门楼、吟诗亭、望河楼等古建筑点缀其间，也是旅游赏景的极佳之地。

永胜关　在今贵州省思南县境，居县城南二里处。这里有岩门山，道路穿岩门而过。关城即筑于岩门山下，与城西南的武胜关呼应，旧时二关同辖于思南府蛮夷长官司。

母瓜关　在今云南省景东彝族自治县境，关在县城以南百里，旧辖于景东府。

百丈关　在今四川省雅安市名山区境。关旁有河深百丈，名百丈渡。关城也因此而得名。是雅安通往成都的必经之地，自古就有"获百丈（关）者，必得成都无疑"之说。据记载，明洪武年间与二郎关、七盘关俱驻有官军，故此关当置于明初，或可早至元代，清时设巡司于此。

百牢关　有二处，其一在今重庆奉节县，旧辖于夔州府，关名在北魏以前就有，关城为宋以后增置，关城在府城东十里。也有人认为用百牢形容夔门之险。实际并无此关。另一处在今陕西省宁强县境，位于县城西南，又名白马关。隋开皇年间置关，以近蜀道，有百牢之固，曰百牢关，另说关城近百牢谷，以谷为关名，此地为陕、川交界处，古来置关较多。

百雁关　或名白雁关，九里关之别名。在今河南省罗山县罗山铁铺乡境内，距县城约百里，居豫鄂交界处。汉初在此置浉县，此关因距县城九里，故名为九里关。《元和郡县志》"昔有雁栖其上，故名。"（见九里关条）

西关　在今广西壮族自治区玉林市区西，旧辖于梧州府郁林州。另，广东省广州市荔湾旧称西关。

西宁关　在今四川省松潘县南安宏乡西宁关村，距县城约15公里，旧辖于松潘卫。又西宁隘，在今四川省雷波县北境，距县城约50公里，与马边县接界，清时有把总驻守。旧云四川西宁关在松潘厅南三十里，其北八十里曰熊桢屯堡，亦曰熊溪屯，南路关堡之首也。

西陉关　即雁门关之西口，古雁门关也，在今山西省代县西北。东口名东陉关（明代雁门关）。在代县城南。北宋时期，杨业曾率百骑出西陉关，至雁门北口，抗击辽兵。

西岭关　在今山西省静乐县东南，距县城约30余公里，关下有路通阳曲。关置于明初，以夯土筑城，周长约一里有余，太原左卫官军驻守，洪武八年（1375年）改置故镇巡司。

西柳关　在今重庆市万州区西北。盖置于宋代或更早。宝祐元年（1253年）元军攻万州，直入西柳关。到明末，关已废圮。又，《大清一统志》卷二七一云"襄阳县西三里"有西柳关。

西靖关　今广西壮族自治区桂平县城西，旧辖于广西浔阳府，府城西有西靖关。

西夹口关　在今河南省内乡县境，旧说县城西北有古城，关置于古城内。

明末清初，设巡司驻守。

亚东关　旧说在西藏札什伦布南，与不丹，哲孟雄接埌。盖在今西藏自治区亚东县，光绪年间辟为商埠。

吉阳关　旧说在湖广郧阳府竹山县西此二百里，盖在今湖北省竹山县与陕西省旬阳县交界处，今十堰市竹山县双台乡，明至清初有巡司戍守。

开连口关　在今北京市密云县，关城在县城西北。旧说在黄花镇东，本明长城在这一带的第十一关口，明初徐达曾在东北的三角城战败。

老关　在今湖南省醴陵市。旧说在醴陵县城东南二十余里，与江西省萍乡市接界。这里古为吴楚往来的交通要道，后有新、老二关。新关又叫擂岭关，老关早已废弃，其位置在新关以北，仅存地名。有说老关为昭关的别名。

老关口　在今重庆市巴南区，旧辖于巴县，古籍载关城东距县城仅二十余里，与璧山县接界（或说在璧山县境）。古时关城有三处，一处在山顶，两处在半山腰上。地处璧山、巴县、江津三地交界处，素为兵家所重。

老君关　有三处。一处在今贵州省遵义市遵义县乌江镇老君关村，旧说在遵义府西南。另一处在陕西省安康市关庙镇。第三处在今云南省永胜县东境。

老鸦关　据查有三处。一处地处临夏县麻尼寺沟乡境内，东距县城约30华里，秦汉以来，为历代兵家必争之地。《河州志》载："二十四关内，如积石、老鸦、槐树、沙麻、土门五大关，尤为入腹之门户。"可见，其为通南要道。入关可直趋河州城，出关越达理加山垭直通青海循化、西宁等地。今关址无存，只有在关口以东康家村北山坡上尚留有当年"将台""官台""石台""白草湾"等守御遗址。对峙南山坡有"老鸦堡"，现东、南、西三面残垣尚存，为唐天城军治所，建于唐天宝十三年（754年）。第二处在今贵州省毕节市界。旧说在四川乌撒军民府东三百里，入毕节界。有毕节官军戍守。另一处在云南省禄丰县土官镇老鸦关村。明清时有巡司戍守，村东存清建公署。

老虎关　在云南省大理白族自治州祥云县普俐乡。现关址不存，但仍有元至明清的古驿道尚在，驿道东起老虎关，至祥云县城。

老鲁关　在今云南省峨山彝族自治县北，旧说辖于嶍峨县。关城距县城20公里。

老鼠关　见于古史记载，旧说在广西安定谅山府北，山狭经仄，古木篁竹，仅有马道相通。今或属越南界，未详考。另，四川省广元市苍溪县有老鼠关，仅存地名。

老鹰关　光贵州省就有三处，其一旧说遵义府西南，今贵州省务川仡佬族苗族自治县泥高镇。另一处在贵州省遵义市仁怀县。第三处在遵义市绥阳县青杠塘镇，均仅存地名。

老龙堤关　在今湖北省襄樊市西，距县城约 4 公里，东濒汉水，为古城的依凭。《读史方舆纪要》卷七九襄阳县："府西九里为老龙堤关。堤东临汉江，西抵万山，府城东北之扞蔽也。老龙堤也是古城襄阳最重要而又最古老的堤防工程。

夹关　夹关又名夹门关，在今四川省邛崃市夹关镇，因关筑于观音岩外，两峰对峙如门，中横一水而得名。旧说辖于邛州，关居州治西南，两山夹峙，为成都的西部屏障之一，今遗址无存。又近天台山，风景优美有"水寨茶乡"之誉。

夹山关　又名渭野关，夹山铺。在今安徽省和县北境。距县城（旧和州州治）25 公里。"两山壁立，耸峭夹道。为南北要道。"唐代黄巢叛反曾过夹山关。明正德年间，和州同知薛渭野为拒刘六，在此垒石筑砦，渭野关名也由此而得。南宋以降，此关屡有征战。

协阳关　在今河北省涿鹿县西南。《魏土地记》载："下落城西南九十里有协阳关，西通代郡。"有人认为关址在佛寺乡大斜阳村。

扦关　古捍关之异名。

同罗关　在今湖北省罗田县境。旧说在县城西北，相距一百四十里，与河南省商城县接境。《今县释名》：罗田县"梁置，县西北有同罗关"。

回蹬关　在今云南省禄丰县。旧说在广通县（此县于 1960 年并入禄丰县）西十五里的回蹬山上。元末，大理段功败红巾军，追至回蹬关，破之。

曲山关　在今四川省北川羌族自治县曲山镇，与安县接境。置于旧关岭山梁上，扼要冲，旧为安县三关之首。此关又名曲山寨，置于明代或更早些。如今的曲山关关城早已废圮，只有两边的石墙残存。

曲陀关　旧说在河西县县境。明景泰《云南图经》曰："曲陀关，一曰万松营，在河西县北二十里山上，其顶平衍，……茂林葱翠，南望山光水色，奇胜莫比。"《滇志》云，"曲陀关至元二十年（1283 年）立"。河西县于

1956 年与通海县合并，故关址在今云南省通海县境河西镇北 10 多公里曲陀关村，古为云南商贾凑聚之地。元代至元年间曾在此设元帅府，明代设曲陀巡司，后来毁于兵焚。

会宁关 在今甘肃省靖远县城东北双龙乡的北城滩，旧辖于靖远卫。关址在县城西南 65 公里处。唐代在此设会宁关渡，控扼黄河。宋元符年间始筑关城，初名通会关，不久改名会宁关，金代又改称为会安关。

会基关 又名会溪关。关址在今云南省楚雄牟定县东境（旧为定远县辖界），县城东 20 公里有会基山，高千仞，五十余峰皆会于此。山上有会基关，至迟筑于明代。

自普关 旧说在云南省楚雄定边县北的螺盘山上，凭险拱扼。置关在明代以前。隶辖屡有变化，定边县于清代裁省，其位置盖在今大理魏山彝族回族自治县境。

合河关 亦称合河津、临津关。在今山西省兴县西北境，旧说关距县城七十里，濒临蔚汾河与黄河汇流处，隔黄河与陕西省神木县相望。唐代在此设立关隘，以戍守黄河渡口。再早曾为秦晋往来之要道。唐宋时期，在此常有战事发生，《资治通鉴》：唐开元九年（721 年）并州长史"张说将步骑万人出合河关"。

华川关 在今甘肃省通渭县境。旧说县城南有华川水，关筑于华川水边，因而得名。

旬关 在今陕西省旬阳县东南洵河旁。旧辖于汉中府。关置于汉代。《汉书·郦商传》：商"别将攻旬关，西定汉中"。颜师古注曰乃"汉中旬水上之关也"。

伏马关 一名牧马关，又名白马关。在今山西省盂县东北境，关距县城 35 公里。北魏时置，有路通平山县。《新唐书·地理志》："盂县东北有白马故关，后魏置。"清《重修盂县志》有类似记载。

杀马关 在今甘肃省临夏县西南，明代辖于陕西临洮府河州。关距县城 60 公里。置于明代。

邬阳关 在今湖北省恩施土家族苗族自治州鹤峰县东北境，旧说距县城一百三十余里。与建始、巴东接界。这里不但地势险要，而且峭壁峡谷，绿水环流，风景优美。

行台关　在今河南省卢氏县西南。旧说距县城五十里。《新唐书·地理志》有记载。置关当在唐代或更早些。明代设巡司戍守。

朱皋镇关　在今河南省固始县东北朱皋集，距县城 30 公里。与安徽省颍上县接界。明代辖于归德府，设巡司戍守。《元丰九域志》有记载。

竹林关　有二处。一处在今陕西省丹凤县南境竹林关镇。元代时置关于此，因周围遍生丛竹而名。关城下临丹江，古代乃东通汉口，南连郧阳，西去山阳，北达龙驹寨、商州、长安的水陆关口。古时由此乘舟，经河南淅川、湖北谷城，可达襄阳。另一处在今安徽省合肥市西境。旧说居庐州府府治以西四十里的石佛山下。元代始至关于此，明晚期废圮。

竹峪关　在今四川省万源市西北境，与市区相距百余里。又名竹浴关。地处镇巴、通江和万源两省三县交界处。

犵楠关　旧说在贵州思南府印江县东境，距县城七十余里，即今贵州省印江土家族苗族自治县境。关始置于明代。

安化关　在今四川省松潘县。关筑县城西，距县城约 20 多公里。旧说在松潘厅治。

安阳关　在今河北省顺平县西北。《晋书·地道记》载："蒲阴县有安阳关，盖安阳关都尉治所。"蒲阴县乃东汉所置。位置在今顺平县（完县）东南。于此见之关城至迟置于晋。

安定关　在今云南省景东彝族自治县北境，距县城约 75 公里。为县之咽喉。

安南关　在今云南省祥云县东南，关距县城约 35 公里。古有道路通昆明省城。清代曾在此设巡司。

关垭子关　关址在今陕西省平利县长安乡张家店村东，地处陕鄂交界的马鞍山山梁上，控扼两省边界。自古为秦楚交通要道。现在的关隘为明代始置，平面呈长方形，周长 500 米左右，现在城垣仍残高 1.5～3 米。关址内外散见陶片砖瓦等。

羊毛关　在今云南省禄丰县境。旧说在盐兴县东南五十里，广通县东北八十里。明清设土司巡拾把守，后裁。二县于 20 世纪五六十年代并入禄丰县。

羊昌关　关址在今四川省平武县西北境，距县城 7.5 公里旧有羊昌山，关近山旁，因而名之。

羊卷山关 关址在今四川省通江县东北境，距县城约 50 公里。明嘉靖年间始置，并设巡司戍守。

兴衣关 关址在今云南省峨山彝族自治县境，筑于县城以北，旧设巡捡于此。

乐城关 在今陕西省略阳县西境。《新唐书·地理志》记载，兴州有兴城关。兴州即后来的略阳县。据此推断，此关当置于唐代，或可更早些。

闭门关 乃碧玉关之别称。关址在今甘肃省通渭县，县境东部有碧玉乡碧玉村，该村有古城遗迹，当为碧玉关旧址。

米仓关 在今陕西省南郑市南境的米仓山上。与四川省南江市接界。这里既是陕西通往四川的要路，又是古代兵家往来的孔道。关城盖初置于明代初年，嘉靖八年（1529 年）重修关城，并设米仓关巡检司。

江关 有二处。其一在重庆市奉节县，即古捍关、瞿塘关（略）。另一处在湖北省宜都市与宜昌市间的大江西岸。旧说宜都县有荆门山，宜昌县有虎牙山，两山对峙，夹江设关，为绝险之处。关置于东汉以前。东汉初，刘秀部将吴汉，岑彭伐蜀，破浮桥，入江关，乃此地。

江口关 在今浙江省平阳县鳌江镇境，关居于县南 12 公里，下临横阳江。明初置关。这里为往来要冲之地。旧时附近有江口水寨，东南临海，可掌控五屿。又，湖南石门县西有江口关，《清一统志·澧州》：江口关"在石门县西二十里三江口"。

江城关 关址在今贵州省务川仡佬族苗族自治县，县城以东 2.5 公里处。

汤池关 在今湖北省房县，县城以东十余里。附近有大、小汤池，关因汤池而得名。

阴山关 在今湖北麻城市东北境，旧说辖于河南归德府，在光州西南六十里，是鄂豫边界上的重要关隘之一，其地理位置具有重要的军事战略地位。关当置于南朝。

阴地关 在今山西省灵石县西南 25 公里处，临汾水。因在冷水关之南，又称南关。关当置于唐代，到清代已废，遗迹犹存。唐至五代时期，在此屡有争战，史书记载颇多，如《旧唐书·昭宗纪》记载，大顺元年（890 年），李克用"拒王师于阴地，三战三捷"，即此。

阳关 盖有四处。一处在今甘肃省敦煌市南湖乡西面的古董滩上。距敦煌市约70公里。清《甘肃新通志》、《敦煌县志》记载有所不同，以红山口为阳关。西汉武帝元鼎年间（前116～前111年），在河西"列四郡、据两关"，阳关即是其一。因关址在玉门关之南，或曰在敦煌山之南而得名。现在关城早已废圮，但其遗迹及烽火墩台及不远处的寿昌废城犹存。这处阳关在历史及文学上最为有名。汉代与玉门关并称"两关"，至唐代仍为丝绸之路南道上的重要关塞。西出阳关，经鄯善、末、于阗等地达西域诸国。宋代以后通西域的陆路交通渐被海上之路代替，阳关等关隘也随之废圮。第二处在今河南省禹州市。旧说在禹县县城以北。关城也筑于汉代。《水经注》记载，颍水东南流经阳关聚。第三处在今重庆市东，即后来的石洞关，本古代巴国所置。与捍关、江关并称巴之三关，三国时期蜀汉又在此置关。第四处在山东省宁阳县东北，本春秋时期鲁城的一座城邑，后入齐。

　　阳山关　　在今广东省阳山县西北境。秦代定南越，于此置关。不久，赵佗绝道，"聚兵自守"也在此地。记载见于《元和郡县志》，故关在县西北四十里茂溪口，当骑田岭路。

　　阳平关　　在今陕西境内。今勉县西北境的武侯镇关镇莲水村，与县城相距约50公里。关城北濒嘉陵江，与定军山、天荡山呈掎角之势，汉代置关，又名白马城、尽口城关，北宋时期更名为阳平关。乃古汉中自栈道入川的咽喉，三国时期蜀汉在此驻兵以御曹魏。明清时期，仍设州司等在此驻守，当时关城东西广二里。东汉建安年间，曹操征张鲁，鲁在此置兵拒曹。刘备自阳平关渡沔

阳平关门额

阳平关关址

水，破夏侯渊于定军山。南北朝时这里名白马戍。

阳塘关　在浙江省诸暨市西南的阳塘岭上，两山相交，地势险要。宋时置关于此，元代废圮，明代末年，盗匪蜂起，复置阳塘关。

豆山关　关址在今重庆市开县西60公里。

豆沙关　又名石门关。在今云南省盐津县西境之豆沙关镇，与县城相距20多公里，详见石门关条。

辰龙关　在今湖南省常德与怀化的交界地沅陵县官庄镇境内，古属界亭驿，为京师通往滇、黔、川等地的必经之道。清同治《沅陵县志》记载："辰龙关，县东百三十里，关外万峰插天，峭壁数里，谷经盘曲，仅容一骑……"原本湖广辰州要地。清朝初年，吴三桂曾遣猡猡守此关。

严关　在今广西壮族自治区兴安县西南，距县城约七八公里。这里古为楚粤咽喉。狮子山、凤凰山夹峙，中间为官道。关建在两山之间，拱扼要路。严关最少置于汉代，因归义越侯严出零陵下漓水，定越建功，逐以其姓名为关名。现关楼早年塌圮。仅存西南城垣一道，以巨石砌成，全长43.2米，宽8.23米，高5.3米。关门居中，门宽2.9米，高3.79米。关门内外上额刻有"古严关"三字，乃明崇祯十一年（1638年）修筑，清咸丰年间重修。古关两侧山崖上遗存有宋、明、清时期的摩崖石刻。关西南约10公里有秦城遗址，附近又有秦始皇时修筑的灵渠，风景秀丽，为浏览胜地。

严关

赤塘关　又名"河庄关"。在今山西省忻州市西南，阳曲县高村乡河庄村，为太原三关之一。旧说关距县城五十里。在白马山下赤塘谷，因谷为名，相传后魏时有刘赤塘者隐居于此。关置于唐代，唐宋时在此处置防御团练使，戍守石屺、赤塘二关。明

《太原志》"赤塘关，在阳曲县北九十里，忻州西道也。宋之旧关。"

赤水河关 旧说关北在贵州赤水卫指挥使司，距卫南 500 米处。

克度关 旧说在贵州军民府定番州东南一百八十里，归克度里管辖，按定番州于民国初年改为定番县，后又改为惠水县，沿袭古今，今辖于贵州黔南布依族苗族自治州，克度关在州东 90 公里，大概在罗甸、平塘县境，与广西接界。

李子关 在今四川省宜宾市兴文县大河苗族乡，旧说在叙永县西，关距县城约四十里，明代都臣陈信曾在此平定山都夷叛乱。故关当置于明代或更早。

李四关 关址在今湖南省郑西县，县城东南，明代置。

把边关 旧在云南省顺庆府境，城南四十余里有把边山，三壁对立，一径中通。关筑于山上，控扼要塞。顺庆府府治在今四川省南充市，故把边关关址当在南充市境。

抚顺关 在今辽宁省抚顺市东境，顺城区前甸乡关岭村附近。关隘控扼浑河河谷。旧说在抚顺所东二十里，明朝时为女真建州等卫通往辽沈一带的交通要道，也是明长城辽东镇上的重要关隘之一，辖于辽宁都指挥使司沈阳中卫。

杉关 在今江西省黎川县（旧为新城县）与福建省光泽县交界处，距光泽县城 45 公里。乃武夷山脉杉岭的重要山口，扼闽赣两省交通要冲。旧云此处有杉岭，绝壁雄险，仄经仅容单车。关置于岭上，明洪武初年移大寺砦巡司于此，以扼关险。故关当置于元代或更早。《元史·顺帝纪》："十一月癸卯，大明兵取处州路。戊申，陈友谅兵陷杉关。"

杉木关 旧说关址在贵州省婺川县西境，距县城约五十里，关置于明代。今为贵州省务川仡佬族苗族自治县辖界，杉木关西不远处有长滩关。

杜湖关 在今浙江省慈溪市，旧说其西北有杜湖岭，关筑于岭上，扼杜湖岭隘口，有路达观海卫。此关也是课收盐茶、谷粮税银的关卡。

杨家关 关址在今贵州省普定县东境西秀区大西桥镇，距旧县城约 15 公里。明代置关。

杨埠关 又名杨埠口镇。关址在今河南省汝南县东，距县城约十八里，关下临洪河。明代成化年间，朝廷在此置关，设立巡检司掌管相关事务。并在此建石桥一座。

杨梅关 旧说关址在广西桂林府义宁县境，居县城东。1951 年义宁并入龙胜、灵川县，后又改为临桂县，故关址在临桂县境，县西北五通镇东南杨梅村。《清一统志·桂林府一》：杨梅关"在义宁县东十五里，接临桂县界。山势崎岖，中通一路，为义宁县之门户"。关置于明代。

杨六郎关 关址在今湖北省郧西县六郎乡。关濒金钱河。旧说关址位于湖广郑阳府上津县县南五十里。今湖北郧西县西北有上津，当为旧上津县县治。关或置于宋代。

杨柳河关 在今云南省红河哈尼族彝族自治州蒙自县。关在县城西南。旧时山高林密，深险可恃。明代已有此关。

芦关 又名芦子关。位于今陕西省靖边县天赐湾乡楼关梁（原名芦关梁）。临志丹县北境。此地有土门山，两岸峙立，中间形若葫芦，曰芦子，关因此而名。唐代在此有过征战。杜甫有诗云："焉得一万人，疾驱塞芦子。"说的就是这里，杜甫注曰："芦关扼两冠，有土门，两崖峙立如门，入门地形宽阔，状如葫芦"。故关当置于唐代或更早。至宋元丰四年（1081 年）复为戌守之所。芦关别名铁门寨，至今遗迹尚存。

芙蓉关 在今湖南省沅陵县楠木铺乡境。另一处在安徽省歙县境，县北有芙蓉关，关址在松谷庵到辅村中间的芙蓉岭上，现南坡的石板路尚在，关隘尤存。

苦岭关 又名虎岭关。因关傍虎岭（苦岭）而得名。在今安徽省广德县东南境，距县城约 35 公里。与江西省安吉县接界。明正德年间，知州周时望曾率兵民守关，以抵御叛乱者。故关当筑于明代。《宋史·岳飞传》载："诏讨戚方，飞以三千人营于苦岭，方遁。"即此地，当时尚未修筑关隘。

范溉关 旧说在湖广安陆府沔阳州西北四十里。沔阳州民国年间改称沔阳县，20 世纪 80 年代并入仙桃市，故范溉关当在今湖北省仙桃市境内的范溉关村。

花桥关 在今云南省大理白族自治州永平县西南境，关距县城约 20 公里，控扼险要。关下有花桥河流过。关概置于明代或更早。明末清初改名为玉龙关。

花园头关 在今河南省淅川县西北约 90 公里处。关下有路通陕西省商南县。旧为豫陕要隘，设巡司戌守。本在内乡县西北，成化中，改属县界，划归淅川。

芭蕉关　盖有三处。一处在今贵州省安顺市，旧为安顺军民府辖地，关址在府城以东八十五里处。第二处在今云南省保山市施甸县摆榔乡尖山峄南。始置于明代，万历十一年（1583 年）邓子龙所筑。控扼昌宁进入老姚关之要路。现存石砌哨房和堑壕等。第三处在今广西壮族自治区凌民县境，旧为镇元府泗城州辖地。

连山关　在今辽宁省本溪满族自治县南部。南靠凤城市，西接辽阳县北。其南百里有连山，关因山得名。旧说在辽东都指挥使司。关当朝鲜入贡之要道，明代所置。

连天关　在今湖北省巴东县西南境，旧说关距县城五里。明代有巡司戍守。

连云岛关　在今辽宁省盖州市。旧辖于辽东指挥使司盖州口。关在盖州西十五里。辽金元代，连云岛就是东北地区的重要港口。明代置关，以控扼海滨。《奉天通志》载："在盖平城西有连云岛，旧为海道要港。"

岑岭关　在今江西省上饶市。旧辖于广信府，关在府城东南六十里。广信府即今上饶市，古时有路通福建。

岐沟关　在今河北省涿州市西南松林店镇岐沟村。西南 4.5 公里为南拒马河，东北 6 公里为北拒马河。现存关址南北长约 430 米，北边缘东西宽 430 米，南边缘东西宽 380 米。旧说在州西南四十里有岐沟（奇沟、祁沟）。唐朝末年，拒岐沟之险置关。关因岐沟而得名。一说在易县拒马河以北，"自关而西至易州六十里，由拒马河而东至新城四十里"。五代、宋，在这里屡有征战。如唐末晋王李存勖遣周德威下岐沟关，围涿州。北宋雍熙年间，曹彬等与契丹耶律休哥在岐沟关大战，渡拒马河，皆在此地。

岐岭关　在今湖北省黄冈市罗田县九资河镇北部，瓮门关村，旧辖于湖广武昌府。罗田有岐岭，在县东有 15 公里。岭上有中岐岭，下岐岭二关。还有瓮门关、栗子关，共成四关。南宋绍兴年间置关。一说岐岭关即是瓮门关。

怀远关　在今云南省彝良县南境。关置于清雍正年间。旧时四面巉岩绝壁，一线古道，为昭通、彝良南西门户。

吼西关　在今四川省叙永县南境。旧说距县城约一百二十里，与云南镇雄县接界。《大清一统志》云："吼西关在（叙永）防南一百二十里，与镇雄州接壤。"

吴楚雄关 关址在今湖北省通山县九宫山镇一天门附近。为明代通山县令张化绅主持修筑。现存石筑关墙，残长50米，宽5米，高1.6~2.6米。中间辟拱券形关门，关门高约2米，宽1.6米，进深4.7米。镇鄂赣边界。有诗云："半山上下分晴雨，一岭东西判吴楚。"故名吴楚雄关。又云吴楚雄关位于江西省萍乡市莲花县三板桥乡田南村南，距县城三十余里。古称"界头岭隘"，因附近有城隍庙，又称"城隍界"。处于交鄂湘赣三省界地，也是古吴楚交界。清咸丰六年（1856年），湖南监军赵焕联驻军时，在岭上复筑关城。宋绍兴二年（1132年），岳飞奉旨征讨茶陵曹成，率军路经此隘。淳熙二年（1175年），江西提督辛弃疾奉令征剿茶陵，也曾驻军于此。

里骚关 关址在今云南省保山市施甸县姚关乡傅家寨东约2.5公里处。明代筑关。万历十一年（1583年）邓子龙率兵修筑。关城不大，坐西向东。关墙外山头两侧挖有深1.6米，宽2米的堑墙。关城内有哨房，均石筑砌，现仅存遗址。两侧山崖险陡，地势极为险要。此关有路通往姚关。为姚关外围关隘之一。

皂岭关 旧说在贵州思南府朗溪夷蛮长官司，关居于司东五十里。朗溪长官司后改设为印江县，即今贵州印江土家族苗族自治县。关最迟置于明代。

乱石关 关址在今湖南省沅陵县境内。旧说关城附近多山石而少树木。关城附近乱石横陈，出关不数里，即高山复岭，万木森罗，曲径迷离隐现。关大概置于明代。

乱岭关 关址在今山西省浑源县东境沙圪坨镇乱岭关村，居石人山西北麓，与县城相距不到20公里，乃内长城沿线上的关隘之一，因山峰交错得名。现残留土堡及十几座燧台，关下有河，为浑河源头。旧辖于大同府浑源州，居州治（即后来的县城）以东四十里处。文献记载明代洪武年间即在此置巡司戍守，推测关至迟置于明代，或可更早到元代。

秀宝关 旧说关址位于贵州思南府印江县南，距县城三十余里，今为贵州省印江土家族苗族自治区。关始置于明代。

彻底关 旧说关址在四川威州西北境，距州治约一百三十里。今为四川省汶川县辖界。关置于明代。

邹关 在今山东省邹平县。旧说邹关距县城西北三十里处。明代以前常在此筑关，后废而不用。

甸沙关　旧说在四川会川卫军民指挥使司，关居卫北一百六十里，与建昌卫分界处。会川卫后改为会理县，今辖于四川省凉山彝族自治州。又名河沙关，关址在今会理县云甸乡甸沙关村。关置于明代或更早些。

甸苴关　关址在今云南省玉溪市华宁县境。旧为宁州，后改名黎县，又改名为华宁县。甸苴关在州西北四十里。宁州有甸苴关，旧置巡司于此。古文献记载关址位于华宁县县城（宁州镇）西南四十里。明代有巡司驻守，至清代裁省（语见《滇纪》）。又说江川县的雄关乡原叫甸苴关或甸苴坝，两地相近，所说当为一处，记载有异。

佛图关

佛图关　在今重庆市巴南区，旧为巴县。重庆市西有鹅岭。关筑于岭上，控扼长江、嘉陵江，古来为重庆西面津要。因岭上有石佛而得名。明天启年间，女将秦良玉败奢崇明，夺佛图、二郎两关。现仍有关城保存，平面略呈三角

佛图关石刻

形，东、西各辟城门一座。现已辟为公园，"佛图夜雨"为重庆的盛景。

伽罗关 旧说在云南省临安州嶍峨县，今为红河哈尼族彝族自治州峨山县、关址在县城以西。明代设巡司戍守。

延寿关 在今河南省偃师市。关始置于晋代，居旧县城南三十五里，或云在巩义市南，隔休水河与偃师的府店镇为邻。又名延寿城。是古代中原东南部进入洛阳、西安的咽喉要道，战略位置十分重要。《资治通鉴·晋纪》：西晋永宁元年（301年）齐王冏讨赵王伦，伦遣上军将军孙辅、折冲将军李严率兵"自延寿关出"以拒之，即此关，可见置关之早。另，史籍又载"延寿关在新城"，当是另一座延寿关，在今高碑店市新城镇。

延津关 关居黄河北岸。汉代就为争战要地。东汉建安五年，袁绍与曹操作战，沮授献计"留屯延津，分兵官渡。"《新唐书·地理志》谓新乡县有延津关。即此。故关当置于唐代或更早。延津有五津组成，孟津、棘津、延寿津、灵昌津、石济津，延续百里，首尾相接，依傍东都洛阳。唐以前即在今新乡市东南置延津关。宋以后黄河改道，延津遂湮。

牢固关 在今陕西省宁强县境（旧为宁关县）。关居于旧县城西南十里，与四川省广元市接界。

庐镇关 旧说在庐州府合肥县南二百里，概置于明代或更早。有巡司戍守。嘉靖二十四年（1545年）改名为石梁镇巡司。就今天的地理区划，当在安徽省六安市舒城县境，查舒城县庐镇乡庐镇村或即关址所在。

冷口关

谷忙关 旧说在贵州省新添卫军民指挥使司，关居卫东，相距十五里，与平越卫接界。按新添卫治在今贵州省黔南布依族苗族自治州贵定县境。

冷口关 在今河北省迁安市境内。旧说关在县城东北七十里。关置于明代初年，为明长城线上的关口之一。有云："东方多事，冷口常为出入之冲，备御最切。"建于明代初年，为蒙古兀良哈三卫进京入贡的通道。据《水平府志》载："关城为砖砌，高二丈九尺，周三百八十七丈有奇，东、南各有一门。"冷口关原名"清水明月关"，沙河流经关下，城南水域宽阔，皎月在天，流水潺潺，夜景尤美。清代改名冷口关。曾是抗日战争的重要战场。

冷水关 有二处。一处在今安徽省安庆市。旧为庐州府庐江县所辖。关在庐江县城以西三十里水关乡，两边山岗夹道，地势险要。三国曹魏在此设关隘以御孙吴，明代设冷水关巡检司在此戍守，到清乾隆年间裁撤。另一处在今重庆市南川市北，关距旧县城七十余里。与涪陵接界。

冷泉关 又名古川口，亦名灵石口，在今山西省灵石县北雀鼠谷，扼北口，附近有冷泉村，距县城约 20 公里。与介休市接界。关以冷泉水为名，故又称冷泉镇。明设巡检司。《通志》云："关外迤北皆平原旷野，入关则左山右河，实为南北之咽喉。"

汾水关 大概有三处。一处在今山西省灵石县西南。据《括地志》所说，北朝时期，北周宇文邕与北齐高纬军在汾水关有过争战。故关当置于北朝或更早。第二处在浙江省温州泰顺县。第三处在福建省诏安县，汾水关位于县城西南 10 公里处，居高凭险、为闽粤交界处，历来为兵家必争之地。关始建于明正德年间，到了天启初年，为了缉捕海盗流寇，加筑关城城垣。

沙子关 在今重庆市石柱土家族自治县北境，关位于县城以东 30 公里，今黄水国家森林公园景区南部，与湖北恩施市接界。是渝东入鄂的"门户"，也是川鄂古驿道上著名的关隘。明洪武十四年（1381 年）在此构筑关堡，置土副巡司戍守，管理川鄂边界贸易，至清代裁省。

沙沱关 旧说在四川宁番卫等民指挥使司，关居卫东百七十里，按四川宁番卫等民指挥使司在今云南省永胜县，县治为卫北镇。这里地险路仄，古有罗罗关、九盘、老君诸关，皆为戍卫要隘。

沙坪关 在今重庆市垫江县东北境。

陆浑关 在今河南省嵩县东北境田湖镇陆浑村一带。距县城约 30 公里。县城东北 20 公里有陆浑山，关在山的东麓。西汉惠帝四年（前 191 年），于嵩县盆地内建陆浑县（县治今田湖乡古城村），置陆浑关，隶属河南郡置陆浑县。西汉末年，赤眉军起，分兵两路两攻长安，一路入武关，另一路入陆浑关，即此关。由陆浑关向西有古道通函谷关。

阿坑关　在今贵州黔南布依族苗族自治州独山县，旧为都均府独山州。关居于县城以北三十里，置于明代。

阿雄关　关址在云南省南华县西北境，距县城百数十里。关置于明代或更早。明代设巡司戍守。

阿赫关　阿赫关即阿黑关，关址在今云南省镇雄县，位于县城以南二十五里，初置于明洪武年间，有官军戍守，为芒部八关之一。与贵州毕节接界。

阿干镇关　旧说关址在阿干县境。据考，阿干县在今兰州以南，关在县城南四十里之阿干镇。明初置关于此，并由兰州卫派兵戍守。《明史·地理志》载兰州"南有阿干镇关"，即此。

鸡公关　有二处，其一在今贵州省独山县境。旧辖于都均府。关址位于县城以南四十里处。另一处在安徽省宣城市绩溪县境。原属歙县东乡五都源，今属绩溪县长安镇，北距长安镇所在地镇头村10公里，东距绩溪县城不到20公里。鸡公关控扼山口，居高临下，道路曲折，下临大源河，地势极为险要。

鸡头关　旧说在褒城县北八里。今陕西省汉中市西北，勉县红庙乡褒城村北四里处。褒水西岸有七盘山，关筑于山上，因关口有一块状如鸡头的巨石而名鸡头关。现在青条石砌筑的关城基址尚存，东西长15米，南北宽10米，关城为明以后筑成。隋唐以降，沟通川陕的褒斜道避石门，改越七盘山而达褒城，鸡头关为必经之要隘。明代在此置巡司戍守。关址内碑刻颇多，原有百十通，现仅存十通，为康熙、雍正以后所刻。"鸡头关碑"是关址的重要标志，惜为民国年间（1929年）所刻。时代偏晚。汉代在鸡头关下修栈道，曾用火煅石法开通了长14米，宽3.95～4.25米，高4～4.75米的隧洞，又名石门，内有《石门颂》《石门铭》石刻，

褒城鸡头关

为著名的古代书法作品。今鸡头关附近的褒斜道上，有多处栈道遗迹。古来有"栈道连云"之说，令人叹奇。

鸡场关　在今贵州省凯里市境内。文献记载鸡场关在清平卫卫南一十里。为都均府清平县所辖。后改名为炉山县，又改凯里县、凯里市。关城初置于明洪武年间。

鸡宗关　在今四川省茂县境。县城西南20公里有鸡宗山。关城筑于鸡宗山上，因山得名。始置于北宋熙宁九年（1076年）。《宋史》"茂州南鸡宗关，通永康军。"

鸡岭关　在今湖北省郧西县境。位于县城以西25公里处。始置于明代。

鸡鸣关　在贵州省铜仁市玉屏侗族自治县。旧为平溪卫。关在县城平西镇西。此地有观音崖，崖西有关，上悬崖壁立，下碧涧清流，中间为路，实为天设之险。

鸡项关　在今甘肃省临夏市境，故址在今刘家峡水库西口。鸡项关旧辖于陕西临洮府河州，民国年间改名导河县，又改为临夏县。关在旧县城西北。唐代古籍中既有鸡项关的记载，故当初置于唐代或更早。另，鸡项关又是凤林关的别名。现甘肃省永靖县炳灵寺寺沟峡内有"阎王砭"，其石壁上镌刻"凤林关"三字，当为关址所在。

鸡栋关　在今四川省名山县。县西南有鸡栋山，关筑于山上。有人认为即金鸡关。《两唐书·地理志》载："名山县有鸡栋关。"关当置于唐代。

鸡笼关　在今广东省连州市，旧为广州府连州所辖。关址在旧州治以西三十余里，至迟置于明代。又，有说湖北省十堰市竹溪县、贵州安顺市也有鸡笼关，详情不明。

武关　在今陕西省商洛市丹凤县东南境，武关乡武关村内外，武关河以北。这里为商山峡谷，谷

武关碑

中有路通河南。关城始置于战国秦。与函谷关、大散关、萧关合称为"秦之四塞"。古来争战不断。战国中晚期，秦昭襄王与楚怀王会于此。两汉初年，汉王刘邦由此入关，诛灭强秦。20 世纪 50 年代关城仍在，修筑在峡谷中的岗地之上，大概为明代所筑。关城平面呈方形，周长约 1500 米，面积约 4 万平方米。城墙版筑而成，东西多开一门，东城石券门上有门额。外额有"武关"二字，内额为"古少习关"。西城门为"三秦要塞"四字。"古少习关"，当为关在少习山下而得名。也有人认为，关址曾迁徙过，旧址在关南丹江上，唐代徙关于此。

武平关　在今山西省新绛县武平村，旧辖于太平府。关址在县城以西二十余里。北齐时，曾在此屯兵御周。故此关最迟置于北齐，记载见于《通典》。

武休关　在今陕西省留坝县中南部，近邻褒斜栈道，《读史方舆胜览》"褒斜谷旁连武休关"。古来为陕、川交通咽喉。又有武关河，自留坝县城南流，经武休关入褒水，武休关历来为争战要地。南宋绍兴、嘉定、绍定年间，金兵和后来的蒙古拖雷均与南宋官军在武休关发生过激战。

武定关　有两处。其中一处在贵州省石阡县境，旧辖于石阡府，关址在白马岭上，始置于明代。另一处在青海平安县西之小峡口湟水南岸，清光绪三年（1877 年），钦差青海办事大臣豫师下令在修筑，同时在湟水北岸也修筑了关城，后由陕甘总督左宗棠将南关定名为武定关，北关为德安关。

武胜关　盖有四处。最著名的在河南省信阳市与湖北省市交界处，今广水市有武胜关镇。现存关址为宋代遗存，面积约 5 万平方米。关城已毁。采集的灰砖上模印"大宋嘉定现年岁次丙子湖荆置使司造武胜关。"附近有铁路隧道通过，业已废弃，隧道口顶上上阴刻楷书"武胜关"三字。附近有擂鼓台、将军寨、大城寨、龙门寨等宋、明防戍遗址。武胜关为

武胜关隘口

南北朝"义阳三关"之一。又名武阳关、东关、礼山关。在"义阳三关"居中，可兼顾首尾，地理位置险要。第二处在湖南省沅陵县南，距县城约 30 公里。第三处、第四处均在贵州省，一在今福泉市，旧为平越县，关址在县城南二里处。其左右高崖凌云，中间一水奔泻，地势险要，风光旖旎，古时溪水对岸有仙影崖，镌刻张三丰西行之图像。一在思南县境，距县城西一里有崖门山，关筑于山上。

武泽关　在今河南省商丘市，旧辖于归德府。关址位于归德府治（旧商丘县城）南三十五里，初置于明代或更早些，路通江苏徐州、安徽亳州。

武都关　在今甘肃省甘南藏族自治州舟曲县武都关村境内。为县境要隘。

青木关　在今重庆市重庆歇马镇、青木关镇和凤凰镇的交界处。西南与璧山县接境。旧说关址距璧山县县城约三十里，近嘉陵江。古有路通铜梁、合川。

青冈关　在今四川省越西县境，旧辖于越巂卫军民指挥所。关址在卫东北四十里。为越巂之门户。关至迟置于明代。

青石关　有二处。一处在莱芜市和庄镇青石关村，北邻淄博市博山区白洋河、樵岭前村。齐鲁交通之咽喉。为春秋时齐国修筑的长城关隘，以阻挡鲁、楚，拱卫北面的齐国国都临淄。关址建在两山夹峙的山谷南口制高点上，现残存为 30 余平方米。有春秋时期的古道通过关下，古道长达数里，古称"瓮口道"，现称"关沟"，是夹在群山之间通往青石关门的小路。路两侧壁立如刀削，接近关门处，宽不盈数尺，只容一车。旧说关址在博山县县城以南二十里处。齐长城遗址青石关为国家级重点文物保护单位。另一处在今陕西省南郑县南境的军坝乡青石关村，关址距县城约 45 公里，与西乡县及四川南江县接界。初置于宋代，明清时设巡司戍守，民国时期仍有县佐在此理事。

青岩关　在今贵州省务川仡佬族苗族自治县西北境。关址距县城约 20 公里，与正安县接界。

青桐关　关址在今湖北省郧县境，旧辖于郧阳府，居府治北百二十里。明代置关于此。

青家关　在今甘肃省会宁县境。关址在县城以东 45 公里，与宁夏回族自治区隆德县接界。明代置巡司戍守。可知关至迟置于明代。

青山口关　在今河北省迁安市西北境的青山口村。距迁安的县城约 45 公里。与喜峰口等同为京师东部长城线上的重要关口，盖置于明代万历年间，

莱芜青石关古道

青石关碑刻

名将戚继光曾在此击败过朵颜长昂。

直罗关　在今陕西省富县境。关址位于县城以西百里处，今名直罗镇，从关西南子午岭至西北保安（志丹县），崇岭深谷，是为险要。关扼隘道，初置于元代或更早，元称直罗关。明初即说巡司戍守。富县古为鄜州。《鄜州志》云："关以直罗城而名。"近代，红军长征直罗镇战役载入史册。

直河关　又名池河关。旧说关址在湖广安陆府钟祥县，位于府治西北十五里处。安陆府治即后来的钟祥县，今为湖北省钟祥市，钟祥市西北有直河乡，当为关址所在。关置于明代。《读史方舆纪要》卷七七：安陆府"府西北十五里有直河关。今亦名池河关。……有官兵戍守。"

刺枪关　旧说关址在辽东指挥使司南境，距司治一百七十里。辽东指挥使司在清以后为辽阳县境，或略有增损。故刺枪关当在今辽宁省辽阳县境，置于明代。

抱峪关　关址在今湖北省郧县北境。旧为郧阳府辖界。关城居府治以北一百二十里处。始置于明代。

松子关　关址在今湖北省罗田县西北境胜利镇北部松子关村，筑于大别山的支脉松子山上，因山而名，原名松滋关，亦名生子关。与安徽省金寨县接界。关初置于明代或更早，又云始建于西汉初年，是罗田县古代遗存的著名关隘，为"罗田八关"之一。

松坪关　旧说在四川会川卫军民都指挥使用，卫南二百八十里。会川卫即现今的会理县。又云关城北去金沙河三十里，与云南接境，风景优美，有蜀云滇月之誉。关初置于明代。乃茶马古道上的重要关隘之一。

松明关　旧说在贵州省石阡府东，石阡府即今贵州石阡县，关置于明代。

松岭关　有二处，一处在今甘肃省临潭县境，旧为洮州卫所辖，卫东有黑松山，关筑于山上，因此得名，明代初置。另一处在今四川省北川县西北境，关址距县城约35公里。唐开元二十八年废，此关至迟置于唐开元以前，属龙安县。《通典》卷一七六龙安县：松岭关"在县西北百七十里"。唐开元十八年（730年）废。明代仍是戍守要地。

松亭关　在今河北省宽城满族自治县西南，位于宽城县西南五十里处。地处燕山山脉之中，形势极为险恶。松亭关古称卢龙塞，汉代称松亭关。至辽代当中京与燕京之间的交通要道。明代洪武年间，冯胜出松亭关北征，后燕王朱棣自别径取大宁（宁城西），还收松亭，大胜。

枫木岭关　在今湖南省湖南东安县西北，《读史方舆纪要》"新宁县"：（枫木岭关）在县东百二十里，旧辖于湖广宝庆府。关最迟置于明代。

林口关　在今山西省广灵县境，县城西南20公里有林管山。关址在其山下。扼南至灵丘县要路。明景泰年间把平岭关巡司移至此处。

坫塘关　在今云南省丽江纳西族自治县。关址居县城以南一里处，为县南门户，有路通剑川。又名泥塘关。

固关　又名故关。在今山西省平定县境，关址位于县城以西20公里处，与河北省井陉县接界。固关有新旧之分，新关在故关（旧关）南约五里，新关关城砖券拱门尚好，门额嵌有一块"固关"石刻，为明季名士王士翘所题。城墙上有清顺治元年（1644年）重修固

固关城楼

固关门额

关城记事碑。固关是明朝内长城沿线上的重要关隘。《大清一统志》有载，固关"明正统二年修筑关城，分兵防戍。正德九年设管营通判，嘉靖二十二年营新城，增设兵备副使，二十三年设参将。"仅次于居庸关、紫荆关、倒马关，与娘子关齐名。据考，固关长城是在赵国长城的城基修筑的，到了明代中期，万历年间再次复修。现固关长城保存较好，从娘子关迤逦而来，是极佳的旅游去处。关下的古道乃战国、秦汉时期就是东出华北平原的必经之路，历史上屡有争战。

固镇关 旧说在河南彰德府武安县西境，距县约百里。彰德府治在今安阳市。武安县后辖于河北省，1988 年撤县设市。关具体置于何里已不可考。至明代有巡司戍守。

图云关 在贵州县贵阳市南明区，今贵阳森林公园北门入口处。旧说在贵阳县城东南二里，关据高山。旧名新添关，又名图宁关，清初更名"油榨关"，道光年间又更名为"图云关"。为老贵阳九门四阁十四关之一，图云关始建于宋嘉泰元年（1201 年），是古代贵阳东出湘桂的咽喉，

明月关 在今四川省青川县境，旧为龙安府青川守御千户所辖，关址在湖东五里。明有巡司戍守，关最迟置于明代，《明会典》记载，关属于平武县。

明垤关 在今河北省抚宁县境，旧说关址在县城以北。唐代以前既以置关。《唐会要》记载，在唐代，明垤关与临渝关并为险要。到了明代，关已废圮，道路榛塞，唯临榆关独成东面卫防。

岩关 在安徽省泾县东境，关址距县城 15 公里，当北通芜湖的要道，且山岩陡峭，形势险要。其岭古名破足岭。

凯斜关 关址在今贵州省石阡县境，旧说在松明关以东，辖于镇远卫，始置于明代。

昆仑关　在今广西壮族自治区南宁市东北昆仑山上，邕宁、宾阳两县在此交界，距南宁市区约百里。雄关控扼除要，居高临下，相传为汉伏波将军马援所建，宋景祐二年（1035 年），在邕州东北通往汴京的宣化县境内的陆路上，

昆仑关

设置昆仑关、长山驿、大央岭驿、金城驿、归仁驿等驿站、关隘。明嘉靖、清顺治、道光年间屡屡修筑。今昆仑关遗址尚存。北宋皇祐年间，名将狄青"二鼓定昆仑"，大败判军侬志高。抗日战争期间，中国军民血战昆仑关，歼灭日寇5000 余人，传为千古佳话。

昆仑塞　又名昆仑障。在今甘肃省安西县南境，始置于西汉，为宜禾都尉治所。《后汉书·西域传》"今以酒泉属国吏士二千余人集昆仑塞"，即此。

昆阳关　在今河南省叶县境，保安乡闯王寨山附近。县境内有故昆阳城，故城北有昆阳关，又名昆阳镇、方城塞，控扼襄樊、南阳北上洛阳的要路。新莽末年，刘秀复兴汉室，与王莽军战于昆阳。初刘氏兵寡，聚于阳关，后退守昆阳。即此处，历二年，拥兵战胜王莽，自此汉军始盛，创立东汉。

昂车关　又名印车关、芒车关。在今山西省武乡县境，在县城以东八里许的上关村。20 世纪50 年代以后，修建了关河水库，昂车关就淹没在水库之下了。旧有文献记载关址在县城以北七十里，似有误。昂车关的最早记载见于《魏书·地理志》，清《一统志》："昂车关，在武乡县西门外。"清《武乡县志》"县北三里漳川乡有下关村、上关村。又北十二里有关壑口，为昂车关旧址。"盖关置于北魏或更早。唐、五代此处常有争战。如会昌年间，河东节度使刘沔守昂车关；光化年间，朱全忠遣军自天井关出兵，拒昂车关等。

呆阳关　在今四川省青川县境，旧辖于青川守御千户所。关城在所南，初置于元代或更早。明初傅友德伐蜀，曾攻克青川及呆阳关。

罗平关　在今云南省牟定县境，凤屯镇罗平关村当是关址所在。旧辖于

楚雄府定远县，讹名罗那关。关址位于县城西南三十里。关置于元代以前。

罗仙关 在今贵州省普定县，旧辖于普定卫军民指挥使司，关址在卫东十里，始置于明代。

罗冲关 在今贵州省凯里市境。旧为清平县。关址在县城以北的罗冲山上。始置于明洪武年间。《明史·地理志》："又南有鸡场关，北有罗冲关，俱洪武二十五年置。"

罗坎关 在今云南省镇雄县境。关址位于县城西北，与彝良县接界。清雍正间在此设置罗坎关，驻三司把总防守，

罗佐关 旧说在四川乌蒙军民府境，府治以北二百五十里处，关下有罗佐桥。乌蒙军民府今为云南省昭通市。一说罗佐关即豆沙关，关址在今盐津县城西南20余公里的豆沙关镇，豆沙关坐落在陡峭的悬崖边，为四川进入云南的交通要道。唐宋时定名石门关。元明时彝族首领罗佐驻石门关，关名遂易名为罗佐关。清初又有将领窦勺驻守于此，关名又易名窦勺关，后来讹称之豆沙关。

罗罗关 旧说关址在贵州毕节卫西南二十五里处。今当贵州省毕节市境。

罗博关 在今广西壮族自治区凌云县境，旧为镇远府西城为所辖，关置于明代。罗甸县隶属广西布政司泗城府西隆州罗博关巡检司。

罗汉洞关 罗汉洞关又称旱水关，在今河北省抚宁县北境，界岭口西四里，大小罗汉洞村之间的山谷顶端长城上，旧有小城，并为重要的防御之处。明隆庆年间，蒙古一部曾入此关掳掠。

英武关 在今云南省南华县沙桥镇三河底村。南华县旧为楚雄府镇南州。关址在县城以西四十里，筑于山脊之上，崇山峻坂，行者寒心。为州境险隘。明代置巡司戍守。又英武关一名鹦鹉关。

虎爪关 在今重庆市开县境，关址在县城以北三里，最初置关在明代或更早。

虎头关 大概有三处，其一在今湖北省麻城市东北境，关址距县城约35公里，与河南省商城县接界。虎头关与穆棱、黄土、白沙、大城共为五关。宋元时期，乃金、蒙古与宋争战之地，宋淳祐六年（1246年），蒙古将史权攻虎头关，拔之进至黄州。又宋开庆元年（1259年），忽必烈会兵渡淮，趣大胜关，分遣张柔取虎头关，败宋兵于沙窝，复进破守关兵，关遂陷。至清

代仍有巡司戍守。第二处在今陕西省汉中市以北，旧辖于褒城县。关址在褒城县城北二百里处，明代称虎头关栈。扼自褒谷到凤翔栈道的要路。第三处在今四川省会理县境，旧为会川卫所辖。关址在县城东南三十里，明代置关。

　　虎牢关　又名古崤关、武牢关、汜水关。或车从关、成皋关。关址在今河南省荥阳市汜水镇荥阳市汜水镇，距荥阳市区不到20公里。其关址临黄河，甚为险要。自古为兵家必争之地。虎牢关因周穆王在此柙虎而得名，辖于古成皋县，至隋代成皋县更

虎牢关附近古城墙

名为汜水县，关也随之改名为汜水关。虎牢关古来为洛阳的东部屏障，"洛阳八关"之一。自先秦以降，迄至宋元，屡有战事。南宋建炎二年（1128年）岳飞"保护寝陵，大战汜水关，射殪金将，大破其众。"战场即在此地（语见《宋史·岳飞传》）。

　　虎跳关　又名虎踞关，在今贵州省凤冈县境。旧说关址在县城以北三十里，明万历中在此设哨卡防御。

　　虎踞关　有二处，其一即为贵州省凤冈县之虎跳关。另一处在今云南省陇川县西境外。为"腾越八关"之一，置于明万历二十二年（1594年）。清光绪年间在勘定边界时，将这一带划归缅甸，故虎踞关今或在缅甸境内。

　　金马关　在今云南省昆明市东略偏南处。此地有金马山，绵亘数十里。关址位于金马山下，因山而名。始置于元代，至明后期废圮，金马关又临滇池，隔滇池与碧鸡关相望。

　　金牙关　在今陕西省岐山县境，旧辖于凤翔府。关址位于县城西南约百里处，附近有南山古隘道也。

　　金竹关　有二处。其一在今湖北省红安县境，关址在县城西北，距县城约30公里，又名金局关。另一处在今福建省浦城县东北，距县城约40公里。

　　金沙关　在今四川省雅安市，雅安旧称雅州，关址在清治（今雅安旧城）

东北二十里，始置于明代或更早些。另，有说陕西省渭南市澄城县古时有金沙关。

金鸡关　在今四川省雅安市北境，地处雨城区与名山县的交界处旧为雅州界，州治北有金鸡山，关筑于山上，因山得名。《旧志》云："连山若鸡帻（鸡冠），路通一线，历代均为戍守要隘，关失则两线均危。"一说又名鸡栋关。置于明代以前，暂与前鸡栋关两存之。

金练关　关址在今重庆市开县北境，距县城约五十里。

金柱关　关址在今安徽省当涂县境，位于县城以西五里处，临江筑关，清咸丰时关废，光绪时复置。

金陡关　位于今陕西省潼关县港口镇凹里村北，距关城约 1.5 公里。关址北临黄河，南倚牛头塬，为古潼关的东部门户，关门东开，门额外书"第一关"，内书"金陡关"，均为清乾隆帝御笔，惜已毁坏，关门两旁的关墙残道仍在。南城倚山而筑，长 6 米，北墙长 13 米，墙基宽达 10 米，墙高达 12 米。

金胜关　在今云南保山市腾冲县东北，旧隶辖于永昌军民府潞江安抚司，关城在司西。明代所置。亦作全胜关。明置，属潞江安抚司。《志》云：在镇姚所南，有堰草坡。明朝万历十一年（1583 年）参将邓子龙败缅军于此。时缅人崩溃而下，至今草生不能上指"。

金城关　在甘肃省兰州以北，当黄河要隘处。初置于汉代，后废圮，关址最初在今西固沙井驿，至北周时，移至今兰州市黄河北岸金山寺西山腰的隘口，北宋绍圣四年（1097 年）又在此复筑关城，明代屡加修葺。另一说在甘肃省皋兰县北。周武帝置金城津，隋开皇十八年（598 年）改置为关。

金隄关　在今河南省荥阳市东北，广武镇霸王城村北黄河道中。居黄河南岸。金隄指西汉时期在这一带所筑石堤。关因金隄而名。隋大业年间，瓦岗寨等义军曾攻克此关，下荥阳。《资治通鉴》记载："（翟）让从之，于是破金堤关，攻荥阳诸县，多下之。"即此关。古典小说有"裴元庆走马取金隄"，也指此。

金锁关　有二处。其一在山西省汾阳市。旧说关城位于汾州府以西三十五里处。汾州府治所在后来的汾阳县，今汾阳市。控扼汾水咽喉，汉晋以来为军家戍守要地。明初置巡司戍守，后废圮。隆庆年间，增筑关城，防守益严。另一处在陕西省旧同官县，县境内有神水峡，关城筑于峡内，道路险仄，两旁岩壁如锁钥然，明代有巡司巡守，详址在今铜川市金锁乡金锁村神水峡北口，距铜川市约 20 公里。包括西、北两水关，两关一在西北，一在东南，

华山金锁关

相距约一里，以北水关保存为好，平西呈长方形，东西宽 100 米，南北长 500 米。城墙以砂石土夯间条石砌筑，南北关门均为石砌。始建于明嘉靖三十二年（1553 年），并设巡司戍守。地势雄险，古有"雄关天堑，鹰鹞难飞"之誉。另，在华山三峰口有一座五脊歇山顶石拱门，称金锁关，是经五云峰通往东西南峰的咽喉要道。

瓮门关　在今天湖北省罗田县九资河镇卧龙沟村东约一二公里处。旧说关城位于县城东北一百八十里的歧岭上，与安徽省金寨县接界。今存关址，筑于歧岭山岗之上，为清代所建。有关门及石墙存留。关门乃条石砌筑，高 2.5 米，宽 2 米。西侧有石墙残长约 20 米，宽 2 米，高 1～2.5 米不等。光绪《罗田县志》记载："多云乡瓮门崇义卡，门楼一座，石墙四丈，营房四所。"古为罗田八关之一。

瓮岩关　旧说关址在贵州贵阳军民府，府治南百里，即今贵州省贵阳市境，关始置于明代。

瓮城关　在今贵州省贵定县境，关址在县城西南十二三公里处。明代为贵州新添卫军民指挥司辖界，清代改卫为县。关置于明初洪武二十三年（1390 年）。

瓮蓬关　在今贵州省镇远县境。关址位于县城以西 25 公里处，至迟置于明代。

和溪关　旧说关址在四川保宁府阆中县，位于府治东南二十五里处，关下有路通巴蜀。保宁府府治在阆中县，即今四川省阆中市。故和溪关当在今四川省阆中市境。

鱼涪关　旧说关址在四川永宁宣抚司东三里处。明洪武四年（1371 年）始置关，有明至清派兵戍守。司治四周还有镇远、青冈、梯口、大斗坎口、三块石、江门诸关屏护，这些关均置于明代，关址在今四川省叙永县境内。

的澄关　在今贵州省清镇市境，旧辖于威清卫军民指挥使司。卫西八里有的澄河，关城临河，以河为关名。始置于明代。永乐年间置的澄河巡司。

牧护关　在今陕西省商洛市商州区牧户关镇，关址距旧县城约一百二十里，与蓝田县接界，关城分为南、北两处。明代设秦岭巡司在此戍守。牧护关讹传为模糊关。附近有牧护关水流过。

委粟关　一说今河北唐县西北十五里。其关址在定州以北，因临近委粟山而名，记载见于《新唐书·地理志》。关至迟置于唐代。《水经注·滱水》：唐水"出中山城之西如北，城内有小山，在城西侧而锐，上若委粟焉"。又《新唐书·地理志》唐县："北有委粟故关。"又说在今河北省定州市，地址不详。

闸子口关　关址在今河南省辉县市境，旧为怀庆府辖界。位于旧县城以西七十里处。明代曾设巡司巡守，故此关当置于明代，或更早些。

官井关　旧说在福建省泉州府德化县境，关城位于县城以东二百六十里处，盖已入今莆田市境。县城以东、西北、东北又有汤尾、岩市、平卢三关，皆在县城百里以外，屏卫德化。

宝月关　在今云南省文山自治州广南县东南之杨柳井乡宝月关村，关址距县城（莲城镇）约 25 公里，旧时这里峭壁绵延，凿石为道，险隘设关，为府南之屏要。

宗关　在今湖北省武汉市之硚口区，旧为汉阳县所辖，关址在汉阳旧县城西北十五里，汉水的北岸。

宕渠关　在今四川省渠县境，关址居于县城以东。旧时层峦叠嶂，峻险异常。宕渠为古县名，治所在今四川省渠县东北。南朝宋废。东汉末以后，屡为宕渠郡治所。宕渠关以县为关名，置关较早。

实大关　在今四川省茂县境，关址在县城（凤仪镇）以北，相距约 40 公里。明洪武初年由平蛮将军丁玉所置。

房山关　在今湖北省房县境。旧说在县城以西三十五里，房山脚下。

京玉关　在今甘肃省兰州市，旧辖于临洮府兰州，关城在兰州城西北二十二三公里处，北宋元符三年（1100 年）始置关。《宋史·地理志》曰"京玉关本号把拶桥，元符三年赐名。"至元时关废。明时有卫卒戍守。

河蓝关　在今甘肃临夏市境。旧说在临夏县西北。《新唐书·地理志》河州有河蓝关。此关置于唐代或更早。

河防口关　其中一处在北京市怀柔区怀北镇北约十里的河防口村。因河设防，故名。明代永乐年间置关，属蓟镇石塘路管辖。河东岸村中有城堡，城堡南北长 250 米，东西宽 160 米，关门南开，门额上书"河防"二字，惜城堡及附近长城已于 20 世纪 50 年代拆毁，城堡匾额尚存。《长城关堡录》记载："河防口关为亓连口东第二关，口外为连云栈，……隘窄不能容马，防守较易。地势洼下，山路崎岖，……永乐年建关，有堡。"另一处在今陕西省汉中市西北。

河阳古关　东魏时置，在今河南孟州市黄河北岸。

河流口关　为明长城线上冷口关东的第一关口，与冷口关相距不足 5 公里。关城在今河北省迁安市城区以北十里处的河流口村。与刘家口关相近。

油罗关　旧说湖广岳州府永定卫有油罗关、永定卫即后来的大庸县，大庸市，近又改为张家界市，明代有永定卫军戍守。附近尚有大泉、于制、野鸡等关。均置于明代，关的规制较小。

油榨关　在今贵州省镇远县，旧辖于贵州镇远府。镇远县城以西五里有二仙峰，二峰尖立如人，甚为险要。关城建在二仙峰旁侧。初置于明洪武年间。康熙四十年（1701 年），巡抚王燕重修，改图云关为今名，有碑记。

泸沽关　在四川省西昌市以北，旧辖于四川宁番卫军民指挥使司。关址在西昌旧县城以北泸沽峡东、明代置泸沽巡司，清裁。

泸津关　在今四川省会昌县境，旧辖于四川会川卫军民指挥所。《新唐书·地理志》"会川县有泸津关，盖此关至迟置于唐代。关在县城以南，为通云南之要路。

郎岭关　在今山西省繁峙县境。旧说县城以东百里有朗岭（狼岭）关在岭上，筑于明洪武初年，关下有路通应县（或说郎岭关在应县境）。

郎采关　关址在今浙江省安吉县境，旧为孝丰县辖界，位于孝丰县城西南三十里处，关置于明代。

孟门关　在今山西省柳林县城西北约 45 公里的孟门古镇上。旧说在山西汾州府永平州附近。关城筑于州城以西四十里处。永宁州即今天的吕梁市离石区。据记载，孟门春秋战国时期为赵国之蔺邑，西汉置蔺县，东汉末废。北周大象元年置孟门津，隋开皇元年改名为孟门关。元代废县，置离石巡检司，明代仍有巡司戍守。北周大象元年（579 年）置定胡县，兼置定胡郡。隋置孟门关。唐初置西定州，贞观二年（628）改称孟门县，明代改称孟门巡检司。孟门关建于孟门黄河古渡之上，东依吕梁，西濒黄河，南靠军渡要塞，北邻黄河"二碛"，且东越金锁关黄芦岭可通晋中平川直至京津，西跨黄河天堑即达陕北地区，乃控山带河的重要关隘。

居庸关 在北京北部的最重要关口。居庸关始筑于秦汉。据记载秦始皇为修筑万里长城，把征调来的役夫徙居此处，关以"徙居庸徒"而得名。后世名称屡变，或叫西关，或名纳款关、军都关、蓟门关等，但仍以居庸关为正名。关城在今昌平区境内，距北京城约百里。筑于长达四十里的关沟当中，两旁山崖耸峭，沟中一道碧涧清流。古为京师之襟喉之地。元睿宗时在居庸立南、北二口，明洪武年间，大将徐达在此以砖石筑城，形成后世最壮观的规模。自京师西北行，先至居庸关的第一道关口，名南口，前行十五里为居庸关城，关城有水、陆关门各一。再往北行，一路攀山登高，至八达岭。八达岭称为居庸关北口，八达岭也有关城，且与长城相连接。八达岭为居庸关锁钥，从八达岭下视，居庸关若在井底。故古人云："居庸之险不在关城在八达岭。"八达岭之外又有岔道城，一出延庆，一入怀来。居庸关古称"绝险"，特别是辽、金、元、明在此屡有征战，而且居庸关的得失，往往与京师的安危，朝纲存亡有密切关系。居庸关一带景色秀丽，古有"居庸七十二景"之说，位于关

八达岭关城（摄于 20 世纪 40 年）

城正中的"云台"为元代所建，上面的雕刻十分精美。八达岭长城和近年修复的居庸关关城，更是时人旅游观光的胜地。

函谷关 有旧关（秦函谷关）、新关（汉函谷关）两处关址。故关在今河南省灵宝市，关址居于旧县城西一里许。始置于战国秦时，当时为秦拒六国的屏障，这一带地势险要，东至崤山，西达潼津，通称函谷。东西十五里，两旁绝壁如削，中间深险如函，关城筑于谷中，扼进出关中之要道，因地势而得名。战国、秦汉时期，争夺函谷关之战屡屡不断。西汉初年置守关都尉于此，武帝元鼎三年（前114年）将关址东迁于新安，此地改置弘农县。今仍见关门旧址尚存。新关为武帝元鼎三年所迁之关。在新河南省新安县，关址位于旧县城东北。与函谷故关相去二百余里。新关乃东汉时期都城洛阳的西部要塞。东汉末，为防御黄巾起义军，灵帝下诏在洛阳周围置八关，以函谷新关为首。迄至现在，关址仍有遗迹可寻。

孟津关 在今河南省孟津县东北，与孟州市交界。古为黄河津渡口。西周武王姬发伐商，会聚诸侯于此，登坛盟誓，故曰盟津，后讹为孟津。孟津历来为兵家必争之地，东汉末年为防御黄巾军而置八关，孟津也在其中，此为孟津关至关之初始。

孤店关 在今山西省大同市东北，大同县境。盖置于明代。

驾雾关 在今安徽省潜山县境。旧辖于无为州。县城南有驾雾山，关城建在山下，以山命名。置关至迟在明代。《清一统志·安庆府》：驾雾关"在潜山县南三十里，驾雾山下"，今从之。

驿马关 在今甘肃省庆阳县境，关址位于县城西南九十里处，关至迟置于唐代。兴元年间，朱泚取驿马关，即此处。明代在此设驿马关驿，设巡司戍守。

建阳关 关址在今湖北省建始县东南境，旧时与四川夔州接界。

卧龙关 旧说在四川汶川县境，关址居于瓦寺土司辖界，距县城三百里。清乾隆年间，平金川后，在此设千总驻守。今四川省阿坝藏族羌族自治州汶川县有卧龙镇卧龙关村，当为关址所在。

鸦关 有二处，其中一处在贵阳城北面三里处，四周群山环抱，中间一径通达。今又称之为小关。旧时鸦关门额上有"北门锁钥"四字。史籍载关址在贵州省贵阳军民府境，府治北有鸦关山，关置于山下，关城以西不远有杨柳镇，四川驿道所经处，贵阳军民府即今贵州省贵阳市，明代置关。另一处也在贵州省，今黔西南布依族苗族自治州晴隆县西境，距县城二里有晴隆山，关城筑于山下，扼守滇黔古驿道，明代筑关。20世纪30年代，滇缅公路上著名的险要地段二十四道拐就修筑在附近。

鸦刺关　在今湖南省麻阳苗族自治县境，旧辖于沅州府麻阳县，关城位于县城西北四十里处。置于明前期，至万历年间废革。

鸦鹘关　在今辽宁省新宾满族自治县境苇子峪镇。旧说"在清河东南，关之东有喜昌口。"后辖于兴京县，兴京即今新宾。关址建在托和伦河西岸，关共分三道，遂有三道关之称。三关之间各距里许，多为土石杂筑，现关址犹存。明成化三年（1467年）正月，海西、建州女真复入鸦鹘关，明都指挥史邓佐战死。万历四十六年（1618年）萨尔浒之战，满人兵进鸦鹘关，陷清江寨，即亦此处。又，万历末年，明总兵李成梁在旧关西南复修新关，仍名鸦鹘关，新关去旧关约五十里。

南关　在今广西壮族自治区平乐县境，旧辖于平乐府。关城在府城南，与城北之北关并立。关置于明代。第二处在今甘肃省临洮县境。旧辖于临洮狄道县，关城在府城以南，置于宋代熙宁年间。至明时，仍有城垣连于府城城壕，当时俗称藩城。又，广西凭祥友谊关（旧称镇南关）俗称南关。

南广关　旧说在四川省庆符县境，关址位于县城以东一百三十里。至民国，尚有巡役在此稽查滇铜蜀盐。至20世纪60年代，庆符并入高县，现关址当在高县境内。

南水关　在今湖南省沅陵县境，旧辖于湖广良州。关城位于府城（沅陵县城）南门外。乃良州近郊防御处。关至迟置于明代。

南北关　在今山西省灵石县境，旧辖于太平府。关址在县城以南八十里处，濒临汾河。北宋末，金兵由太原南下攻宋汴京，宋叛兵引金入南北关，取威德军。可见关至迟于宋代已置，盖关有南、北之分，合称南北关。古为绝险处。

南村关　在今河南省渑池县境，关址在县城西北，与之相距约九十里。明末清初有巡司戍守。

南坪关　关址在今重庆市南境之南岸区，与渝中区隔江相望。文献记载南坪关在重庆旧府城南，隔江筑关。宋时张珏在南岸构筑关城，或即此关。

明万历年间，明朝天启元年播州（今贵州遵义）土司奢崇明叛乱，秦良玉潜至重庆，复营南坪关，截堵叛贼归路，大胜。

南径隘　又名镇远关。在今江西省安远县境，关址位于县城以南三十里处，关城四周群峰如削，中间有路通广东省腹地。此关置于明嘉靖后期。

南津关　盖有三处。其一湖北省宜昌市西陵区，锁西陵峡东口，这里江面狭窄，两岸山崖壁立如削，地势极为险要。旧说关址在旧县城西北十五里处。另一处在四川省达州万源市境。关址位于旧县城以东七十里处。第三处在四川省阆中市江南镇阆剑路，关址居于旧县城以南，濒临嘉陵江，附近有南津渡口，这里不但水陆交通便利，而且风光旖旎，古来为游览胜地。

南济关　关址在今广西壮族自治区桂平市境，明为浔阳府所辖，旧说关城位于府治南。明代置关。另，城北有北定关，城西有西靖关，均为浔阳府近郊之屏卫。

南桥关　旧说在四川叠溪守御军民千户所境，关城在所南五里处。置于明洪武十二年（1379 年），同时在所周围还置有叠溪桥关、小关、中桥关、彻底关、镇平关等，共七关。叠溪千户所"东至龙安府石泉县八十里，南至成都府茂州百二十里，北至松潘卫一百八十里"。盖在今四川省茂县、松潘、北川三县交界处。

南隘关　旧说在广西平乐府修仁县境，关在县城西南，旧县治所在。南隘关则明末清初已废圮，故当置关于明代或更早。修仁县于1951 年划归鹿寨、荔浦二县。现荔浦县有修仁镇，当是旧修仁县治所。故南隘关当在修仁县境。

南海口关　别名老龙头，在今河北省秦皇岛市。关城城垣直伸入海。本为山海关的组成部分，为山海关的濒海冲要。至清代仍有把总戍守。20 世纪 90 年代，老龙头已经修

未修缮前的老龙头（南海口关）

复，现为游览胜地。

故关　固关之别称。控扼井陉古道，战国秦汉之时，井陉为九塞之一，太行八陉之第五陉。秦灭赵国、西汉韩信攻赵王歇皆兵出井陉。明正统二年（1437 年）修筑关城，《关隘考》记载，在明代故关管辖三十六隘口。

胡空关　在今四川省平武县境，旧辖于龙安府。关址位于府城（平武县城）西北四十里处。置于明永乐年间。在府城周围此先后置黄杨、和平、大鱼、军昌、铁蛇诸关，与胡空关共为龙安府境之六关。

赵宝镇关　在今河南省宜阳县境。旧说关址位于县城西南约三十里处。今地名有东赵堡，盖即此处。关置于明代以前。

草桥关　在今河北省高阳县境，关址在县境西约二十里处，《清一统志·保定府》：后周柴荣于显德六年（959 年）"复三关，以控燕蓟，雄曰瓦桥，霸曰益津，高阳曰草桥，俱置重兵"。盖草桥关至迟在后周已经置为关，今关址无存。

莫营关　在今陕西省永寿县境，旧辖于西安府乾州。关址在旧县城西南，后魏时置关。为控扼之要所。

荔平关　一说在广西平乐府富川县东境，富川县今为富川瑶族自治县。《汉书·地理志》又说在荔浦县。由于关置于汉代或更早，关址具体地址不清或在情理之中。

茶关　又名蚕岩关。在今四川省汶川县南境，关址位于县城威州镇南约一百四十里处。关为溪山绝险，明清时驻兵把守。

荆口关　今湖北省仙桃市境，旧说在沔阳州治以西。

荆紫关关楼

荆紫关　又名荆子口关、荆子关。在今河南省淅川县境之荆紫关镇。关址距县城约一百三十里，居丹江的北岸。濒江筑关，扼陕、豫、鄂三省交界之要冲。古来为水陆渡口，也是兵家必争之地。宋、金、元，乃至近现代，在这一带都有过争战。这里也是中原水陆要道和货物集散地，明末清初，其商贸发展趋于鼎盛，致使别具风格的古代建筑流传至今。

荆紫关古街道

茅堤关　在今重庆市开县西境，与县城相距约九十里。

柳关　在今湖北省襄阳市襄州区境，旧辖于襄阳府，关城在府治西北七里处，此处有柳子山，关以山为名，盖置于明代或更早。另湖北省监利县有柳关村，或有关址。

柜门关　在今湖北省襄阳市谷城县境。旧说关址位于襄阳府治以东，乃蒙古兵围襄樊时所置。

轵关　在今河南省济源市西北境之封门口村东，距济源旧县城四十余里。关当古轵道之险要，为"太行八陉"之首。由河南入山西，古为必经之路。轵关置设颇早，曹魏时期已有轵关的记载。由于关扼要险，古来为必争之地，晋、南北朝时期此地征战颇多。

剌伯关　在今四川省越西县境，为明代越嶲卫军民指挥所所辖。关址位于县城东北 25 公里处。

草泥关　在今云南省弥勒县境。关城位于县城以北，路通路南县（今路南彝族自治县）。

临关　在今四川省雅安市宝兴县城之南境。原名灵关，又名零关。《华阳国志》载，蜀王开明以灵关为前门。《史记》载司马相如通零关道，说明先秦、西汉已有灵关、零关道之名。唐武德初置灵关县，关至迟置于此时，明正统年间改称临关。关址在县城西北 30 公里处。为川中重险。故曰"蜀以剑阁为前门，灵关为后户"，又说临关"一人守之，可以御百"。古来为兵家所重。关城附近有灵关山，"峰岭嵯峨，旁夹大路"。

临江关　在今甘肃省陇南市文县之临江镇。旧说关址位于县城西北一百二十里处。其下有临江渡，为与四川往来之通道。清代在此置有驿站。

临洺关　在今河北省永年县境。关址位于县城以西之临洺镇，因濒临洺河而得名，古时为临洺县治所。宋金时为要镇。明嘉靖中重新修筑城墙，开六门。至民国年间，关城尚存，街巷俨然。清代先后设巡司、通判、同知于此。

临津关　在今甘肃省临夏回族州临夏县境。关城在县城以西。即宋代所置临津城，元明时期在此置关。

临晋关　在今陕西省大荔县境。关址位于县城东北，东临黄河，扼蒲津渡口。最初为战国时魏国所置，乃先秦古关也。旧属西安府朝邑县界。历来倚为秦晋重险，扼控蒲津渡。汉刘邦、唐李渊开国创业，都曾在此用兵。筑关之初名蒲津关，到汉武帝时改称临晋关。其后或简称蒲关；或仍沿用临晋旧称。北宋大中祥符中又改名大庆关。故有人云临晋关即蒲津关，二名一关也。

昱岭关

昱岭关门额

临清关　盖有二处。其一在今山东省临清市境，关址濒运河而设，置于明宣德年间，清因袭沿用，设御史或户部官员于此征收般运商税。另一处在今河南省新乡县境，旧说在县城东二十里黄河北岸。隋炀帝即位之初，为行幸洛阳，曾征调使役，自龙门至长平，汲郡挖掘河渠，达临清关下。故最迟在隋代临清已置关。

临蔡关　今河南省开封县境，旧为开封府祥符县辖界，关址位于开封府治东南四十里处。五代后周显德年间，伐南唐时，曾在此置关。

昱岭关　在今浙江省临安市境，或说在安徽省歙县东北境，黄山市歙县三阳乡岭脚村。旧说为杭州府昌化县辖界。关址在昌化西南约七十里的昱岭之上。坐西朝东，雄踞昱岭山口，石砌关城，长70米，高8.5米，宽约9米。门洞拱券顶，宽高各6米。初建于东汉末年，山越人为抵御孙策的进攻而筑。此关在20世纪30年代维修过，关门门额书"昱岭关"三字，落款"民国二十二年，曾养甫题"。昱岭当浙江与安徽交界处，西去即安徽黄山市。山势险峻。关筑岭上，至为险要，兼控浙皖。南宋置关，元至元年间，徐寿辉陷昱岭关，元至明初，胡大海又克昱岭关。

界河关 在今河南省光山县境。关址位于县城以南，相距约百余里。旧有三道河河源出于此。明代有巡司戍守。《志》云："三道河源出于此关，南至麻城县九十里。"

界牌关 旧说在云南省元江县西南三百里，与镇沅县交界。元江县即今元江哈尼族彝族傣族自治县。镇沅县即今镇沅彝族哈尼族拉祜族自治县，两县并不接界。中隔墨江。按地理推算，当在今墨江哈尼自治县的西北境。另，在今甘肃省嘉峪关市也有一座界牌关，即唐代的界牌关。

界岭口关 在今河北省抚宁县境，因坐落于界岭山下而得名。关址位于县城以北35公里处，当界城口，有关城。建于明代洪武年间。关处两山之间，洋河穿山而过。隔河分东、西两月城。东月城锁住关口，西月城盘踞半山。关门呈拱券形。明嘉靖年间，官军在此击溃"土蛮"。为戍守要地。

郧关 在今湖北省郧县境，旧为湖广郧阳府辖界。旧说在郧阳府西。最早记载见于《汉书·地理志》，盖此关至迟置于汉代或更早。为东去南阳之通道。

昭关 在今安徽省含山县境。关址位于县城西北十余里的小岘山西麓，为春秋时期吴楚交界之地。昭关乃古关也，盖为先秦所筑之关隘，传武子胥过昭关，一夜须发皆白的故事，即发生在此地。岘山一带两山壁立，中通一径，古为险要之处。附近有马刨泉。为武子胥过昭关时所遗，今为佳景。另江苏省镇江市西云台山北麓有石塔，塔之石梁上刻有"昭关"两字，故名"昭关石塔"。为元末明初砌筑，不知与安徽含山县昭关有何关系。

昭义关 在广西壮族自治区灌阳县境。关址在城县以东60华里处。盖置于明代或更早。

响水关 共有三处。其一在今云南省禄丰县金山镇响水关村。又名兰谷关。旧为广通县辖界。20 世纪 60 年代，广通并入禄丰县。关址位于广通县城以东 25 公里。附近所产兰花，绿叶紫茎，品种甚优。另一处在贵州省贵阳市，旧说关址在贵阳县城西北五里处。又名蔡家关。县城西北又有阁水关，明洪武初年，"顾成征水西，破阁水关"，即此地。另，广西河池市都安县有响水关村，风景秀丽。

峣关　又名蓝田关（简称蓝关）、青泥关。关址位于今陕西省商州西北，蓝田东南交界处。今蓝田县蓝桥乡蓝桥河村，居河北岸半山之上。当关中通往南阳的要路。为战国时秦之关隘，因近峣山而得名。秦末，项羽、刘邦分两路西攻咸阳，刘邦一路破武关至此受阻，于是"绕峣关，逾黄山，击秦军，大破之蓝田南"，直逼咸阳，秦随之灭亡。北朝时期关址有迁徙。北周明帝武成元年（559 年），将关址移至青泥故城旁侧，遂改名为青泥关。至武帝建德二年（573 年）又改名蓝田关。因蓝田城多种柳树，也称峣柳关。至隋炀帝大业元年（605 年），将关城再迁回原地，复称峣关。古来征战尤多。

虹关　在安徽省黄山市与江西省婺源县交界处之虹关村，始建于南宋建炎年间，有"吴楚锁钥无双地，徽饶古道第一关"之称。今村头溪水边有一棵千年古樟树，树下立碑一通，上书"虹关古樟"。有路北通黄山、休宁。

虹桥关　其一在今四川省阿坝藏族羌族自治州松潘县境，旧为松潘卫辖界，关址位于卫北三十余里处，为本卫所的北隘。关址在今松潘县川主寺镇。附近有落虹桥，饷道必经之路也。另，山西省晋中市昔阳县有虹桥关。

虹梯关　在今山西省长治平顺县县城东北境，虹梯关乡臭水峧村东约 10 公里处，扼东出河南的晋豫古商道。虹梯关建于明嘉靖八年（1529 年），现存关址为民国二年（1913 年）重修，依凭峭崖用青石垒砌而成，坐西南面朝东北，高宽均 5 米左右，关门拱券顶高 3.45 米，宽 2.5 米，进深 3 米余。虹梯关二字由古道上的盘立陡的"之"字形人工石梯而来，这里山峰峭耸，沟壑深幽，人工开凿的石磴盘道盘旋直上，有五十四道拐弯，远望状如虹霓。故名虹梯子。关因石磴盘道得名。明嘉靖年间在此置关，并设巡司戍守。自此至民国年间关下有驻军。存嘉靖戊子年《虹梯关铭》碑。

恨这关　关址居于今河南信阳市西南境，与湖北省应山县交界。旧说距信阳府府治一百一十五里，拱扼南北往来要道。一说为平靖关之别名。

威震关　又名伏波关。旧说关址在衣甲山下，传为马援南征交趾时所筑，故当为汉代关隘。旧说衣甲山在崇善县，今广西壮族自治区崇左市。盖威震关在今崇左市境。

胜水关　旧说在湖广忠建宣抚司境。关城在司南三百里。境内还有虎城关、野熊关、野牛诸关。据考，忠建宣抚司在后来的宣恩县境，现此县仍在，辖于湖北省恩施土家族苗族自治州。

胜金关　居今宁夏回族自治区中卫县的镇罗镇，在县城以东30公里处。北靠高山，南临黄河，路通一线，旧说为中卫东的部屏障。乃明代参将韩玉所筑，乃宁夏境内长城线上的重要关隘。今关堡尚存，方圆约60米，城墙残存，高1~4米不等。

虹梯关

虹梯关门额

关城下面有包兰铁路通过，隧道洞口陡峭的石壁上镌刻着"胜金关"字样。

胜境关　又称界关。在今云南省富源县中安镇胜境关村东500米处。为清代修筑。关城城墙石砌而成。全长36米，厚8.5米，高约8米。东西横跨大雨山和北后山之间。城墙背面筑堞垛，中间设关门，门宽约4米，进深8.5米。拱券顶。原来置木质关门。1990年经重修。在关城以东不远，还有一道建于明代的石砌关墙，扼滇黔驿道。现关墙已多毁损，尚存一道半圆形关门，长约4米，宽2.6米。也于1990年修复。此处应是明胜境关的隘口。围绕胜境关，还有其他多处文物古迹，如胜境关村北的两炮台，建于清代；胜境关村中还有一座建于明景泰年间的石牌坊。三楹歇山顶。檐下有"滇南胜境"楷书匾额。其他还有大路碑、石虹亭、胜境关界坊等。

香山关　在今河南省延津县境。关址位于县城以北，古名沙门镇之处。关至迟置于明代，明设巡司戍守。

剑门关　在今四川省广元市剑阁县境，居县城城南。又有大、小剑门关之别。大剑关门在县城以北的大剑山上，距县城约20公里。为成都平原的北部屏障。大剑山连绵七十二峰，如利剑穿云，峭壁中断，是为剑门。至为险要，历来为戍守要处，《寰宇记》载："诸葛亮相蜀，孔明立关，凿石驾空为飞梁阁道，以通行旅，于此立剑门关。"一说唐代当隘口置剑门关。小剑山在大剑山东北，相距约三十里，两山之间以阁道相连。五代后唐长兴年间，在小剑山筑永定关，即小剑关也。剑阁之道，有万夫莫开之险。至洪武年间关废，正德、嘉靖年间再度置关，20世纪30年代修川陕公路时被全部拆毁，唯仍有关城遗迹留存，21世纪初叶，在清代关楼的原址附近依照明代关楼复建剑门关，关楼宽18.3米、高19.61米、进深17.7米，全木结构。这里亦为川北风景绝佳之处。

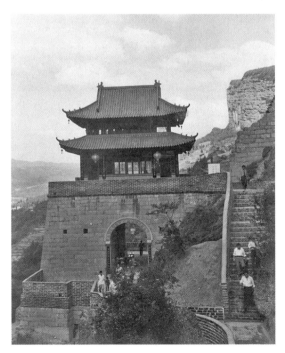

剑门关

保子关　在今四川省理县境，旧为理番县辖界。关址位于县城东南新保城隔江的保子岗上。或说在威州治西北一百里，今汶川县威州镇。关至迟置于明代，明清两代均有兵戍守。

保障关　旧说在广西太平府东北四十里处，即今广西壮族自治区崇左市境，关至迟置于明代。

侯川关　旧说在河南怀庆府辉县境，关城在县城西北七十里处。即今河南省辉县市境内，为太行要隘之一。关至迟置于明代，明至清初有巡司戍守。

侯埠关　在今湖北省仙桃市境内。旧为沔阳县辖界。关址位于沔阳旧县城以东六十里处，明时关旁有侯埠驿，为交通要道。

独松关　在今浙江省安吉县东南 20 多公里，与杭州市余杭县毗邻的独松岭上。独松岭为天目山支脉，险峻而多怪石。有路通余杭。独松关控据险要，为兵家要地，横跨东西两山，关墙以石砌就，长 80 余米。现溪水以西部分尚存，长 23.5 米，宽 13 米，高 6.6 米。关城南北向，有瓮城，其上原建有箭楼，瓮城城门拱券形，南北长 4.75 米、东西宽 3 米。面北的高 3.2 米、面南的有内外两道券门，内拱门高 4.06 米，外拱门高 3.2 米。关墙墙体内用黄土夹碎石夯筑而成。宋元之时，这里争战颇多，朝廷置重兵戍守，明洪武年间，在独松关设巡司，隆庆年间革废。清同治《安吉县志》载："宋建炎间（1127～1130 年）兵起，垒石为关，名曰独松关。"又，"独松关，清雍正九年（1731 年）知州申梦玺

独松关

独松关古驿道

建讯兵房六间；清咸丰九年（1859 年）奉抚宪重修，十一年（1861 年）毁"。独松关下有古驿道，由安吉县递铺镇双溪口关上村至百丈镇独松村断续尚存。

兔耳关　在今云南省昆明市官渡区小哨乡兔耳关村内。当为明清时建，现关城已废祀。仅存清嘉庆年间石碑一通。阴文楷书十一行 513 字。碑文内容为禁止兔耳关驿吏卒勒索过往行人酒食事。

狐岭关　又名虎岭关。在今河南省济源市境，旧辖于怀庆州。关址在县城以西。史载南宋绍定三年，蒙古史天泽攻金卫州，金将败走胡岭关，即此，由此分析，狐岭关当置于南宋或更早些。

制胜关　旧名大震关或大振门。在今宁夏回族自治区泾源县县城西四里之永丰村南侧。旧为平凉府固原州所辖，关城位于州城东南。唐代与吐蕃征战，设"原州七关"，制胜关为七关之一，控带陇山以西，管小寨二十五处。宋熙宁年间，关城革废，至明代再度置关。关址南移于甘肃华亭县交界处，当在泾源县境内，即今之制胜关。

饶凤关　在今陕西省石泉县和西乡县交界处。此处有饶凤岭，山险路仄，石险盘行，但为秦、楚、蜀往来的必经之路，至为重要。南枕汉江，又控水路。关城筑于饶凤岭上，遂以岭为名，总领水旱两路。南宋绍兴年间，吴玠、吴璘曾败金兵于饶凤关。南宋绍定年间，蒙古铁骑又破饶凤，渡汉水东进灭金。

烂桥关　旧说在贵州镇远府，位于府西七十五里。今贵州施秉县西南镇，此处有镇阳江，关筑于江西岸长坡之上，明洪武二十三年（1390 年）置。万历年间，播州土司杨应龙叛乱，焚东坡烂桥，阻断黔楚通路。即在此处。《读史方舆纪要》卷一二二"镇远府镇远县"条下有记载。

炼象关　又名拣象关，《滇程记》作"楝橡关"。旧说关址在云南省罗次县北二十五里。峰峦奇伟，溪涧幽深。明崇祯年间改今名筑城。旧有巡司、土官、流官。罗次县于 20 世纪 60 年代并入禄丰县，故关址在今禄丰县金山镇腰占村境。始筑于明崇祯十六年（1643 年），石砌城墙，四面各开一门。在东西两门上建重檐关楼。民国年间重新修葺，现东西二城门和东城楼尚存。东城门台基长 26 米，宽 10 米，高 10 米。拱形门洞高 3.3 米，宽 2.7 米，门额题"炼象关"三字。台基上建木结构关楼，二层，重檐歇山顶。西城门台基高 7 米，宽 10 米，券门高 3.1 米，宽 2.8 米。惜关楼已毁。附近存御庆桥，明初始建，清乾隆年间重修，乃通滇西驿路的安津。

神龙关　关址在今四川省雷波县境，县城以西 30 公里处。此处有千万贯山，关筑于山麓，扼凉山出入要路。

神护关　关址在今云南省德宏傣族景颇族自治州盈江县盏西乡与苏典乡交界处。此地有勐戛山（旧曰猛卡山），关筑于山上。关城左右与山岸相接。现关墙尚存。关门深 21 米。宽 3.3 米，高约 4 米，关墙高约 3 米。始筑于明万历二十一年（1593 年），陈用宾所筑。为"腾越八关"之一。《云南史料丛刊》载："神护关位于腾越厅西南一百四十余里，其山蜿蜒，层峦叠嶂，路径最险，易守难攻。古关城门洞深七尺、宽一丈、高一丈二尺，左右有墙各高九尺。外通缅甸、勐养、芒乃、勐拱等地，东南至万仞关八十里。"

祖溪关　在今陕西省石泉县、西乡县交界处，饶凤关附近。位于石泉县北 120 里的斩龙垭。关置于宋代以前，金攻饶凤关，曾以此为间道。《续石泉县志》载："祖溪关，即展龙垭，在饶凤关北四十里。"

娄山关　在今贵州省遵义市北境，又称楼山关、娄关、太平关。关址筑于娄山之上，当蜀黔要隘，其南为遵义，北为桐梓。娄山万峰穿云，险峻异常，自蜀入黔，历岭九盘，始达其顶。近代，红军长征过遵义，在此激战，两次攻打娄山关，大败王家烈川军。毛泽东作《娄山关》词以志。

迷郎关　又名迷水镇，在今四川省会理县南境，与县城相距约 30 公里。《志》云："卫南六十里有迷郎关，一名迷水镇，旧有滇池，今堙。"

洭浦关　在今广东省英德市西南境之连江镇。洭浦关之名最早见于《水经注》，盖当置于北魏或更早。《唐书·地理志》称为洭浦故关。古时入粤之要道，为襟要地带。

洪关　有二处，一处在今河南省灵宝市境内，又名鸿关。旧说关城位于西南四十里处。《水经注》谓之鸿关堡，附近有鸿关水。盖为南北朝以前古关也。刘宋元嘉年间，柳元景北伐，进据鸿关，即此地也。附近又有虢略关、火烧关，均为古关隘。另一处在贵州省遵义县西部之洪关苗族乡，地处大娄山脉西面南坡，遵义、金沙、仁怀三县（市）交界处。

洪山口关　在今河北省遵化市北境，关城位于侯家寨乡洪山口村，与旧县城相距约三十里，与兴隆县接壤，为明代长城线上的重要关口。附近尚有龙井儿关口、三台山关口等，明代均有官军驻军。

洞口关　旧说在贵州贵阳等军民府上马桥长官司。关城位于州城以东十三里处。州城周围还有其他关所。如小山关，在州北，青苗关在州南，长田关在州东。贵阳军民府即为今贵州省贵阳市。

济州关　在今山东省茌平县西南古黄河南岸，旧辖于济南府。这里又称为碻磝津，濒临黄河。北齐高纬遣阿那肱守济州关，阿那肱献关降周，所献之关即济州关。据此，关当置于南北朝或更早。《元和郡县图志》载："碻磝津，在县北一里。后魏于此置关，名济州关，隋末废。"又载："济州碻磝城，本秦东郡之茌平县地。"

首阳关　在今甘肃省渭源县东南30公里的莲峰镇张家滩村附近，与陇西县接界。此地有首阳山，传说此山为伯夷，叔齐采薇处也。山上有关，即首阳关。周围还有赤水，后川、药铺等关隘。

宣化关　旧说在云南鹤庆军民府东北。至迟置于明代。并且有巡司戍守，后来鹤庆军民府改为鹤庆州，又改为鹤庆县，在今云南省大理自治州辖界。

亭子关　在今湖南省凤凰县黄合乡境内。关址居于凤凰县西南，为湖南西部边境，与贵州省铜仁市接界，始筑于明万历四十三年（1615年），亭子关是在孤山顶上，以青石砌而成，有关城，也有边墙。平面略呈圆形，面积约6400平方米。东、西、南三面开门，筑有堞垛女墙，设有炮台。

闾关　关址在今陕西省旬阳县东一百余里。置于明代，有巡司戍守。

幽岭关　旧说在浙江湖州孝丰县境。关城在县城东南三十里。20世纪50年代，孝丰并入安吉县。现关址当在安吉县境，为独松三关之一。置于明代。

姚关　又名老姚关。旧说关址在云南孟定御夷府湾甸夷州北境，去州城七十里。明万历时，此地诸土司叛明附缅，进逼姚关。明廷遣兵破敌，置兵戍守。今考察，当在云南省施甸县县境南部的姚关镇，距保山市160里，距施甸县县城35里。

结河关　位于今甘肃临洮县境，据调查在北辛店镇康家崖村，旧为临洮府辖界，文献记载，狄道县北有结河关。20世纪20年代狄道县改为临洮县，关址在县城以北六十里处。因位于结河川而名，地当交通要口。北宋熙宁年间在此置堡戍守，不久改置关城。

绞上关　俗名绞肠关。旧说在湖广郧阳府上津县西南，距县城50里。清代以后上津县废圮，今湖北省郧西县北有上津，当为上津县旧县治所在。关置于宋代。

陡石关　旧说在甘肃河州卫南八十里处，有城堡。后河州卫改为导河县，20 世纪 20 年代，导河县又更名为临夏县，故关址当在今临夏县境内。关下有路通临潭。

骆谷关　在今陕西省周至县西西南十八盘岭南南部。古时有骆谷道，由关中通往汉中，乃要道也。关址当骆谷北口，因谷得名。唐武德年间复开骆谷通梁州，并置骆谷关。古关址本在现关址以北，贞观年间移今址。《元和郡县图志·京兆府·盩厔县》载："（骆谷关）在县西南百二十里。武德七年，开骆谷道以通梁州，在今关北九里。贞观四年移于今所。"明代又将移关址于今十八盘岭，即今址也。

栗子关　在今湖北省罗田县九资河镇丘家河村栗子关湾西 150 米。为清代所筑，现存关门及两侧石墙。关门为条石砌筑，高约 2 米，石墙残长约 500 米，残高约 2 米。另一处在湖南省黔阳县西境。1997 年黔阳县并入洪江市。

壶关　有三处。其中两处在山西省，又名壶口关。一处在长治市东南境，今壶关县境。太行山支脉在这里形如玦形，绵延百里，又如壶形。《汉书·地理志》云："上党郡有壶关。"东汉建安年间，高干守壶口关。皆指此。第二处在黎城县东北境，与县城相距约三十里之太行山吾儿峪，记载见《金史·地理志》，因山而名。第三处在广西壮族自治区崇左市江州区境内。旧属太平府崇善县境，太平府（崇善县）府城三西临江，唯北通陆路，形如壶口，明正德年间于府城北三里，正当壶口处筑关城，是为府城屏障。故太平府治即今崇左市江州区太平镇。

索桥关　在今四川省汶川县境，关城筑于县城北门外，清乾隆年间设，以稽查盐茶及汉羌民众出入为要务。另，史载明代靖虏卫治下辖有索桥关。据考，靖虏卫治所在今甘肃省靖远县境，那么索桥关也应在这一带。

盐井关　旧说在四川成都府灌县境。县城以西有白沙河。关城筑于河的北岸。元代复修都江堰时，谓"盐井关限其西北，水西关据其西南"。故二关都应筑于元代以前。灌县于 1988 年改置为都江堰市。故盐井关等当在今四川省都江堰市境内。

盐场关　旧说在陕西省西乡县东南二百公里处，明代有巡司戍守。关至迟置于明代。按依现在区划，县城东南 100 公里已出西乡县辖界。又说在今陕西镇巴县南 75 公里，接四川万源县界。明属西乡县，置巡司于此。清嘉庆七年（1802 年）裁。

盐津关　旧名滩津关。在四川省万源市东境，关址与县城相距约 15 公里。此地两山环抱，中间鸟道一线，关控要险。1993 年万源县与白沙工农区合并为万源市。现盐津关当在万源市境内。

桃关　在四川省汶川县南境。《水经注》提及都安县有桃关，即此处。由此可见，关当置于南北朝时，至清代仍有县丞治理。

桃园关　在今河南省宁陵县境，旧辖于归德府。关址在今县城以北 20 公里处的柳河镇桃源关村，地处黄河要津。明代洪武二十六年（1393 年）在此置巡司戍守，清初关即废圮。

桃坪关　在今四川省茂县境，旧为成都府茂州辖界。关址位于旧州治（今茂县县城）东北。又名桃坪堡，或称古桃关。明代由陇木长官司戍守。

桃林塞　旧说在河南省阌乡县西境，乃古代函谷关以西至潼关之间要险处。《通鉴地理通释》："自潼关至函谷，俱谓之桃林塞。"传为夸父逐日至此，弃杖化作桃林，因之有桃林塞，为出入关中必经之路。古兵家特别倚重。1954 年阌乡县并入灵宝，桃林塞即秦函谷关旧址以西至于湖水西岸的湖县故城（阌乡县城旧址）之间的函谷古道，现桃林塞当在灵宝市界，西与陕西省潼关县相邻。

桃林口关　位于河北省卢龙县，县北有桃林山口，距县城约 30 公里。明代于山口中筑关，以控临要地，此关遂以桃林口为名。洪武年间，官军大败故元蒙古残兵于此。

桐木关　旧说关址在今江西省铅山县境，位于县城以南一百六十里处，为闽赣来往要隘，地接福建省武夷山市。若按地理位置计算，关址当就在福建省武夷山市境内。

莲花关　旧说关址在广西镇安府奉议州北境。清代奉议州改为奉议县。1936 年奉议县又改为田阳县。现莲花关在广西壮族自治区田阳县境。

晒经关　旧说在四川越巂卫军民指挥所。卫所以东三百里有晒经山，岭高峰峻。关城筑于山上。关旁巨石平广，传为唐玄奘晒经处。越巂卫清改为越巂县，1959 年又改为越西县，如按记载，关在卫所东三百里，盖已出越西县境。四川省雅安市汉源县大树镇晒经乡有龙塘山，《汉源县志》记载，传在晒经关就在龙塘山，据传唐僧曾晒经书于此。另，甘肃省陇南市西和县也有晒经乡，或也与晒经关有联系。

柴门关　有二处，其中一处地处川、甘两省交界处，即今四川省九寨县郭元乡青龙村之柴门关，雄踞进出九寨沟的古道。据《县志》记载，山崖上有"秦蜀锁钥"和"秦蜀交界"石刻，现关楼均已毁。另一处关址在今江西省上饶县北境，旧为广信府所辖。关址距县城约百里，至迟置于明代，扼通往婺源之要路。

柴埠关　在今浙江省桐庐县南境的柴埠滩上，与县城相距约10公里，明代时有官兵戍守。

峨林关　旧说在贵州思南府印江县境，现为贵州省印江土家族苗族自治县。关址位于县南3.5公里处，置于明代或更早。

峻极关　在今山西省左权县与河北省武安市接界处有摩天岭，路险山高。关城筑于山上，古扼晋魏交通要道，出关而东为河北省台，东南为河南武安，古有"三省要隘"之称。此关始建于唐会昌四年（844年），明正统年间在摩天岭北复建此关，峻极关南为峭崖，陡不可攀，关门北不远为深涧，险峻异常。

蚕崖关　旧说在四川灌县西北。《元和郡县图志》谓"江山险绝，凿崖通道，有如蚕食"。宋代曾在关下置蚕崖市。故关当置于宋代或更早。现灌县已改名为都江堰市。

翁松关　旧说关址在贵阳军民府卢山长官司，司南七十里处。按卢山长官司在今贵州省惠水县（前定番县）南七十里。那么关址就当在惠水县南一百四十里，已到与罗甸县交界处，或已入罗甸境。

翁桂关　旧说关址在贵州贵阳军民府广顺州东二十里处。广顺州清在代由州改县。20世纪40年代又与长寨合并，改名为长顺县。现翁桂关当在长顺县境内。居县城东北。

积石关　记载在陕西临洮府河州西北境。距州城约一百二十里，与积石山邻近，旧为茶马贸易市场，有茶马司管理。河州为今甘肃省临夏市积石山保安族东乡族撒拉族自治县，积石关当在积石山县境，今甘肃省积石山县大河家镇关门村，地处巍峨的积石山麓，积石峡东口历来是丝绸之路和唐蕃古道要隘，军事之要地，甘青之门户。明嘉靖《河州志》载："隋置临津关，命刘权镇之，唐李靖伐吐蕃经积石，宋元立积石州。"明洪武三年（1370年）在河州设置二十四关，积石关为第一大关。

铁山关 在今四川省达州市西北境，旧为夔州府达州辖界。关近铁山，因以铁山为名。置于明代或更早。为州境戍守要地。还有一处在贵州省镇远县东境。旧说府城东有铁溪，关城筑于铁溪旁。旧府城即清以后的镇远县城。所以关址在镇远县城以东无疑。

铁门关 盖有四处。其一在今山东省利津县北境，旧辖于济南府武定州商州县。关依山而筑，有凭河滨海之势，至迟置于明代。第二处在新疆境内，焉耆和库尔勒之间，位于库尔勒市以北8公里的库鲁克塔格山谷中，两山夹峙10多公里，孔雀河流经其间，有间道沟通南北疆，地理位置十分险要，犹如铁门。晋代始在此置关，唐宋因之。元代有"太祖西征印度，次铁门关，见角端而还"的记载。今这里已置铁门关市。第三处在北京市密云县东北与河北省滦平县交界处，又名古北口，古为交通要道，宋辽使区往来必经自处。元贞祐年间在此建铁门关。明代再筑长城，铁门关为长城线上一个重要关口，明洪武年间即筑关城，周四华里，为古北口。今为京畿游览胜地。第四处在湖北省武汉市汉阳区晴川阁景区内，始建于三国时期，史载"吴魏相争，设关于此"。自此至唐初铁门关一直作为军事要塞。唐武德四年（621年）兴建汉阳城，铁门关军事功能减弱。到了明代末年，铁门关完全废圮。

铁牛关门额

铁牛关 关址在今福建省南平市光泽县北境，光泽县华桥乡铁关村与资溪县交界处，以其险峻闻名，素有"闽赣咽喉"之称。距光泽县县城约25公里，距资溪县城10多公里，控扼赣闽交通要道。相传唐僖宗广明元年（880年）建关于大禾山铁牛岭，清顺治四年迁至此，咸丰三年（1853年）、七年相继重修。关依山口而立，旁有深涧，而今关墙、关门尚存。关墙残长约15米，残高3米，关门石构，高2.7米，深4.5米，横额上阴刻"铁牛关"三字。关楼已毁。《闻见录》记载，这一带有铁牛、火烧、云际三关。

铁罗关 关址在今山西省永和县西南境的铁罗关村，与县城相距35公里。关临黄河，下有渡口，有路过河通陕西宜川。

铁岭关 在今山西省侯马市南6公里，曲沃县西南25公里处，即今绛山上之隘口村。置于五代晋，后关废圮，铁岭关又名厄口。

铁岩关 关址在今湖南省浏阳市南境，与县城相距约百里，今文家市镇附近，与江西省万载县接界，为湘东南之要隘。

铁炉关 旧说关址在云南临安州，后临安州改为昆阳县，1958年昆阳县并入晋宁，以昆阳县城为县治。关置于明代，位于县城南三十里处的岭上。岭下即玉溪市辖地。《清一统志·澂江府》载：铁炉关"在新兴州北四十九里。峻岭深谷，林木幽邃，号称险阻，岭为昆阳州境，岭下为新兴州地，立碑

铁铃关关楼

铁铃关门上匾额

分界，明置土官巡司。本朝康熙四年省。"

铁树关　关址在今湖南省浏阳市东北 70 公里处，或已进入怀化市境。铁树关与江西省修水县接界，为拱卫湘赣交通之要隘。

铁铃关　在今江苏省苏州市西郊，濒临枫桥及大运河又与寒山寺相邻。铁铃关由城楼、关台等组成，建于明嘉靖三十六年（1557 年），又称枫桥敌楼，是为抵御倭寇而筑。当时在苏州周围构建了铁铃关、浒墅关、金阊关"三关"，今另两处已经毁圮，只有铁铃关留存至今。铁铃关清道光九年（1829 年）重修，次年改建上层构筑文星阁。1986～1987 年大修，加固关台拱门，重砌雉堞，并建单檐歇山顶单层楼阁三间于关台上。关台正面宽 15 米，纵深 10.2 米，高 7 米。正中辟拱门，门洞上刻"铁铃关"三字。关门内南北壁面均辟大小拱门各一，内砌登关砖级，并有驻军洞。关门外即为枫桥和大运河。风景优美，让人沉醉。

铁蛇关　关址在今四川省平武县境，旧为龙安府辖界，位于县城以东 5 公里处，置关于明永乐年间。

铁锁关　一处在今陕西省宁强县（昔称宁羌县）西南境，与县城相距约 20 公里。另，夔门关又称铁锁关，在孟良梯对面的瞿塘峡北岸，现存的夔门铁柱，为宋末年所置。当年在江上横置拦铁索七条，在草堂河入长江口的石盘上，树铁柱两根，高六尺有余，南岸有石孔相对。是为铁锁关的遗迹，至今留存。还有一处旧说在贵州毕节卫卫西，今贵州省毕节市西境。关置于明代。戴金云："由毕节铁锁关而入，则山箐益深，道路益险，部落有名，巢居非所矣。"

铁壁关　为明代腾越八关之一，置于明万历二十二年（1594 年）。关址在今云南省陇川县西境的等炼山上，为腾越八关之一。已近国境。另一处在今湖北麻城市西 20 公里，记载见于《读史方舆纪要》卷七六麻城县"长岭关"条下："铁壁关在县西四十里。亦设险处。嘉靖中议置戍兵以遏群盗。今为鹅笼山巡司。"

铁窟关　旧说关址在贵州婺川县境，即今贵州省务川仡佬族苗族自治县，关大概置于明代或更早些。

倒马关　盖有三处。一在今河北省唐县西北境，太行山东麓，山险路仄，马为之倒，所以有倒马关之称。此处为古代要隘，兵家必争之地。汉代在此设关，名常山关，后又称鸿上关。明代为了拱护京师，先后在北修筑上下两座关城。遂与紫荆、居庸共称"内三关"。上关城建于洪武初年，下关城在上城南三里，景泰二年（1451年）修筑，嘉靖年间重修，周长五里，屹为重镇。一处在今四川省泸州市境，旧说关址在旧县城以南一百三十里。路通云、贵。一处在贵州省铜仁市境内，关址位于城区以北，明为守御之所。

徐关　古关也，置于先秦。关址在今山东省淄博市淄川区，旧说在济南府淄川县西境。春秋时期鞌之战，齐国战败，齐侯自徐关入都。又过了十几年，齐侯又在徐关与他国结盟。

秣陵关　关址在今江苏省南京市郊江宁县南境，与县城相距约五十里，路通潭水县。明代置关。

复古关　在今贵州省镇远县城（旧府城）东三里。

鬼门关　有三处。一处在今广西壮族自治区北流市西，与玉林市交界之处。容山与六万大山在此汇聚，群峰林立。其中有双峰对峙，中为关门，地处钦、廉、雷、琼要道。古代以"其南多瘴疠，去者罕得生还"。故名鬼门关。后又称天门关、桂门关。唐宋时期为贬谪、流放之地。唐德宗时宰相杨炎《流崖州至鬼门关作》诗云："崖州在何处，生度鬼门关。"另一处在今山西省浮山北境，古为出绛州间道。一处在四川省江油市。两山险道，常有暴风从峡中涌出，声如鬼嚎，故谓鬼门。

益津关　在今河北省霸州市。唐代为永清县辖界，置益津关。五代晋初设于契丹，后周柴世宗收复其地，置霸州，益津关随之。自此后，益津、瓦桥、淤口全合称"三关"。北宋时期，为边防重镇，六郎杨延昭曾在此驻兵御辽。或有人说，益津关即草桥关，附近有宋辽界河。

高门关　关址在今河南省洛宁县境，旧说在永宁县两百二十里。永宁县于1914年改为洛宁县，若按距离算，或已在卢氏县境。

高阳关　关址在今河北省高阳县以东，旧县城处。其地在古淤口、益津、瓦桥三关之南，宋初习称关南。宋太宗赵光义太平兴国七年（982年）改置高阳关，庆历年间设高阳关路安抚使理其防务。地接辽境，为军事重镇。金废。

高枕关　在今湖北省房县境，旧说县城以北十五里处有高枕关，置于明代。

高桥关 关址在今重庆市开县以北，距县城约百里，接宣汉县地界，岭峻路险，为县境险要。

高峣关 旧说关址在云南府昆明县西南境，云津桥北。因其形状与秦峣关相似而得名。明代为云南关津总要处。今云南省昆明市西南碧鸡镇有高峣村，当为关址所在。《碧峣精舍记》："高峣与碧鸡相望，如箭括然。"高峣即高峣关，碧鸡即碧鸡关。

栾古关 旧说在复州卫南境，距卫所六十五里。因近栾古山而得名。关置于明代，现为辽宁省瓦房店市辖界。在瓦房店市西，过复州河有复州城，关址当在复州城南，今称岚崮城子。

宽甸峪关 关址在今天津市蓟州区东北境，是长城线上的重要关口。位于黄崖关以东。是黄崖关与马兰峪关之间最大的关隘，明代所置关也。

涅沼关 在今云南省弥勒县西南境，明代置关，并设巡司戍守。

流沙关 关址在今四川省松潘县西北境，距县城约十四里，地势险绝，明代时敌骑时常出没处。万历二十八年（1600 年）以后曾驻以重兵。

海棠关 在今四川省越西县北境。旧说在越嶲卫军民指挥所北一百四十里。

烧梁关 在今河北省邢台内丘县西境，古为控扼之要处，据《晋书·地道纪》载，中邱县有烧梁关。照此说，烧梁关至迟置于晋代。

通州关 旧说关址在贵州贵阳军民府通州里。又说在定番州东南百七十里。定番州即后来的定番县，现在的惠水县，惠水县城东南有通州（镇或村），当就是通州关旧址。

通会关 在今甘肃省临夏县东南境，旧为河州辖界。民国年间改为导河县，现为临夏县。关址位于县城东南 35 公里处。

通津关 旧说在河南开封府祥符县东北四十里，即现在的河南省开封市东北。

通梢关 旧说在陕西平凉府平凉县境，即今甘肃省平凉市境。关置于明代初年，位于府城以东五里处，有平凉卫军戍守。

旅顺口关 关址在今辽宁省大连市旅顺口区，旧为山东辽东都指挥使司金州辖界，卫西南百二十里。居辽东半岛南端，临海口，门南向，东有山，西有半岛，形状与蟹之两螯同。

绥远关 　关址在今青海省西宁市东南，本名洒金平。北宋崇宁二年（1103 年）置关，辖于湟州，不久关废。

陵溪关 　在今贵州省黎平县东境，旧辖于黎平府，关址位于府城（今县城）以东 45 公里处，置于明代。

娘子关 　又名苇泽关。在今山西省平定县东北，距县城约 40 余公里。与井陉固关互为表里。地当山西、河北交界处，关城筑于半山腰，下临桃河，形势极为险要。现存关城为明嘉靖二十年（1541 年）所建，并派官军戍守。东、南建有关门两座。

娘子关（未修复前）

东门砖砌，拱券顶，门额书"直隶娘子关"五字。南门居高凭险危楼高耸，城墙下部用青石筑砌，坚固异常。关门也是拱券顶，门额书"京畿藩屏"四字，关门下有古道连通内外。城台上建有城楼，习称"宿将楼"，双层重檐歇山顶，上层南面檐下悬"天下第九关"巨匾。关城东南侧长城依绵山而建，斗折蛇行。娘子关相传为平阳公主聚将御敌之所，并因唐平阳公主在此驻军而得名，或云因近妬女祠而名。它曾是古代拱卫京师长安的天然屏障。在历史上一直征战不断，且有飞瀑流泉，水车农舍，风景旖旎，为游览佳境。

雪山关 　有二处。一处在今四川省叙永县东境，旧为贵州赤水卫指挥使司辖界，与贵州省赤水市相接。古代有路往西通云南，往东至贵州。因关筑于山顶上双峰之间，又因长年积雪而得名，为明洪武年间垒石而成。另一处在今云南省丽江纳西族自治县境，旧为丽江军民府巨津州辖界。关址在州治（今丽江县城）东北，近郊雪山，所以又有雪山门之名，旧名越灭根关。以险极闻名，关至迟置于明代。

雪栏关 　关址在今四川省松潘县境，旧说位于县城以东 15 公里处。明代为四川松潘卫所辖。关置于明代。

黄土关 所知有两处。一处在今湖北省广水市蔡河镇黄土关村高家湾北700米。旧为信阳州辖界。现存的关城建于明代,关城夹在两山之间。西面山上残存石墙长约60米,宽1米左右,高1米。东坡残存石墙50米,宽1米,高0.7米。附近见残砖断瓦,附近有关口寨、烽火台等明代卫戍遗址。黄土关与义阳三关首尾相顾,地理位置十分重要。另一处旧说在贵州思南府东北六十里,即今贵州省玉屏县辖界。关置于明代。

黄马关 在今河南省荥阳市西北20公里,汜水镇以西。旧为开封府荥阳县辖界。盖为晋代所置古关,因近黄马坡而得名。《资治通鉴》卷九十四记东晋咸和三年(328年)"刘曜增兵荥阳成,杜黄马关",即为此关。

黄岘关 又名九里关、百雁关。在今河南省信阳市东南约45公里处,罗山县西南。为义阳三关之一,因居三关之东,又名东关。古时出关城而南,百里之内皆险峻之地,现均已淹没在界牌水库之下,但关址所居形胜仍在,两山夹峙,碧水一湾,明代时置巡司戍守,清代大胜关并属黄岘。

黄沙关 在今广西壮族自治区全州县境,全州县城即明全州州治。关址位于县城东北三十七八公里处,临湘江。旧关下有黄沙渡口,与湖南省永州市邻界,古时路通永州,连通湘桂。关置于明代或更早。

黄河关 关址在今河南孟州市南境,黄岸北岸。明代为怀庆府辖界,势控黄河津要。

黄泽关 旧说在山西泽州辽县东南境。这里有岭名黄泽岭,山险路仄,历一十八盘方至岭上。五代在此置关。明清两代于此设巡司戍守。辽县于1942年改为左权县。黄泽关当在现左权县境的羊角乡盘脑村附近黄泽岭上,关城依山势而建,呈狭长形,长三百余米,宽数十米,原有东西两道门,门洞原为石券,已无券迹。惜毁于20世纪60年代,城东关门在现只存一小段石墙,西去数百米为关城,今已废圮,围墙所存不多,东、西二城门尚存,皆为砖券拱形门洞,东门额坠落,西门比东门稍好。东门门额上嵌有一石匾,阴刻横

黄泽关门额

书："飞磴盘云"四字。落款"大明嘉靖二十二年季春吉旦，巡按河南都御史秦中李宗框建"。关扼古道，出关东行，下十八盘通河北省武安。出西门入山西。

黄泥关　关址在今湖南省靖州苗族侗族自治县境。位于县城以西，已临省境，西与贵州锦屏县，西北与天柱县接界。另，贵州省安顺市平坝县有黄泥关。

黄草关　关址在今山东省日照市五莲县户部乡三关村，旧说在诸城旧县城西南九十里处。九仙山在其东南，兀子山在其北。又名大岩口。另一处在今山东省昌东县东南。关址以西有方山。与诸城市之黄草关相对，称小岩口。另江苏新沂市马陵山有黄草关。

黄城关　在今四川省巴中市东南境，界巴中与达川市之间。古时山岩林立，臻莽遍野。常为盗贼巢穴。明代筑在此关，与达州（达川市）之龙船关析闻燧及，鼎崎为掎角。

黄胜关　在今四川省松潘县西北境川主寺附近，北出县城不到 20 公余里为漳腊，漳腊西北不远即黄胜关。岷江水从关旁流过。明至清初有官兵戍守。

黄渚关　关址位于今甘肃省成县北境，距县城约百里，旧为陕西巩昌府辖界。关盖置于明代，且有巡司戍守。

黄榆关　旧说在直隶邢台县（即顺德府府治），县城西北约一百六十里有黄榆岭，关城即筑于岭上，因岭而得名。明洪武初年置巡司戍守，明嘉靖年间重修。黄榆关周围山险路狭。且与马岭口砦呈掎角之势，互为策援，路通河北、山西。今考察，关址在

黄榆关

山西省和顺县青城镇大雨门村东，明洪武初年置巡司戍守，明嘉靖年间重修。依山构筑，今关城遗址尚存，关券拱门洞较好，部分墙体已开裂。关北依山为障，南、北两侧各有长百余米的石砌城墙也已坍塌。

黄滩关　位于今贵州省瓮安县铁厂镇河西村的湘江北岸，旧说在县城以西十五里。旧辖于都匀府。这里岸崖如削，乱石穿云，关城临江设险，据守要津，下扼播州进出之要道，素有"千仞之关"的美誉。明万历年间，李应祥平叛，曾据黄滩关，可见关当置于明代万历以前。

黄连坡关　旧说在云南南甸军民宣抚使司境内，司所南三十五里处。又有记载，自腾越西南行二百里，逾黄连坡关……究其位置，盖在今云南省腾越县西南，或许已入陇川、潞西境。

黄芦岭关　关址在今山西省汾阳市与离石区交界处。旧说汾州府府治西六十里有黄芦岭，关筑于岭上，随山就势，成狭长形，长达80余米。现关门尚存，石砌拱券顶，高4.5米，深3米，宽5米。凭高设险，以山为关名。关置于明代或更早，宣德四年（1429年）置巡司戍守。更难得的是，山上有长约60余米的北齐长城遗址。

黄崖关　又称黄崖口关、黄崖峪关，在今天津市蓟州区境，位于旧县城以北约20公里处。是北京东北长城线上的重要关口。最早置于北齐天保七年（556年），永乐年间复建黄崖口关，成化二年（1466年）建太平寨，后经隆

黄崖关

庆、万历年间几次增修，建成正关、水口、东西稍城、敌台等一整套完备的防御设施，在明代，遂成为京师的东北屏障。黄崖关长城，东有悬崖为屏，西以峭壁为依，楼台林立，关隘扼守水陆要冲，是比较完备的古代军事防御体系。清康熙《蓟州志》载："黄崖关边墙九十三里，东起拦马峪，西至松棚顶，楼台四十五座，墩台八座，边储屯粮地三顷四十九亩七分。"今已修复，为京东的游览胜地。

黄墩关隘　关址在今福建省南平市境内，旧为延平府辖界。旧说府城以西二十五里即为关城，也就是旧南平县城西。

萧关　有新、旧二关址，旧关址在今宁夏回族自治区固原市东南境。据六盘山山口依险而立，为古代关中四关之北关。地理位置尤重，有"襟带西凉，咽喉灵武"之谓。西汉初年，匈奴自萧关入关中劫掠，烧回中关。魏晋以后，关中战乱多故，萧关为往来孔道。新关关址在今宁夏同心县南，居旧关以北二百多里。为北宋熙宁四年（1071年），为防御西夏南侵修筑的。

琉璃关　关址在今四川省南江县境，旧县城以东十里处。关口有石磴、巉崖，是为险阻。关筑于明代。

梧桐关　在今四川省南江县境，旧辖于保宁府。关址位于县城东，有传说关羽曾在此驻守，置关于明代。

梅关　古名秦关、横浦关。关址在江西省与广东省交界的大庚岭上，现广东省南雄县梅岭镇梅关村内，南距广东南雄县约45公里，北距江西大余县约二十里。秦汉时期，赵佗、梅鋗都曾驻兵于此。古来山险路恶，唐开元间张九龄开山拓路，宋代蔡挺、蔡抗兄弟于北宋嘉祐八年（1063年）在岭上筑关，并立梅关命名。明清两代修葺。现关址尚存。关墙用砖石砌筑，高5米，宽4.4米。券砌拱形关门，高2.7米，宽3米，进深5.44米。关门门额之上南北各有一块石刻匾额，北面书"南粤雄关"，南面书"岭南第一关"。附近有清代所建六祖庵及锡杖泉。这里虽然不再是江西、广东的交通要道，但苍林古径、梅花梅子，不失为游览胜地。

梅子关　一处在今湖北省郧县北境，距县城约35公里，旧辖于郧阳府，明代置。另一处在贵州省六盘水市水城县陡箐镇梅子关村，关亦置于明代。

梅溪关　关址在今贵州省镇远县县城以东30公里。明代置关，为镇远府所辖。

崖门关　旧说关址在四川省江津县南三百里，盖已入贵州赤水、遵义市境，当在遵义市西北。关城为元末明玉珍所筑，与娄山关、老君关、乌江关、黄滩关、崖门关、落濛关等同为海龙囤的外围屏障。万历年间，明将吴广进兵崖门关，讨杨应龙。

崇义西关　关址在今湖北省罗田县九资河镇王家山村东约 1.5 公里。清代所筑。现仅存关门。门高 5 米，宽 2.5 米，进深 2 米。门额阴刻楷书"崇义西关"四字。乃罗田境内八大名关之一。

野山关　又名野三关，在今湖北省巴东县南约 90 公里处的野三关镇。与鹤峰县接界，此处古时荒僻地险，遂以野字冠之。明初设巡司驻守。

野厢关　关址在今湖北省建始县境内，旧为四川夔州府辖界，关城在县城南 65 公里处。明代置关，并有官兵戍守。

野猫关　旧说关址在湖广大旺安抚司境剌若洞口。据考，明代的大旺安抚司、清大旺土司在今湖北省来凤县西南，有旧司镇或即为故治。

逍遥津　又名"窦池""斗鸭池"，乃古代临水所置隘口。在今安徽省合肥旧城之东北隅，附近有教弩台，肥水津济处。东汉末年，孙权与曹操争战之处，曹魏张辽率八百士卒大破吴军，孙权催马越津渡。《水经注》说水上旧有梁，今已被辟为公园。

偏关　又名偏头关、偏头砦。关城在今山西省偏关县。黄河从其西部转而南流，由内蒙古入晋。西北出外长城即为内蒙古自治区。偏关为明代外三关最西的一座，与雁门、宁武互为首尾。因关城所处地势东伸西伏而得名。这里本名武州塞，宋代在此置偏头寨，金因之未改，元代改置为偏头关，明代依关建守御所，下辖十八堡，二百余里边墙，太原镇总兵驻此。抗日战争时期，八路军与日寇在此激战过。这里峰峦、黄河、长城交汇一处，形成独特的景观，为游览胜地。

偏店关　关址旧在今河北省涉县北境，与县城相距约三十里，设巡司戍守。明末迁至县城西南二十里处的吾儿峪，与山西省黎城县接界。

斜谷关　关址在今陕西省岐山县五丈塬镇，距县城约 20 公里，距宝鸡市约百里。关当斜谷北口，扼汉中入关中之咽喉，在唐代以前尤为重要。三国时期诸葛亮出兵伐魏曾经此地。

盘利关　旧说关城在广西庆远府那地州西北境，关至迟置于明代。当在今广西壮族自治区百色市田东县辖界。

铜钱关 关址在今陕西省旬阳县铜钱关乡，地处陕西与湖北两省交界处。往南即湖北省竹山县。现存西南至东北去向，残长400米的石墙一道。墙高约1.5米。清嘉庆年间设总兵参将驻此。

铜鼓关 关址在今贵州省石阡县西北境，旧为石阡府石阡长官司辖界。关至迟置于明代。

铜锣关 盖有三处。一处在今重庆市东，旧说在府城东10公里。关城当筑于明代或更早，以控铜锣峡之险要。一处在湖北省恩施市利川谋道镇西部，在谋道与鱼木寨之间，有石壁、石柱形似铜锣、锣槌，铜锣关因此得名。旧说关城在重庆万县旧县城以南（20世纪50年代以前为四川省万县所辖），有天生绝险之称。第三处在湖北省罗田县胜利镇乱石河村六斗岩东200米。为清代所置。现存关门、石阶、石墙等遗址。关门拱券顶。高约4.5米，宽3米。石墙残长100米，高1~3米不等。关门南侧有石磴百级盘旋至关上。据史籍记载，明代曾在湖北罗田与河南商城两县交界的山口同建两道关隘，因距离较近，以铜锣传递消息，遂名铜锣关。清咸丰九年（1859年）重建关楼、石墙，以及戍守营房等，名曰平湖乡铜锣关奉义卡。

恩施铜锣关

铜壁关 关址在今云南德宏傣族景颇族自治州盈江县铜壁关乡雪梨寨村南。关城已毁，面积约一万平方米。关门基址残高6米，宽5米，深5米。砌石砌筑。建在中缅边境布岭山顶之上。乃云南巡抚陈用宾于万历二十一年（1593年）所筑，"腾越八关"之一。现残残碑一块，楷书"天朝"二字。乃有条石、石槽、砖瓦等筑城构件。

银州关 又名银城关。关址在今陕西省米脂县西境，距县城约九十里。初是宋代为防御西夏所筑，明成化年间，重修以御边。

猫儿关 盖有二处。其一处在今湖北省兴山县西北百里处，或说在南漳县西约四十里处，路通郧襄。为山险路僻处。另一处旧说在贵州普市守御千户所西北。明代在此驻兵戍守。据考，普市千户所在今四川省叙永县南约五十里处，故此关当在四川省叙永县境。

渔洋关 关址在今湖北省宜昌市五峰土家族自治县东境渔洋镇，距旧县城约一百二百里。关临渔洋河，因而得名。与长阳土家族自治县接界。关至迟置于元代，明代置把总驻守。

渔洪关 关址在今广西壮族自治区钦州市，钦县（钦州市）西二十里处。宋代在此置如洪砦，后为如洪镇。

清水关 盖有二处。一处在陕西省延川县城南约35公里处，濒临黄河，控扼渡口。据县志记载，明清时曾为关津要隘，有驻军戍守。一处旧说在云南永昌军民府保山县。关城位于县城西北卧佛山西麓，扼清水河之要津，元时置关，明末清初设清水驿。保山县于1983年改为保山市。今关址在云南保山市境内。

清风关 关址在今陕西省旬阳县以北的乾佑河畔，盖置于宋代，南宋在此设巡守处。

清平关 关址位于今甘肃省环县北境，距县城30多公里。关置于宋代，至金时废圮，明在此置清平堡，遣兵戍守。

清流关 旧说关址在江南滁州以西，距府治约二十里处，今安徽省滁州市西10多公里处的关山中。地极险要，南唐时置关于此。宋以后陆续扩建。历代在此屡有争战。今遗址尚存，关门用块石垒砌，门洞拱券顶，两侧关墙尚残高2米有余，门额上嵌石刻"古清流关""金陵锁钥"等。

清溪关 又名清溪口，旧说关址在四川省崇庆县西境，距县城八十里处。

关初置于宋，明代在此设清溪口巡司，清时裁省。崇庆县1994年改设崇州市。现清溪关关址当在崇州市境内。

鸿山关　又名鸿上关。关址在今河北省唐县境。旧说距旧县城西北七十余里，此地有鸿城村，大概即关址所在。《晋书·地道记》所云鸿上关即此。关当置于晋代或更早。《水经注》云："滱水东流，历鸿山，俗谓其处为鸿头。"另一说鸿山关（鸿上关）即后来的倒马关，且两存其说。

滁州清流关

涪水关　关址在今四川省平武县境，旧为龙安府辖界。关城位于平武县城西北，临涪水，故名涪水关。《两唐书·地理志》有涪水关的记载，关当置于唐代或更早。

深溪关　旧说关址在湖广施州大田军民千户所辖界，位于所南百五十里，当南出酉阳的路口，大田军民千户所本明朝置，即后来的咸丰县，故深溪关在今湖北省咸丰县南境，盖已接近四川省酉阳土家族苗族自治界境。

梁山关　旧说四川保宁府阆中县，府沿东有灵山，山下有关曰梁山关。保宁府即今四川省阆中市，市区有文成镇梁山关村，当即关址所在。梁山关至迟置于明代。

梁房口关　旧说关址位于盖州卫西北境，《辽东志》记载："梁房口关，卫（盖州卫）西北九十里。"《全辽志》载："梁房口关，海州卫西南七十里。"关置于明代。盖州卫既后来的盖县，现在的辽宁省盖州市。故梁房口关在今辽宁省盖州市，盖县旧县城西北。

鹿角关　关址在今山东省临邑县北，距县城约7.5公里，古代黄河所经之处。旧有鹿角津，关以古津渡为名，唐代置关，《元和郡县志》有记载。

鹿城关　关址在今湖北省黄冈市，旧说在湖广黄州府黄冈县境，府城西北有木兰故城，即鹿城关也，鹿城关记载出于《魏书·地道记》，故当为北魏以前的古关。

望山关 旧说在四川松潘卫东十里处。明松潘卫即今四川省松潘县。明代置关。

望云关 盖有二处，一处旧说在贵州镇远府，府城以西二十五里处，与九曲关相邻，置于明代，镇远府即今贵州省镇远县，故关址当在今镇远县境内。另一处在四川省广元市北 25 公里处，今广元市朝天区沙河镇望云村，关址在古望云铺所在的山岭上。山高可望云霞。明嘉靖《保宁府志》载："望云关在县北五十里，山势相耸，与云霄相接。"考在其建关年代当在南宋后期。

望贼关 后改名为望子关。旧说在陕西巩昌府阶州州治东北八十里处。阶州为今甘肃省武都县境。关至迟置于明代。邻康县。《新纂康县县志》载："望贼关在县西一百里，为州境险隘，有官兵防守。"县治移至咀台后，距望贼关约六十里。扼康县通往武都、成县的三岔口。古关前有石峰突起，高入云天。峰巅建有望贼楼，又传宋杨文广西征，曾在此望子，后人遂将此关更名为"望子关"。由此看来，望贼关有可能建于宋代以前。

旋门关 汉代古关也。东汉中平年间，置八关都尉，以屏卫洛阳，旋门即其中一关。关址旧说在汜水县西十里处。汜水县后与广武县合并为成皋县，又并入荥阳县。据考，关址当在今荥阳市境之高山镇穆沟火车站一带。班昭《东征赋》："望河洛之交流，看成皋之旋门。"《水经·河水五》："河水又东径旋门坂北。"均指此关。也有人认为，旋门关即虎牢关。

维关 关址在今四川省理县境，县城西南五十里处，形势险要。

绵上关 关址在今山西省沁源县西北绵上村。距县城约 35 公里处。明代置关，旧为宋代绵上县县城，有路通介休市。《山西志辑要》"沁源县"条："绵上关，县北八十里，为绵上都。绵山，北盘踞百里，连介休山。绵山下，即今绵上镇也，明初置巡司，后裁。"

隆州谷关 又名隆州谷北关。关址在今山西省祁县东南境，距县城约 45 公里。关两侧山峰夹峙，中间有路，路旁有溪水。明洪武三年（1370 年）在此置巡司戍守，关至迟置于元代。

雁门关 大概有四处。最著名的是位于今山西省代县西北境，与宁武、偏头并称"外三关"的雁门关，与县城相距约四十里。此关又有新旧两座关城。旧关城建在雁门山顶，又称西陉关，唐代所置。金元时关已颓圮。明代将关移至雁门山东陉关处复建关城，即现在遗存的关址，近年复建关城。关下有新、旧广武城。关城扼勾注故道，周围群峰列戟，形势雄胜。雁门自战国以来就是兵家必争之地，也是抵御骑马民族南下的隘口。赵国名将李牧，西汉时期李广、卫青、霍去病都曾在雁门建奇勋。北宋时期，杨业父子也在此抗击过辽兵。第二处也在山西省，处静乐县南境，东临汾水，西依高山。《清一统志》载："忻、代俱有雁门。代在雁门山，建在前，忻在雁门乡，建在后，非一关也。"第三处在今四川省茂县南境，距县城约35公里。为明正德年间，巡抚寇梁所置，临江拒守，乃县南屏依。第四处在今陕西省延川县禹居乡蒿岔峪村西六里处，筑于延河支流西流河与县河支流水安驿河的分水岭上。始建于唐代，名合岭关，宋元时称合峪关，明嘉靖三十年（1551年）重修后，易名为雁门关（又名禅梯关），为延绥镇至关中古驿道上的重要关镇。关城呈长方形，南北长400米，东西宽250米。城墙用土夯筑，现残高1米余。北城墙有砖券关门。宽2米余，高2米。

雁石关　关址在今福建省龙岩市新罗区，旧为龙岩县。旧县城东北有雁石岭，山险地厌。明正德十一年（1516年）在雁石岭下置关，并设巡司戍守。到了清代，移关至焊林口，遂以雁石为镇。

雁翎关　关址在今河南省三门峡市陕县东南境之菜园乡。旧辖于河南府

未修复前的雁门关东关门

陕州。置于明代或更早，明代有官兵戍守。关下路通永宁。另，山东省泰安新泰市也有一处雁翎关，在羊流镇人民政府东北约10公里的雁翎关村，《新泰县志》记载："雁翎关，距城六十里，两崖绵峻中豁，为新、莱接界往来之要路，系古险塞。"

斑鸠关　关址在今陕西省紫阳县境，居县城以南一百余里的斑桃乡，与

喜峰口抗战

四川城口县接界，明代置关。

喜峰口关 又称大喜峰口关，明京师东北长城线上的关隘。位于河北省迁西县与宽城县接壤处。旧说在遵化县东北境，距县城约七十里。是燕山山脉东段的重要隘口，古称卢龙塞，路通南北。关城置于明代，周长三里，可容万人。与椴木岭关、松亭关相为表里。近代宋哲元率军在此抗击过日寇。喜峰口关在宋、辽时称松亭关。明永乐年间重建关门。城关楼高4丈，楼门两边构筑城墙并与万里长城相连，并改名为喜峰口关。

塔城关 旧说关址在今云南省丽江县西北境，距县城二百余里。今丽江有塔城村镇，大概就是原来的塔城关旧址。关始置于明代，清乾隆年间重修。

插岭关 关址在今江西省萍乡市境，位于萍乡旧城西六十里处。始置于明嘉靖年间，万历年间设重防。与湖南省醴陵接界。大概就是老关。

雄定关 又名天井关、太行关、平阳关，史载在山西旧泽州府境，今为山西省晋城市南二十二三公里，泽州县晋庙铺镇天井关村，因关前有三眼深不可测的天井泉而名天井关。始置于西汉阳朔三年（前22年），乃豫晋第一雄关，所扼古径为太行八陉之一。

董岭关 关址在今安徽省宁国市东南境，与县城相距40公里，与浙江省临安、安吉接界。光绪《孝丰县志》载："董岭关，县西六十里，交宁国界。"孝丰县乃明弘治元年（1488年）置，属湖州府所辖，后屡经改易，20世纪50年代并入安吉县，县治在今浙江安吉县孝丰镇。

董家口关 关址在今河北省抚宁县东北境，驻操营镇东北部的山岭之上，与县城相距约35公里。明戚继光上疏修筑蓟镇长城，董家口关即为京师东北长城线上的一处关口，乃山海关北翼的凭依。

落濛关　旧说在四川遵义府遵义县，居府城以北三十里处，今为贵州省遵义市辖界。关至迟置于明代。万历年间，播州土司杨应龙叛反。明廷派兵平叛，西路安疆臣率师进军沙溪、马站，守落濛关。

朝天关　关址在今四川省广元市境，旧县城以北有朝天岭，关筑于岭上，因岭而名。盖置于明代。

散毛关　旧说在湖广散毛宣抚司司南，扼散毛路口。原名师壁洞，元至元年间置师壁宣慰司，后改宣抚司等。至明初废为师壁洞，明后期改为散毛关，据考，散毛宣抚司在今湖北省恩施土家族苗族自治州来凤县境，故散毛关也当在来凤县，与湖南省龙山县接界。

葭萌城（关）　旧说关址在四川保宁府广元县境，今为四川省广元市辖界。这里战国时为葭萌国，秦时始置葭萌县，西汉因之。东汉末年，刘备入川，屯兵葭萌，继而夺取成都，即此处。素为争战要地。

黑山关　有两处。一处旧说在陕西甘肃镇凉州卫西南六十里处。凉州卫大概在今甘肃省武威市境，故黑山关也就在武威附近。关置于明代。另一处在河北省平山县西北部，现营里乡黑山关村西北四五里处，与山西省五台县接壤，乃明代内线长城的一座重要关隘。

黑石关　大概有四处。其中两处在贵州境内。一处旧说在贵州都匀军民府丰宁长官司司南。据考证，明代的都匀府丰宁长官司在今贵州省独山县南百余里处，上司、下司镇村应即旧丰宁长官司旧址。第二处旧说在贵阳军民府大华长官司，司北六里处。大华长官司有二处，一在贵阳府，一在罗斛县。罗斛县于1930年改名为罗甸县，已近省境。我们判断，黑石关当在今贵阳市附近。这二处黑石关皆置于明代。另外两处，一处在今河南省巩义市，关址位于旧巩县县城西南二十余里处，为洛水津渡。关以附近的黑石山得名，又名黑石渡。古来当驿路，控巩、洛，为冲要之地。汉唐间屡有争战。一处在甘肃省临潭县境。旧辖于临洮府洮州卫，也当置关于明代。

黑龙关　关址在山西省蒲县东境之黑龙关镇，与县城相距约不到30公里。与临汾接界。旧说关城筑在南、北二山之间，地势险隘，关城只设东西二门，路通临汾，明清时均有官兵把守。另，北京市房山区佛子庄乡有黑龙关，因附近有长年不涸的黑龙潭得名。今关址无存，仅以村名留示后人。据文献记载，唐昭宗乾宁二年（895），幽州节度使刘仁恭（？～914年）于今黑龙关村南筑建关墙，于村附近的西山（烟筒尖）构筑烽火台。

黑铁关 在今云南省昭通市永善县黄华村附近，黑铁关和金锁关、回龙关合称永善三关，所处地势险要。现关城已废圮。附近山崖上有清代石刻"含辉"二字，高2.5米，宽1.5米。

黑崖关 旧说关址在四川黎州守御千户所西二十里。今为四川省汉源县境，明洪武十六年（1383年）置关，由大渡河官军戍守。

冕山关 旧说在四川守御冕山桥千户所，所北五里的泸沽河畔。今四川省冕宁县东南，喜德县西北四里处冕山附近，因山得名。关是康熙年以前修建的，与建昌卫诸关互为联属。现关城城墙的残垣断壁与城门依希可见。

紫金关 关址在今山东省蒙阴县东南，距县城约20公里。关至迟置于明代，并置巡司戍守，万历中革省。

紫荆关

紫荆关 有二处，一在今河北省易县城西紫荆关镇的紫荆岭上，以拱扼西山之险。古为太行八陉之七径——蒲阴径，又名子庄关、五阮关、金陂关。后因岭上遍生紫荆，遂名紫荆岭，关也随之称紫荆关。东汉时期既以在此筑关。现存关城为明正统初改筑，景泰二年修竣。为明代长城内三关之一。以后陆续增筑关堡，备御甚密。当时的紫荆关由拒马河北岸的小金城、南岸的关城、小盘石城、奇峰口城、官座岭城等五座小城组成。关城有关门四座，以南北为正，北面临拒马河，设瓮城，翁城门东开，拱券顶，其上有"河山带砺""紫荆关"匾额。《畿辅通志》称："（紫荆关）控扼西山之险，为燕京上游路，通宣府、大同。山谷崎岖，易于戍守。"为游览胜地。另一处在今贵州省施秉县境，关址位于县城以北三四十里处，关置于明代。

紫眼关 关址在今四川省荥经县西北境，距县城约15公里。明代置关。

景关 关址在今云南省景东彝族自治县境，旧说位于县城东南约一百二十里处。明代置关。

象河关 又名缯关、泻关、白马关。关址在今河南省泌阳县北境之象河乡境内，与舞阳县接界。乃先秦所置古关也。公元前688年，楚成王修筑"楚长城"，置象禾关。地势险要，自古为兵家必争之地。唐代更名为象河关，现象河关地名即为其旧址。扼北达舞阳、东去遂平、西平的要路。至明代有巡司戍守。

程番关 旧说关址在贵州贵阳军民府程番长官司定番州北，距州城十里处。定番州后改定番县。1935年又改为惠水县。今程番关当在贵州省黔南布依族苗族自治州惠水县旧县城以北。

焦严关 旧说在贵州思南府婺川县东境。今的贵州省务川仡佬族苗族自治县。关址距旧县城十余里。旧时关城北临河，有焦严渡口。关至迟置于明代。

智勇关 在湖北省来凤县百福司镇斧头营村。关墙尚存，长30米，高约5米。正中券砌拱形门洞，高、宽各2.4米。条石错缝叠砌而成。门洞上方有石墙，楷书"智勇关"关楼已毁。为清咸丰九年（1859年）筑成。

善欲关 旧说关址在贵州毕节卫指挥使司，卫南五里，今为贵州省毕节市辖界，关置于明代。

普同关 关址位于今山西省平遥县南境，距县城约25公里，居普同谷口，因谷得名。东南接绵上关，西抵关子岭，为往来必经之路。明洪武五年（1372年）置巡司戍守。盖关置于明代以前。

鹈鹕关 旧说关址在河南府永宁县境。县西有鹈鹕山，山高峰险，山下有谷，关筑于谷中，因山、谷得名。唐代所置。永宁县于民国初年改为洛宁县，今鹈鹕关当在河南省洛宁县境，明代有巡司戍守。

湘口关 关址在今湖南省永州市境。旧辖于湖广永州府零陵县，关城在府北十里潇、湘二水合流之处。清初称湘口驿。

渝关 又名临闾关、榆关、临渝关、临榆关。其关址有二说。一说在河北省抚宁县县城以东10公里，榆关镇所在处，自古为戍守要地，记载见《一统志》。一说在今河北省秦皇岛市，即今之山海关。明初徐达勒兵东进，以旧榆关非控扼之地，在旧渝关之东六十里建新关，乃山海关也。最近又有人著文，说在山海关城西南的古城村发现古城址，五城连环如花，或说始筑于秦汉，或说为唐太宗征辽时所筑，既是临渝县旧治，也是一座重要关隘，存有汉唐旧迹。也是山海关的前身，或为渝关。

湟溪关 关址在今湖南省蓝山县南和广东省连州市西北之交界处，旧说辖于广州府连山州，关城位于旧连县西北境，关本秦置。《史记·南越尉佗列传》载："檄告湟溪关，绝道自守。"当即此处，与横浦关、阳山关共为"岭南三关"。今关址不在，但青石铺设的驿道残存。

温阳关 关址在今湖南省慈利县西境。明初，覃垕叛反，周德兴守险拒敌，后出奇兵直捣温阳关，当此关也。关置于元代末年或更早。

温汤关 旧说关址在湖南临澧县龙伏关之西，或即温汤关也。

温林关 关址在今江西省铅山县西南境，距县城约40公里。与福建武夷山市接界，为闽赣间要隘。

阔水关 旧说关址在贵州贵阳军民府，居府城西北，即今贵州省贵阳市境内，关当置于明初或可更早。洪武三十年（1397年）顾成征水西诸蛮，破阔水关，即此处。

雷山关 关址在今广西壮族自治区柳江县境。柳江县本名马平县，1934年改为今名。县治亦迁。旧说雷山关位于马平县县城南十里处，因近雷山而得名。唐柳宗元云："雷山两崖皆东向，雷水出焉。"关置于明代或更早些。

雷峰关 关址在今湖北省房县南境，去县城约六十里。明代置关于此。

雷峰垭关 旧说关址在湖广郧阳府，府治东北六十里处，地处两山峡中，有古道西至陕西，北通河南，东达郧阳。郧阳府即后来的湖北省郧县，县城即旧府治。关至迟置于明代。明廷设巡司戍守。

碗子城关 旧说关址在河南怀庆府河内县境。筑于太行山余脉碗子山上，山在府治北五十里。山险路仄，关扼险要。河内县于1913年改名沁阳县，今为河南省沁阳市。

蓝津关 旧说位于四川达州府太平县境，在县城东北。太平县于1914年改为万源县，今为万源市。故蓝津关当在今四川省万源市。

蒲关 又名蒲蛮关。旧说关址位于云南永昌军民府凤溪安抚司，司南莽田寨。明洪武初在这里建金齿巡司。故关初置时当早于明代。今在云南省保山市南境。另一处蒲关，即蒲津关，又名临晋关、大庆关、河关，在今陕西省大荔县与山西省永济市交界处，关址居于黄河西岸，下有蒲津渡。

蒲葵关 旧说关址在福建漳州府龙溪县，府城西南，为汉初南越国所置古关。1960 年龙溪与海澄合并为龙海县，后又改为龙海市。今关址当在福建省龙海市境，在云霄和漳浦西县交界处。

墓口关　旧说关址在贵州贵阳军民府金石番长官司，司西十五里处。关置于明代。金石番长官司后改为定番县，1935 年又改为惠水县，故墓口关在今贵州省惠水县境。

蓬关　又名蓬陂、蓬池，故址在今河南省开封附近。东晋初年，石勒、祖逖攻伐相争于此，关城盖筑于此时。

塘港关　旧说关址在湖广安陆府钟祥县界，府城南三十五里。旧时府治钟祥，关址当在今湖北省钟祥市境。明代有官军戍守。

摸索关　旧说关址在四川宜宾县南三百里，当蛮夷溪口。依此说关址已近四川与云南交界处，或已入云南辖界。关置于明初，为查禁私茶盐而设。

榆关　关址旧说在河南南阳府汝州。民国年间改称临汝县。1987 年改设为汝州市。榆关本古关也。在战国楚之边境。《史记》载，楚悼王时，三晋伐楚，败楚于大梁榆关，即此关也。另一榆关，即河北省秦皇岛市之山海关别名。

榆林关　旧说关址在陕西榆林镇废胜州东。《新唐书·地理志》载，胜州榆林县东有榆林关，置于唐贞观十三年（639 年）。据考，胜州在今内蒙古托克托附近准格尔旗。另，河北省张家口市阳原县马圈堡乡也有榆林关，在桑干河以南，东、南、西三面临山，一面临水。现仅存关名。

榆枣关　关址位于今山西省盂县之御枣口，其名与东汉光武帝刘秀在此地以枣为食有关，后御枣传为榆枣，有古道路通河北省平山、正定县。

榆木岭关　关址在今河北省河北兴隆县孤山子乡榆木岭村，旧说在迁安西北境，距县城七十余里。关置于明代，为长城线上重要关口，四峰对峙。至清代仍有把总驻守。

禁门关　旧说在四川大渡河守御千户所，司治西禁山之下。当在今贵州省安顺市附近。

楚场关　关址在今云南省祥云县东北境，去县城约 75 公里。关置于明代，并设巡检司治理。后裁省。

楼烦关　旧说关址在山西静乐县北，但具体位置不详。后来证实在宁武县西南。文献记载楼烦关始建于战国，为赵武灵王所置。《隋书·炀帝纪》载，大业三年（607 年）隋炀帝杨广北巡，至突厥启民可汗庐帐，回驾入楼烦关。此关战略位置十分重要，古来为争战要地。《元和郡县图志》云："在静乐县北一百五十里，今宁武关，当即古楼烦关也。"

睢水关 关址位于今四川省安县西境睢水镇，距县城约四十里，南去绵竹县四十五里。旧说辖于成都府。此关选址尤佳，负山面水，平衍沃野，有路通茂县。关至迟置于明代。

巉口关 关址位于今甘肃省陇西县以北，距县城约五十里。古代有路通兰州。关置于明代。

蜀三关 有二说。一说指阳平关、白水关、仙人关。另一说指阳平关、白水关、江关。详见各关条目。

腾越八关 八关均置于明代。明代中后期，缅人常扰边境。云南巡抚陈用宾奏清万历帝，在腾冲以西设置关隘以御缅。获准后再沿边境置神护、万仞、铜壁、巨石、铁壁、虎距、天马、汉龙八关。前四关在北面，又习称上四关；后四关居南，习称下四关。八关位置在今云南省德宏傣族，景颇族自治州西境，盈江县和瑞丽市境。后来由于境界变动，有的今在境外。

腾冲九隘 与腾越八关并称。万历十三年（1585年）云南抚巡陈用宾置八关，同时并置九隘。九隘名大塘、明光、古勇、甸滩、止那、猛豹、杉木笼、坝竹、黄草岭。各由抚夷官管理，抚夷下有弓弩手戍守。

筰关 旧说关址居四川眉州青神县南境，为汉以前古关。汉代时唐蒙赴夜郎，即从巴郡筰关而入。关址大概在今四川省汉源县境内，这一带乃古筰都国境。

筋竹关 关址在今浙江省长兴县境，位于县城以南约30公里处。其北不数里，旧说另有司马关，皆置关于明代或更早。

锯山关 旧说关址在四川保宁府阆中县。府治东北有蟠龙山，关在山后，扼古汉沔冲要之地。关置于明代。保宁府府治在阆中，即今四川省阆中市。锯山关当在今四川阆中市境内。

鲇鱼关 旧说关址在贵州思州府府治东北六十里处。今为贵州玉屏侗族自治县境。关置于明代。

锦溪关 关址在今浙江省淳安县东境。距旧县城（非今千岛湖镇）约六十里。旧辖于严州。由于近年修建新安江水库，关址或在库区内，已被水淹没。关置于明嘉靖中期。

新关　关址在今湖南省石门县西南，距旧县城十二三公里。关城之外，澧水南横，溇水东迤，是为湘西北控扼锁钥。关始置于明代。

新保关　又作新堡关。旧说关址在四川理番县东南七十余里岷江东岸，与保子关相望。1945 年改理番县为理县。故新堡关当在今四川省理县境内，岷江之东。明代始置新保关，以镇汉夷。

新添关　关址在今贵州省贵定县境。旧为贵阳军民府辖界，位于府城东南一里处。始置于明代。

新镇关　旧说在四川松潘卫西四十五里处。松潘卫为今四川省松潘县境，故新镇关当在松潘县境。

靖西关　旧说西藏扎什伦布南有春丕峡，关址在春丕峡中，清光绪二十年置，四川委派理事同知驻此。依此，当在此西藏自治区日喀则境内。

靖盗关　又名静盗关，现名靖道关，关址位于今贵州省都匀市旧县城以北距县城约二十里，德化乡境北界的杨柳街与麻江县的交界处。此地古来就是军事要隘，靖盗关或有平定盗匪关隘之意。旧为都匀府辖界。置于明代。

溜沙关　关址位于今贵州省黔东南苗族侗族自治州镇远县县城以东，羊场镇溜沙关村。旧辖于镇远府。在县城东 20 公里金蓬洞湖近，明代置关于此。

滏口　即滏口陉，古太行八陉之第四陉。在今河北省邯郸市峰峰矿区境内。旧说在磁县境，旧县西北鼓山附近，滏水（今名滏阳河）发源处也，旧时此地泉水从地下涌出，如釜内汤沸，故而得名。滏山（今石鼓山）、神麇山两山夹峙，中间为宽不足百米的狭长古道，乃山西东出太行达邺城之要道。形势险峻，自古为要隘。东汉建安十年（205 年），曹操败袁尚于此地。东晋太元十九年（394 年），后燕慕容垂自邺西出滏口入天井关（太行陉），灭西燕也在此地。

隘门关　关址在今山西省灵丘县东南，旧为大同府蔚州辖界。距县城 20 公里处有隘门山，古滱水（唐河上游）所经。群峰刺天，古道穿行其中。宋代置兵戍守隘口，明初又于此置巡司。

隘留关　又名留隘。旧说在广西上石西土州以西，上石西土州大概在今广西壮族自治区宁明县境。文献记载，明代张辅征安南，出凭祥，进破隘留、鸡陵二关，至芹站。关址具体位置不详。

嘉禾关　关址在今四川省东山市境，旧说在嘉定城北。关至迟置于明代。

嘉峪关光化楼

嘉峪关 关城位于今甘肃省嘉峪关市的嘉峪山下。置于明初，为明长城最西端的巨防。明洪武五年（1372年），征虏将军冯胜下河西，在嘉峪山下选址构筑关城。坐东向西，凭高恃险，南眺祁连，北望龙首、马鬃，山势雄奇。关城扼通往西域的要道，古丝绸之路经附近而西去。隆庆年间设守备在此镇守。嘉峪关由罗城、关城、东西瓮城构成一套较完备的防御体系，并有城墙向南直达讨赖河畔，向北直上黑山山顶。还有敌台、烽燧、砦堡多处，防御设施极为完备。近些年来，国家和甘肃省政府斥巨资修复了嘉峪关关城。现为西北地区重要的旅游胜地。

静塞关 旧说在四川成都府彭县西北境，今为四川省彭州市境。《新唐书·地理志》载："彭州有静塞关。"依此，静塞关当置于唐代，或可更早些。

瑶峰关 旧说关址在湖北房县以西二百五十里的瑶峰附近，因山而名。大概关置于明代。现在的地理区划当在湖北省房县境内。

墙子岭关 又名墙子路关。关址在河北省兴隆县的关上村一带，因临墙子岭而名。乃长城至古北口，迤东而南折后之关隘。入关不远即北京市密云区。关城置于明代初年，周长一里余，且有水关。明后期至清初，此地争战不断，是为守御冲要之地。《四镇三关志》载："墙子岭关，洪武年建，通大川、平漫、南高墩窝铺顶，正关月城河口俱通众骑，极冲，余山险缓。"

磁瓦关 《郧阳府志》记载，磁瓦关即后来的锣鼓洞，在湖北竹溪县东25公里处。古时此地山险林密，为房县、竹溪要路。关置于明代。

蔡家关 又名响水关。旧说关址在贵州贵阳军民府，府治西北五里处，关置于明代。位置在今贵州省贵阳市北云岩区。

蔚汾关 关址位于今山西省兴县，县城以东，因临蔚汾河而得名，蔚汾关为唐代古关。《新唐书·地理志》载，合河县东有蔚汾关，即此。宋以后成

墙子岭关

为合河县治，关城的功能有所改变。金以后合河县改为兴州，即今之兴县。

蔓头关　旧说关址在贵州木瓜长官司，司北十五里。明代置关。民国时期木瓜长官司在定番县南。后定番县又改名为惠水县。故此关当在今贵州省黔南布依族苗族自治州惠水县南境。

榕树关　旧说广西桂林府阳朔县有榕树关，关城居县城西二里处。置于明代初年，今仍隶属阳朔县，辖于广西壮族自治区。

鹘岭关　旧说关址位于湖广郧阳府上津县，县城西北。上津县已于清初裁省。据考，故境在今湖北省十堰市郧西县，县西北境有上津镇，当为其旧治，与陕西省山阳县接界。宋金之时，这一带邻南宋边境，置关颇多。所以此关概置于南宋。

僧道关　关址位于今陕西省山阳县南 40 公里处。《陕西通志》记载，南蛮王曾在此处募集僧道兵抵拒宋将杨文广，后来遂以曾道为关名。故关当置于宋代。

箕关　又名瀁关。为汉代古关隘。东汉建武元年（公元 25 年），邓禹至箕关，击河东都尉。次年，司空王梁守箕关，击赤眉别校，皆在此处。《水经注·瀁水》载："出王屋西山瀁溪，夹山东南流，经故城东，即瀁关也。"其关址在今山西省垣曲县西北境，距县城约六十里，明代为平安府辖界。

箐口关 又名傥甸关。关北在今云南省蒙自县西境，距县城约七十里。关置于时代，设巡检总理事务，清康熙年间截关为铺。

豪迁关 关址位于今浙江省临安市西北境。旧说关城在杭州府於潜县西北。天目山西麓有豪迁岭，关近岭旁，因岭得名。至迟置于时代。这一带辖属在 20 世纪 50 年代屡变，於潜县于 1958 年并入昌化，二年后又与昌化同时并入临安。今临安市西边偏南有於潜村镇，当为旧治。

滴水关 关址在今四川省阆中市境。旧说在保宁府府治东灵山角下，关置于明代。

漓水关 旧说关址在广西梧州衬苍梧县，旧县城西南。据《汉书》记载："苍梧郡，武帝元鼎六年开，莽曰新广，属交州，有漓水关。"盖漓水关为汉代古关，在今广西壮族自治区苍梧县境，或在其附近。

漫川关 为漫川县旧治，后以为关。漫川县设于北魏，至北周时即废，今陕西省商洛市山阳县东南 70 公里处有漫川关镇，当为其旧址。金钱河与靳家河在这里交汇，水域宽阔而得漫川之名。地接湖北郧西县。先秦时期地界秦楚，历代均于此设防。

横岭关 关址位于今山西省运城市绛县冷口乡横岭关村，东南与垣曲县接界。旧说垣曲县西北境，距县城约五十里。为古中条山麓的要隘。

横浦关 又名秦关，因秦置而名，古扼岭南、岭北之要道。《史记·南越尉佗列传》有赵佗"行檄传横浦关曰：盗兵且至，急绝道聚兵自守"的记载。关址在今广东省南雄市西北，与江西首大余县西南的大庾岭上。或云相当于小梅关。至唐初，横浦关仍有旧存。张九龄开山凿石，取道梅岭，此关渐废圮。但这里有横浦驿、横浦桥等，大概是沿用横浦关而名。又有人认为横浦关在今南雄市的浈江边，是据水之关。《史记索隐》引《南康记》曰南野县"大庾岭三十里至横浦，有秦时关"。《大明一统志》载："横浦关，在（南安）府城西南三十里，旧记汉将军杨仆讨吕嘉，出豫章，下横浦即此处。"

樟木关 关址在今湖南省衡阳市境，旧县城北三十里。

德胜关 关址位于今江西省黎川县境，县城东南约 25 公里处有马嘴岭，关筑于岭下，本名碃头隘。后改置为关。关邻福建省泰宁县西北境，古为通闽要道。

鲁阳关　战国时之鲁关。旧说今河南省南召县境。旧县城（云阳镇）北五十里有三鸦路口，即鲁阳关旧址，或曰在鲁山县西南境。《水经注·淯水》载："其水南流经鲁阳关，左右连山插汉，秀木干云。"为险要之地，自战国以降，屡为争战之战略要地。鲁阳关是古关名，东晋太元三年（378 年）苻坚攻襄阳，使石越率精骑出鲁阳关，即此。

镇龙关　关址位于今四川省巴中市，旧县城东南境，始置于明代。

镇西关　旧说关址在贵州镇远府，府治西北。今为贵州省镇远县辖界。关置于明代。

镇安关　关址在今四川省理县境，旧县城西北五十里处。旧为理番县境。关置于明代。

镇江关　宋代称镇江砦。关址在今湖南省芷江侗族自治县东境，旧说距县城约八十里。宋代当地土著民族在此置富州，熙宁中朝廷收复改置，以后称为关。

镇远关　旧说辖于陕西宁夏镇平罗守御千户所，在所北六十里处。据考，平罗所至清代改为平罗县，至今县名未改。在今宁夏回族自治区北境，辖于石嘴山市。镇远关为宁夏北面之关隘，置于明代。

镇邑关　在今云南省保山市腾冲县清水乡良盈村。关城已废圮。附近有清康熙年间所建单孔石拱桥一座。

镇南关　大概有三处。最著名的位于今广西壮族自治区凭祥市南的镇南关，此关名称尤多，称大南关，鸡陵关，又称镇夷关，今又改称友谊关，据中越边境要处。第二处在今广西壮族自治区苍梧县境，旧县城南有火山，关筑于火山之上，明代韩雍所筑，以扼冲要。第三处在今福建省厦门市同安区境。关北居的县城之南境，旧称鸿店亭，后改置为关。

镇夷关　有二处。其一即为友谊关。其二旧说在贵州石阡府石阡长官司境，位于府治以北。今为贵州省石阡县境。

镇湘关　关址在今辽宁省辽阳市境内，位于旧县城北三里处。《志》云："辽阳城北三里有镇湘关。"

镇彝关　旧说关北在四川威州境内。位于威州州治西南一百二十里。明代的威州在今四川省汶川县。威州州治即今汶川县县城，故镇彝关当在汶川县西南境。

镇铹关 关址在今广西壮族自治区荔浦县境。旧说县城以北十里处有镇铹山，峰峦险峻，好似利刃。宋代在山上置关，并以山为关名。也有人认为此关就是汉代的荔平关。

黎儿关 关址位于今贵州省龙里县境，居县城以西，相距约 10 公里。

黎阳关 北齐始置，将石济关移至今河南浚县东，是为白马关。至北周改名为黎阳关。以后复称白马关，几易其名。

潭毒关 在今四川省广元市境内。旧广元县城以北九十里古有潭毒山，山险路仄，下临大江。关城筑在山下，以山为名，至迟置于明代，乃蜀之北要。

潼关 古代关中的重要关口。关址在今陕西省潼关县境。当陕西、山西、河南三省交界处，南有华山之屏，北有渭河、黄河之卫。潼关有新老之别。始建于汉代。东汉建安十六年（211 年），马超起西凉精兵，与曹操战，屯于潼关，即老潼关也，古称桃林塞。至唐天授二年（691 年），移关新址，即后世的潼关县城，地址在今潼关县港口镇。《通典》述其形胜："潼关本名冲关，河自龙门南流，冲激华山，故以为名。"潼关城经唐、宋、元、明，屡有修葺。洪武五年至九年（1372～1376 年）修旧城，筑新城，随山势曲回，周长十二里，有城门四座，水关二座，甚为固要。至今城垣已颓圮，垣表甃砖拆剥殆尽，但仍可见高数米的夯土墙。南垣和东墙南段，随山岭走势，堑山成障，外高达 30 米，蔚为雄壮。现南城和南、北水关保存较好。南城门高约 5.5 米，宽达 3 米。南水关跨潼河之上，以砖石券砌成三孔券洞，拱礅用条石砌设分水尖。1959 年修建三门峡水库，县城迁址，潼关渐废。历代围绕潼关战争甚多，尤以唐天宝年间，安史之乱，哥舒翰兵败潼关，玄宗西狩和明崇祯年间，李自成率起义军大败孙传庭，破潼关之战尤为惨烈。抗战期间，日寇飞机、大炮轰炸，也使潼关遭到很大破坏。

寮竹关 关址在金福建省武夷山市。旧说位于崇安县县城以北八十里处，与江西省上饶、铅山县接界。扼闽赣要道。关玉迟置于明代。寮竹关又常写作撩竹关、橑竹关。

摩云岭关 旧说关址在陕西临洮府，府治以北的摩云岭上，因岭而名。摩云岭古称险要，关城雄扼岭脊，为宋代所置。临兆府治为现在的甘肃临洮县县城，摩云岭位于今甘肃省兰州市七里河区与临洮交界处，距兰州市区约六十里。有古道南通临洮、临夏、甘南、岷县，北达靖远、宁夏，西通河西走廊。它是马衔山向西伸延的支脉，因山高岭峻，云笼雾绕，站在山上举手可摸云朵，故曰"摩云岭"，岭上之关曰"摸天岭"。明代在摩云岭设"巡检司"，后更名为"摩云关"。

蒙坝关 关址在今四川省通江县，县城东北60公里处，旧辖于保宁府。关或置于明代，设巡司、副巡司总理分务。

雕灵关 为唐宋时期的古关隘。关址在今陕西省咸阳市旬邑县马栏乡雕灵关村。关城平而当长方形，东西长250米，南北宽100米。面积约25000平方米。现残城墙仍在，长约45米，基宽4米，城内散布残砖碎瓦。

穆陵关 大概有三处。其中一处在今山东省潍坊市临朐县大关镇与临沂市沂水县马站镇交界处，左右有长城、书案二岭，是沂山东麓古齐长城的隘口，临朐县县城东南约百里处有大岘山，山势险峻，仄径羊肠。关置于山上，时称"齐南大险"。现遗址无存。史书记载，南宋绍定年间李全御金于临朐，扼穆陵关。第二处旧说在山西荣河县北境，距县城十余里。这里两壁如削，中为南北通道。关城扼控要险。元时，韩通守过此关。故关当置于元代或更早。荣河县于1954年与万泉县合并为万荣县，故此穆陵关当在今万荣县境，县城西南临省境有荣河镇（或村），当为旧荣河县治旧址。第三处在今湖北省麻城市北境，距县城约百里，与河南省新县接界。梁朝普通年间，夏侯夔兵出义阳，攻平靖、穆陵、阴山三关，故关当置于南北朝时期。

潞江关 旧说关址在永昌军民府潞江安抚司，建在潞江东岸，即今云南省保山市以南。龙陵县稍北处。古时这里不但山高林密，而且气候卑湿，多生烟瘴。潞江即怒江别名。关当置于明代。

濑口关 关址在今福建省将乐县境，旧说在县城东四十里有高滩都，关即筑于此地。南宋绍定三年（1230年）汀寇盘踞该地，宋将陈鞾夺得此关，降为高滩隘。明嘉靖中重建关城，并包砖甃石，加强防护。故关城当筑于南宋或更早。

豫顺关 旧说关址在云南曲靖军民府罗平州平夷卫，卫北二里处。当在今云南省曲靖市富源县附近。关置于明代。《明史·地理志》中载有"沾益州、平夷卫之北有豫顺关、宣威关"。沾益州清代划归平彝县，20世纪50年代更名为富源县。

轘辕关

擦牙子关 关址居于今河北省迁安市东，距市区七十余里。始置于明代，为京师东北长城线上的关口。在此关的东部和东南方向有几个较小的关口，名新开岭关、五重安关和白杨谷关，在明代，均为戍守要地。《边略》云："嘉靖十年，三卫房酋导北房入犯太平寨，官军拒却之。自城子岭而东，即擦牙子关矣。"

轘辕关（又名娥岭关） 为东汉时期洛阳八关之一，是洛阳东南部的险关要道。关址在今河南省偃师市东南，登封市西北20余里的太室、少室两山之间。两侧山崖山势雄峻险要，道路曲折盘旋，古时这里有轘辕山，山岭奇纬，怪石嶙峋，道路曲回。从山脚至顶，凡十二里。关筑于岭上。轘辕关自古即为要隘，自春秋之降，屡有争战，历春秋、秦汉、南北朝、隋唐而不断。

爵离关 旧说关北在新疆哈密卫，焉耆东南，即今新疆维吾尔自治区焉耆回族自治县境。故关置于东汉。东汉永建二年（127年），西域长史班勇、敦煌太守张朗出兵西域，分南北道攻打焉耆国，张郎由爵离城（即埒娄城）先至爵离关（有说即铁门关），即此地。攻降焉耆王元孟。

濯水关 关址在今贵州省务川经佬挨自治县北境，距县城约百里，置于明代。旧说焦岩关县县北百里有濯水关。

魏平关 《两唐书·地理志》记载，绥德有魏平关。关当始置于唐代或更早。关北在今陕西省绥德县西南境，与子洲县接界。旧为陕西延安的绥德州辖界。更早于汉代，李广曾屯兵于此。贞观二年（628年）撤销州、县建制，魏州被改设为魏平关。宋初，魏平关盖设立、为绥平寨，辖于延川县。元符二年（1099年）改属绥德军。

魏磨关 关址在今四川省茂县北境，旧说距县城二十里，宋代始置。明代沿用。《明史·地理志四》记载，茂州原治汶山县，属陕西行省吐蕃宣慰司。南有鸡宗关、东有积水关、北有魏磨关三巡检司。

参考书目

（1）二十四史，中华书局标点本。

（2）《资治通鉴》，中华书局，2009 年。

（3）《读资治通鉴》，中华书局，1999 年。

（4）王国维：《水经注校》，上海人民出版社，1984 年。

（5）李吉甫：《元和郡县图志》，中华书局，1983 年。

（6）王存：《元丰九域志》，中华书局，1984 年。

（7）周去非：《岭外代答校注》，中华书局，2006 年。

（8）徐弘祖：《徐霞客游记》，上海古籍出版社，1980 年。

（9）顾炎武：《天下郡国利病书》，上海古籍出版社，2012 年。

（10）顾祖禹：《读史方舆纪要》，上海书店出版社，1998 年。

（11）《古今图书集成·坤舆典·关隘》，广西师范大学出版社等出版电子版。

（12）臧励龢：《中国古今地名大辞典》，香港商务印书馆，1982 年。

附文：雄关纪游

居庸雪霁

造访居庸关，什么时候最好？有人说是阳春，有人说是金秋。我却选择了隆冬，一场初雪过后的日子。

旅游大巴出了德胜门，缓缓地向北行驶。雪后路滑，车速较慢，但高速公路上车流也少，更显得闲散悠然。看着车窗完外的琉璃世界，我的心早飞到了居庸关，飞到了云台。

远眺居庸关关城

到了居庸关已是 10 点多了，不大的居庸关城已和周围的群山融在了一起，全被皑皑的白雪所包容，倒让我不敢贸然相认了。轻车熟路，我径直向前走，首先瞻仰的还是居于关城中心、百看不厌的云台。

云台是居庸关的精华，始建于元代至正五年（1345 年），原本是塔的基座，上面建有三座大肚子喇嘛塔。到了元末明初，三塔先后被拆毁。明初洪武年间，大将徐达、常遇春筑居庸关城时，遂把台基框在了城内，成了一座过街台基。正统四年（1439 年）又在基座上修建了寺庙，到了清康熙年间再度被一场大火焚为灰烬。清朝中叶以后，居庸关关城逐渐废弃而被拆毁颓圮，只留下了云台兀立山间，独吊凄风冷月。

云台由底到顶全部由白色的大理石垒砌而成，下大上小，呈覆斗形状。台顶坦平如砥，四周遍立石栏杆。为了排水方便，四角及栏杆的每根望柱之下，都有石雕龙头伸出台外，遇上下雨，台基上的积水从龙口中流出来，飞泻直下，为云台一景。基座正中辟南北向门洞。门洞顶呈折边形，门洞周边及门洞内的雕刻都是元代的作品，美得让人惊叹。门额正中雕刻大鹏金翅鸟，它是佛教中释迦牟尼的护法神，梵语中称迦楼频

云台门楣石刻

云台门洞内石刻

迦。两边对称刻大龙神、青狮、白象、金刚宝杵等。

走进门洞，满目所见遍是佛像、天王力士和经文。其中以梵文、藏文、八思巴文、维吾尔文、汉文、西夏文、雕刻的《陀罗尼经咒》和《造塔记》最有学术价值，以四大天王的雕刻最为生动，他们一个个顶盔贯甲，或手持利剑，或高擎伞盖，或手挥琵琶。门洞内的大理石是白的，门洞外的积雪是白的，使人仿佛置身于一个圣洁的佛国世界。随着阵阵寒风吹过，地上的积雪旋即飞舞起来，佛陀、天王好像都被赋予了生命似的活动了，顿时拉近了现实与虚幻，佛国天界与凡尘人间的距离。

走出云台，顺着马道登上居庸关关城，撒满雪粉的城台上也是洁白一片。城楼全被积雪覆盖着，簇拥着，宛若玉宇琼楼，而且显得比以前更高大了。就连戗脊危檐也失去了往日的峥嵘雄壮，圆滑了许多，柔和了许多，一切平添了几分妩媚。只有楼檐下悬挂的那块巨型"天下第一雄关"牌匾似乎小了些。

从早晨出来，天气就不大好，一直阴沉着，不时地刮着西北风。但是我的心情特别好。顺着关城西行，向着长城的高处攀爬。城墙很陡，磴道湿滑，每走一步都要小心翼翼。偶尔停下脚步，喘口气，回过头来看看留在雪中，弯弯曲曲的脚印，似乎勾画出了自己人生的轨迹。我继续奋力前行，虽然不想争当"好汉""英雄"，但总想领略毛泽东诗词《沁园春·雪》中所描绘的旖旎风光。

过了第一个敌楼，又过了第二个敌楼，到了第三个敌楼我才停下了脚步。这里是我游居庸关经常驻足的地方，也是观赏居庸关最佳的去处之一。太行山、燕山两大山系在眼前交会，形成了长达 40 华里的关沟；雄伟的关城尽收眼底，刚才游览过的云台缩成了一点点，东面山上的长城犹如银龙滚雪；极目望去，记忆中的满山青翠、红叶映天的景象全被纯真的白色取代了。远处的群山，近处的关城，一样的圣洁。北边的八达岭，山、天、长城连在了一起，模糊了我们的视线。我满口喷着热气，面对着群山高声呐喊："呦喝喝！我来喽！"声音传出老远老远……

历史上，居庸之名始于秦代。秦始皇修筑长城时，征调的民伕曾在此地居住。汉代筑关时，遂以"居庸"作为关名。关隘所控扼的关沟古来是交通交道，古称太行第八陉——军都陉。往南经南口入昌平，达京师，向

居庸雪霁

北出八达岭、岔道城，达宣化、张家口，至内蒙古。古道在关沟谷底，自南向北步步登高。两旁群峰壁立，如叠嶂列屏。明洪武年间用砖石砌筑居庸关。成祖朱棣定都北京后，居庸关成了京师的北部屏障，居内三关之首，以后屡有增修，逐渐形成了一套完备的防御体系。现在所见的关城只是其中的一部分，称中关。还有下关、上关和八达岭。下关在今天的南口镇，扼关沟入口。可惜关城坍毁已久。上关在青龙桥附近。八达岭据关沟北口，也是居庸关防御体系的门户，古称"北门锁钥""居庸外镇"，古人曾有："居庸关之险不在关城而在八达岭"之说。所以这里的关楼，城墙敌台都修筑得十分坚固。到了今天成了世界闻名的，游览长城的最佳去处。可惜天气不好，又是雪后，从这里难以看到它的英姿了。居庸关景色清幽，素有八大景，七十二小景之说，什么居庸叠翠、琴峡清音、虎峪晴岚、驼山香雾，什么榆林夕照、岔道秋风，鹿野耕耘，统统都被隐没在大雪之中了。

可能是由于下雪的原因，游人骤减，无论是居庸关，还是长城，都显得空旷许多。我远望着莽莽苍苍的群山，雄浑壮美的长城，一种远离嚣尘的感觉油然而生。背倚着敌楼，或俯靠着堞垛，就好像自己也变成了长城的砖石，变成了山野中的树木，与长城熔铸在一起了。任思绪和长城居庸关一起驰骋，与长城一起翱翔，或者金戈铁马、烽烟战火，或者车骑辐辏、联臂踏歌……一两声山雀的啼鸣，一阵山风吹过，飞雪打在脸上，唤醒了我的梦境。我下意识地摸了摸城墙上的积雪，一阵刺骨的冰冷袭来，这才感觉到了自己的真实存在，我不禁由衷地赞美，雪后的居庸关太美了！

原载于《中国文物报》2005 年 11 月 18 日

那座挟山带海的古关

历史上，中国的古代关隘数也数不过来，但能够把山和海联系在一起的只有一座，那就是山海关。独特的地理位置，使得它既有山的风骨，又有海的情愫。我曾怀着崇敬渴求的心情，几次访谒山海关，每次都有不同的感怀。

最早的一次大概是 20 年前的事了，我是冲着关城去的。关城是山海关的心脏，坐西朝东。还记得我站在东关楼下，仰望着高大宽厚的城墙，雄伟高耸的城楼，心中感慨万千，想起了明代初年，大将徐达选址筑关的英明果敢，

山海关东关门

想起了明代末年，李自成与多尔衮、吴三桂在一片石那场鏖战悲壮惨烈。凝望着城楼上那块"天下第一关"巨匾，字字苍劲，据考是明代大书法家萧显所书。为了写好巨匾，他数月诵读诗词歌赋，数月观察雄关胜迹，然后肩担巨笔，一挥而就。几百年来，字与牌匾俱老，匾为关城增色。

　　顺着马道登上关城，精神顿觉一振。略带咸味的海风徐徐吹来，像母亲的手轻轻地拭去你身上的汗水。凝眸远眺，海色山光尽收眼底。

　　我们脚下的城门名"镇东门"，城台上建起关楼二层，七架三楹，重檐歇山，灰瓦结顶。下层西向开门。上层西面设隔扇窗，东、南、北三面上下开箭窗 68 扇。门窗皆漆成红色，箭窗红地白环黑靶心。在灰瓦灰墙的映衬下，显得非常醒目。

　　凭栏西望，关城全在目中，平面呈梯形，东面宽而西面窄，虽有颓毁之处，但走势依然，垛口、射孔尚存。西门外依稀有罗城。城墙以青条石为基础，用三合土层层夯筑而成，外面用青砖包砌。关城顶上原来建有关楼十余座，可惜至今大多已经废圮，只剩下了现在的东门"镇东门"城楼。

　　往北望去，燕山山脉隐现在云雾之中，如列剑戟。由山海关关城伸展出去的长城蛇形斗转，依着山势，攀着峰岭，由近及远，直上云端。看到这些，我的心不由得狂跳起来，山海关城，乃至长城的一砖一石，不都是我们祖先血汗的凝聚吗？极目南眺，长城一头扎进了秀丽的渤海湾，那长鲸吸百川的气势，不正是中华民族优秀文化和聪睿智慧的传承吗？

　　第二次是在此几年以后，我们一直奔山海关长城的尽头老龙头而去。老龙头是伸入海湾的石城，高达 3 米，伸入海中 10 余米，俯视像一只靴子。全由重达一二吨的花岗岩条石垒砌。这些花岗岩条石，一层一层错缝砌就。在相邻的条石边缘都凿有燕尾槽，再把熔化的铁水浇在槽内。这样就把整层条石都连在了一起，再大的风浪也难以撼动。据史书记载，老龙头是明代中叶，抗倭名将戚继光镇守辽蓟时，遣部将吴惟忠修筑的。用手抚摸着这块块条石，我细细地揣摩着，当年修筑老龙头的壮举，在我的脑海中渐渐地清晰起来。耳边渐渐地响起了千锤万錾敲凿巨石的声响，千百人搬运巨石的呼号，眼前浮现出了数不清的陶炉熔化铁汁的雄雄火光。

　　老龙头北与靖虏一号台相接，再往北不远是宁海城。它的平面呈方形，东城垣与山海关的南翼长城连在一起。中部偏南，澄海楼拔地兀立，楼高二层，重檐歇山，灰瓦结顶。到了这里，已时近正午，海风阵阵吹来，撼动楼脊殿角，呜呜作响。楼檐下悬挂巨匾两块，"雄襟万里""元气浑茫"，读后让人荡气回肠。城台上有石碑二，其一竖行楷书"天开海岳"，另一通书"一勺之多"四个行草大字。我围绕石碑徘徊了许久，对碑文大惑不解。后来一首康熙皇帝的御制诗让我茅塞顿开，"我有一勺水，泻与东海滨。无今亦无古，不减也不盈。……"海纳百川的雄浑气魄和一代帝王的博大胸襟尽现眼前。

　　站在宁海城上，仿佛踩沧海于脚下。近处，巨浪搏击着岸边的岩石，卷起瑞雪千堆；远处，烟波浩渺，水天一色……此情此景，自然地让人想起了秦始皇巡幸秦皇岛，拜祭碣石的胜景；想起了徐福乘巨舟出海，求取长生不老之药的悲壮。也会情不自禁地吟咏一代枭雄曹操东征乌桓，咏志抒怀的《观沧海》诗，"东临碣石，以观沧海。水何澹澹，山岛竦峙。……"

　　从澄海楼眺望海上，烟波浩渺中，兀立着两块礁石，一立一卧，人们习惯地称它们为姜女坟、姜女碑。20世纪80年代后期，辽宁省文物考古工作者在其北濒海的绥中县石碑地、黑山头，发掘了一组秦汉建筑遗址。第三次、第四次则是去考察这组建筑遗址。记得在石碑地遗址中，发现了南北长500、

澄海楼前"天开海岳"碑

姜女庙"望夫石"

东西宽300米的夯土围墙。围墙内最大的建筑台基高达6米，与姜女坟遥遥相对。遗址内出土的夔纹大瓦当高52厘米、长68厘米。类似的瓦当只在陕西临潼秦始皇陵出土过。我还记得当时的震撼，心想何等壮观的宫殿才能使用如此巨大的瓦当？学界普遍认为，所谓的姜女坟，就是秦汉时期的碣石，濒海的建筑遗址就是当时碣石宫。我漫步在建筑基址内，仿佛步入了当年辉宏的皇家宫苑。遥望碣石，仿佛目送徐福出海……相似的宫殿基址，在渤海湾的另一角，河北省境内，北戴河金山路也有发现。两者呈犄角之势，遥相呼应，都是秦皇汉武为东巡修筑的行宫别馆。

有姜女坟，当然就会有姜女庙。姜女庙在山海关以东的凤凰山上。鼓起勇气，登上108级台阶，就到姜女庙了。前殿九脊歇山顶，殿内塑孟姜女像，淡妆素服，由两名童男童女相陪，满眼含泪，好像在对着茫茫大海，倾诉着一腔愁怨。

绕过后殿，有一块浑然天成的巨石，传说是孟姜女登高望夫的地方，石上自下而上有一溜凹坑，那是孟姜女长年登石留下的脚印。所以人们称它为望夫石。巨石的一侧有乾隆帝《吊孟姜女》诗。诗虽工整，但远不及民间传唱的小曲感人，"……冬季里来雪花飞，孟姜女千里送寒衣。前面乌鸦来领路，走到长城冷凄凄……"考证孟姜女的故事，多是后人铺衍而成。把他们夫妻的生离死别，归罪于秦始皇修万里长城，则更是天大的冤枉。但它颂赞了中华民族夫妻恩爱、比翼连理的传统伦理观念，所以才能传之后世。

几次造访山海关，每次都有不同的见闻，不同的感怀，我自认为我读懂了山海关。倘若有人问我，山海关何以遽称"雄关第一"？它的险，它的美到底在哪儿？我会说，在于它独特的自然地理风貌，在于关与山、海和谐的统一。山青，水绿，城雄，沙净，这恐怕是其他关隘难以追及的。闲暇之余，或登关远眺，追思怀古；或独步青山，听松涛林吼；或徜徉海边，见波翻浪涌。犹见昔日金戈铁马，犹闻将士呐喊厮杀，这才是山海关的灵魂与魅力的真谛。

原载于《中国文物报》2005 年 11 月 4 日

壮哉！嘉峪关

　　嘉峪关素以雄浑壮美闻名，古往今来，文人墨客记载颇多，传播媒体也屡见报道。我早就想一睹这座大漠雄关的形胜风姿，可直到前些年的 7 月，才有机会了却这个夙愿。

　　我们是从酒泉出发去嘉峪关的。一路上，我强捺住砰砰跳动的心。到嘉峪关已是下午时分。远远望去，城墙楼檐尽在骄阳的曝晒之下，泛起一片金色。关城之上，热浪腾空，宛若征云，嘉峪关更显得若虚若幻，飘渺迷离。我想，或许这正是西域雄关的壮美所在吧。

　　七月是流火的季节，大漠戈壁更是如此。一下汽车，汗水便从脸上、身上，从每一个汗毛孔中滚流出来。待登上城头，早已是汗流浃背了。可是随着阵阵袭来的仙风，不一会儿暑气全消，连汗湿的 T 恤衫也干了。抬头仰望城楼，只见戗脊飞檐直插蓝天，大有鹰击长空之势。当你静下心来，俯身下视，关城的一屋一宇、一砖一石又尽收眼底，令你百看不够。极目南望，皑皑白雪的祁连山似浮在云端之上；向北远眺，龙首山、马鬃山横亘天际，构成了嘉峪关的北部屏障。

　　此情此景，让人平添了几分豪气，不禁发出了"一片孤城万仞山"的慨叹！思绪也飞扬了起来。首先是感怀祖先才智的聪睿和大自然的神奇，二者相结合，共同创造了嘉峪关的形胜。其二，是钦佩在这里选址筑关的明代征虏大将军冯胜，具有敏锐的战略眼光和卓越的军事才干。三是感谢政府和人民，斥巨资修复了嘉峪关的城垣、城墙和两侧的长城，我们今天才有机会饱

嘉峪关西门

览关城胜状，凭吊古人。

　　若论嘉峪关的形胜，我说它更像一只祁连山麓的雄鹰，头西尾东，大有振翅欲飞之势。嵌有乾隆御题"嘉峪关"门额的罗城城门、城楼是雄鹰的头颅，平面略呈梯形的内城是雄鹰的躯干，城内的将军衙署是它的心脏，嘉峪山的九眼清泉是它的血脉，东西瓮城是它的利爪，与南城墙相接，伸向讨赖河边的南长城，以及与关城北墙相接，一直延伸至黑山顶的北长城是它的两翼，而内城东墙外的关帝庙、文昌阁则是它的尾羽，前面的千里戈壁是它捕食的猎场，后面的河西走廊是它的依凭。

　　为了进一步了解嘉峪关，我又饶有兴致地出了嘉峪关西城门，顺着戈壁滩向西走了好远。回过头来，再看这座关城，虽然规模没有山海关大，但其气势丝毫不输于山海关。远远望去，罗城和西城柔远门、东城光华门的三座三层单檐歇山顶城楼连成一线，拔地凌空，像三位大将军列队镇守着西域要道。近看，好大一片戈壁滩，在骄阳下静寂的出奇。遍地沙砾，少见草木。据说这里是古战场。我边走边低头寻觅，想找到一支箭镞，或一块甲片、一颗铁蒺藜，藉以开启千百年岁月的封缄，走近昔日的金戈铁马。陡然间，一股旋风卷着沙土从不远处刮过。虽不很大，但笔直笔直的，挂天挂地，伴随

俯瞰嘉峪关

着一阵沙沙声，我心里一震，这不会是沙场烈士的忠魂吧！想到这里，不禁萌生了几许惆怅，几分敬意。

我也试图寻找汉唐时期闻名世界的丝绸之路的痕迹，但四顾茫然，这条昔日商贾络绎不断，驼铃不绝于耳的古道早已埋藏在砂砾之下了。但我们怎能忘记，汉代张骞出使西域走过它，唐代玄奘去天竺取经走过它，清代禁烟英雄林则徐被贬新疆，也曾走过它。这条千百年来见证历史、见证中西方友好往来的古驿道具体在哪里？恐怕只能等待以后的考古调查发掘了。

在关城西门外不到半里处，一座碑亭矗立在与城门对直的稍偏南侧。我信步走去，只见亭内有石碑一通，高丈许，正面镌刻"天下雄关"四个行楷朱字。字大如斗，为清嘉庆十四年（1809 年）甘肃镇总兵李廷臣手书。虽说不上有大书法家风范，但雄浑苍劲，力度卓然，为嘉峪关增色三分。我更钦佩这位李总兵的文采，一个"雄"字概括了嘉峪关的形势。

嘉峪关的美在于壮，在于盛。其壮盛又在于形胜，在于独特的地理位置与关城和谐的统一。

壮哉！嘉峪关！

（原载于《中国文物报》2001 年 9 月 2 日）

易州紫荆关

紫荆关，一个充满大自然情趣和诗意的名字，它总让我想起霜天晓月，城楼翘角飞檐。想起夏雨初收，紫荆花气弥散，香满山冈。要问紫荆关在哪儿？它在河北易州西北境。

说起紫荆关，我可是心仪已久。一来因为它是明代修筑的，拱卫京师的内三关的第二座关隘。二来是它独特的建筑风格。我们起了个大早，草草地吃了早点，就从易县县城出发了。据说，紫荆关在易县县西北约五十里。车过了西陵，继续向西北行驶。渐渐地扑进了太行山的怀抱。近处是谷地，块

块梯田高低错落，种植着玉米，高粱，红薯。虽然大小不一，但没有一处不是绿油油的。隔不多远，或在拐弯处，陡然出现一个小村落，或从绿树抢映中透出几间农舍。一条小溪顺着盘曲的川谷流淌，时而细流涓涓，时而汇成不大的水潭。虽然是在上午，还是有几个姑娘、媳妇在溪边洗衣服。那种浓浓的，远离都市喧嚣的乡野情韵，让久居城里的人着实羡慕。

顺着崎岖的山间公路，车爬上了十八盘，吼叫着，盘旋着上到了山顶。又开始向山下驶去。满眼的青翠，呼啸的山风伴随着我们。不远处，一道宽宽的河谷出现在面前，我兴奋得喊了起来"这是拒马河，紫荆关到了！"

紫荆关坐落在公路的旁边。一座水泥大桥从关城的东侧跨河北去。我站在桥上，紫荆关的面貌一览无余。

关城建在紫荆岭山口之间，靠山临水，拒马河成了一道天然的屏障。关城的东西两侧与长城连成一线。城墙沿着山岭逶迤而去，虽已残颓破败，但气势不减当年。

为了更亲近紫荆关，我顺着大桥的梯磴到了拒马河边，虽然已是多雨的夏季，河水仍然很浅，与宽阔的河床极不相称。但它不屈不挠，自西向东顽

紫荆关东北瓮城门

修缮紫荆关的石匠

强的流淌着。平缓处积成了一个个小水湾，群群鸭鹅在水中觅食，几个孩童在水边嬉戏。从河床上仰望关城，顿时显示出了不同凡响的气势，极像一只下乡饮水的猛虎，雄伟傲然。

紫荆关坐南向北，北城墙为关城的正面。关城临河而筑。迎面没有开城门，而把城门开在了瓮城的东侧。拱券顶，上面嵌砌两块大理石门额，上面一块楷书"河山带砺"，字径约 50 厘米，下面一块刻"紫荆关"，字体、大小与上面的相似。旁边有小落款，可惜匾额太高，看不清楚。后来查阅史志，为"万历丁亥聊城傅光宅书"。关城的城墙墙体用条石包砌，显得非常坚固。瓮城关门之外有古道东去。

说来不巧，但也凑巧，这次来访紫荆关正赶上关城维修。瓮城门外的空地上，十来个工匠在凿石，叮当之声不绝于耳，山谷传音，打破了小山村的宁静。他们一锤一锤地凿着，凿好的石条有的已砌在了城墙上，有的还码放在空场上。我走过去搭讪，他们告诉我，是曲阳人。我顿时萌生了几分崇敬，曲阳历代出石匠，曲阳的石雕古来有名。

顺着城门墙走进关城，绿树掩映之下，农舍三五簇聚，鸡鸣犬吠声声入耳。想不到宽厚的城墙之内竟是如此宁谧的世界。昔日的雄关要塞，重兵围集的痕迹何在？我攀着颓地的城墙登上城头。城头上的工匠们正在炎炎的烈日下忙着施工，和泥、裁砖、垒砌城堞，顾不上和我说话，我也不想打扰他们。一个人漫步在城头，倒也闲散。极目西望，长城登山过岭，敌楼、烽火台渐渐地隐没在了群山之中，隔河北望，有一个绿树簇拥的小村庄。文献中记载，那里有一座小城，是紫荆关的前哨，隔河与紫荆关有铁索桥连通。我望穿双眼，想寻找些许蛛丝马迹，但一切都湮没在烽烟岁月之中了，我不禁有些遗憾。仔细想想也不尽然，岁月就是无以伦比的雕塑大师。河东能变成河西，沧海能变桑田，这就是历史。

我又想到了拒马河名字的由来。几百年前，它一定是一条汹涌澎湃的河流，在宋与辽金的争战中，阻挡过南下侵略的草原铁骑，所以才会有拒马之名。而今呢！连个孩童都可以涉水而过。想到这里，又产生了几分伤感。

老乡告诉我，南面还有紫荆关的南门，保存得也不错。我急忙叫上同行的崔兄、廖兄，兴冲冲地穿过公路，顺着弯弯曲曲的小径向南走去。

一路上满眼所见是高低错落的农舍和农家院落。地里的玉米、红薯，绿油油的长势喜人。一路南行，不到三四百米，小径两侧，一道南北走向条石垒砌的城墙骤然出现在眼前。城墙上高大的拱形门洞东西向敞开。门洞内两个十来岁的小姑娘正在玩耍。古关、少女，斑驳古城墙，天真稚嫩的笑靥，强烈的反差产生了无以伦比的美。我端起相机，刚想拍下这难得的画面，她们却跑开了，留下了银铃般的笑声。我不无惋惜的摇了摇头，往西走进关门，门内堆满了柴草。两边的砖墙上保留着当年插置门闩的石窝。过了关门就进入西城了。抬头仰望，拱形门洞顶上嵌砌的石匾额尚在，楷书"紫塞金城"四个描红大字。并有上下落款，关门北侧，是一处农家院落，小院不大，一溜五间砖砌的北房。房前两三株枣树，院内种满了蔬菜，充满了农家的温馨与怡静。这时那两个小姑娘又回来了，说这里是她爷爷的家。我很想和主人聊聊天，小姑娘告诉我，她爷爷不在家。我只好作罢。

据志书记载，为了拱卫京师，紫荆关修筑得异常坚固，东、西二城和拒马河北面的小城构成了一套完备的防御体系。东城最小，也建得最早，建于明正统年间。是当时文武衙署得为驻地。后来倚磅东城扩建了西城，为驻兵之所。两城之间仅此一道城墙相隔。东城内有三道城门。南面两道，最外面的一道俗称"南天门"，门顶曾有"畿南第一雄关"匾额。东西门之间有城门一道。依此分析，我们刚才南行走过的应是东城城内。穿门洞西去，则进入了西城。我边走边思索，好像在解读历史，又像在猜谜语，实在太有意思了。

说起来，无论构筑规模，还是防御体系，紫荆关是我踏勘过的古代关隘中极有特色的一座关隘。可惜时间太短，没有来得及仔细考察。我多么盼望以后再能故地重游，那时经过修缮的紫荆关又是个什么样子呢？

（原载于《中国文物报》2005 年 10 月 21 日）

细雨娘子关

　　游娘子关是个偶然，游娘子关遇上落雨，更是偶然中的偶然。偶然出新奇，细雨中，娘子关的雄浑与秀美，让我深深的陶醉。

　　那是一个夏末秋初的日子，我们驱车去延安，早晨从北京出发时，天就下着小雨。到了晋、冀交界处的井陉，路旁闪出了娘子关的路牌。我的心陡然一动，萌生了一个念头，如果能去娘子关观瞻，那也将会是一桩胜事！我把想法和大家说了，同行者也欣然。车下了高速路，向娘子关开去。

娘子关南门关

　　这一带属于太行山的支脉，虽然山不太高，但一座连着一座，绵绵不绝。由于近年封山造林，从山脚而上，草木繁茂，满眼都是绿色。绿得浓烈，绿得可人。不少沟渠中淌着水。对于一个城里人来说，仅此就是莫大的享受。

　　公路从娘子关的旁侧穿过，公路之下是奔腾不息的桃河水。关城建在半山之上，

娘子关与关下的桃河

临崖筑城，仰倚绵山，俯控桃河。站在山脚下，远望娘子关，如悬在头顶之上时。时有团团薄雾飘绕，若幻若真，宛如仙境。

我们冒着菲菲细雨，顺着山脚下的古道攀爬登关。古道由大大小小，形状各异的石块铺砌而成。但不管是什么形状，什么石质，都被磨得光溜溜的。被雨水浇洗后，高低不平，凸凹毕现。想来不知经多少人踩踏过，是官宦？是将士？还是农夫、商旅？走在古道上，就好像走在一部史书之上。走近了，关城显得更加雄险。城墙高大而宽厚，以条石为基，用青砖堆砌。中间辟拱形券门。门顶之上嵌砌石匾额，从右至左镌刻"京畿藩屏"四字，字大如斗。城台之上建关楼三楹，九脊歇山灰瓦顶。二层檐下悬"天下第九关"牌匾。关城的一侧，城墙堞垛攀着恐怕有70°坡度的陡峭山崖，一直爬到了山顶，真不知古人是采用什么高超的技术修筑上去的。

古道带着我们穿过关门，进入关城，沿磴道登上城头。城楼内塑平阳公主和两侍女像，皆戎装。平阳公主披甲按剑，不怒自威。这三尊塑像虽是近现代塑造的，算不上艺术珍品，但还是让人肃然起敬。因为平阳公主太响亮了，她与娘子关名字的由来密切相关。

娘子关本名苇泽关，大概是因为关近水泽，芦苇繁生而得名。到了隋末唐初，平阳公主在此驻兵，后人遂改名为娘子关。平阳公主乃唐高祖李渊的女儿，李世民的姊妹。她不但武艺超群，而且以远见真知，智谋过人让后人景仰。步出关楼，花岗岩楹柱上书楹联二幅："楼头古戍楼边树，城外青山城下河"；"雄关百二谁为最，要路三千此并名"。一幅描述娘子关的地理形胜，一幅抒写游览雄关的感悟哲理。我站在关楼的堞垛前，透过濛濛的雨丝，遥望滚滚的桃河，品味着楹联，陷入了沉思，想起了平阳公主以智谋熬黄米汤吓退敌人十万大军的故事；想起了八路军在百团大战中，攻占娘子关，痛歼日寇的悲壮……

关楼附近有戏楼，关帝庙等附属建筑，特别是关帝庙西院墙上嵌砌的一方崇祯年间的石碑上，记载了当年修缮此关的情况及参加修缮的军官将佐、千总和工匠头领的姓名，是研究娘子关的重要资料。

古道穿关城而过，两旁青砖灰瓦，屋宇俨然。临街的廊檐下，几位大妈大嫂坐在小板凳上，一边搓麻绳，纳鞋底，一边闲谈，远远地就听到了她们的说笑声。也有几个孩童在细雨中嘻笑打闹。浓浓的乡土气息，恬淡、祥和、

娘子关关内街道道

安谧，与这凝聚着浓烈战火销烟的古代雄关交融在一起，演奏着和谐的乐章。关城的东部也有一座拱形关门，门洞上方的门额上，镌刻"直隶娘子关"。可惜关楼早年毁圮，城墙只留了光秃秃的一座平台。

由于要继续赶路，同伴一再催促。我只好告别了心仪已久的古关，急匆匆地往回赶，一路小跑下了山。

到了桃河岸边的公路上，我忍不住又停了下来，把眼光投向了滚滚奔流的河水，水流很急，打着漩儿，吐着浪花。绿树掩映中，几间茅舍跨河而

建。茅舍下的木轮被湍急的河水冲得不停地旋转。浓烈的田园气息把我的思绪带到了古时。据说这就是只有在娘子关附近才能见到的景观——水磨人家。

娘子关一带多是奥陶纪的石灰岩山地，不但山美，而且到处可见汩汩的清泉。泉水汇聚，形成了道道溪流。有了溪流，也就有了斫木为轮，利用水力碾米磨面的水磨人家。有书记载，在这些水磨人家中，人在水上住，水在屋下流，激流转木轮，木轮推水磨。那种出尘脱俗的悠然之美，让人仿佛进了桃花源，分不清是真是幻，是古是今。夏秋之交，山崖上扯起了条条飞湍悬瀑，山谷间蒸腾着流云水雾。还有那一种处处与平阳公主相关的古迹——"点将台""洗马池"……特别有意思的是，在一大青石上有一小石罅，深可盈尺。罅中有泉，不溢不涸，传说中是平阳公主的"洗脸盆"。可惜时间仓促，不能一一去探访了。

我们驱车离开了娘子关，匆匆而来，又匆匆地离去，是那么突然，我的心中萌生了些许惆怅。透过车窗，看着淅淅沥沥的雨丝，我蓦然想起了宋代诗人陆游"细雨骑驴入剑门"的情景来。一人，一驴，一篷斗笠，一袭蓑衣。悠悠铜铃，缕缕酒香……　那是何等的悠闲，何等的洒脱。他那时一定比我们从容了许多，心绪当然也会平和许多，所以才会吟咏出那么悠然的诗篇来。

（原载于《中国文物报》2005 年 7 月 29 日）

吊潼关

潼关是历史上赫赫有名的关隘，唐代诗圣杜甫在《潼关吏》诗中，曾用"连云列战格，飞鸟不能越"来形容它的险要，用"艰难奋长戟，千古用一夫"形容它金汤永固。而今这座雄关的遗迹已消失殆尽，甚至知道它名字的人也不多了。

为了寻找潼关，我们从临潼驱车出来，顺着公路一路打听，到了潼关县港口镇，按记载潼关就该在附近。问当地老乡，他指着一道公路桥告诉我们，

潼关南水关残址

潼关旧貌

这里就是潼关城的南水关了。抬眼望去，高处一道铁路桥跨河而过，较低处，与铁路桥相距不远，有一条宽约五六米的乡间公路桥。我不敢相信自己的眼睛，也对老乡的话语产生了怀疑。又转到了铁路桥上，从上往下仔细搜寻，这才看清楚。原来公路修在了城墙顶上，用旧城墙做了桥身，真是少见的"古为今用"的实例！矮树灌木掩映着砖砌的城墙，正中有三孔拱券顶的门洞，一道黄而浑浊的水流从中间的券门下流过。

　　我虽然有些失望，但还是不想轻易地放弃这次难得的考察机会，从铁路桥的陡坡上慢慢下去，走到了潼关水关城墙之下。仰望关城，城墙墙面陆离斑驳，多处已经塌毁，夯土暴露在外，任凭风吹雨打。城墙之下，以青条石做基础，券洞内外石砌分水尖。由小见大，见微知著，当年的潼关城何等坚固！一位放羊的老汉见我站在城墙下，有些好奇，走过来和我搭讪，"看看吧！这里是潼关城保存下来最好的城墙了。"他边说边用手点指，"那许多破处，听老辈说，是日本鬼子的炮弹炸的。"我问道："潼关城的其他地方还有旧城墙么？"老汉说："东西两面的城墙还有些残留，不过也只有土墙而无砖了。"我用手细细地抚摸着城墙的砖石，耳边似乎听到了当年隆隆的炮声，听到了潼关人民抗日的怒吼。也默默地凭吊着这座昔日曾经辉煌的雄关。

我知道潼关的名字，是幼年读《三国演义》时。西凉马超在潼关之前与曹兵鏖战，追得曹操割须弃袍，曹操的虎将许褚裸衣与马超拼斗厮杀。后来读史，才知道东汉末年，马超据守潼关是潼关有名之始。到了唐代武则天天授年间，潼关北移到了渭河与黄河交界处。以后遂有了汉、唐两个潼关城。后代又把汉潼关习称老潼关。唐代所建的潼关更为雄险，关城筑于半山腰间，渭河、洛河夹关而流，汇入黄河。西以华山为屏，东南群山环列，仅有一条可供单车驱驰的古道。其南又有禁沟之险，禁沟中建有十余处防御堡垒，俗称"十二连城"。明代，在唐潼关基础之上扩建关城，外甃青砖。城周 5 公里，建城门 6 处，置南北水关。史志记载，清嘉庆年间再次修葺南北水关。南北水关三层，上面建有闸楼和天桥。

潼关是关中巨防，也是兵家必争之地。历史上经历大小争战数十次。唐朝筑潼关后仅五十余年，就爆发了安史之乱，叛军从范阳（今北京城西南）起兵，一路杀掠，攻到了潼关城下。唐朝派遣名将哥舒翰守护潼关。可惜由于唐玄宗李隆基的一纸诏书，强令出兵。结果遭到伏击而大败，潼关失守，哥舒翰做了俘虏；明朝末年，李自成曾率起义军与明将孙传庭大战于潼关，日夜兼行四百里，破潼关，取长安；抗日战争时期，潼关百姓曾利用潼关周围的有利地形，抗击过日寇。而今天，它却变得如此破败，以至踪迹难寻。

历史上，潼关屡修屡废，屡废屡修，直到 20 世纪 50 年代，仍雄踞于黄渭河岸。城池高峻，城楼巍峨。最后也是最彻底的毁圮是在 1959 年。因为修建三门峡水库，潼关县城搬迁新址。当时砖石木料缺乏，遂把潼关旧城拆险殆尽。最后的关楼子遗也在文化大革命中被毁掉了。老乡回忆说，当年某木器加工厂用拖拉机拉倒了关楼木柱，去做棺木的板材。古老而雄壮的潼关就这样消失了，它虽然经受住了日寇猛烈的炮火，却没能顶住大跃进群众运动的热潮。我为潼关叹息，为当年人们的愚昧和盲动叹息！

"残云归太华，疏雨过中条""峰峦如聚，波涛如怒，山河表里潼关路"……种种胜景只能在唐人诗人许浑和元代诗人张养浩的诗词中见到了。"望西都，意踟蹰，宫阙万里都做了土。"而今不但汉唐长安城变成了废墟，或被现代的城市所湮没，就连屏护它的潼关也踪迹难寻了。福兮，祸兮！

　　我顺着公路，走在潼关南水关的城墙顶上，慢慢抬脚，轻轻落步，生怕触动了潼关的伤痛。对面有一处碾坊，几个老乡在碾米磨面。从他们脸上的笑容上，可以知道生活一定祥和幸福。环看四周，虽然铁路桥就在附近，公路桥建在潼关城墙上，但两旁的山势依旧，山上城墙的遗址犹存。仔细观察，几家农舍是用城砖盖的，院墙、猪圈是用城砖砌的。还有尚未使用的旧城砖堆放在一起，一垛，两垛……我不想再看了，还是让许浑沽酒的长亭，崔灏歇马的津楼，以及西关的夕阳残照留在我的印记中罢！

　　做为古代关隘的探访者，我不禁为潼关的消亡感到惋惜，同时也为当今百姓的安居乐业而欣慰。但有一个念头在我的头脑中萦绕不去，是否能找到一个既能让百姓过上幸福生活，又能妥善保存古代遗迹的好办法呢？

　　　　　　　　　　　（原载于《中国文物报》2005 年 8 月 19 日）

何处寻虎牢

从洛阳驱车回京，路过荥阳，我突然萌生了寻访虎牢关的念头。我曾经仔细查阅过，关址在荥阳市西汜水乡虎牢关村。车下了高速公路，拐上了县乡公路，路很窄，路况又差。一路走，一路颠簸，一路打听，过了汜水河，虎牢关村就在眼前。

到了虎牢关村，我们怎么也找不到虎牢关的踪迹。只有一个住户不多的小村落，几家小摊贩在路边摆摊叫卖，平静祥和甚至有几分荒僻，一切太平常不过了。我问老乡，虎牢关在哪里？他们操着浓重的河南口音说，这里就是了。我不敢相信自己的眼睛，顺着他手指的方向看去，只见一个六根水泥柱子围成的露天亭阁，亭内树立着一通高约两米的石碑。我们拨开荒草，慢慢地走过去。只见石碑呈抹角长方形；青石质，方形碑座。上面水渍斑驳，应是故物。正面阴刻"虎牢关"

虎牢关碑

三义庙

三个楷书大字，款署"大清雍正九年辛亥二月　吉日"。雍正九年为公元
1731 年。

　　从石碑往后看，透过树丛杂草和几堵断壁残垣，看到一座刚建成不久的
仿古建筑。坐北向南，面阔三楹，红墙黄琉璃瓦歇山顶。我们绕道走过去，
只见正殿的门锁着。扒着门缝往里面张望，正中是新塑的关帝像。身材比例
失当，面相粗陋，显然是当地"农民艺术家"的作品。我有些失望，但同行
的崔先生却非常兴奋。他是研究关公文化的，说："在这里能看到关老爷的塑
像也是不易。"我打趣地说："关老爷他们弟兄三个打人家吕布一个，算不上
真英雄。"他用白眼翻了我一下，气哼哼地说："人家关公那是个'义'。"

　　正殿旁边有两厢房三间，靠北的一间塑刘、关、张三兄弟像，南边两间
内，几个当地老汉正围坐在一起打麻将。我过去问话，他们眼睛盯着牌桌，
顾不上答理我们，好生没趣，但见门前廊下，丢弃有几块砖雕牌位，其中一
块上面刻有康熙年间字样，当是翻修庙宇时拆下来的旧物。真是可惜，这些
人竟如此喜新厌旧，崇拜新的塑像而丢弃了真正的古代文物！后来我们又看
到了几块石刻，上面刻有"三义庙"三字。真让崔先生言中了，这才是此庙
原来的名字，也只有这个名字才与这里的地名地望相符。

　　记得幼年读《三国演义》时，虎牢关就深深地刻在了我的记忆中，曾经产生过多少幻想。吕布一柄画杆方天戟，一匹赤兔胭脂马，何等神勇！刘、关、张三兄弟合力斗吕布，虎牢关前，四般兵器，八条臂膀，十六只马腿战在一处，又是何等壮观！但以三敌一，虽然赢了，毕竟胜之不武。

　　这些都是罗贯中的描写，小说家言，不见于正史。倒是在此约四百年前，楚汉相争时，刘邦和项羽曾在这一带对垒更真实，附近尚有汉王城，霸王城址留存。推敲虎牢关之名的由来，据说西周时期，有人捉到了一只猛虎献给穆王，穆王就把它关在了这里，所以就有了虎牢这个名字。虎牢关置关在春秋时期，为晋国所置。因为西濒黄河，又是洛阳的东部门户，二千年来都是兵家必争之地，最激烈的争战当数唐朝初年李世民擒杀窦建德之战了。李世民以超人的胆识，先据虎牢关，以逸待劳。又以数千骑兵突袭敌后，破击窦建德十万大军，创造了历史著名的，以少胜多的战例。

　　从三义庙出来，我想再寻找一些关隘的遗址。据记载，附近还残存着长约1公里的东汉时期虎牢关的土城墙，还有一座面积约800平方米，叫做"点将台"的夯土台基。我沿着田间小道仔细搜寻踏勘，但因时值夏末秋初，植被茂盛，一切遗迹都被覆盖了。一马平川的玉米已经抽穗，绿油油，齐刷刷的，看来已丰收在望。汜水河从不远处流过，弯弯曲曲。由于连日阴雨，水流浑浑的。只有围绕虎牢关的高耸的黄土断崖，仍昭示此地昔日的雄险。……老乡好心地告诉我，附近还有"张飞寨""吕布城"等遗迹，可以带我们去看看。我却不想去了，因为连"三英战吕布"都属后人杜撰，那所谓的"城址"更是假的了，更是后来好事者附近会之作。

　　告别了虎牢关，我的思绪有些混乱，历史和现实竟离得那么遥远。这宁静的小村落就是当年周穆王关过猛虎的地方？这就是历史上发生过无数次惊心动魄激战的战场？印象中，我多么想捕捉几个荡气回肠的画面，或李世民唐军铁骑奔驰突袭的雄姿，或是岳飞与金兵厮杀的身影，哪怕是子虚乌有的"三英战吕布"的征尘也好。可它们却奇幻般的溜走了，消失得一干二净，留下的仍是习习的轻风，一望无际的青纱帐，还有那宁静的田野，祥和的乡间村落。

（原载于《中国文物报》2005 年 9 月 9 日）

再祭昆仑关

昆仑关，在广西邕宁与宾阳交界处，曾因抗击日寇而闻名。一年多以前我曾专程踏勘，前不久有幸再次拜访，当是缘分使然。这次是从邕宁县城去的。从邕宁去昆仑关，反而不如南宁方便，车首先要到南宁，再转入 324 国道东北行，过了三塘、五塘、又过了八塘，横在眼前的是连绵起伏的峰峦，我知道昆仑关就要到了。

车拐上了旧公路，朝山上开去，转了几个弯，到了一个两山垭口处。这里就是前年 8 月份，我到过的老地方——昆仑古道口。公路两旁的几所红砖砌就的农家院落尚在，"昆仑古道"石碑依然。下了车，我手抚石碑，心绪万千，没想到时间刚刚过了一年，我又来造访昆仑关了！石碑旁边依稀一条卵石铺就的古道。同行的邕宁县文物管理所的雷所长告诉我，沿古道西南行，不远就可以到昆仑关了。我心里说，早知如此，前次就不至于跑那么多冤枉路了。记得当时为了寻找昆仑关，我顶着火球一般的骄阳，山下山上跑了数次，虽说"没有踏破铁鞋"，但通身的汗水湿透了衣裤。

我们沿着"昆仑古道"石碑右侧的小路上山，先去拜访昆仑关抗日日寇纪念地。小路斗折蛇行，几乎被灌木杂草遮住。过了北口牌坊，登临山顶的昆仑关战役纪念亭。纪念亭为花岗岩砌筑，六柱六角攒尖顶。亭内树立一通花岗岩石碑。碑上刻有昆仑关战役总指挥白崇禧撰写，叙述昆仑关战役始末和怀念阵亡将士的碑文。从纪念亭远眺，座座峰岭迤逦远去，在西南面一座更高的山顶上，耸立着昆仑关战役纪念塔。

翻过山坳，来到纪念塔下，这里的山顶更大些，也较平缓，纪念塔居前，为上锐下丰的六角攒尖顶，方形基座。体高二十多米，拔地通天。正面刻"陆军第五军昆仑关战役阵亡将士纪念塔"，为杜聿明题写。基座上书"碧血千秋"，为蒋介石手书。整座纪念塔全为花岗石砌筑，在四周青松翠柏的映衬下，显然庄严而肃穆。纪念塔的后面是烈士陵园，园内立有三块阵亡将士纪念碑，上刻阵亡的姓名、番属。

仰望纪念塔，凭吊烈士忠魂。遥想当年，日寇猖獗，壮士浴血，何等悲壮！忽然团团乌云汹涌而至，山风骤起，而纪念塔则像一柄出鞘的利剑，直指苍穹，大有穿透乌云之势，这不正是民族气节、爱国热血的凝结吗？发生在 1939 年的昆仑关战役，国民党陆军第五军与日寇争夺昆仑关，苦战十余天，歼灭日寇自旅团长中村正雄以下五千余人，己方亦阵亡将士近万人。白崇禧撰写的碑文记载了当时战争的惨烈，"无日不战，无战不烈""万众一心，前仆后继""炮火交织于山谷，血肉横飞于林麓""攻战之苦，牺牲之烈，自

昆仑关战役纪念塔

兴军以来所罕有；攻坚克险，实开抗战之先河"。昆仑关大捷挫败了日本侵略者的嚣张气焰，在八年抗战史上，可与平型关、台儿庄战役并称，在纪念碑前，我默默的鞠了一躬，向英灵献上心香一瓣。

未修前的昆仑关

从纪念塔往回返，在纪念塔与纪念亭两山的垭口间，有一条新开辟的小路，沿小路走不上三四百米，就到了昆仑关关隘的内侧。昆仑关建在两山垭口之间，是守卫南宁的门户。关门东北开，出关为宾阳，入关为邕宁。现在的关城是清道光年间的规制，但已非故物了。旧关城毁于20世纪70年代，80年代初邕宁县人民政府又在原址复建了关城。

昆仑关匾额（旧）

新建成的昆仑关

再访昆仑关，少了几分激动，而多了几分审慎。我前后仔细勘察，现在的关城由花岗岩垒砌，水泥沟缝，全长百余米。关门砌作拱券形，高、宽均不过3米。门洞内靠北悬一石额，使门洞更加低矮。关门外侧，门顶上方嵌砌一块青石匾额，阴刻"昆仑关"三个大字，旁边有小字款署，可惜因为太高，看不清楚。后来查阅资料，得知为南明永历二年（1648 年）题刻。关楼已失，顺着关内的石砌磴道登上城台，城台上有人用红砖搭建了一间极简陋的小屋，里面放置了一尊雕塑拙劣的关帝像。看后让人哭笑不得。门洞内几件石刻是原来的旧物，一是嵌砌在左壁的光绪年间左江道总兵孙楫的题诗，一是置于门洞内的一块残石，上面刻有一个个方形槽孔，可插木栅，应是当年关门的一部分。

从昆仑关内侧沿古道山下行，走不多远便见一道石墙，相隔二三十米又是一道。两道石墙均按照山势走向，用巨石砌筑，苍苔斑驳。古道由昆仑关门洞而来，穿石墙而过。走到下面回望石墙，石墙如门，控扼古道。树木的枝叶，繁茂的藤蔓在石墙上搭起凉棚，俨然两道雄关。文献记载，唐代时裴行简曾在这一带垒石为关，两者之间不知有无关联？宋皇佑年间，狄青破侬志高，"上元夜三鼓夺昆仑"，不知是否由此经过？

拜访了昆仑关，下到了公路旁，又见到了那所低矮而简陋的小屋，又见到了那位看守昆仑关的老人。老人清瘦，头发花白，脸上布满了道道皱纹，但精神旺健，他一人兼管卖门票、讲解、修车等几项工作。见了我们，老远就热情地打招呼。雷所长告诉我们，老人姓欧，原是昆仑关村的党支部书记，祖上几代都是昆仑关的守护人，他本人现在被聘为昆仑关的管理人员。我听了，顿时增添了几分崇敬。老人不善言辞，但听说我是从北京来的，很是兴奋。要我代为呼吁，保护好昆仑关，保护好昆仑关战役抗日战争纪念地，保护好老祖宗给我们的念想。我自知没有那么大的能力，在老人的热情鼓舞下，只好频频点头。

（原载于《中国文物报》2005 年 9 月 16 日）

从灵渠到严关

在广西桂林，灵渠是一处写入中学历史教科书中的历史遗迹，它的自然风光可与漓江相媲美，又具有独特的人文景观。灵渠附近的严关，雄镇岭南，界分楚粤，也是极好的旅游佳境。前些年，我自漓江至灵渠，再访严关，留下了终生难忘的记忆。

那是个深秋初冬的季节，北方已是寒风砭骨，万木凋零。岭南却仍是青

灵渠风光

山如画，绿水拖蓝。早晨起来就是个好天气，南国的空气润润的，让人心清气爽，驱车出桂林东北行，过灵川，走兴安的榕江镇、莲塘，就见到灵渠了。

我们先瞻仰了灵渠上游的分水工程，它全部由长方形巨石垒砌而成，前尖后钝，犹如一只巨大的犁铧，铧嘴朝上卧在海阳江之上。铧嘴之后接砌作人字形的分水坝。把滚滚的江流一分为二，据书中记载，分水坝基宽 25 米，顶宽 7 米。靠北的一撇称大天平，长 344 米，朝南的一捺称小天平，长 133 米。江水顺着分水坝。七分经北渠流入湘江，三分经南渠入漓江。

我站在江边的大熔树下，远望着分作两股，翻着波浪的江水，不敢想象这浩繁的水利工程竟是两千多年前秦始皇的杰作。史书记载，秦始皇统一后，发兵征岭南，因路途遥远，军需粮饷运输艰难，遂在二十八（前 219 年），命史禄开灵渠，通漕运。次年修成。但没过多久，秦朝就灭亡了。灵渠也失去了它的军事作用，但两千多年来，却成了岭南水路运输和灌溉的水利工程，至今还在为黎民百姓造福。

看着碧绿澄澈的江水，产生了强烈要亲近它的欲望。我脱去了鞋袜，趟着水走在大天平的坝顶上。水深处没过小腿，浅处仅没脚面。虽然岭南气候温和，但 11 月底，水温也很低了，凉的有些刺骨。但我还是兴趣勃勃地走着。到了浅处，蹲下身来仔细观察，看到坝顶中间略高，像鱼的脊背，而且石块都是一块接一块立砌的，又像片片鱼鳞，同行的好友，广西博物馆的蓝兄告诉我，这样的砌法，可以把水中的泥沙留住，填入石缝，坝体就越来越坚固。我不禁由衷地赞叹，如果说秦始皇修灵渠的创举让后人景仰的话，修筑大坝的匠师的智慧则更让人敬佩。清代张详曾作诗云："大天平接小天平，铁嘴分舟骑石行。极望陡门三十六，海洋引山一源清。"

说到陡门，是建在灵渠之上，为了方便船只逆行而建的工程。始建于唐代。我们漫步在灵渠畔，看着一渠清水流淌，渠中的水草摇曳着婀娜的身姿，让人陶醉。渠堤的两侧，每隔一段，便有一对用巨石垒砌的半圆形石槽。据说这就是陡门。陡门宽五米左右，仅容一船。船入陡门，在两边石槽内下闸挡住渠水，水位增高，牵船上行，进入上一陡。一级接一级，逐级提升。书中记载，唐代始建时有陡门十二，宋代有陡门三十六，清代有陡门三十二。它们好似一串珍珠嵌在灵渠之上。看着这一级级的陡门，蓦然让我想起了今天长江葛洲坝上的船闸，想到巴拿马梯形运河。我随口说道："我们的祖先早

严关关门

在一千多年前就有了如此精巧的设计，这难道不是中国乃至世界上的奇迹吗？"

蓝兄见我兴致颇高，遂说："广西境的著名关隘严关，离这儿不远，有兴趣吗？想不想看看？"他知道我对古代关隘情有独钟，故意说此话吊我的胃口。我急急地说："有古代关隘，当然不能失之交臂。"我们由灵渠北行，穿过湘桂公路，向北顺着乡间土石路一路上坡，走不到几百米便到了关门之下。

说心里话，严关称不上雄伟，既无关城又无关楼，只有一道斑驳的古城墙兀立在面前，城墙全由条石垒砌。目测长约45米，高5米余。正中辟拱形关门，高约4米，宽3米左右。坐北朝南，我用罗盘测量了一下，方向略偏西南。关门顶上南北两面都有石匾额，上面镌刻着"古严关"三个楷书大字。关城顶上原来筑有关楼，据说在民国年间，被一场大火吞噬，现在只剩下了光秃秃的城台。我站在城台之上环望四周，城墙的东西两端与高耸的狮子山、凤凰山相接，大大的增强了它的威势。峦峰相连，峭壁如削，如果不是今年湘桂公路开通，关下的古道是通达湘桂的唯一通道。关的南面农舍田畴，绿竹环和，炊烟如织，古道的空场上晾晒着玉米、菽豆。一派田园风光尽在眼底。往北不远的山崖上，隐约有摩崖石刻的痕迹。我匆匆地从台上下来，喊上蓝兄，穿过关门，径直向摩崖走去。

这里的摩崖石刻大约有十余处，最早的为北宋时期的题刻，竖行直书"严关"两个正楷大字，边款已被风雨侵蚀字迹模糊，仔细看来为"万户山翁程邻东归过此书"。"大宋政和乙未孟东"。政和乙未，为北宋徽宗五年（1115 年）。另一处为南宋嘉定九年题刻，也是"严关"二字。两处题刻字径大愈二尺，苍劲古拙，力透石壁。观摹石刻，使我想起了宋范成大的诗来"回首瘴岭已无忧，尚有严关限北州，裹饭长歌关外去，车如飞电马如流"。到此时，我似乎穿过了时空的遂道，才找到了严关的精髓。

严关始置于汉代，一说归义越侯严定越建功，在此筑关，以严为名；一说关扼楚粤险要，让人望而生畏而曰严关；一说关为"南北之限"，气候骤分而称炎（严）关。我们现在所见的关城是明崇祯年间修筑的，到了清咸丰年间，重修关门，勒石门额。由于特殊的地理位置，严关历来是兵家必争之地，出过像文天祥那样的民族英雄。元代至正年间，元兵攻陷临安，旋即挥师南下。南宋左武卫将军马墍率三千峒兵守严关，遭到了元军的前后夹攻。因兵力悬殊而退守静江，苦战三个多月后，城破被俘，至死不降，他的部下也全部战死。马墍的崇高民族气节写在静江城的砖石上，写在了严关周围的群山峻岭中。

不知为什么，对于严关我一直没有感觉到它的雄陷和阳刚，很难把它与惨烈的战争联系起来。头脑中萦绕不去的是满目的青山绿树，碧水轻舟，田园阡陌，农舍炊烟，一种浓浓的岭南的娇美与清秀。只有民族英雄马墍宁死不屈的民族气节，猛烈的撞击着我的心扉。

（原载于《中国文物报》2005 年 9 月 30 日）

坦途鬼门关

在人们的传统观念中，鬼门关是一个让人生畏的名字，传说它界分阴阳，隔断人鬼。现实中是否有鬼门关呢？据我所知，以鬼门关为地名的大概有三处。一处在重庆市丰都县，或与丰都传为鬼城有关；另一处在四川省江油市，两山夹迫，常有暴风从山峡间涌出，其声凄厉，如鬼哭神号，故而得名；第三处在广西北流与玉林交界处，古代确有关隘存在，也有人著文把它列为十大古代名关之一。这里要介绍的就是这座关隘。

鬼门关在《两唐书》地理志中有载，不过《旧唐书》中称其为桂门关。《新唐书》中称"鬼门关"，北流"县南三十里有鬼门关，两石相对，中阔三十步。"可见早在唐代，这里就有鬼门关了。古代鬼门关地踞险要，控扼岭南，是通往钦（今广西钦州）、廉（今广西合浦）、雷（今广东雷州半岛）、交（交趾，今越南北、中部）各州的要道。至于何以称鬼门关，推想起来，大概在唐宋以前，岭南地处荒僻，人烟稀少。加之气候阴湿多雨，林茂草丰，瘴气弥漫。过往行人往往染瘴气而丧命。这里乃生死之门，当时流行"鬼门关，十人去，九不还"的谚语。而且在唐宋时期，罹罪的官吏常常谪贬岭南，过了鬼门关，就进入了蛮荒瘴疫之地，前途渺茫，生死莫测。唐沈诠期《入鬼门关》诗云："昔传瘴江路，今到鬼门关。土地无人老，游移几客还？"杨炎《流崖州至鬼门关作》云："一去一万里，千之千不还。崖州在何处？生度鬼门关。"诗文传留，更增添了人们对鬼门关的恐惧。

出于好奇，出于对古代关隘的渴求，我更想了解鬼门关的现状。前不久去广西南宁，我和同窗好友说，一定要去鬼门关。我们都是多年从事文物考古工作的，特别是我的挚友蓝兄，在广西从事文物考古工作三十年了，但也不知道鬼门关的具体位置。

我们从南宁出发，顺着高速公路车向南而去。本来晴朗少云的天气突然下起了细雨。雨中的南国，青山绿树，烟云缭绕，变化万千，刹是好看。落雨并没有影响我们的车速，却给寻找鬼门关带来了麻烦。过了玉林，到了北流市区，尽管我们瞪大了眼睛，但始终没有见到关隘踪迹。到了市博物馆，馆长告诉我们，你们走过了。在馆长的陪同下，沿原路返回，走了大约七八公里，我们终于找到了这处古代关隘。

说是古代关隘，但一点建筑遗址也找不到了。只见群山簇聚，峰岭逶迤。新开通的高速公路从两山间穿过。馆长说，近年修筑公路，隘口一下子炸开了许多。原来两边山峰挤靠在一起，相对如门，中间夹峙古道，仄径羊肠，崎岖难行。而今关隘的遗迹已消失殆尽了。他指着南边的山崖说，只有那里，还有一处明代的摩崖石刻。这使我本来失望的心又燃起了希望的火焰。

穿过公路，顺着陡峭的山坡往上爬。天刚刚下过雨，坡上满是红胶泥。我们拽着山荆野草，走一步滑半步。雨后骄阳似火，天气热到了极点，汗水顺着脖颈往下淌。快到山顶了，只见一面山崖突现在眼前。馆长说，就在这里了。仰面望去，崖面高可五六米，上面竖行阴刻"天门关"三个大字，虽然算不上铁划银钩，但笔力雄健。我爬上去，用钢卷尺大概测量了一下，三个字总高约 150 厘米，每个字高 44 厘米，宽 33 厘米，为明代所刻。左下方刻小诗一首，字迹已漫漶不清。后来查阅资料，诗为："行行万里度天关，天涯遥看海上山。荆棘摩崖寻旧刻，依然便拟北流还。"诗意出

鬼门关石刻

奇的与我们此行相合。

在崖壁的下方，有一个斜向生成的山洞，出于好奇，我攀着山石，一步步爬了进去。洞不深，也很窄，高大约五六米，深不过二十米。洞内

鬼门关

怪石嶙峋，阴冷潮湿，不时地有水滴从洞顶坠落，打在山石上，又崩溅成细细的飞沫。待我爬上来，馆长笑了笑说："告诉你不要害怕，以前这一带地广人稀，常有茅贼出没，他们拦路抢劫，杀人越货，往往把尸体投入洞内。"

此说使我对鬼门关的理解又加深了一层。唐宋时期这里称鬼门关，是因为地生烟瘴，染之辄死。元代一度改名为魁星关。到了明代，随着人类的繁衍，原始森林减少，瘴气消散，关隘遂改名为天门关、归明关。但仍然是草荒林密，明代诗文中或曰："老树苍藤含雾雨，层峦叠嶂散星辰"，或曰："溪谷少人家，仆夫难息肩"。盗匪横行，行人常常在这里丧命，所以在人们的心目中，这里仍是鬼门关。只有到了新中国，鬼门关才变成了坦途。

顺着斜坡仄径下得山来，在公路南侧的缓坡上，见到一块北流市人民政府树立的石碑，高约2米余。正面阴刻"天门关"三字，背面刻关址保护事项。从这里观察，两边山色尤为壮美。雨后蓝天下，白云萦绕，绿树苍茂，仿佛刚刚洗过碧玉。峰峦相对，昔日的风骨犹存，但再也见不到"对峙如门"的景象了。四周平旷处早已辟为田园。我的心绪宽慰中又有几分痛惜。时代演进到了今天，沧海桑田的变化势在必然。但我还是担心鬼门关的明天，附近几百米外就是一两处水泥厂，长年开山取石使许多山体已开膛破腹，疮痍满目。不知道这一点点仅存的遗迹还能保存多久？我多么想当地政府能制定切实可行的措施好好保护它，让这面珍贵的摩崖石刻和它的名字一起传承给后辈儿孙。

（原载于《中国文物报》2005年9月23日）

后 记

古代关隘是中国古代建筑的一种特殊的形式，或控险阻，或据要津，虽然大小不同，建筑风格各异，但一切以适应攻防战守为目的而构筑，多因地势而变化。敌楼、站台、烽堠、烟墩、库府……与寻常的宫观、殿庑、寺庙相比，另有一种雄奇、苍凉的魅力。

千百年来，围绕这些古代关隘，既发生过无数次惨烈的战争，也曾作为和平的使者，见证了各地各族，乃至周边各国人民的友好往来。更以独特的景观，吸引后世文人墨客赋诗著文，题书作画，承载了丰厚的文化积淀。因而，她既是历史的，也是现时的；既是与自然浑然天成的，又是和人文历史密切相连的。

本书上编选取全国各地，早起春秋战国，晚至明代的近三十座著名关隘，以通俗生动的文字，从旅游者的视角，记述她的形胜、保存状况、建置沿革，围绕关隘的重要争战、历史事件，后世名人的诗文、传说故事，以及周围相关的遗迹、景观。配以图片、古今地图，读者可以全方位、多视角、立体地了解古代关隘的风貌。

本书下编在查阅历史文献的基础上，对坐落在祖国各地，史地书籍所载的关隘，凡载记较明确者，均按关名笔画排序，考其建置、历史沿革，勘查保存现状，选取1500余座（加上同名异关者，近2000座），予以简明介绍，以便让读者较全面地了解我国的古代关隘的全貌，因此将此书取名为《天下雄关》。因为面对大众读者，本书上编在文字描述上，尽可能规避刻板，生涩，尽可能用生动的语言讲述雄关的壮美、历史沿革，乃至人文故事。下编古代关隘条目力求言简意赅，附录的十数篇游记随笔，乃饭后的甜品果蔬，以佐正餐。

　　书稿从搜集资料、查阅史籍、实地踏勘，到撰写文字，请专家审读，其中又几易其稿，前后经过了 20 几个寒暑。至今方成正果，付梓出版，实为不易。在此特别要感谢罗哲文先生，书稿草成后，他极为认真地予以审读，并提出了衷肯的修改意见，让后辈感动。书中我把他的信函做为序言，以志崇敬和谢意，感谢书法家协会主席、文物出版社老社长苏士澍先生为本书题写了书名，还要感谢文物出版社诸位领导、感谢许海意先生，他们是本书得以出版的关键。

　　这是一本写给普通旅游爱好者的书，也是供古代关隘、古代人文历史研究者参考的书。随着我国社会经济的发展脚步，中国人要走向世界，外国人也要走进中国，特别一带一路经济带倡议下，文化旅游进一步提升，此书从某一侧面有助于让中国的文化走向世界，让世界更了解中国。

作　者

2017 年元月